리차드 포스터

기 도

리차드 포스터 지음 ● 송준인 옮김

도서
출판 두란노

Prayer: Finding the Heart's True Home

Copyright © 1992 by Richard J. Foster
Originally published in Great Britain
by Hodder and Stoughton, a division of Hodder and Stoughton Ltd.,
Mill Road, Dunton Green, Sevenoaks, Kent TN13 2YA
All rights reserved.

This Korean Edition Copyright © 1995, 2011 by Duranno Press
95 Seobinggo-dong, Yongsan-gu, Seoul, Korea

This Korean edition is published by arrangement with
William Neill-Hall Ltd., London.

본 저작물의 한국어판 저작권은 William Neill-Hall Ltd.와 독점계약한 두란노서원에 있습니다.
신 저작권법에 의하여 한국 내에서 보호받는 저작물이므로 무단전재와 무단복제를 금합니다.

리차드 포스터

기 도

리처드 포스터의 기도

지은이 | 리처드 포스터
옮긴이 | 송준인
초판 발행 | 1995. 2. 10
103쇄 발행 | 2024. 12. 12.
등록번호 | 제3-203호
등록된 곳 | 서울시 용산구 서빙고동 95번지
발행처 | 사단법인 두란노서원
영업부 | 2078-3333 FAX | 080-749-3705
출판부 | 2078-3444

| 책값은 뒤표지에 있습니다.
ISBN 978-89-531-1577-4 03230

| 독자의 의견을 기다립니다.
tpress@duranno.com   http://www.duranno.com

두란노서원은 바울 사도가 3차 전도 여행 때 에베소에서 성령 받은 제자들을 따로 세워 하나님의 말씀으로 양육하던 장소입니다. 사도행전 19장 8-20절의 정신에 따라 첫째 목회자를 돕는 사역과 평신도를 훈련시키는 사역, 둘째 세계선교(TIM)와 문서선교(단행본·잡지) 사역, 셋째 예수문화 및 경배와 찬양 사역, 그리고 가정·상담 사역 등을 감당하고 있습니다. 1980년 12월 22일에 창립된 두란노서원은 주님 오실 때까지 이 사역들을 계속할 것입니다.

리차드 포스터 '기도'

목 차

서문 9
기도로의 초대 13

1부 안으로 향하는 기도 19
단순한 기도 21
버림받은 자의 기도 33
성찰의 기도 43
눈물의 기도 55
포기의 기도 69
성숙의 기도 83
언약의 기도 97

2부 위를 향한 기도 113
찬양의 기도 115
안식의 기도 129
성례의 기도 145
쉬지 않는 기도 163
마음의 기도 177
묵상 기도 193
무언의 기도 209

3부 밖으로 향하는 기도 225
일상적인 기도 227
간구 기도 239
중보 기도 257
치유의 기도 273
고난의 기도 291
권세 있는 기도 307
철저한 기도 325

감사의 말 343

나의 목사님, 유진 그리고 진 커플에게

내가 어렸을 때 유진과 진이 '면바지 한 벌' 같다는 재미있는 말을 들은 기억이 있다. 당시 그들은 그 말뜻을 완전히 다 알고 있는 것 같지는 않았다. 오십여 년 동안 이제 그들은 서로 떨어질 수도 없고 잘 어울리는 그들만의 특별한 사역을 이루어 왔다.

서문

오랫동안 나는 '기도'라는 주제를 가지고 글을 쓰고 싶었다. 그러나 그렇게 하는 것은 기도를 잘 알지도 못하면서 기도를 논하는, 추정(推定)의 죄를 범하는 결과가 우려되는 일이었다. 나는 기도에 대해 더 많이 배우고 더 많이 체험해야만 했다. 다른 많은 주제들은 한 사람의 의문과 방황들을 서로 나눌 수가 있지만 기도는 그런 문제가 아니다.

기도는 우리를 지성소로 인도한다. 거기서 우리는 신앙의 가장 깊은 신비 앞에 꿇어 경배한다. 그리고 사람들은 그 지성소에 있는 법궤를 만지기를 두려워한다.

여러 해가 흘러갔다. 나는 아직도 기도의 태도에 있어서 미숙하지만, 이제는 하나님의 허락하심을 느낀다. 지금이 바로 그때이다. 그래서 나는 이 글을 시작한 것이다. 나는 그 동안 나처럼 기도하지 못했던 모든 사람들과 내가 목표하는 모든 기도의 사람들을 위해 이 글을 함께 나누고 싶다.

이 책을 통해 나는 아담이 에덴 동산에서 동물들에게 이름을 붙여 주었듯이 우리의 기도의 경험들에 이름을 붙여 주고자 한다. 그렇게 함으로써 우리가 하나님과 나누는 대화의 성격을 어느 정도 규명할 수 있으리라 생각한다. 알다시피 수많은 사람들은 알지 못하고 기도하는 경우가 많이 있다. 종종 그들은 기도에 대해 스테인드 글라스와 같은 이미지를 갖고 있기 때문에, 실제로는 기도로 경험하고 있는 것을 깨닫지 못하고 오히려 기도하지 않는다고 자신들을 정죄한다. 하지만 내가 확신컨대 여러분은 이 책에 있는 많은 내용들을 즉시 알아보고 "아아, 나도 그런 적이 있어" 하고 공감할 것이다. 우리의 체험들에 대하여 하나하나 이름을 붙여 줌으로써 나는 하나님께서 우리 가운데서 하고 계신 일을 더 잘 이해할 수 있으리라 기대한다. 또 그렇게 함으로써 우리는 좀더 계획적으로 기도할 수 있게 되리라 믿는다.

예수님께서 사용하신 '아바(Abba) 기도'는 포괄적인 의미를 가지고 있다. 예수님께서 '아버지'라는 말 대신 애칭인 '아바'를 사용하신 것은, 하나님과 우리 사이의 관계가 흔히 남성과 동일시되는 힘과 강력함을 포함하고 있다는 것을 나타내기 위해서였다. 뿐만 아니라, 이는 여성과 관련되는 양육과 친밀한 보살핌까지도 내포하고 있다는 사실을 나타낸다.

이 책의 구조에 대해서 잠깐 언급하는 것이 도움이 될 것 같다. 이 책이 다루고 있는 기도의 세 가지 움직임은 삼위일체적 성격을 띤다. 제1부에서 다루고 있는 '안으로 향한 움직임(the movement inward)'은 성자 하나님이신 예수 그리스도께 기도하는 것이다. 그것은 우리 가운데서 구세주와 교사로서 역사하시는 그분의 사역에 부응한다. 제2부에서 다루고 있는 '위로 향한 움직임(the movement upward)'은 성부 하나님께 기도하는 것으로, 우리 가운데서 우리를 통치하시는 왕으로 또한 능력 주시는 자로서 역사하시는 하나님의 사역과 일치한다. 제3부에서 다루고 있는 '밖으로 향한 움직임(the movement outward)'은 성령 하나님께 기도하는 것이다. 이는 우리 안에 힘과 능력으로 역사하시는 성령님의 사역과 일치한다. 이 세 가지 기도의 움직임 가운데 안으로 향한 움직임이 가장 명료하게 다가온다. 그 이유는 하나님이 자신을 예수 그리스도 안에서 가장 완전하고 분명하게 계시해 주셨기 때문이다.

거룩한 곳을 향해 떠나는 이 훈련 여행을 힘차게 출발하기 앞서 한마디 권고하고 싶은 말이 있다. 그것은 건전한 기도는 이 땅에서의 일상적이고도 평범한, 여러 가지 다양한 경험들을 필요로 한다는 사실이다. 산책이라든가 대화 혹은 건전하고 유익한 웃음거리들 그리고 정원에서 하는 일이나 이웃 사람들과의 한담, 유리창 닦기 등등, 이 모든 일들이 다 소중하다. 부부간의 사랑과 아이들과 놀아 주는 일 그리고 동료들과 함께 일하는 것도 기도하는 데 모두 필요한 요소들이다. 영적인 히말라야를 정복하기 위해서는 일상 생활의 작은 산들과 골짜기에서 정기적으로 훈련받지 않으면 안된다.

리차드 J. 포스터
1992. 1. 1.

기도로의 초대

"참되고 완전한 기도는 사랑 외에 아무것도 아니다." - 성 어거스틴

하나님께서는 나에게 어렴풋이나마 그분의 마음을 이해할 수 있도록 은혜를 허락하셨다. 그래서 내가 깨달은 것을 여러분과 나누고 싶다. 오늘날 하나님의 마음은 사랑의 상처로 벌어져 있다. 그분은 우리가 하나님과 거리를 두고 하나님 아닌 다른 것에 몰두하는 것을 가슴 아파하신다. 또한 우리가 하나님께 가까이 나아가지 않는 것을 슬퍼하신다. 하나님께서는 우리가 하나님을 잊어버리고 있는 데 대해 안타까워하시며, 무조건 많고 큰 것만을 요구하는 것을 슬퍼하신다. 하나님께서는 단지 우리가 하나님과 함께 있기를 갈망하신다.

하나님께서는 나와 여러분을 집으로 돌아오라고 초대하고 계신다. 그곳은 우리의 본향이며 우리가 창조된 목적지이다. 하나님께서는 우리를 맞아들이기 위해 마음문을 활짝 열어 놓고 기다리신다.

너무나 오랫동안 우리는 먼 나라에서 살아왔다. 그 나라는 시끄러움과 분주함과 사람들의 아우성이 있으며, 좌절과 공포와 위협이 있다. 하나님께서는 우리를 본향으로 영접하신다. 우리의 본향에는 평안과 기쁨이 있고, 다정함과 교제와 솔직함이 있으며, 친밀함과 용납이 있다.

우리는 부끄러워할 필요가 없다. 하나님께서는 우리를 그분의 마음의 거실로 초대하신다. 우리는 거기서 낡은 슬리퍼를 신을 수도 있고 그 거실에 있는 모든 것을 자유로이 사용할 수도 있다. 하나님께서는 우리를 그분의 우정의 주방으로 초대하신다. 거기서 우리는 즐거운 마음으로 요리하며 잡담할 수 있다. 그는 우리를 능력의 식당으로 초대하신다. 거기서 우리는 마음껏 음식을 즐길 수가 있다. 그는 우리를 지혜의 서재로 초대하신다. 거기서 우리는 배우고 자라며 성숙할 수 있고 또 우리가 원하는 모든 궁금증을 풀 수도 있다.

그는 우리를 창조력의 작업장으로 초대하신다. 거기서 우리는 하나님의 동역자가 될 수도 있고 어떤 사건들의 결과를 산출하기 위하여 협력할 수도 있다. 그리고 그는 우리를 안식의 침실로 초대하신다. 그곳은 새로운 평화가 발견되는 곳이며 우리가 벌거벗을 수도 있고, 상처를 입을 수도 있으며, 아무것에도 구애받지 않고 자유를 누릴 수도 있다. 그곳은 또한 우리가 하나님과 가장 깊이 친밀해질 수 있는 곳이며 우리가 하나님을 가장 잘 알고 또 하나님께 우리를 가장 잘 알리는 곳이다.

열쇠와 문

이 하나님의 마음, 곧 우리의 본향을 여는 열쇠가 바로 기도이다. 혹 여러분 중에는 고통이나 두려움으로 기도한 것 외에는 전혀 기도해 본 적이 없는 사람들도 있는지 모르겠다. 그러나 염려하지 말라. 내가 여기서 말하고자 하는 것은 하나님의 마음은 언제든지 여러분을 맞아들이기 위해서 활짝 열려 있다는 사실이다.

혹시 여러분 중에는 기도를 믿지 못하는 사람이 있을지도 모르겠다. 또한 기도를 해보려고 노력해 보았지만 깊이 실망하거나 환멸을 느꼈는지도 모르겠다. 그렇다면 여러분에게는 믿음이 거의 없거나 전혀 없다고 할 수 있다. 하지만 그것은 문제가 되지 않는다. 하나님의 마음은 활짝 열려 있어서 언제든지 여러분을 맞을 준비가 되어 있기 때문이다.

여러분 중에는 또 여러 가지 압박으로 인해 심신에 상처를 입은 사람도 있을 수 있다. 다른 사람들이 여러분에게 해를 끼친 경우도 있고 생활고로 인해 상처를 입은 경우도 있다. 또는 과거의 뼈아픈 기억으로 인해 결코 치유받지 못하는 고통에 시달릴 수도 있다. 그럴 경우 여러분은 기도하지 않고 오히려 기도를 회피한다. 왜냐하면 자신이 이미 하나님에게서 너무 멀리 떨어져 있고 무가치하며 너무 더럽혀져 있다고 생각하기 때문이다. 그러나 그렇더라도 실망하지 말라. 하나님 아버지의 마음은 여러분을 맞아들이기 위해 늘 활짝 열려 있다.

여러분 중에는 또 수년 동안 기도해 왔지만 이기적이고 냉랭한 말뿐인 기도에 그친 사람이 있을 수 있다. 기도의 결과로 눈에 보이는 성과물이 거의 없을 수도 있다. 그리고 하나님께서 멀리 계셔서 도저히 접근할 수 없는 분처럼 보이는 사람도 있을 것이다. 그러나 이제 내 말에 귀를 기울이라. 하나님의 마음은 활짝 열려 있다.

여러분을 기쁨으로 맞아들이실 것이다. 여러분 중에는 기도가 삶의 기쁨인 사람도 있다. 오랫동안 경건한 환경에서 살아왔고 또 그러한 삶이 좋다는 것을 입증할 수도 있다. 그러나 그러한 사람도 더 많은 것을 갈망해야 한다. 더 많은 능력과 더 많은 사랑, 그리고 삶 자체가 하나님의 것들로 가득 채워지기를 간구해야 한다. 하나님의 마음은 활짝 열려 있다. 여러분의 신앙이 더 높아지고 더 깊어지는 것을 하나님께서는 기쁜 마음으로 환영하실 것이다.

본향에 들어가는 열쇠가 기도라면 그 문은 예수 그리스도이다. 우리를 그의 마음의 길로 인도하시는 하나님은 얼마나 선하신가! 하나님께서는 우리가 목이 곧은 백성이요 마음이 굳은 사람임을 아시고, 그의 마음으로 들어가는 한 통로를 제공해 주셨다.

예수 그리스도 그분은 완전한 삶을 사셨고 우리 대신 죽으사 모든 어둠 권세를 물리치셨으며 승리의 부활을 하심으로 우리들이 그분으로 말미암아 살게 하셨다. 이것은 놀라우리만큼 좋은 소식이다. 우리는 더 이상 반역으로 인하여 하나님 앞에서 추방당한 채 바깥에 서 있을 필요가 없다. 이제 예수 그리스도 안에 있는 하나님의 은혜와 자비의 문을 통해 우리가 그 안으로 들어갈 수 있게 되었기 때문이다.

사랑을 잘하는 사람이 기도도 잘한다

이 책은 하나님의 풍요로운 마음을 탐구하는 데 도움을 주기 위해 쓰여졌다. 이 책은 비록 그것들이 중요하긴 해도 기도의 정의나 용어, 또는 기도에 대한 논쟁을 다루고자 한 것은 아니다. 또한 기도의 방법과 기도의 기술을 분명히 논의하긴 해도 직접 그 문제를 다루려는 것은 아니다. 오히려 이 책은 사랑의 관계를 다루고 있다. 우주의 대주재이신 하나님과 더불어 참는 사랑, 끊임없는 사랑 그리고 성장하는 사랑의 관계를 다룬다. 압도적인 사랑은 반응을 요구한다. 사랑하는 것이 기도의 구문론(the syntax of prayer)이다. 효과적인 기도자가 되기 위해서는 효과적으로 사랑하는 사람이 되어야 한다.

사무엘 코울리지(Samuel Coleridge)는 "늙은 선원의 노래"라는 시에서 "사랑을 잘하는 사람이 기도도 잘한다"고 노래했다. 물론 코울리지는 이 생각을 성경에서 얻었다. 성경은 매장마다 하나님의 사랑의 언어로 숨쉬고 있다. 진정한 기도는 사랑에 빠짐으로써 나온다. 기도에 관한 위대한 문학이 굉장히 솔직하게 에로틱한 이유가 바로 여기에 있다. 노리치(Norwich)의 줄리아나는 노래하기를, "삼위 하나님은 우리의 영원한 연인"이라고 했으며 리차드 로울(Richard Rolle)은 "오 나의 사랑, 오 나의 연인, 오 나의 하프, 오 나의 온종일의 찬송이요 기도여! 나의 슬픔을 언제 치유해 주시겠습니까? 오 나의 마음의 근원이여, 언제 내게로 오시겠습니까?" 하고 부르짖었다. 찰스 웨슬리는 간구하기를 "나의 영혼의 연인 되시는 예수님, 나로 하여금 주님의 품으로 날아가게 하소서"라고 하였다.

어느 날 내 친구 하나가 두 살 된 아들과 함께 쇼핑가를 걷고 있었다. 그 날따라 그 아이는 유난히 심술을 부렸으며 야단법석을 피우고 골을 냈다. 안절부절못하던 아버지는 그 아들을 달래기 위해 갖은 수단을 다 써봤지만 아무런 소용이 없었다. 그 아이는 막무가내로 고집을 부렸다. 그때 무슨 특별한 영감이라도 받은 듯 그 아버지는 자기 아들을 덥석 들어올리더니 그를 꼭 껴안고 즉석에서 사랑의 노래를 부르기 시작했다. 그 노래의 가사는 전혀 운율이 맞지 않았다. 음정조차 정확하지 않았다. 그러나 그 아버지는 가능한 한 최선을 다해서 마음을 전하기 시작했다.

"사랑해. 너 같은 아들을 갖게 되어 아빠 얼마나 기쁜지 몰라. 너로 인해 아빠 행복해. 아빠 네 웃음 소리가 너무 좋아…." 그는 이렇게 노래를 불렀다. 계속해서 그들은 이 가게에서 저 가게로 지나갔다. 조용히 그 아버지는 운율도 맞지 않는 가사에 틀리는 음정으로 계속해서 노래를 불렀다. 그러자 아이는 더 이상 짜증을 부리지 않고 조용해지더니 그 이상하고 신기한 노래에 귀를 기울였다. 마침내 그들은 쇼핑을 마치고 자동차가 있는 곳으로 왔다. 그 아버지가 자동차 문을 열고 아이를 차에 앉히고는 안전 벨트를 묶어 주려고 하자 아이는 고개를 들고 이렇게 말했다. "아빠, 그 노래를 다시 불러 주세요. 그 노래를 다시 불러 줘요."

기도는 대략 이와 같은 것이다. 소박한 마음을 가지고 하나님의 품에 안겨서 하나님께 사랑의 노래를 불러 달라고 하는 것이다.

기도
사랑의 하나님, 하나님의 사랑의 마음속에 들어갈 수 있도록 초대해 주셔서 감사합니다. 가능한 한 최선을 다해서 들어가고자 합니다. 나를 받아 주셔서 감사합니다. 아멘.

우리에게 필요한 변화를 구하는
안으로 향하는 기도

기도하는 것은 변화하는 것이다. 이것은 커다란 은혜이다. 우리의 삶이 사랑과 희락과 화평과 오래 참음과 자비와 양선과 충성과 온유와 절제에 의해 인도함을 받도록 길을 제공해 주시는 하나님은 얼마나 선하신가!

안으로 향하는 기도가 선행되어야 하는 것은 먼저 자신의 내면이 변화되지 않고서는 하나님의 영광에 이르려는 위로 향하는 기도가 오히려 우리를 짓누르고, 또 밖으로 향하는 사역이 우리를 파멸시키기 때문이다.

한번은 어떤 제자가 아바 요셉(Abba Joseph)에게 와서 다음과 같이 말했다. "저는 가능한 한 계율도 지키고, 금식도 하고, 기도도 했습니다. 그리고 할 수 있는 데까지 마음속에서 모든 악한 생각을 제하고 모든 나쁜 의도들도 없애 버리려고 애쓰고 있습니다. 이제 더 이상 무엇을 해야 할까요?" 그러자 아바 요셉은 일어서서 두손을 하늘로 향하여 뻗었다. 그의 손가락은 마치 열 개의 등불처럼 보였다. 그러면서 그는 이렇게 대답했다. "왜 자신을 불 속에 넣어 완전히 변화받지 않는가?"

1장

단순한 기도

> "할 수 없을 만큼이 아니라 할 수 있는 만큼 기도하라."
>
> 돔 채프만(Dom Chapman)

우리는 오늘날 기도하고 싶은 마음은 간절하면서도 기도를 회피한다. 기도에 매력을 느끼면서도 기도를 싫어한다. 기도는 해야만 하는 것이고 또 하고 싶기도 하지만, 뭔지 모르게 우리와 실제로 기도하는 것 사이에는 거리가 있는 것처럼 보인다. 우리는 기도하지 않는 고통을 체험한다.

무엇이 우리를 기도하지 못하도록 막는지 우리는 분명히 알지 못한다. 물론 우리는 해야 할 일들과 가정에서의 본분 때문에 분주하게 생활한다. 그러나 그것이 이유가 될 수는 없다. 왜냐하면 우리가 바쁘다고 해서 먹지 않거나 잠자지 않거나 사랑하지 않는 것은 아니기 때문이다. 우리가 기도하지 못하는 데에는 더 깊고 중요한 이유가 있다.

실제로 기도를 막는 여러 가지 요인들이 있다. 때가 되면 그 모든 것을 살펴봐야 하겠지만, 지금은 가장 먼저 주목해야 할 한 가지 요인만을 지적하고자 한다. 그것은 현대의 고학력자들에게 거의 보편적인 것으로서 기도하기 위해 기도에 관한 모든 것을 먼저 '완전히' 알아야 한다는 생각이다. 즉 실제로 기도할 수 있으려면 먼저 우리의 삶이 멋지게 조율되어야 하고, 기도하는 법에 대해 더 많이 알아야 한다는 것이다. 뿐만 아니라 기도에 따르는 철학적인 문제들을 연구해야 하고 기도의 위대한 전승을 더 잘 이해하는 등 선행되어야 할 많은 것들이 있다고 여기는 것이다.

이러한 생각이 잘못되었다거나 또 그런 문제들을 다룰 만한 시간이 없다는 것은 아니다. 그러나 그것은 출발점이 잘못된 것이다. 마치 마차를 말 앞에 매어 놓는 것이나 다름없다. 문제는 우리가 기도를 대수학이나 자동차 공학처럼 정복해야 할 대상으로 생각한다는 점이다. 만약 우리의 생각대로라면 우리는 '높은' 위치에 앉아서 그것을 능숙하게 다루겠지만, 막상 기도를 하게 되면 오히려 우리는 '낮아지고' 통제권을 조용히 넘겨주고 무능한 자처럼 된다. 에밀리 그리핀(Emilie Griffin)이라는 사람은 "기도하는 것은 기꺼이 소박해지려고 하는 것을 의미한다"고 말했다.

나는 내가 진실로 기도하기 전에 먼저 내 기도의 동기가 바르게 되어야 한다고 생각하곤 했다. 나는 그룹 기도를 할 경우가 종종 있었다. 그때마다 나는 내가 기도했던 내용들을 되새기며 스스로에게 물어 보았다. 나의 기도가 얼마나 어리석고 자기 중심적인지 깨달았고, 더 이상 이런 기도를 드릴 수 없다고 생각했다. 그래서 나의 기도의 동기가 순수해질 때까지 절대로 기도하지 않겠다고 결심했다. 나는 위선자가 되고 싶지 않았던 것이다. 하나님이 거룩하시고 의로우신 분이라는 것을 나는 알고 있었다.

그러나 이러한 모든 내적인 영혼의 추구가 실제로는 나의 기도 능력을 완전히 마비시키는 결과를 초래하였다. 문제의 진실은, 우리 모두가 복잡하게 얽혀 있는 다양한 동기를 가지고 기도하게 된다는 것이다. 이타적이기도 하고 이기적이기도 하며, 긍휼을 베풀기도 하고 증오하기도 하며, 사랑스럽기도 하고 고통스럽기도 한 복잡 미묘한 동기로 우리는 기도한다.

솔직히 말해서, 영원의 이편에서는 선과 악을 절대로 구분하지 못하며 순수한 것들과 불순한 것들을 나누지 못한다. 그러나 내가 깨닫게 된 사실은 하나님께서는 우리의 모든 이중성에도 불구하고 우리를 용납하실 만큼 위대하신 분이라는 것이다. 우리가 꼭 현명하거나 순수하거나 믿음이 충만하거나 어떤 것을 갖추고 있어야만 하는 것은 아니다. 그것이 바로 은혜의 개념이다. 우리는 은혜로 구원받을 뿐만 아니라 은혜로 살아가며 또한 은혜로 기도한다.

예수님께서 우리에게 상기시켜 주신 것은 기도는 어린아이들이 부모님께 나아오는 것과 어느 정도 유사하다는 사실이다. 때때로 우리의 자녀들이 맹렬한 요구를 가지고 우리에게 나아오는 경우가 있다. 종종 우리는 그들의 요구가 이기적이거나 저속하기 때문에 슬퍼하는 경우도 많다. 그러나 그들의 동기가 어찌되었건 그들이 우리에게 나아온다는 그 자체가 단순히 기쁜 것이다.

기도의 문제도 그러하다. 우리가 올바르게 기도하기 위해서 가져야 할 순수한 동기를 충분히 갖고 있지 않다거나 충분히 선하지 않더라도, 우리는 이 모든 사실들을 제쳐 두고 기도를 시작해야 한다. 실제로 기도하는 바로 그 행위 속에서, 즉 하나님과의 친밀하고 끊임없는 상호작용 속에서 이 문제들은 때가 되면 자연스럽게 해결될 것이다.

있는 모습 그대로 기도하라

내가 지금 말하려는 것은 하나님은 우리를 있는 모습 그대로 받아 주시며 또 우리의 기도를 있는 그대로 들어 주신다는 것이다. 어린아이가 나쁜 그림을 그릴 수 없는 것처럼 하나님의 자녀는 나쁜 기도를 드릴 수가 없다. 그래서 우리는 가장 기본적이고 가장 초보적인 기도의 형태인 '단순한 기도'를 다루고 있는 것이다.

단순한 기도는 우리의 있는 그대로를 숨김없이 하나님께 내놓는 기도이다. 사랑하는 아버지 앞에 서 있는 아이들처럼 우리의 마음을 열고 요청하는 것이다. 우리는 좋고 나쁜 것을 가려내려고 하지 않는다. 단지 아무런 가식 없이 우리의 관심을 나누고 간청할 뿐이다. 예를 들면 우리가 직장 동료나 이웃 사람들로 인해서 얼마나 마음이 상했는지 하나님께 이야기하는 것이다. 또는 좋은 날씨나 먹을 양식과 건강 따위를 달라는 것이다.

진정한 의미에서 단순한 기도는 그 초점이 우리에게 있다. 우리의 필요와 욕구와 관심이 우리의 기도를 지배한다. 우리의 기도에는 수많은 교만, 자만, 허영, 가식, 거만 그리고 전반적으로 이기주의가 가득 차 있다. 물론 거기에는 아량, 관대함, 이타심 그리고 보편적인 호의도 있다.

우리는 많은 실수를 저지른다. 그리고 범죄한다. 종종 넘어지기도 한다. 그러나 그럴 때마다 일어서서 다시 시작한다. 그리고 나서 기도한다. 다시 하나님을 따르려고 애쓴다. 그런데 우리는 다시 우리의 교만함과 방종함에 굴복하고 만다. 하지만 염려하지 말라. 다시 자백하고 다시 시작하면 된다. 사실 '단순한 기도'는 때때로 '다시 시작하는 기도'라고 불린다.

단순한 기도는 성경에 나오는 기도 중에서 가장 흔한 기도이다. 성경에 나오는 믿음의 영웅들 가운데 고상하거나 아량이 넓은 사람은 거의 없다. 그 옛날 목이 곧은 백성들에 대하여 하나님께 불평하던 모세를 생각해 보라. "주께서 어찌하여 종을 괴롭게 하시나이까 어찌하여 나로 주의 목전에 은혜를 입게 아니하시고 이 모든 백성을 내게 맡기사 나로 그 짐을 지게 하시나이까 이 모든 백성을 내가 잉태하였나이까 내가 어찌 그들을 생산하였기에 주께서 나더러 양육하는 아비가 젖 먹는 아이를 품듯 그들을 품에 품고 주께서 그들의 열조에게 맹세하신 땅으로 가라 하시나이까"(민 11:11-12).

또 자기를 '대머리'라고 놀린 아이들에 대하여 앙갚음을 한 엘리사를 생각해 보라. "엘리사가 돌이켜 저희를 보고 여호와의 이름으로 저주하매 곧 수풀에서 암곰 둘이 나와서 아이들 중에 사십이 명을 찢었더라"(왕하 2:24). 시편 기자는 대적들의 아이들이 끔찍하게 죽는 것을 기뻐하고 있다. "네 어린 것들을 반석에 메어치는 자는 유복하리로다"(시 137:9).

반면 이러한 자기 중심적 기도의 한복판에는 그 사람들의 가장 고상하고 숭고한 기도의 내용들도 있다. 불순종하고 완고한 이스라엘을 대신하여 하나님께 중보 기도를 드리고 있는 모세를 생각해 보라. "그러나 합의하시면 이제 그들의 죄를 사하시옵소서 그렇지 않사오면 원컨대 주의 기록하신 책에서 내 이름을 지워 버려 주옵소서"(출 32:32).

또한 자기를 놀리던 아이들을 저주해서 죽게 했던 엘리사가 하루는 아이를 낳지 못하는 수넴 여인을 만나 그에게 자비를 베풀며 예언한 것을 생각해 보라. "돌이 되면 네가 아들을 안으리라"(왕하 4:16). 또 앞서 언급한 그 시편 기자가 여호와께 마음으로 부르짖어 이르기를 "내가 주의 법을 어찌 그리 사랑하는지요 내가 그것을 종일 묵상하나이다"(시 119:97)라고 한 것을 생각해 보라.

단순한 기도에는 좋은 것, 나쁜 것 그리고 흉한 것 모두가 섞여 있다. 단순한 기도는 일반적인 사람들이 일상적인 문제를 가지고 사랑하는 아버지 앞에 아뢰는 것이다. 그 기도에는 가식이 조금도 없다. 실제 우리의 모습보다 더 거룩하고, 더 순결하고, 더 성스러운 체하지 않는다. 그리고 이러한 자세로 우리 마음보다 크시고 모든 것을 아시는 하나님께 마음을 쏟아 놓는다(요일 3:20).

단순한 기도는 초보적인 기도이다. 그것은 어린아이들의 기도이지만 계속해서 우리는 그 기도를 드린다. 예수님께서 우리에게 일용할 양식을 구하는 기도를 가르쳐 주셨는데, 그것이 바로 단순한 기도이다. 존 달림플(John Dalrymple)의 지적은 옳은 말이다. "우리는 이런 기도 이상은 드릴 수가 없다. 왜냐하면 우리는 그런 기도를 드릴 수밖에 없는 부족함과 필요를 넘어설 수 없기 때문이다."

그런데 이런 가장 기본적인 기도를 멸시하고 싶은 유혹이 있다. 특히 '현학적인' 사람들이 더욱 그러하다. 그들은 보다 '성숙한' 기도를 드리겠다는 소망으로 단순한 기도를 건너뛰려고 애쓴다. 그들은 수없이 많은 이기적인 요구의 기도를 경멸한다. 그러나 이런 사람들이 알지 못하는 것은 우리의 영적 생활에 있어서 단순한 기도는, 그것이 필요할 뿐만 아니라 없어서는 안될 필수적인 것이라는 사실이다. 우리가 자기 중심적인 기도를 뛰어넘는 길은 그것을 피해서 돌아가는 것이 아니라, 오직 그것을 통과하는 것뿐이다.

단순한 기도를 뛰어넘을 수 있다고 생각하는 사람들은 스스로 속이는 것이다. 십중팔구 그들은 거의 기도하지 않는 사람들이다. 그들은 기도에 대해서 논의해 본 적이 거의 없는 사람들일 가능성이 크다. 진심으로 기도할 때 우리의 마음 상태는 온전히 드러나게 된다. 기도는 마땅히 그래야 한다. 하나님께서 진실로 우리와 함께 역사하시기 시작할 때가 바로 그때이다. 기도의 진기한 경험이 그곳에서부터 시작되는 것이다.

지금 있는 곳에서 시작하라

지금까지 우리는 '단순한 기도'를 설명했다. 그런데 그것은 어디까지나 이론에 불과하다. 우리는 앞서 언급한 서론적인 사실 외에 이론을 뛰어넘어 실제적인 문제를 다루어야 한다. 단순한 기도를 실제로 어떻게 드릴 것인가? 무엇을 어디서 어떻게 시작해야 할까?

그것은 아주 간단하다. 바로 우리가 있는 곳에서 시작하면 된다. 가정과 직장에서, 이웃 사람들과 친구들과 더불어 시작하면 되는 것이다. 이것이 너무 가볍게 들리지 않기를 바란다. 왜냐하면 이것이야말로 하나님을 실제적으로 알아 가는 데 있어 우리가 들을 수 있는 가장 심오한 진리이기 때문이다. 하나님께서 우리에게 오셔서 일상적인 삶 속에서 우리에게 복을 주신다고 믿는 것이 바로 기도의 재료이다. 그러나 하나님께서 우리의 처소로 들어오신다고 믿는 것이 얼마나 어려운지, 우리는 그런 기도를 멸시하기 쉽다.

"하나님께서는 지금 여기서 내게 복을 주실 수 없다"고 우리는 신음한다. "내가 졸업하면…" "내가 부서의 장이 되면…" "내가 회사 사장이 되면…" 또 "내가 담임목사가 되면…" 하나님께서 내게 복을 주실 수 있다고 믿는다. 그러나 분명한 것은 하나님께서 우리에게 복을 주실 수 있는 장소는 우리가 있는 바로 그 장소뿐이라는 것이다. 그곳이 바로 우리가 있는 유일한 장소이기 때문이다.

모세가 불 붙는 떨기나무 앞에 있었던 것을 기억하는가? 하나님께서는 그에게 신을 벗으라고 말씀하셔야 했다. 그 이유는 모세가 자신이 거룩한 곳에 서 있다는 사실을 몰랐기 때문이다. 만일 우리가 현재 있는 곳이 거룩한 땅이라는 것을 알게 된다면, 그곳이 직장이든 가정이든 동료, 친구, 가족 그 누구와 함께 있든 그곳이 바로 기도를 배우는 곳이다.

가장 자연스럽고 단순하게 일상의 경험들을 기도하려면 매일매일의 생활에서 일어나는 평범한 사건들을 가지고 하나님께 나아가면 된다. 때로는 밤잠을 못 잘 만큼 엄청난 시련을 겪을 수도 있다. 그때마다 하나님과 함께 걸으며 우리의 상처와 고통과 실망을 아뢸 수 있다. "왜 접니까? 왜 제가 이 아픔을 당해야 합니까?" 이렇게 좌절과 슬픔과 분노에 대하여 호소하는 것이 단순한 기도의 언어이기도 하다.

길을 잃고 상심할 때 우리는 하나님의 동행을 요청할 수 있다. 때로는 이웃 사람이 무심코 내뱉는 한마디가 우리 속에 있는 분노, 시기, 두려움 따위의 감정을 모두 폭발시키기도 한다. 그때 우리는 솔직하고 정직하게 그 일을 하나님께 말씀드리고 그 감정 뒤에 숨어 있는 상처를 치료해 달라고 요청할 수 있다.

우리는 하나님께 자유로이 불평도 하고 따지기도 하고 외치기도 해야 한다. 예레미야 선지자는 이렇게 호소하기도 했다. "여호와여 주께서 나를 권유하시므로 내가 그 권유를 받았사오며 주께서 나보다 강하사 이기셨으므로 내가 조롱거리가 되니 사람마다 종일토록 나를 조롱하나이다"(렘 20:7). 이 장면에서 나는 예레미야가 하늘을 향하여 주먹을 흔들며 기도하는 모습을 가끔씩 상상한다.

그렇다. 하나님께서는 우리의 분노와 좌절과 실망까지도 완전하게 처리하실 수 있다. C. S. 루이스는 말하기를, "우리 안에 있어야 할 것이 아니라 우리 안에 있는 바로 그것을 하나님 앞에 내려놓으십시오"라고 했다.

우리 삶의 자질구레한 것들은 기도의 올바른 내용이 아니라고 하는 속임수를 믿어서는 안된다. 예를 들면, 우리는 기도가 숭고하고 이 세상 것이 아닌 활동이라고 가르침을 받았을지도 모른다. 그리고 기도할 때는 하나님에 관해서만 하나님께 말해야 한다고 배웠는지도 모른다. 그 결과 우리는 일상의 체험들이 올바른 기도를 방해하고 주의를 산만하게 한다고 쉽게 단정한다. 그러나 그것은 잘못된 영성이다. 우리가 섬기는 예수님은 냄새 나는 마구간에서 태어나셔서 피와 땀과 눈물로 이 땅 위를 다니셨지만, 그럼에도 불구하고 하나님의 뜻에 한시도 벗어남이 없이 살아가셨다.

따라서 나는 여러분에게 일상적인 생활들에 관해서 하나님과 끊임없이 대화하라고 권고하고 싶다. 지금으로서는 '올바른' 기도를 하려고 애쓰지 말고 단지 하나님께 이야기하라. 자유롭고 숨김없이 상처를 나누고, 슬픔을 나누고 기쁨을 나누라. 어린아이들이 부모에게 올 때 그러하듯이 하나님도 사랑과 긍휼로 우리의 말을 들어 주실 것이다. 우리가 있다는 것만으로도 하나님께서는 기뻐하신다. 그렇게 할 때 우리는 측량할 수 없는 귀중한 것을 발견하게 된다. 그것은 단지 기도하는 것만으로도 기도를 배울 수 있다는 평범한 진리이다.

단순한 기도에 대한 몇 가지 제언

기도에의 경이로운 여행을 떠나기에 앞서 먼저 몇 가지 제언을 하고 싶다. 첫째로, 기도란 성부, 성자, 성령 하나님과 사랑의 관계가 지속적으로 성장하는 것 이외에 아무것도 아니라는 점을 상기하라는 것이다. 단순한 기도의 경우에는 특히 그러하다. 이 점에서는 누구나 동일한 입장이다. 상처를 입고 파산한 사람들도 건강하고 부유한 사람들과 똑같이 자유롭게 이 기도에 동참할 수 있다. 귀용(Guyon) 부인은 다음과 같이 말했다.

이런 기도, 즉 주님과 단순히 관계를 유지하는 것은 모든 사람들에게 가능하다. 교육을 잘 받은 사람들에게도 어울리고 우둔하고 무지한 사람들에게도 어울린다. 그저 시작하기만 하면 되는 이런 기도, 이런 체험은 그 목표가 주님께 모든 것을 포기하고 맡기는 것이다. 다만 한 가지 필요한 것이 있다면 그것은 사랑이다.

둘째로는, 이 기도를 시작할 때 기도가 지금까지 부족했다고 해서 낙심하지 말아야 한다는 것이다. 심지어 기도가 아예 없었을지라도 하나님께 간구할 수 있다. 하나님께 대한 갈망, 그 자체가 기도이다. 메리 클레어 빈센트(Mary Clare Vincent)는 말하기를 "기도에의 욕구가 기도이며 그것은 욕구의 기도이다"라고 했다. 때가 되면 그 욕구는 행동으로 나타날 것이고 그 행동은 욕구를 증가시키게 된다.

기도가 되지 않을 때는 하나님이 우리의 기도가 되게 하라. 또한 마음의 완고함으로 인해 두려워해서도 안된다. 기도로 마음이 풀어지기 때문이다. 기도가 부족한 것까지도 하나님께 내어 놓기만 하면 된다.

정반대이긴 하지만 마찬가지로 중요한 또 하나의 제언은, 너무 지나칠 정도로 기도하려고 하지는 말라는 것이다. 영적인 소화불량에 걸릴 정도로 너무 강렬하게 기도하는 일에 집착하는 사람들이 있다. 영적인 생활에는 진보의 원리가 존재한다. 조깅하는 사람들을 택해서 마라톤 선수로 뛰게 하지는 않는다. 기도도 그렇게 해서는 안된다. 소화할 수 있는 것 이상으로 하나님께 구하는 것은 '영적인 탐욕'의 죄이다.

만일 당신이 기도를 습관적으로 하고 있지 않다면 하루에 열두 시간씩 기도하기를 시작하는 대신 단지 몇 분만이라도 할애해서 모든 정력을 거기에 쏟아 넣으라. 그리고 너무 지나치게 기도해 왔다면 하나님께 단지 이렇게 기도하면 된다. "이제 좀 쉬어야 되겠습니다. 언제나 주님과 함께할 힘이 없음을 용서해 주십시오." 이 기도는 정말로 사실이다. 하나님께서도 우리가 늘 하나님과 동행할 수 없음을 잘 알고 계신다. 게다가 영적으로 매우 성숙한 사람들조차도 자주 웃고 놀고 즐기는 시간이 필요하다.

또 하나 이상하게 들릴지도 모르는 제언을 하고 싶다. 그것은 우리가 악한 일을 행하고 있을 때조차 기도하기를 배워야 한다는 것이다. 우리는 마음속으로 분노와 욕망, 교만과 탐욕, 야심 따위와 싸우고 있다. 우리는 이런 것들을 기도로부터 격리시킬 필요가 없다. 우리 마음속에서 일어나고 있는 사실에 대해서 하나님께 이야기해야 하며 하나님을 불쾌하게 하는 것들까지도 말해야 한다.

우리의 불순종까지도 아버지의 품에 안겨 드려야 한다. 하나님께서는 그 무게를 지탱할 만큼 강하신 분이다. 죄는 분명히 우리를 하나님에게서 분리시킨다. 하지만 죄를 피하는 것은 우리를 더욱더 하나님으로부터 멀어지게 한다. 에밀리 그리핀(Emilie Griffin)이 말하기를 "주님은 우리가 넘어졌다가 다시 일어날 때 우리를 가장 사랑하십니다"라고 했다.

마지막으로 내가 제안하고 싶은 것은, 별로 중요한 사건이 없는 일상적인 기도에 먼저 힘쓰는 것이 현명하다는 것이다. 하나님의 계시와 환상은 우리를 압도할 수 있지만 우리를 진정한 기도에서 멀어지게 할 수도 있다. 여기서 우리는 시편 기자의 태도를 배워야 한다. 그의 고백을 들어 보자.

"여호와여 내 마음이 교만치 아니하고 내 눈이 높지 아니하오며 내가 큰 일과 미치지 못할 기이한 일을 힘쓰지 아니하나이다 실로 내가 내 심령으로 고요하고 평온케 하기를 젖뗀 아이가 그 어미 품에 있음 같게 하였나니 내 중심이 젖뗀 아이와 같도다" (시 131:1-2). 게다가 우리가 하나님의 품에서 고요히 잠자는 것에 익숙하지 않다면, 오히려 그것이 새롭고 신선해서 우리에게 크나큰 기쁨을 주게 된다.

마음의 변화

기도에 관해 쓰여진 많은 책에서 '단순한 기도'는 종종 무시되고 있는 것을 본다. 나는 이 점을 늘 의아하게 생각했다. 아마 그 책들을 쓴 사람이 경건한 사람들이어서 '단순한 기도'가 갖는 자기 중심적인 면을 두려워하기 때문인 것 같다. 자아에 너무 집착하는 것은 자칫 이기주의나 자기 도취로 빠질 우려가 있다. 게다가 우리는 늘 우리의 경험을 합리화하고 조작하려는 위험을 안고 있다. 그래서 우리는 듣고 싶은 것만을 듣게 된다. 그래서 결과적으로는 우리 자신에게 너무 집착한 나머지 하나님을 보지 못하고, 바울이 묘사한 것처럼 '조물주보다 피조물'을 더 숭배하게 될지도 모른다 (롬 1:25).

　이 견해는 이치에 맞다. 그러한 위험은 정말로 존재한다. 그러나 요셉 슈미트(Joseph Schmidt)가 말한 것처럼 "그것들은 정도(正道)에서 생기는 위험이다. 그러므로 주의는 기울여야 하지만 돌아서서는 안된다." 그렇다. 우리는 돌아서서는 안된다. 하나님의 보호하심을 구하며 정직하고 숨김없이 용감하게 앞으로 나아가야 한다.

　처음에는 우리 자신이 당연히 기도의 중심이요, 주제이다. 그러나 하나님의 때에, 하나님의 방법으로 우리 마음에 코페르니쿠스적인 변혁이 일어난다. 천천히 그리고 거의 알아차리지 못하게 무게 중심이 옮겨지는 것이다. 하나님을 우리 생활의 일부로 생각하다가 우리가 그의 생활의 일부임을 깨닫게 된다. 놀랍고 신비하게도 하나님이 우리 기도의 변두리에서 중심으로 바뀐다. 마음의 변화와 생각의 전환이 이루어지는 것이다. 하나님의 은혜로 말미암는 이러한 역사가 이 책의 주요 관심사이다. 우리가 지금 관심을 가져야 할 부분도 바로 이 점이다.

기도

사랑의 주님, 정말로 기도하는 법을 배우고 싶습니다. 그런데 솔직히 말씀드리면 저는 종종 기도하고 싶지 않을 때가 있습니다. 집중도 잘 되지 않습니다. 고집도 셉니다. 너무나 이기적입니다. 주님, 주님의 긍휼로 제게 필요한 것만큼 구할 수 있게 해주십시오. 예수님의 이름으로 기도합니다. 아멘.

2장

버림받은 자의 기도

> "그대가 갖고 있지 않은 기쁨을 얻으려면 즐겁지 않은 길도 기꺼이 걸어가야 한다."
>
> 성 요한(St. John of the Cross)

"나의 하나님, 나의 하나님, 어찌하여 나를 버리셨나이까"(마 27:46). 예수님의 이 외침보다 더 애처롭고, 더 진심 어린 기도는 없다. 물론 예수님의 십자가 사건은 그가 세상 죄를 짊어지고 가셨기 때문에 분명 반복될 수 없는 경험이었다. 그러나 우리가 아버지 하나님과 영원한 교제를 누리려고 한다면 우리도 이런 버림받은 자의 기도가 필요하다. 우리 앞서 믿음의 길을 걸어간 사람들도 외관상 하나님이 계시지 않은 것처럼 생각되거나, 하나님께 버림받고 하나님이 이제 나를 포기하셨다고 생각되는 때를 여러 번 경험한 듯하다. 우리도 조만간, 하나님께 버림받는다는 것이 무슨 뜻인지 알게 되리라는 생각을 지금부터라도 하는 것이 좋다.

옛사람들은 그것을 '숨어 계신 하나님'이라고 말했다. 당신은 기도했는데도 아무런 느낌도 없고, 아무것도 보이지 않고, 아무것도 깨닫지 못한 적이 없었는가?

때때로 하나님은 우리에게서 숨어 계신 것처럼 보인다. 우리는 알고 있는 모든 방법을 다 동원한다. 기도도 하고 봉사도 하고 예배도 드린다. 그리고 할 수 있는 한 믿음으로 산다. 그러나 여전히 응답이 없다. 아무 응답도 없다. 조지 버트릭(George Buttrick)의 말을 빌면 그것은 마치 "캄캄한 어둠 속에서 피투성이가 된 주먹으로 천국 문을 두드리는 것과 같다.

물론 내가 하나님이 없다고 말할 때는 진짜 없다는 것이 아니라 없는 것처럼 보인다는 느낌을 말한다는 사실을 이해하고 있으리라 믿는다. 하나님은 언제나 우리와 함께 계신다. 우리는 그것을 신학적으로 알고 있다. 그러나 때때로 하나님은, 우리가 우리와 함께 계신다고 생각하는 그 의식 세계에서 멀어질 때가 있다.

우리의 마음이 사하라 사막같이 메마르게 되면 신학적인 지식들은 우리에게 거의 도움이 되지 못한다. 오히려 영적인 황폐함을 체험하고, 친구들과 배우자와 하나님께 버림받은 것처럼 느낀다. 모든 희망은 우리가 잡으려고 손을 내미는 순간 사라지고, 모든 꿈은 그 꿈을 실현하려고 하는 순간 없어지고 만다. 우리는 많은 문제에 대해 질문하고 의심하며 씨름하지만 그것들은 아무 도움이 되지 않는다. 기도도 하지만 허공을 떠도는 말처럼 느껴진다. 성경을 보기도 하지만 아무런 의미가 없는 것처럼 생각된다. 음악을 들어도 아무런 감동이 없다. 다른 그리스도인들과 교제도 하지만 그들 역시 자기 중심적이고 이기적이며 뒤에서 험담을 하는 사람들에 불과하다.

성경은 이처럼 버림받은 사람들의 마음을 사막에 비유하고 있다. 우리의 마음이 실제로 메마르고 황량하며 목이 타는 듯한 갈증을 느끼기 때문에 그것은 적절한 비유인 것 같다. 시편 기자처럼 우리도, "내 하나님이여 내가 낮에도 부르짖고 밤에도 잠잠치 아니하오나 응답지 아니하시나이다"(시 22:2)라고 탄식한다. 이렇게 되면 사실, 하나님이 정말 계신지조차 의심하기 시작한다.

이처럼 하나님께 버림받았다는 자포자기의 상태는 우리 모두가 체험했거나 또 체험하게 되는 일이다. 그러므로 우리가 하나님이 계시지 않은 것과 같은 황량한 사막에 직면할 때 도움이 될 만한 말을 듣는 것은 참으로 좋은 일이다.

큰길

제일 먼저 하고 싶은 말은 격려가 되는 말이다. 우리가 서 있는 곳은 좁은 산길이 아니라 큰길이라는 사실이다. 많은 사람들이 이미 앞서 이 길을 걸어갔다. 애굽의 영광을 버리고 하나님께서 자기 백성을 구원해 주시기까지 수년 간 침묵의 세월을 기다렸던 모세를 생각해 보라. "어찌하여 나를 잊으셨나이까?"(시 42:9)라고 애처롭게 호소했던 시편 기자를 생각해 보라. 황량한 동굴 속에서 외로이 밤을 지새우며 바람과 지진과 불 가운데서도 하나님을 만나지 못했던 엘리야를 생각해 보라. 지하 감옥에 갇혀서 '진흙 구덩이에 빠지기까지 낮아졌던' 예레미야를 생각해 보라. 골고다 언덕에서 외로이 밤을 새운 마리아를 생각해 보라. 그리고 골고다 언덕 위에서 "나의 하나님, 나의 하나님, 어찌하여 나를 버리셨나이까"라고 부르짖었던 주님의 모습을 생각해 보라.

우리보다 앞서간 수많은 그리스도인들이 이와 같은 경험들을 직접 목격했다. 성 요한(St. John of the Cross)은 그것을 '영혼의 어두운 밤'이라고 명명했고, 익명의 영국 작가는 그것을 '무지의 구름'과 동일시했다. 장 삐에르 드 꼬싸드(Jean - Pierre de Caussade)는 그것을 '신앙의 어두운 밤'이라고 했으며 조지 폭스(George Fox)는 간단 명료하게 이렇게 말했다. "낮이 되면 나는 밤을 원했으며 밤이 되면 나는 낮을 갈망했다." 이러한 말들이 격려가 되길 빈다. 당신이나 나나 똑같은 사람이기 때문이다.

부언해서 알려 주고 싶은 것이 있다. 숨어 계시는 하나님으로 인해 수목을 말리는 것과 같은 뜨거운 바람을 맞을 때 그것이, 하나님이 당신을 기뻐하시지 않는다거나 당신이 성령의 역사에 민감하지 않다는 것을 뜻하지는 않는다는 것이다. 그것은 당신이 하나님께 어떤 끔찍한 죄를 지었다거나 무언가 당신에게 잘못된 일이 일어났다거나 그 밖의 어떠한 일도 뜻하고 있지 않다. 어두움이란 명확한 기도의 체험이다. 그것은 기대할 만한 것이며 심지어 끌어안고 싶은 것이다.

기도 생활에는 연속성이 없다

버림받은 경험에 대해 말할 수 있는 두 번째 사실은 모든 믿음의 행로가 하나같이 목적에 부합된다는 것이다. 하나님이 안 계신 것 같은 느낌은 미리 짜여진 시간표에 따라 생기지 않는다. 우리는 누구나 따를 수 있는 어떤 보편적인 지도를 그릴 수는 없다.

갓 태어난 아기가 귀여움을 받고 사랑을 받는 것처럼, 믿음이 충만한 사람들이 종종 성령의 특별한 은혜를 받는다는 것은 사실이다. 또한 하나님에게서 멀어지고 분리된 것 같은 몇몇 깊은 체험들은 믿음의 내적 영역에 깊이 들어가 본 경험이 있는 사람들에게 나타난다는 것도 사실이다. 그러나 우리가 체류하는 많은 지점에서 우리는 메마르고 황량한 사막을 만날 수도 있고 고뇌의 어두운 골짜기를 지날 수도 있다.

기도 생활에는 어떤 특별한 연속성이 없기 때문에 어떤 한 단계에서 다음 단계로 반드시 넘어가는 것은 아니다. 예를 들면, 우리는 다섯 번째 단계에서 하나님으로부터 버림받을 수도 있고, 열두 번째 단계에서 그것을 경험할 수도 있다. 물론 기도 생활에 연속성이 있다면 문제는 훨씬 더 쉬워지겠지만, 그렇게 되면 살아 있는 관계가 아닌 기계적인 배열만을 언급하는 게 될 것이다.

살아 있는 관계

우리가 하나님의 부재를 느끼는 데 대해서 또 한 가지 언급하지 않으면 안 되는 것은 바로 우리와 하나님 사이가 살아 있는 관계라는 점이다. 즉 우리는 상호 자유 속에서 시작하고 발전되는 생동적인 관계를 갖고 있다. 하나님은 피조물들이 자유롭게 자신과의 관계를 맺을 수 있기를 원하시기 때문에 우리에게 완전한 자유를 주신다. 그리고 우리는 버림받은 자의 기도를 통해서 하나님께 똑같은 자유를 드리기를 배운다. 이러한 종류의 관계가 결코 조작되거나 강요될 수는 없다.

만일 우리가 천지의 창조주이신 하나님을 마음대로 부릴 수 있다면, 우리는 아브라함과 이삭과 야곱의 하나님과 더불어 교제하고 있는 것이 아닐 것이다. 우리는 사물이나 물건이나 우상들에 대해서는 마음대로 할 수 있다. 그러나 우상을 미워하시는 하나님께서는 하나님이 누구시며, 또 어떠한 분이신지에 대해 우리가 잘못된 견해를 가질 때 끊임없이 그것을 타파하신다.

우리가 하나님이 계시지 않은 것 같다고 느꼈던 바로 그것이 뜻하지 않은 하나님의 은혜임을 이제 알겠는가? 하나님은 숨어 계시는 바로 그 행위를 통해서 우리가 하나님을 우리 자신의 생각 속에 짜 맞추는 잘못을 서서히 제거시키신다. 나르니아의 연대기에 나오는 그리스도 형상인 아슬란처럼 하나님은 꾸밈 없이 자연스럽고 자유로우시며 뜻하시기만 하면 언제든지 나타나신다. 하나님은 줄 타는 꼭두각시나 병 속에 들어 있는 요정이 되기를 원치 않으시며 우리가 갖고 있는 잘못된 우상적인 이미지를 없애 주신다.

더구나 우리는 하나님께서 우리가 원할 때마다 자신을 늘 드러내시지는 않는다는 사실에 대해 오히려 감사해야 할 것이다. 왜냐하면 그러한 만남을 우리가 감당할 수 없을 것이기 때문이다. 성경에 보면, 사람들이 살아 계신 하나님을 만날 때 종종 무서워서 어찌할 줄 모르는 모습을 보게 된다. 이스라엘 자손들이 모세에게 간청한 내용도 같은 맥락이다. "…하나님이 우리에게 말씀하시지 말게 하소서 우리가 죽을까 하나이다"(출 20:19). 때때로 우리도 이와 같은 간구를 해야 한다.

침묵하시는 하나님

내가 버림받은 자의 기도를 드렸던 경험을 여러분과 나누고 싶다. 외적인 기준에 의하면 모든 일이 잘 풀려 나갔다. 출판사에서는 나에게 글을 써 달라고 요청했다. 강연 요청은 쇄도했고 너무나 호의적이었다. 그러나 일련의 사건을 통해서 하나님은 내게 "침묵하라!"고 명령하셨고 나는 그 말씀에 순종했다. 나는 모든 공적인 강연을 중단했고 모든 집필 활동을 멈추었으며 기다렸다. 이러한 일이 시작될 때 나는 내가 강연이나 집필 활동을 다시 시작할 수 있을지 알지 못했다. 오히려 못할 것이라고 생각했다. 결과적으로 이렇게 공적인 활동을 중단했던 시기는 약 18개월 동안 지속되었다.

나는 침묵하며 기다렸다. 그리고 하나님께서도 침묵하셨다. 나는 시편 기자가 던졌던 질문을 던졌다. "여호와여… 주의 얼굴을 나에게서 언제까지 숨기시겠나이까?"(시 13:1) 나는 아무런 응답도 받지 못했다. 하나님의 응답은 전혀 없었다. 갑작스런 계시도 없었다. 아무런 영감도 없었다. 심중의 확신도 없었다. 전혀 아무것도 없었다.

당신도 그런 경험을 해본 적이 있는가? 당신을 하나님이 계시지 않은 황량한 사막 속으로 던져 넣은 것이 바로 사랑하는 배우자나 자녀의 비극적인 죽음이었는지도 모른다. 아니면 결혼 생활이나 직장 생활에서의 위기나 사업의 실패였는지도 모른다. 아니면 이런 것과는 전혀 다른 것일 수도 있다. 또한 아무런 극적인 사건은 없었지만 단지 하나님과 친밀한 교제를 나누다가 실족하여 전혀 아무런 교제도 없는 얼음장같이 차가운 상태에 빠졌을 수도 있다.

하나님과 아무런 교제도 없는 것, 그것이 어떻게 느껴질까? 사실 거기에는 아무런 느낌도 없다. 모든 느낌들이 겨울잠에 들어간 것과 같은 상태이다.(당신은 내가 이러한 버림받은 경험을 묘사하기 위해 적절한 언어를 찾아내느라고 얼마나 애쓰고 있는지를 알고 있을 것이다. 왜냐하면 인간의 말이란 기껏해야 상황에 대한 단편적인 근사치에 불과하기 때문이다. 그러나 당신이 만일 그런 경험을 해본 적이 있다면 내가 말하고 있는 바를 이해할 것이다.)

앞에서 언급했듯이 나의 이 침묵 훈련은 약 18개월 동안 지속되었다. 마침내 그 훈련은 끝이 났으며 다시금 공적인 활동을 재개할 때가 되었다는 차분한 확신이 생기게 되었다.

불평 어린 기도

이 문제는 결국 우리가 버림받은 것같이 느낄 때 우리가 어떻게 해야 하는가 하는 문제이다. 우리가 버림받은 것같이 느낄 때 우리가 할 수 있는 기도가 있을까? 그렇다. 우리는 불평 어린 기도를 드림으로써 시작할 수 있다. 이러한 기도는 나쁜 이미지를 불식한 현대적인 종교에서는 대개 잊혀진 기도지만 성경에는 그러한 내용의 기도가 매우 많이 나온다.

하나님께 대한 유서 깊은 접근을 다시 배울 수 있는 가장 좋은 방법은 전통적으로 '애가 시편'이라고 알려져 있는 시를 가지고 기도하는 것이다. 시편을 노래했던 옛사람들은 불평하는 법을 알고 있었고 그들의 고뇌와 좌절의 어휘들은 우리의 입술로 감히 기도할 수 없는 내용들을 기도할 수 있게 해준다. 그들은 경외와 더불어 실망도 표현했다. "나의 찬송하는 하나님이여 잠잠하지 마옵소서"(시 109:1). 그들은 또한 끈질긴 소망과 더불어 깊어지는 절망도 경험했다. "여호와여 오직 주께 내가 부르짖었사오니 아침에 나의 기도가 주의 앞에 달하리이다 여호와여 어찌하여 나의 영혼을 버리시며 어찌하여 주의 얼굴을 내게 숨기시나이까"(시 88:13 - 14). 그들은 또한 하나님의 인격을 신뢰했을 뿐만 아니라 하나님이 아무런 활동을 하시지 않는 것같이 보이는 데 대하여 화를 내기도 했다. "내 반석이신 하나님께 말하기를 어찌하여 나를 잊으셨나이까"(시 42:9).

애가 시편들은 우리에게 내적인 갈등과 모순이 있을 때 기도하는 법을 가르쳐 준다. 그 애가들로 인해 우리는 하나님으로부터 버림받아 마치 캄캄한 동굴에 갇힌 자처럼 왜 우리를 버리셨느냐고 소리내어 외칠 수 있다. 그리고 우리가 그만둘 때까지 우리에게 반복해서 돌아오는 메아리 소리를 들을 수 있다. 그러나 결국 우리는 그 애가를 다시 외치게 된다. 이 애가 시편을 통해서 우리는 한 순간 하나님을 향하여 주먹을 치켜 들 수도 있고, 그 다음 순간 갑자기 송영으로 영광을 돌릴 수도 있다.

애타는 사랑의 짧은 화살

우리가 하나님의 침묵으로 인해 괴로울 때 할 수 있는 또 한 가지 일은 미지의 구름을 '애타는 사랑의 짧은 화살'로 쏘아 맞추는 것이다. 우리는 처음부터 끝까지 다 알지는 못하지만 우리가 알고 있는 일을 계속해서 해나간다. 기도하고 듣고 예배하며, 지금 이 순간의 의무를 다 수행한다. 하나님의 사랑의 빛 가운데 해야 하는 일은 하나님이 안 계신 암흑 속에서도 행한다. 아무런 대답이 없을지라도 계속해서 구하고 또 구하며, 끊임없이 찾고 또 찾는다. 문이 여전히 닫혀 있을지라도 계속해서 두드리고 또 두드린다.

우리 안에 생명을 소중히 여기는 확고 부동한 생각을 심어 주는 것이 바로 이런 끝없이 애타는 사랑이다. 우리는 하나님이 주시는 선물보다 하나님을 더 사랑한다. 욥처럼 우리는 하나님이 우리를 죽이신다 해도 하나님을 섬긴다. 마리아처럼 우리는 "주의 계집종이오니 말씀대로 내게 이루어지이다"(눅 1:38)라고 담대하게 말한다. 이것이 바로 하나님의 은혜이다.

믿고 조용히 기다려라

하나님께 버림받은 것처럼 생각하는 사람들에게 한 가지 더 권하고 싶은 것이 있다. 그것은 하나님을 믿고 기다리라는 것이다. 말없이 그리고 조용히 기다려라. 정신을 차리고 민감하게 깨어 기다려라. 신뢰가 믿음보다 앞선다는 사실을 배워라. 믿음이란 자동차에 기어를 넣는 것과 흡사하다. 믿음은 즉시 가동시킬 수 없다. 다시 말해 즉시 앞으로 나아갈 수는 없다는 것이다. 그렇다고 자신을 너무 나무라지 말라. 영적인 생활을 가동시킬 수 없을 때는 기어를 후진으로 하지 말고 중립으로 하라.

신뢰란 당신이 영적인 생활을 중립에 두는 방법이다. 신뢰는 곧 하나님의 인격을 믿는 것으로서 "나는 하나님이 무엇을 하고 계신지, 또 어디에 계신지 알지 못하지만 나에게 유익을 주시기 위해 어딘가에 계신다는 것만은 알고 있다"라고 말하는 것이다. 이것은 바로 기다리는 방법이기도 하다.

나는 하나님이 왜 자신을 숨기시고 광야와 같은 곳에 우리를 두시는지 그 이유를 다 알지 못한다. 내가 아는 것은 단지 이것뿐이다. 광야가 우리에게 필요하다면 그것이 결코 영원히 계속되지는 않으리라는 것이다. 하나님의 때가 되면 하나님의 방법으로 그 황무지가 변하여 젖과 꿀이 흐르는 땅으로 바뀔 것이다. 그러므로 우리는 영혼의 약속의 땅을 기다리면서 끌레르보의 버나드(Bernard of Clairvaux)가 드렸던 기도를 되풀이할 수 있다. "오 나의 하나님, 주의 폭포 소리에 깊은 바다가 서로 부르며(시 42:7), 나의 깊은 불행의 심연이 주님의 무한한 사랑의 심연에 호소하나이다."

기도

하나님, 하나님은 지금 어디에 계십니까? 제가 무엇을 했기에 주께서 저를 피해 숨으시는 겁니까? 고양이가 쥐를 놀리듯 주께서 저를 우롱하시나이까, 아니면 주님의 목적이 제 지각보다 크시나이까? 저는 지금 심히 외롭고, 길을 잃어 쓸쓸하며, 버림받은 자 같습니다.

주님은 자신을 계시하시는 일에 전문이신 바로 그 하나님이십니다. 주님은 자신을 아브라함과 이삭과 야곱에게 계시하셨습니다. 모세가 주님의 모습을 알고 싶어했을 때 주님은 그의 소원을 들어 주셨습니다. 그런데 그들에게는 보이시고 왜 저에게는 숨으십니까?
　이젠 기도하기에도 지쳤습니다. 구하는 일에도 지쳤습니다. 기다리는 일에도 싫증이 났습니다. 그러나 저는 계속 기도하고 구하며, 계속 기다릴 것입니다. 주님밖에는 달리 갈 곳이 없기 때문입니다.
　예수님, 예수님도 광야의 고독함과 십자가의 외로움을 아셨습니다. 제가 이런 기도를 드릴 수 있는 것은 바로 주님께서 그런 버림받은 자의 기도를 드리셨기 때문입니다. 아멘.

3장

성찰의 기도

> "기도는 영혼을 던져 넣는 내적인 사랑의 욕실이다."
>
> 성 존 비엔니(St. John Vianney)

지나칠 정도로 과도한 내성(內省)의 시대에 살고 있는 우리에게 성찰의 기도가 없다는 것은 참으로 이상한 일이다. 오늘날은 사람들이 단 한번의 영적인 성찰의 경험 없이도 수년 동안 주일마다 예배를 드릴 수 있는 것이 사실이다. 이 얼마나 큰 비극인가! 그리고 얼마나 큰 손실인가! 오늘날 사람들이 연약한 것도 무리는 아니다. 그리고 간신히 일에 매달려 있는 것도 이상한 일이 아니다.

성경의 증거는 얼마나 부요하고 충분한가! 시편 기자는 선포하기를, "여호와여 주께서 나를 감찰하시고 아셨나이다"(시 139:1)라고 했다. 다윗 왕은 증거하기를, "여호와께서는 뭇마음을 감찰하사 모든 사상을 아시나니…"(대상 28:9)라고 했다. 그리고 사도 바울은 우리에게 상기시켜 주기를 "성령은 모든 것 곧 하나님의 깊은 것이라도 통달하시느니라"(고전 2:10)고 했다. 성경의 증거는 이외에도 많이 있다. 이러한 믿음의 사람들은 하나님의 감찰하심을 알고 있었으며 그것을 두려운 것으로 경험하지 아니하고 무한한 힘과 능력의 원천으로 경험하였다.

그러면 성찰의 기도란 무엇일까? 그것은 마치 동전의 양면처럼 두 개의 기본적인 국면을 가지고 있다. 첫째는 의식의 성찰인데, 그것을 통해 우리는 하나님이 하루 동안 어떻게 임재하셨는지를 알게 된다. 두 번째 국면은 양심의 성찰로서 그 안에서 우리는 정화되어야 하고 치유되어야 할 영역을 발견하게 된다. 이 두 개의 국면을 따로따로 고찰해 보면 도움이 될 것이다.

에벤에셀의 하나님

기도를 통한 의식의 성찰로 우리는 우리 시대의 사상과 감정과 행동들을 조망하여, 하나님이 우리 가운데서 어떻게 일하고 계시며 우리는 어떻게 반응했는지를 알게 된다. 예를 들어 어젯밤에 이웃집에서 난폭한 일이 있었다고 하자. 그 경우 우리는 그것이 단지 조용한 저녁을 방해하는 무례한 행동에 불과했는지, 아니면 그 이상의 어떤 의미가 있는 것인지를 생각하게 된다. 아마 그것은 주위 사람들의 고통과 외로움에 대해서 유의하라고 강권하시는 하나님의 음성이었을지도 모른다. 하나님은 오늘 아침의 찬란한 햇빛을 통해서도 그의 아름다운 사랑을 선포하시며 또 그 사랑을 나누고자 초대하셨을지도 모른다. 그러나 우리는 너무 잠이 많고 정신이 산만하여 그 부르심에 참여하지 못했을 수도 있다. 때로는 편지를 쓰거나 친구에게 전화를 하라는 하나님의 속삭임에 응답하고 나서 그 단순한 순종의 결과가 얼마나 놀라운 일이었는지를 체험해 보기도 했을 것이다.

이처럼 의식의 성찰은 하나님께서 우리에게 주위 환경에 대해서 더 많이 알려 주시기 위해 사용하시는 수단이 된다. 최근에 나는 테헤란에서 온 학생 옆에 앉은 적이 있었다. 그때 나는 하나님께서 내가 그에게 관심을 갖고 그와 같이 있기를 원하신다는 느낌이 들었다. 그의 이름은 리자(Reza)였고 함께한 지 얼마 되지 않아서 나에게 많은 말을 하지는 않았지만 그의 말 한마디 한마디에는 생명력이 있었다. 예전에도 리자를 본 적이 있었다. 그러나 그와 함께 자리한 적은 없었다. 우리가 만나면 언제나 덕을 보는 사람은 나였다.

내가 지금 복잡하거나 어떤 특별한 것을 말하고 있는 것이 아니다. 하나님은 우리가 본연의 위치에 있기를 원하신다. 하나님은 우리로 하여금 주위에 있는 것들을 보고 듣도록 권유하시며, 그 모든 것을 통해서 우리가 하나님의 발자취를 발견하기 원하신다.

사실, 의식의 성찰은 우리가 하나님의 전능하신 역사를 되새겨 볼 수 있는 한 가지 방법이다. 성경에 '기억하라'는 말이 얼마나 자주 나오는지 생각해 본 적이 있는가? 하나님께서 아브라함과 맺으신 언약을 기억해 보라. 여호와께서 자기 백성을 어떻게 속박의 집 애굽 땅에서 구해 내셨는지 생각해 보라. 십계명을 떠올려 보라. 다윗에게 한 왕국 언약을 회상해 보라. 몸이 찢기고 아낌없이 피를 쏟으신 다윗의 자손을 기억해 보라. 떡과 포도주를 들면서 갈보리를 생각하고 추억해 보라.

이스라엘이 블레셋을 물리친 후 사무엘은 돌을 취하여 미스바와 센 사이에 세우고 그것을 에벤에셀이라고 불렀다. 그 말의 뜻은 "하나님이 여기까지 우리를 도우셨다"는 것이다(삼상 7:12). 사무엘은 그 백성들에게 과거를 회상할 수 있는 하나의 특정한 방법을 제시해 주었다. 그것이 바로 우리가 의식의 성찰로 할 수 있는 것이다. 우리는 우리 개개인의 에벤에셀을 세워 놓고, "여기가 바로 하나님께서 나를 만나 주시고 도와주신 곳이다"라고 선포하며 회상할 수 있다.

의식의 성찰

의식의 성찰로 우리는 하나님을 초청하여 우리의 마음속을 깊이 살피시게 할 수 있다. 하나님의 감찰은 두려운 것이 아니라 오히려 사랑의 표현이다. 우리도 시편 기자의 말을 빌어 대담하게 기도할 수 있다. "하나님이여 나를 살피사 내 마음을 아시며 나를 시험하사 내 뜻을 아옵소서 내게 무슨 악한 행위가 있나 보시고 나를 영원한 길로 인도하소서"(시 139:23-24).

변명을 하거나 핑계 댈 것도 없이 우리는 진짜 우리 속에 있는 것을 보고 싶어한다. 그런데 그것은 바로 우리 자신을 위해서 그렇게 하는 것이다. 그것은 우리의 유익과 우리의 치유와 우리의 행복을 위한 것이다.

하나님은 의식의 성찰을 통해 우리와 동행하신다는 사실을 기억하라. 의식의 성찰은 다른 말로 표현하면 '공동 조사'라고 할 수 있다. 이러한 사실은 서로 상반되기는 하지만 두 가지 중요한 이유 때문에 알아 두면 도움이 된다.

우선 우리가 우리 마음을 홀로 감찰하는 사람이라면, 우리의 무죄함을 선언하기 위하여 수도 없이 여러 번 스스로를 의롭다 할 것이다. 우리는 사실 이사야가 말한 대로 "악을 선하다 하며 선을 악하다"(사 5:20) 하는 자들이다. 그러나 하나님께서 의식의 성찰을 통해 우리와 함께 계시기 때문에, 우리는 변명하기보다는 오히려 하나님의 음성에 귀를 기울이게 된다. 우리의 비겁한 자기 합리화나 책임 회피가 하나님의 임재의 빛을 견디지는 못한다. 하나님은 우리에게 필요한 것을 알아야 할 필요가 있을 때 알게 하신다.

다른 한편, 우리에게는 스스로를 학대하는 경향이 있다. 우리가 마음대로 생각하도록 내버려진다면, 우리 자신이 진정 누구인지를 잘 파악하여 구원받을 자격이 없음을 선포하기 쉽다. 우리의 손상된 자아관은 우리 자신을 인정하려 들지 않고 자신을 무자비하게 학대하게 된다. 그러나 하나님께서 우리와 함께하시기 때문에 우리는 보호와 위로를 받을 수 있다. 하나님은 절대로 우리가 취급할 수 있는 그 이상 보기를 허락지 않으신다. 너무 지나친 내면 성찰은 도움이 되기는커녕 오히려 해를 끼칠 수 있다는 것을 아시기 때문이다.

귀용 부인은 우리의 죄를 발견하고 아는 데 있어서 하나님을 의지하지 아니하고 우리 자신의 성찰에 의지하는 것을 경고하였다. 우리의 성찰이 자아 성찰에 그친다면 우리는 언제나 지나치게 자신을 칭찬하거나 반대로 지나치게 비난하게 된다. 그러나 위대한 의사이신 하나님의 조명등 앞에서는 언제나 좋은 것만을 기대할 수 있다.

물론 고통이 없는 것은 아니다. 귀용 부인의 말을 들어 보자. "여러분이 이런 형태의 굴복에 익숙해지면, 어떤 잘못을 저질렀을 때 하나님께서 심령의 불을 통해서 그 잘못을 꾸짖으실 것이라는 사실을 알게 될 것이다. 하나님께서는 자기 자녀들의 삶 속에 어떤 죄악도 숨어 있는 것을 허락지 아니하신다." 이 말처럼 분명 고통스런 '심령의 불' 은 있다. 그러나 그것은 부정한 것들을 태우는 불이라는 것을 알고 있기 때문에 그 불의 세정 작업은 환영받아 마땅하다.

값으로 따질 수 없는 은혜

아직까지도 한 가지 질문이 여전히 남아 있을지 모르겠다. 그것은 이 모든 자아 성찰의 목적이 무엇인가 하는 문제이다. 자아 성찰을 통해 우리는 무엇을 기대하는가? 이것은 솔직한 질문이다. 그리고 이 질문은 솔직한 답변을 들을 만한 가치가 있다. 사실 이 질문은 대답하기가 쉽다. 그러나 분명히 표현하기 어렵다는 것이 바로 그 대답의 가치이다.

성찰의 기도는 우리 안에서 자아 인식이라는 값비싼 은혜를 만들어 낸다. 그 은혜가 정말로 얼마나 큰 은혜인지를 적절히 설명할 수만 있다면 좋겠다. 그러나 불행히도 오늘날 사람들은 이전의 모든 세대만큼 자아 인식의 가치를 모르는 것 같다. 우리에게는 전문적인 기술 지식이 다른 모든 지식보다 우위를 차지한다. 설사 우리가 자기 인식을 추구한다 할지라도 우리는 그것을 개인적인 평화나 번영을 위해 향락적으로 추구하기가 십상이다. 이 얼마나 불행한가! 이방 철학자들조차 이 세대보다 더 지혜롭다. 성찰이 없는 삶은 살 가치가 없다는 것을 그들은 알고 있었다. "너 자신을 알라"고 말한 소크라테스 역시 이것을 알았던 것이다.

성 아빌라의 테레사(St. Teresa of Avila)는 자아 인식이 얼마나 중요한지를 알고 있었다. 그녀의 자서전에 보면 "자아 인식의 길은 결코 포기할 수 없다. 어떤 거인이라 할지라도 이 길에서는 유아기나 젖먹이 시절로 되돌아가야 한다"고 했다. 자아 인식은 모든 지식의 기초일 뿐만 아니라 망각될 수 없는 인생의 기초이다. 우리는 이 가장 기본적인 기도 방법을 계속해서 사용해야 한다.

자아 인식의 귀중함을 우리에게 설명해 주기 위해 테레사는 여기에 말을 덧붙인다. "이 기도의 길에서는 자아 인식과 죄에 대한 생각이 양식이 된다. 그런데 입맛이 아무리 까다로운 사람이라 할지라도 그것을 모두 먹어야 한다. 왜냐하면 이 양식을 먹지 않고서는 살아갈 수 없기 때문이다." 우리 자신의 죄악이 우리가 먹어야 하는 양식이 될 수 있다니 얼마나 놀라운 일인가? 어떻게 그럴 수 있을까?

바울이 우리에게 우리 몸을 하나님께 산 제사로 드리라고 권고한 것을 여러분은 기억할 것이다(롬 12:1). 이 제사는 경건한 말이나 종교적인 행위를 통해 추상적으로 이루어지는 것이 아니다. 오히려 우리가 누구이며 또 어떻게 살아가야 하는지에 대한 구체적인 사실들을 용납하는 일에 근거해야 한다. 우리는 우리가 피조물임을 인정할 뿐더러 존중해야 한다.

우리 자신을 드리는 제사는 우리의 살아온 경험을 드리는 제사다. 왜냐하면 그것만이 우리의 참모습이기 때문이다. 우리가 드려야 할 유일한 제사는 앞으로 우리가 되고 싶은 것이 아니라 지금 우리의 모습 그 자체이다. 그러므로 우리는 하나님께 우리의 강함만 드리는 것이 아니라 우리의 약함까지도 드려야 한다. 그리고 우리의 재능만을 드리는 것이 아니라 부서지고 깨어진 불완전한 모습까지도 드려야 한다. 우리의 이중성, 욕망, 허무주의, 게으름, 이 모든 것들도 희생의 제단 위에 내려놓아야 한다.

우리는 우리의 악의 깊이를 부인하거나 무시해서는 안된다. 왜냐하면, 역설적으로 말해서 우리의 죄악이 우리의 양식이 되기 때문이다. 우리가 우리 자신에 관한 진리의 일부로서 우리 안에 있는 죄악을 솔직하게 인정하고 그 진실을 하나님께 제사로 드리면, 우리는 신비한 방법으로 영양을 공급받게 된다. 우리의 그늘진 부분에 관한 진실까지도 우리를 자유하게 한다(요 8:32).

그러므로 우리 자신에 관한 하나님의 진리를 억누르거나 억제하거나 미화시킬 필요가 없다. 완전하고 꾸밈없는 자기 지식은 우리를 유지하고 지탱해 주는 양식이다. 인생에 대한 긍정은 우리 자신의 악에 대한 정직한 인식이다. 그것은 또한 악 한가운데서 우리를 지탱해 주고 의로 인도하시는 하나님께 대한 긍정이기도 하다.

자아 인식은 믿음을 통해 우리를 자기 긍정과 자기 사랑으로 인도하며 이것들을 소유한 자는 하나님의 사랑으로 살아가게 된다. 그러므로 성 테레사가 한 말은 옳다. "이것은 모든 사람이 먹어야 하는 양식이다." 그녀의 말은 참으로 현명한 권고이다. 이 자아 인식의 길은 결코 포기할 수 없다.

내면을 향해 기도하는 것

앞서 말한 것처럼 성찰의 기도에는 두 가지 면이 있다. 그것은 매우 정확한 분석이지만 실제로 행하려고 하면 분석이 잘못된 것같이 보인다. 사실 그 경험은 끊임없이 중복되고 마주치며 서로 섞였다가 다시 분리되는 두 개의 동심원을 컴퓨터 그래픽으로 나타내는 것보다 더 생생하다. 예를 들면, 우리는 우리의 삶 속에서 역사하시는 하나님의 활동을 지켜 본다. 그리고 이와 함께 하나님께서 우리의 어두운 부분을 드러내시는 것을 보게 된다. 의식의 성찰과 양심의 성찰은 바다의 파도와 다소 유사하다. 서로가 구별되는 것같이 보이지만 절대로 서로 완전히 분리되지는 않는다. 이 문제를 이해하고 나면 이제 새로운 문제에 직면하게 된다. 그 문제는, 성찰의 기도를 도대체 어떻게 드려야 하는가 하는 것이다.

성찰의 기도는 내면을 향하여 기도하는 것이다. 바깥이나 위로가 아닌 오직 안으로 향하는 것이다. 안토니 블룸(Anthony Bloom)은 "당신의 기도는 내면을 향해야 한다. 하늘에 계신 하나님을 향하는 것도 아니고 멀리 계신 하나님을 향하는 것도 아니며 오직 당신이 알고 있는 것보다 더 가까이 계신 하나님을 향해야 한다"고 말했다.

성찰의 기도는 어떤 다른 형태의 기도보다도 더 깊이 내면으로 들어가는 것이다. 마치 그것은 드릴로 땅 속 깊은 곳을 파는 것이나 다름없다. 그러나 내가 말하고자 하는 뜻은 훨씬 더 내성적이 되어 내면을 향한다거나, 무언가 우리 안의 어떤 특별한 내적인 힘이나 우리를 구원할 마음속의 구세주를 찾으려는 일념으로 내면을 향한다는 뜻이 아니다. 그것은 모두 헛된 노력일 뿐이다. 그것은 우리 자신의 내면으로 들어가는 여행이 아니라 우리 자신을 통해서 자아의 가장 깊은 곳에서 나와 하나님께로 들어가는 여행이다. 성 존 크리소스톰(St. John Chrysostom)은 말한다. "당신 마음의 문을 찾아라. 그러면 그 문이 하나님 나라의 문이라는 것을 알게 될 것이다".

귀용 부인은 이런 특별한 종류의 내면 성찰을 '중심적 경향의 법칙'이라고 했다. 또한 "당신의 영혼 깊은 곳에 있는 내면 세계의 성찰을 통해서 당신은 하나님이 자석처럼 끄는 힘을 갖고 계시다는 것을 알게 될 것이다. 당신의 하나님은 자석과 같다. 하나님은 본래의 당신을 점점 더 자신에게로 잡아 끌어당기신다"고 했다. 그녀는 계속해서 말하기를, 우리가 하나님의 중심으로 이끌림을 받는 것은 우리 자신의 노력에 의해서가 아니라 하나님의 은혜로 말미암은 것이라고 했다. 결론적으로 그녀는, "당신의 영혼이 일단 내면을 향하기 시작하면 이 중심적 경향의 법칙하에 놓이게 된다. 그리고 그것은 점차 올바른 중심이신 하나님께로 향하게 된다. 인간의 영혼은 사랑의 힘 외에는 그것을 잡아 끄는 다른 힘을 필요로 하지 않는다"고 했다.

하나님과의 개인적인 만남

그러면 이 내면을 향하는 길이 어떻게 이루어지는가? 우리를 돕는 육체와 정신과 영혼의 활동이 있는가? 그렇다. 일일이 열거할 수 있는 것 이상이다. 이제 몇 가지 더 흔한 예를 들어 보자.

의식의 성찰로 들어갈 수 있는 방법 중 전통적인 한 가지 방법은 바로 영적 일지를 쓰는 것이다. 어거스틴의 참회록으로부터 다크 함마르스쾰트(Dag Hammarskjold)의 표시에 이르기까지 수세기에 걸쳐서 그리스도인들은 그들의 영적 여로를 기록하는 것이 가치 있음을 알았다. 버지니아 스템 오웬즈(Virginia Stem Owens)의 말처럼, "일지는 직기(織機)의 바디(lathe)처럼 우리를 목재의 심재 속으로 밀어 넣는다."

일지 쓰기는 우리가 살고 있는 시대에 일어나는 일들에 대한 의도적인 반성이다. 일지는 누가 무엇을 했느냐에 초점을 맞추기보다는, 왜 무엇 때문에 했느냐에 초점을 맞춘다는 점에서 일기와 다르다. 밖에서 일어나는 일들은 마음속 깊은 곳에서 역사하시는 하나님의 일들을 이해하기 위한 발판이다. 일지의 특별한 가치는 본인이 원하기만 하면 개인적인 에벤에셀을 기록해 둘 수 있다는 데 있다. 그 기록을 통해 우리는 언제든지 하나님과의 개인적인 만남의 역사를 볼 수 있고, 우리가 지금 씨름하고 있는 문제와 우리가 이룩한 진보에 대해서도 살펴볼 수 있게 된다.

프랑크 라우바흐(Frank Laubach)의 많은 기록과 일기들은 의식의 성찰에 대한 훈련된 모험의 내용들이다. 특히 그의 「촌각과의 게임(Game with Minutes)」을 통해 나는 그가 하루에 얼마나 많은 순간들을 하나님의 임재를 의식하며 지냈는지 알 수 있었다. 1937년 정월 초하루, 그는 이런 글을 남겨 놓았다. "하나님, 저는 이 한 해 동안의 모든 순간을 주님께 드리고 싶습니다. 제가 깨어 있는 모든 순간순간 주님을 잊지 않고 기억하겠습니다." 다른 곳에는 이렇게 기록했다. "하나님, 밤새도록 한잠도 못 잤지만 우리가 함께 있다는 사실로 인해 웃으며 눈을 뜹니다. 제 옆에서 밤새도록 기침하는 저 사람이 저의 잠을 방해하지만 그것이 저를 주님과 멀어지게 하지만 않는다면 괜찮습니다."

「하나님의 어휘 학습(Learning the Vocabulary of God)」이란 책에서도 라우바흐는 일상적인 사건을 통해 하나님께서 어떻게 말씀하시는지를 배우는 데 일년을 바치겠다고 했다. 그러한 실험 초기에 그는 말하기를 "주님, 주님의 어휘를 찾는 이 작업은 제게 새로운 환상의 모든 세계를 약속합니다. 저는 주님의 말씀을 기록하기 위하여 호주머니 속에 작은 수첩을 가지고 다닙니다. 주님의 말씀이 떠오를 때마다 저는 새로운 언어를 배우듯이 그것을 기록합니다"라고 하였다. 흥미롭게도 그 해 경험으로 그는 전세계적으로 유명한 생애 최고의 역작인 라우바흐식 언어 습득법을 고안했다.

인도의 바로다 바자르(Baroda Bazaar)에서 어느 날 그는 다음과 같은 기록을 남겼다. "글을 읽고 쓸 줄 모르는 3억 3천만 명 이상의 사람들이 도움을 요청하고 있습니다. '필요'라는 말도 주님께서 주신 주님의 언어입니다. 이 문제에 접근하는 방법은 매우 어렵습니다. 해결되지 않은 문제도 주님의 언어입니다. 왜냐하면 그 문제를 통해 주님은 우리를 훈련시키는 교장 선생님이시기 때문입니다."

영적 성장의 수단으로 일지를 쓰는 훈련을 권장하기는 하지만 그것만 옳다고 주장하고 싶지는 않다. 우리가 아는 한, 예수님도 그 일을 하지 않으셨고 앗시시의 프랜시스나 수많은 다른 유명한 그리스도인들도 그런 일을 하지 않았다. 그들은 그런 일을 하지 않고서도 자신의 성숙한 영적 삶을 아주 잘 영위해 나간 것 같다.

오늘날 이 사실은 꼭 짚고 넘어가야 한다. 왜냐하면 누구나 일지를 꼭 써야 한다고 생각하는 사람들이 있기 때문이다. 일지를 기록하는 일은 어떤 사람들, 특히 말을 많이 하는 사람들에겐 의미 있는 일이지만, 모든 사람들에게 똑같이 중요한 것은 아니다. 우리는 하나님의 은혜의 수단을 결코 받아 적을 수 없다.

그 밖에도 할 수 있는 일은 많다. 어느 해 여름, 나는 매일 밤 10시쯤 현관 진입로 부근에 설치한 조그마한 농구장으로 가곤 했다. 혼자 공을 던지면서 내내 하나님께 그날 나의 영적 목록표를 작성해 달라고 기도했다. 많은 것들이 나의 뇌리를 스쳐 지나갔다. 죄가 생각났다. 분노의 말, 예의 바르지 못했던 언행, 다른 사람을 격려할 수 있는 기회를 놓쳐 버린 것 등이 떠올랐다. 그런 경험은 한 해 여름철뿐이었다. 그 이후에는 그런 경험을 다시 가져 보지 못했다. 그러나 그것은 의식의 성찰을 체험할 수 있는 한 방법이었다.

양심의 성찰을 경험할 수 있는 방법은 수없이 많다. 마틴 루터는 우리의 삶을 도덕적인 표준에 입각해 유지하는 수단으로 십계명과 주기도문을 규칙적으로 묵상해 볼 것을 권장했다. 많은 사람들은 그들의 삶을 점검하기 위하여 개인적인 수양 기간을 이용한다.

아마 내 친구가 양심의 성찰을 경험하기 위하여 사용했던 독특한 방법을 알게 되면, 여러분도 한번쯤 시도해 보고 싶을 것이다. 그녀는 일주일 내내 하나님의 권능의 후사로 살아가려고 하며 하나님의 일을 행하고 하나님의 생각대로 자신도 생각하려고 애쓴다. 그러다가 금요일이나 토요일 저녁이 되면 그 주간에 있었던 일들 중 하나님의 용서를 구해야 할 어떤 죄나 실패 따위를 생각나게 해달라고 성령님께 간구한다. 그리고 나서 그녀는 정해진 회개의 시간을 갖고 주일 아침 예배 때 성찬식에 참여해 그 일을 마무리한다.

이것은 우리를 바로 다음 장의 주제인 눈물의 기도로 직접 인도한다. 이제 이 멋진 기도의 방법으로 우리의 시야를 돌려 보자.

기도
귀하신 주님, 주님의 세심한 감찰을 내가 왜 두려워합니까? 주님은 사랑으로 우리를 감찰하시건만 나는 아직도 주님을 두려워합니다. 무슨 일이 생길지 저는 여전히 두렵습니다. 하지만 주님, 그럴지라도 나의 마음속 깊은 곳까지 감찰해 주시기를 원합니다. 그리하여 나 자신과 주님을 완전히 알게 되기를 원합니다. 아멘.

4장

눈물의 기도

> "눈물은 영혼의 상처에서 나오는 피와 같다."
>
> 닛사의 그레고리(Gregory of Nyssa)

여기에 해당하는 헬라어로는 '펜도스(penthos)'가 있다. 영어로는 거기에 맞는 적절한 단어가 없다. 이것은 성경 말씀을 따라 살아간 사람들이 흔히 경험하는 일이며 경건한 작가들의 작품 속에 반복해서 나타나는 주제이다. 펜도스는 깨어진 마음과 통회하는 마음을 의미한다. 그리고 내적인 경건한 슬픔을 의미한다. 또한 복 있는 거룩한 애도를 의미한다. 그리고 마음속 깊이 진심으로 뉘우치는 것을 의미한다. 무엇보다도 펜도스는 눈물의 기도 그 자체를 의미한다.

닛사의 그레고리는 성 에프렘(St. Ephrem)에 대해 다음과 같이 말했다. "나는 그의 홍수와 같은 눈물을 생각할 때마다 눈물이 난다. 왜냐하면 그의 눈물의 바다를 눈물 없이 지나간다는 것은 거의 불가능하기 때문이다. 밤낮을 가리지 않고 그는 눈물로 온몸을 적시곤 하였다." 또 아바 안토니(Abba Anthony)는 다음과 같이 대담한 선언을 하였다. "덕을 쌓는 일에 진보가 있기를 원하는 자마다 눈물과 슬픔으로 해야 한다."

마음을 찢는 회개

눈물의 기도란 무엇인가? 그것은 하나님의 선하심을 거역하고 거기서 멀리 떠나 있었던 죄로 인해 '마음을 찢는 것'을 말한다(행 2:37). 그것은 우리의 죄와 세상의 죄에 대하여 슬퍼하는 것이다. 그것은 죄에서 자유케 하는 회개의 경험을 갖는 것이다. 또한 그것은 죄가 우리를 하나님의 충만한 임재로부터 단절시켜 버린다는 것을 분명하고도 절실하게 깨닫는 것을 말한다.

1740년 10월 18일 아침, 아메리카 원주민을 대상으로 선교하는 건장한 개척 선교사인 데이비드 브레이너드(David Brainard)는 그의 선교 일지에 다음과 같이 기록하였다.

"나의 죄악과 사악함이 너무나 넘쳐나서 내 영혼이 녹았으며 내 영혼이 매우 슬퍼한다. 지금처럼 그렇게 죄의 더러운 본성을 가슴 아프고 깊게 느껴본 적은 없다. 이제 내 영혼은 전보다 더욱 하나님을 사랑하게 되었고 나에 대한 하나님의 사랑을 더욱 생생하게 느끼게 되었다."

최근에 나는 눈물의 보슬비와 같은 특별한 은혜를 경험했다. 나는 나의 죄와 하나님 백성들의 죄를 깊이 생각하고 있었다. 또한 마음의 슬픔이라고 할 수 있는 '통회'에 관한 성경의 가르침과 옛 교회의 가르침에 대해 묵상하고 있었다. 그러던 중에 하나님은 내게 교회를 대신하여 마음속에 거룩한 슬픔이 일어나는 은혜를 주셨다. 그 순간 나는 우리를 향한 하나님의 오래 참으심과 사랑과 자비에 대해서 눈물로 깊은 감사를 드릴 수 있었다. 미가 선지자의 말대로 "주와 같은 신이 어디 있으리이까 주께서는 죄악을 사유하시며…"(미 7:18) 하는 고백이 나왔다.

나는 이런 심령의 슬픔이 지속되길 원했으나 불과 며칠밖에 지속되지 않았다. 이런 경험은 오늘날 예외적인 것처럼 보인다. 그러나 늘 그러했던 때도 있었다. 프랑스의 여배우 이브 라발리에(Eve LaVallière)는 주님을 믿기로 회심한 후에 눈물이 마른 적이 없다고 한다.

눈물의 탄원

성경에 나오는 많은 인물들은 분명히 눈물의 은혜를 잘 알고 있었다. 욥은 고통 중에 외치기를 "… 내 눈은 하나님을 향하여 눈물을 흘리고"(욥 16:20)라고 했다. 이사야는 모압의 죄악과 황무함을 슬퍼하며 이렇게 외쳤다. "그러므로 내가 야셀의 울음처럼 십마의 포도나무를 위하여 울리라 헤스본이여, 엘르알레여, 나의 눈물로 너를 적시리니…"(사 16:9).

예레미야는 눈물의 선지자로 알려져 있으며 그러한 명성은 그에게 잘 어울린다. 그는 탄식하기를, "어찌하면 내 머리는 물이 되고 내 눈은 눈물 근원이 될꼬 그렇게 되면 살육당한 딸 내 백성을 위하여 주야로 곡읍하리로다"(렘 9:1)라고 했다. 예레미야가 애가를 지어 노래하지 않았다 해도 그는 분명 이렇게 말했을 것이다. "저희 마음이 주를 향하여 부르짖기를 처녀 시온의 성곽아 너는 밤낮으로 눈물을 강처럼 흘릴지어다 스스로 쉬지 말고 네 눈동자로 쉬게 하지 말지어다"(애 2:18).

시편은 거의 매장마다 시편 기자의 눈물로 적셔져 있다. 다윗은 눈물로 노래하기를, "내가 탄식함으로 곤핍하여 밤마다 눈물로 내 침상을 띄우며 내 요를 적시나이다"(시 6:6)라고 하였다. 사실 다윗에게는 울며 슬퍼하는 것이 습관처럼 되어 있어서 그는 눈물로 호소하는 것을 하나님 앞에서 하나의 증거로 삼았다. "나의 유리함을 주께서 계수하셨으니 나의 눈물을 주의 병에 담으소서 이것이 주의 책에 기록되지 아니하였나이까"(시 56:8). 우리의 영혼이 하나님을 갈급해 하는 것이 마치 사슴이 시냇물을 찾아 갈급해 하는 것과 같다고 아름답게 노래한 시편 기자는 계속해서 이렇게 고백하고 있다. "… 내 눈물이 주야로 내 음식이 되었도다"(시 42:3). 율법에 대한 찬미의 노래 시편 119편에도 이런 애가가 자주 나온다. "저희가 주의 법을 지키지 아니하므로 내 눈물이 시냇물같이 흐르나이다"(시 119:136).

예수님을 생각해 보라. 예수님도 심한 통곡과 눈물로 간구와 소원을 올리셨다(히 5:7). 그리고 사랑하는 예루살렘을 향하여 "암탉이 그 새끼를 날개 아래 모음같이 내가 네 자녀를 모으려 한 일이 몇 번이냐 그러나 너희가 원치 아니하였도다"(마 23:37)라고 하시면서 눈물을 흘리기도 하셨다. 또한 깨어지고 상처받고 버림받은 사람들을 향하여 팔복을 말씀하시면서 "애통하는 자는 복이 있나니"(마 5:4), "우는 자는 복이 있나니"(눅 6:21)라고 하신 것을 들어 보라. 그리고 눈물로 그의 발을 씻긴 마리아에 대하여 인자하신 음성으로 "저의 사랑함이 많으니라"고 말씀하시면서 확고 부동한 말씀으로 "네 죄 사함을 얻었느니라 … 평안히 가라"고 하신 예수님의 모습을 지켜 보라(눅 7:36 - 50).

아시아에 들어온 첫날부터 "모든 겸손과 눈물로 주를 섬겼던" 바울에 대해서도 생각해 보라(행 20:19). 그는 에베소 사람들에게 "내가 삼 년이나 밤낮 쉬지 않고 눈물로 각 사람을 훈계하던 것을 기억하라"(행 20:31)고 했다. 그리고 고린도 교인들에게 "내가 큰 환난과 애통한 마음이 있어 많은 눈물로 너희에게 썼노니…"(고후 2:4)라고 했다. 그리고 나중에는 '애통함'과 '하나님의 뜻대로 하는 근심'이 회개를 이루었기 때문에 기뻐할 수 있었다고 하였다(고후 7:7 - 11).

마음속의 큰 기쁨

이 모든 슬픔과 눈물과 애통의 의미는 무엇일까? 적어도 그것은, 좋은 감정과 만사 형통이 신앙의 결과라고 믿고 자란 우리들에겐 다소 절망스럽게 느껴질 것이다. 그러나 옛사람들은 우리와는 전혀 다른 견해를 갖고 있었다. 그들은 그것을 우리가 사모해야 할 은사, 곧 '눈물의 은사'라고 보았다. 그들은 가장 불쌍히 여김을 받아야 할 사람들이 바로 눈물이 없는 눈과 차가운 마음으로 인생을 살아가는 사람들이라고 했다. 그들은 이러한 내적인 마음의 슬픔을 오히려 '마음속의 큰 기쁨'이라고 불렀다.

사실 진정한 기쁨은, 회개하며 하나님께 영원히 머리 숙여 경배하는 자들의 마음속에 나타나는 가장 분명한 결과이다. 바실레아 슐링크(Basilea Schlink)는 말하기를, "천국의 첫 번째 특징은 통회와 회개에서 나오는 넘치는 기쁨이다. 통회의 눈물은 아무리 굳은 마음이라도 부드럽게 한다"고 했다. 시편 기자는 노래하기를, "눈물을 흘리며 씨를 뿌리는 자는 기쁨으로 거두리로다"(시 126:5)라고 하였다.

친한 친구 하나가 이러한 '마음속의 큰 기쁨'을 특이하게 체험했다. 그는 죄악과 상처로 가득한 현대 세계의 축소판이라고 할 수 있는 한 작은 교회의 목사였다. 종종 그는 자기 교인들의 죄악과 슬픔을 위해 울며 애통하는 시간을 갖곤 하였다. 그리고 때때로 한사람 한사람을 위해 기도할 때 영적으로 깊이 흐느꼈다.

그런데 한번은 그가 어떤 회의에 참석했다가 혼자 숙소에 머물게 되었다. 그는 아침 일찍이 일어나 시편 91:14-16 말씀을 암송하였다. "하나님이 가라사대 저가 나를 사랑한즉 내가 저를 건지리라 저가 내 이름을 안즉 내가 저를 높이리라 저가 내게 간구하리니 내가 응답하리라…." 그리고는 곧 성경을 열어 그 말씀을 가지고 하나님께 기도하기 시작하였다. 한참을 기도하다가 그는 소리 없이 웃기 시작하더니 이내 큰소리로 웃었다. 그 웃음 소리는 심령 깊은 곳에서 우러나오는 소리였으며, 높고 거룩하며 요란했다. 그는 침대 위에서 데굴데굴 구르며 웃고 또 웃었다. 너무 웃어서 그는 옆구리가 아플 정도였고, 소리가 새나가지 않도록 베개로 입을 틀어 막아야 할 지경이었다. 거룩한 웃음으로 나타난 그의 영적 자유함이 약 30분 동안 계속되었다. 웃음이 그치자 그는 혼자말로 이렇게 외쳤다. "이렇게 멋진 방법으로 하루를 시작하다니!"

이 친구는 결코 경솔하거나 경박한 친구가 아니다. 사실 그는 영적으로 너무나 심각하게 행동하기 때문에 때로 나는 그에게 좀더 밝게 행동하라고 격려하곤 했다. 그런데 그에게 어떤 일이 일어났는가? 나는 하나님께서 그에게 마음으로 슬퍼하고 눈물로 회개하는 사람들에게 예비하신 마음속 깊은 곳에서 우러나오는 기쁨을 주신 것이라고 생각한다.

아바 안토니의 제자 성 아모나스(St. Ammonas)는 말하기를, "두려움은 눈물을 만들어 내고 눈물은 기쁨을 만들어 낸다. 그리고 기쁨은 힘을 가져오고 그 힘을 통해 영혼이 범사에 열매를 맺게 된다"고 했다. 또한 교부 하우셔(Hausherr)는 "통회의 결과는 축복이다"라고 했다.

통회의 결과는 축복이다

내가 이야기를 너무 빨리 전개시킨 것 같다. 울고 슬퍼하고 통회하는 등, 기도의 감정적인 측면을 왜 그렇게 강조하는지 그 이유를 아직 이해하지 못하는 사람들이 있을지 모르겠다. 나도 그것을 충분히 이해하고 있다고 자신하지는 못한다. 다만 내가 아는 것은 우리 삶의 감정적인 부분을 건드리지 않는 것은 마치 도화선에 불이 붙지 않은 것과 마찬가지라는 사실이다. 눈물은 하나의 표시라고 할 수 있다. 그것이 어떤 절대적인 표시는 아닐지라도 하나님께서 감정적인 부분을 건드리셨다는 분명한 표시임에는 틀림없다. 눈물의 기도를 통해 우리는 하나님께서 세상의 죄악과 우리의 죄악을 우리에게 보여 주시도록 감정적인 차원에서 용인하는 것이다. 내가 알기로 우리의 눈물은 우리를 지성에서 감성으로 내려오게 하는 하나님의 방법이다. 눈물이 있는 곳에는 영원한 찬양과 경배가 있다.

또 다른 수많은 문제가 우리의 마음을 짓누른다. '죄와 통회와 회개에 대한 이 모든 내용이 혹시 그릇된 죄의식과 불건전한 억압의 시대로 되돌아가는 퇴행적인 것은 아닌가? 어떤 신학적인 근거를 갖고 이런 기도를 드리는가? 이런 식으로 기도하려면 문자 그대로 정말 울어야 하는가?' 이런 의문이 꼬리를 물고 일어난다. 나는 여러분의 이런 관심사와 의문들을 잘 안다. 설령 내가 모든 해답을 다 갖고 있다 하더라도 짧은 이 장에서 언급하기에는 너무나도 많은 문제들이 있다. 그래서 로 보로댕(Lot Borodine) 부인은 그것을 '눈물의 신비'라고 부른 것 같다. 그러나 우리가 모르는 것에 대해 초조해 하기보다는 분명하게 알고 있는 것을 더욱 확실하게 해두도록 노력하자.

날마다 돌이키는 삶

눈물의 기도 기저에 깔려 있는 실재는 우리가 죄인이라는 사실이다. 우리가 죄를 짓는 것은 분명하지만 우리가 죄인이라는 말이 우리가 죄를 짓는다는 것을 의미하는 것은 아니다. 내가 지금 말하고 있는 것은 우리의 행동에 대한 도덕적인 판단이 아니라 하나님과 우리가 분리되어 있다는 신학적인 판단이다. 우리가 죄악된 행위를 저지르기 때문에 죄인인 것이 아니라 죄인이기 때문에 죄를 짓는 것이다. 신학자들은 이러한 본질적인 부패를 '원죄'라고 부른다. 모든 죄의 중심이 되는 그 죄 때문에 믿기를 거부하며 이는 곧 믿음의 결핍을 의미한다. 이 근본적인 결핍과 하나님으로부터의 이탈에서 우리가 죄라고 부르는 모든 뒤틀리고 왜곡된 행동들이 나온다.

신약성경은 세례 요한이 종종 단조롭게 외쳐댔던 "회개하라 천국이 가까웠느니라"로 시작한다. 베드로도 오순절날 그와 똑같은 말을 했고, 성경 마지막 부분은 예수님께서 일곱 교회에게 "회개하고 하나님의 길로 돌이키라"고 말씀하신 내용으로 끝을 맺는다.

물론 그러한 회개를 가능하게 하는 것은 다름아닌 예수 그리스도의 십자가이다. 피 흘리심을 통해 예수님께서는 모든 세대의 모든 악과 모든 적개심을 그 몸에 짊어지시고 그 모든 죄를 대속하셨다. 그는 우리를 하나님과 화목하게 하셨으며 죄로 인해 파괴된 참으로 귀중한 하나님과의 개인적인 관계를 회복시키셨다. 아드리앵 봉 스페이르(Adrienne von Speyr)

의 말처럼 그리스도께서는 십자가로써 '은혜의 마개'를 따셨다.

그것이 전부가 아니다. 기독교 신학은 우리에게 그리스도께서 죽으시고 음부에까지 내려가심으로써 "사로잡힌 자를 사로잡았다"(엡 4:8)고 가르쳐 준다. 사흘 만에 사망의 속박을 깨뜨리고 부활하신 후 예수님께서 처음으로 하신 일은 '회개와 용서'의 사역을 제정하신 일이었다(요 20:23). 부활은 하나님의 순간적인 사죄의 선언이었다.

한 가지 더 필요한 것이 있다. 즉 회개에 대한 우리의 반응인데 한 번만 회개하는 것이 아니라 몇 번이고 되풀이해야 한다는 것이다. 마틴 루터는 선언하기를 그리스도인의 삶은 매일매일이 회개하는 삶이어야 한다고 했다. 날마다 자백하고, 날마다 회개하며, 올바르게 변할 때까지 날마다 돌이켜야 한다. 눈물의 기도는 우리가 돌이키는 데 가장 먼저 도움을 준다. 그러나 이 일이 어떻게 이루어지느냐 하는 것은 우리 시대에서는 잘 이해되지 않는 것이 사실이다. 이제 우리가 다루어야 할 문제는 바로 그것이다.

회개, 하나님으로부터 온 선물

시편 기자는 말하기를, 하나님께서는 상하고 통회하는 마음을 멸시하지 않으신다고 했다(시 51:17). 하지만 현대에 살고 있는 우리에게 절실한 문제는 우리가 어떻게 통회하는 마음, 즉 애통하고 상하고 슬퍼하며 회개하는 마음을 경험할 수 있느냐 하는 것이다.

첫째, 하나님께 구함으로 그것을 경험할 수 있다. 나는 이 말이 너무 흔한 것으로 여겨지지 않기를 원한다. 이것이야말로 우리가 하나님께로 돌아서는 데 있어서 우리가 알 수 있는 가장 깊은 진리이다. 마음의 회개는 우리 자신의 힘만으로 일으킬 수 있는 것이 아니다. 그것은 하나님께로부터 오는 은사이며 순수하고 단순하다. 그것은 구하는 자에게 기꺼이 주기를 기뻐하시는 하나님의 선물이다.

그러므로 우리는 담대함과 끈기를 가지고 통회하는 마음을 간구할 수 있다. 우리는 울며 애통하는 마음을 구할 수 있다. "주님, 제게 눈물의 은사를 주시옵소서." 우리는 이렇게 기도할 수 있다. 구했는데도 마음에 슬픔이 찾아오지 않는다면 계속해서 구하고, 찾고, 두드려야만 한다.

예수님의 비유 속에 나오는 세리는 "하나님이여 불쌍히 여기옵소서 나는 죄인이로소이다"라고 고백했다. 우리는 이렇게 간구해야만 한다. 한 번만 기도한 것이 아니라 계속해서 기도해야 하며 쉬지 말고 기도해야 한다. 고대 예배 찬송의 후렴인 "주님, 불쌍히 여기소서"(Kyrie Eleison)라는 가사는 이 비유에서 나온 것이다. 유명한 '예수 기도'에도 이런 말이 나온다. "하나님의 아들 주 예수 그리스도시여, 나를 불쌍히 여기소서. 나는 죄인이로소이다." 지나간 모든 시대의 수많은 사람들이 그러했던 것처럼 우리도 눈물의 기도, 회개의 은사를 구함으로써 그들의 간구에 동참하자. 이러한 우리의 기도는 때때로 단 한마디로 "불쌍히 여기시옵소서"가 될 수도 있다.

둘째, 죄를 자백함으로 그것을 경험할 수 있다. 우리는 우리의 믿음 없음과 하나님으로부터 멀리 떠나 있음, 그리고 마음의 강퍅함을 인정해야 한다. 사랑과 은혜의 하나님 앞에 우리는 변명하지 말고 하나도 빠짐없이 우리 죄를 고백해야 한다. 우리의 불신과 교만과 말하기에도 부끄러운 지극히 개인적인 범죄와 말로 다할 수 없는 수많은 죄악들을 다 자백해야 한다. 루이스(C.S. Lewis)는 "진정한 그리스도인이라면 마음속에 있는 더러운 것을 주의 깊게 그리고 끊임없이 냄새 맡을 줄 알아야 한다"고 말했다. 바울의 놀라운 고백인 "오호라 나는 곤고한 사람이로다"(롬 7:24)라는 외침은 회개의 영을 간구하는 성숙한 그리스도인의 고백이다.

우리에게는 변명의 여지도, 정상 참작의 구실도 전혀 없다. 옛 신앙 고백문에 나오는 대로 우리는, "나의 잘못 때문에, 나의 가장 슬픈 잘못 때문에" 우리는 죄인이다. 역시 그 고백문에 나오는 것처럼 우리는 "이 죄악들을 고백하며 기억나지 않는 모든 죄까지도 고백해야 한다." 여기서 17세기의 시인이었던 피니아스 플레처(Phineas Fletcher)의 시를 보자.

글썽이는 눈물이여,

흘러내려라, 흘러내려라.
그래서 하늘에서 내려온
아름다운 발을 씻겨라.
그것은 평화의 소식, 평화의 왕.

눈물에 젖은 눈이여,
그치지 말아라
하나님 자비를 간구하려면.
그분의 진노하심에도
우리의 죄는 그치지 않는구나.

눈물의 홍수 속에
내 모든 허물과 두려움을 던져라.
그래서 그분의 눈이
죄를 보는 것이 아니라
눈물을 통해 죄를 보도록.

셋째, 값없이 주시는 은혜를 받아야 한다. 하나님은 미쁘시고 의로우시며 긍휼이 풍성하셔서, 우리 죄를 사하시며 우리를 깨끗하게 하신다(요일 1:9). 탕자의 아버지처럼 그분은 우리가 집으로 돌아올 때 제일 먼저 달려나와 감히 받을 자격도, 얻을 자격도 없는 우리에게 좋은 선물을 아낌없이 주신다.

「훈련의 축제(*Celebration of Discipline*)」라는 내 책을 보면, 우리가 우리 스스로 용서와 깨끗하게 함을 경험하지 못하고 믿음의 형제들과 자매들의 도움이 필요할 때 어떻게 하면 되는지 상세한 상담을 기술해 놓았다. 보충하자면, 우리 예수 그리스도를 따르는 자들은 이미 하나님의 용서를 서로에게 전해야 할 은혜로운 사역을 부여받았다는 것이다(요 20:23).

아마 여러분은 로마 가톨릭의 고해성사를 알고 있을 것이다. 그것을 통해 또 여러분은 초기 수도원 운동이 성직자들의 것이 아니라, 그 운동에 참여한 평신도들이 서로 죄를 고백하고 서로에게서 그리스도의 용서에 대한 확신을 얻게 하는 역할을 했다는 것을 알 수 있을 것이다. 우리에게도 그와 똑같이 할 수 있는 특권이 있다.

더 나아가 우리는 그리스도의 능력을 힘입어 사람들에게 용서와 긍휼의 영을 불어넣을 수 있다. 마태복음 18장 전체는 용서를 주고받는 데 대한 예수님의 가르침을 다루고 있다. 그 심중을 꿰뚫는 말씀 중간에 예수님께서는 우리에게 이러한 약속을 하셨다. "무엇이든지 너희가 땅에서 매면 하늘에서도 매일 것이요 무엇이든지 땅에서 풀면 하늘에서도 풀리리라"(마 18:18). 그렇다. 가혹하고 냉담한 마음을 묶어 버리자. 그리고 용서와 따뜻한 마음을 품자. 그것이야말로 우리가 기꺼이 몰두할 수 있는 좋은 사역이다.

넷째, 순종해야 한다. 회개의 여지가 있을 때 하나님께 상한 마음과 부드러운 마음을 달라고 구하는 것만으로는 충분하지 않다. 그리고 우리의 많은 죄악을 자유롭게 마음껏 자백하는 것만으로도 충분하지 않다. 용서라는 말 속에는 순종이라는 요구가 함축되어 있다.

아마 우리의 의식적인 마음의 표면에는 자기 의가 자리잡고 있을 것이다. 우리는 그것을 즉시 자백해야 한다. 우리가 불친절하게 말한 것도 떠오를 것이다. 그러면 즉시 그 사람에게 가서 용서를 구해야 한다. 아마 과거의 불의한 행위가 생각날지도 모르겠다. 그러면 즉시 거기에 상응한 보상을 해야 한다.

우리 인생의 기록을 일지에 기록할 때 우리는 긍정적인 측면에서 끝없는 열심을 가지고 선한 일에 힘써야 한다. 일터에서는 불의한 일에 대항하여 목소리를 높여야 하고, 자녀들에게 영원한 진리를 가르칠 기회가 왔을 때는 지체없이 해야 한다. 이웃 사람이 울타리를 수리할 때 도움이 필요하면 즉시 달려가 도와야 한다. 이 모든 일을 통해서 우리는 순종의 기쁨을 경험하게 된다.

눈물이 나지 않을 때

눈물의 기도에 대한 논의를 이제 눈물이 나지 않는 사람들을 위해 몇 마디만 언급하고 결론지으려고 한다. 성 시므온(St. Symeon)이 말한 것처럼 "아무리 찔러도 양심의 가책을 받지 않는 사람들이 있다." 나는 내가 바로 그들 중의 한 사람이며 특별한 은혜로만 마음의 찔림을 받을 수 있다는 사실을 안다.

우리 문화 가운데는 우리를 이런 방향으로 감동시키는 것이 거의 없다. 더구나 기질적으로 눈물을 흘리기에는 너무나 무딘 경우도 많다. 그러나 그렇다고 해서 낙심하지 말라. 나도 그런 적이 있다. 이제 내게 도움이 되었던 몇 가지 사실들을 나누고 싶다.

먼저 여러분 자신에 대하여 자신감을 갖고 사랑하라. "나는 감정적인 성격이 아니야" 하는 식으로 자신을 단정 짓지 말라. 또한 현대의 남자다운 사람이 흔히 말하듯이 "나는 바위다. 나는 섬이다"라는 식의 태도를 취하지 말라. 그런 뿌리깊은 습관을 바꾸는 데는 시간이 걸린다. "습관이 습관을 극복한다"는 토마스 아 켐피스의 말에 격려를 받으라. 새로운 기도의 습관을 들이라. 당신에게 진정 필요한 것은 끈기 있고 친절하며 확고한 지속성이다.

다음으로 복음서를 깊이 묵상하라. 그러면 슬픔의 사람이요 애통의 사람에게는 너무나도 낯설게 느껴지는 '완강한 마음'을, 하나님께서 치료해 주실 것이다. 예수님도 눈물의 기도를 하셨다. 그러므로 그분은 그의 발자취를 따라오는 방법을 당신에게 보여 주실 것이다(벧전 2:21). 성 테오도르(St. Theodore)의 말을 명심하라. "성령을 의지해 요단 강으로 나아가자. 그리고 예수님과 함께 세례를 받자. 내 말은 눈물의 세례를 받자는 것이다."

또한 겉으로 눈물을 흘릴 수 없을 때는 하나님 앞에서 속으로 눈물을 흘려라. 애통하는 마음을 가져라. 여러분의 영혼을 눈물로 적셔라. 비록 눈에는 눈물이 없을지라도 마음과 영혼은 하나님 앞에서 상한 심령이 될 수 있다.

끝으로, 눈물의 세례를 체험하기 위해 끈기 있게 기다리면서 크리소스톰(John Chrysostom)의 말로 위로를 받으라. "죄의 불꽃이 아무리 강렬하다 해도 눈물 앞에서는 맥을 못춘다. 왜냐하면 눈물은 허무의 용광로를 끄며 죄의 상처를 깨끗하게 하기 때문이다."

기도

은혜로우신 예수님, 눈물로 주님께 나아가기보다는 마음으로 나아가는 것이 제게는 더 쉽습니다. 저는 제 삶의 감정적인 중심에서 어떻게 기도해야 하는지를 알지 못합니다. 그리고 감정적인 부분으로 어떻게 주님과 만나야 할지 알지 못합니다. 그러나 제 모습 그대로 주님께 나아갑니다. 주님께서는 늘 사랑하신다고 말씀하시지만 저는 수도 없이 주님의 사랑을 거절했습니다. 주님의 법을 어겼던 저의 모든 죄를 용서해 주시옵소서.

예수님, 주님께서는 주님의 그 큰 시험을 고통 속에서도 이겨내셨으며 깊고 깊은 슬픔의 눈물을 흘리셨나이다. 저도 저의 죄와 수많은 죄악들에 대해 슬퍼하며 애통하게 하옵소서. 예수님의 이름으로 기도드립니다. 아멘.

5장

포기의 기도

"성령께서 나에게 아버지의 뜻에 나의 뜻을 전적으로 굴복시키도록 가르쳐 주신다. 그분은 내 귀를 열어 아버지께서 날마다 말씀하시고 가르쳐 주시는 것들을 귀담아듣고, 잘 배우려는 태도로 기다리게 하신다. 또한 하나님의 뜻과 일치하는 것이 어떤 것인지 깨닫게 하신다. 그리고 하나님의 뜻에 전적으로 굴복하는 것이 어떻게 아버지의 요구하시는 것이 되고, 아들이 보인 모범이 되며, 영혼의 참된 복이 되는지를 알게 해주신다."

앤드류 머레이(Andrew Murray)

기도를 배워 감에 따라 우리는 흥미로운 것을 발견하게 된다. 처음에는 우리의 의지가 하나님의 뜻과 갈등을 일으킨다. 우리는 입을 삐죽거리기도 하고 강력하게 요구하기도 한다. 우리는 하나님을 마술사처럼 혹은 산타 클로스 할아버지처럼 생각하며 많은 복을 선물로 받기 원한다. 우리는 즉각적인 해결을 바라는 조작적인 기도의 전문가이다.

이 갈등의 시기가 어렵다고 해서 결코 그것을 무시하거나 회피해서는 안 된다. 그것은 우리의 성장과 영적인 것들을 심화시키는 데 없어서는 안 될 중요한 부분이다. 분명히 그것이 열등한 단계임에는 틀림없다. 그러나 그것은 단지 어린이가 어른에 비해서 열등한 위치에 있다는 그런 뜻일 뿐이다. 어른은 아이에 비해서 두뇌와 체력이 더 충분하게 발달했기 때문에 더 잘 사고하고 더 무거운 짐을 운반할 수 있다. 그러나 어린이도 그 나이에 우리가 기대하는 것을 행할 수 있음을 기억해야 한다. 영적인 생활에 있어서도 마찬가지이다.

때가 되면 우리는 은혜로 충만하여 우리의 뜻을 주장하지 않고 아버지의 뜻에 따르는 것을 체험하게 된다. 우리를 투쟁의 단계에서 해방의 단계로 옮기는 것이 바로 포기의 기도이다.

어느 신사의 신앙 고백

나는 당신의 마음속에 포기의 기도에 대한 생생한 상을 심어 주기를 원한다. 그렇게 하기 위하여 짤막한 이야기를 하나 하겠다. 당신은 이 이야기가 얼마나 적합한지를 알게 될 것이다.

조금 떨어진 곳에 살고 있던 사회사업가인 한 친구가 나에게 찾아와 자기가 살고 있는 마을로 와서 자기와 자기 동료들을 위하여 내적 치유 기도를 가르쳐 달라고 거듭 요청했다. 그때마다 나는 늘 거절하곤 했다. 왜냐하면 그녀가 살고 있는 마을에는 유능한 사람들이 너무나 많이 있었기 때문이었다. 하지만 그녀는 계속해서 요청해 왔다. 마침내 나는 그녀에게 이렇게 제안했다. "내가 그곳에 가는 문제에 대해 기도하기로 합시다. 댁으로 가서 나를 초청하는 문제에 대해서 아무에게도 말하지 말고 하나님께만 기도하십시오. 만약 적어도 여섯 명이 다음 주쯤에 나를 초청하기 원한다는 생각을 당신과 함께 나눈다면, 그것은 바로 하나님이 원하시는 일이라는 뜻일 겁니다. 그러면 내가 가겠습니다." 그녀는 이 제안에 기꺼이 동의했다.

솔직히 말해서 나는 하나님의 응답을 받으려 하기보다는 그 모임을 회피하려고 했었다. 나흘 뒤 그녀는 내게 전화를 걸어 이렇게 말했다. "제가 집에 머물러 있는 동안 지금까지 열두 명의 사람들이 이 문제로 저를 방문했습니다." 나는 이제 어쩔 도리가 없어 가기로 동의했다.

그 모임은 약 열다섯 명의 사회사업가들이 자리한 모임이었다. 우리가 모인 곳은 바로 그 친구의 집이었다. 첫날 밤 한 신사가 솔직히 밝히기를, "저는 여러분과 같지 않은 사람입니다. 너그러이 봐 주십시오"라고 자신이 그리스도인이 아니라는 사실을 그렇게 표현했다. 모인 사람들은 그의 말을 친절하게 받아들였다.

주말 내내 하나님의 성령이 모인 사람 모두에게 고요히 임했다. 하나님의 은혜가 너무도 충만하여 주일 오후가 되자 앞서 말한 그 신사가 조용히 요청하기를, "저도 여러분이 알고 있는 그런 식으로 예수님을 알 수 있도록 저를 위해 기도해 주시지 않겠습니까?" 하고 물었다. 순간 우리는 어찌할 바를 몰랐다. 보통의 반응을 가지고는 어울릴 것 같지 않았다. 우리는 말없이 기다렸다. 마침내 한 젊은이가 일어서더니 부드럽게 그의 손을 그 사람의 어깨 위에 올려 놓았다. 나는 그가 드렸던 기도를 잊을 수가 없다. 나는 마치 내 발의 신을 벗는 것과 같은 느낌을 받았다. 이상하게 들릴지 모르지만 그의 기도는 상업 광고방송과 같았다. 그는 당시에 유행했던 네스티 광고를 묘사하였다. 그 광고에는 여러 명의 사람들이 무더기로 땀을 뻘뻘 흘리다가 갈증을 해소하는 듯한 표정으로 "아, 시원해" 하며 수영장으로 뛰어드는 장면이 있었다.

그는 이 이야기를 한 후 그 사람에게 같은 식으로 예수님의 품으로 들어오라고 초청하였다. 그러자 그 신사는 갑자기 울기 시작했다. 그리고는 슬픔과 탄식의 깊은 한숨을 내쉬었다. 우리는 그가 구원의 믿음을 선물로 받고 있는 동안 경건한 마음으로 경이롭게 지켜 보았다. 그것은 따뜻하고 은혜로 충만한 순간이었다. 나중에 그는 그 기도가 자신이 어렸을 때 받았던 세례와 연관되어 마음속 깊은 곳까지 감동시켰음을 우리에게 고백하였다.

"아, 시원해" 하며 갈증을 해소하는 듯한 표정으로 예수님의 품에 뛰어든 그 사람의 모습은 포기 기도의 완벽한 예증으로 나에게 다가왔다. 그것이 바로 내가 여러분에게 소개하고 싶은 심상이다.

포기 기도의 결과는 우리에게 영혼의 만족과 안식을 가져다 준다. 이 글을 읽는 당신이 예수님의 품에 안겨 완전한 만족과 완전한 안식을 누리게 되기를 소원한다. 당신도 알고 있으리라 확신하지만, 이 모습은 포기 기도의 과정이라기보다는 궁극적인 결과를 보여 준다. 우리에게는 분명한 궁극적인 결과가 필요하다. 그래야 과정에 대처할 수 있는 용기를 얻기 때문이다.

겟세마네 동산의 기도

우리는 겟세마네 동산에서 포기의 기도를 배울 수 있다. 그 장면을 경이로운 마음으로 응시해 보라. 마디투성이의 감람나무를 배경으로 한 외로운 인물이 뚜렷이 부각된다. 핏방울 같은 땀은 땅으로 떨어지고 있다. 예수님은 인간적으로는 "이 잔을 내게서 옮기시옵소서"라고 바랐지만, 결국 마지막에 가서는 "내 뜻대로 마옵시고 아버지의 뜻대로 되기를 원하나이다" 하고 포기하는 기도를 드리신다(눅 22:39-46). 우리는 이에 맞는 적절한 표현이 없는 이 포기의 기도를 곧잘 묵상해 보곤 한다.

여기서 우리는 자기의 요구하는 바를 포기하고 눈물로 기도하는 성육하신 아들을 보게 된다. 알다시피 예수님은 응답 없는 기도의 부담을 알고 계셨다. 그는 진정으로 그 잔이 지나가기를 원했다. 그래서 그는 그 잔이 옮겨지기를 요구한 것이다. '아버지의 뜻이라면' 하는 표현은 그의 의문이자 궁금함이었다. 아버지의 뜻이 아직까지 그에게 절대적으로 분명한 것은 아니었다. "어떤 다른 방법이 있지 않겠습니까?" "사람들이 어떤 다른 수단으로도 구원받을 수 있지 않습니까?" 물론 이런 질문에 대한 대답은 "아니오"였다. 앤드류 머레이의 글을 보면, "우리의 죄 때문에 그는 그 응답 없는 기도의 짐을 짊어지고 고난을 받았다"고 했다.

여기서 우리는 인간의 의지를 완전히 포기하는 것을 본다. 우리가 내거는 일반적인 표어는 "하나님의 뜻이 이루어지이다"보다는 "내 뜻이 이루어지기를 원합니다"이다. 우리가 자신의 의지를 내세우는 데에는 그럴듯한 이유가 있다. 우선 자신을 통제하는 것이 다른 사람들을 통제하는 것보다 낫고, 다음으로는 그 힘을 그런 좋은 목적을 위해 사용해 왔기 때문이라는 것이다. 그러나 겟세마네 동산의 기도에서 우리가 배울 수 있는 교훈은 우리의 마음과 생각과 의지에 관한 것이 무엇이든지 간에, 설사 그것이 직접적으로 죄가 되지 않는다 해도 믿어서는 안된다는 것이다. 예수님께서는 우리에게 더욱 탁월한 길을 보여 주신다. 그것은 자신의 능력을 부인하는 길이며, 단념과 포기의 길이다. "내 뜻대로 되기를 원합니다"라는 생각이 "내 뜻대로 마옵소서"라는 생각으로 바뀌어야 한다는 것이다.

여기서 우리는 또한 하나님 아버지의 뜻에 완전히 몰입되는 것을 본다. "아버지의 뜻대로 되기를 원하나이다"라는 것은 예수님의 필생의 관심사였다. 하나님의 뜻에 박수 갈채를 보내고, 하나님의 뜻을 행하며, 심지어 하나님의 뜻을 위하여 싸우기까지 하는 것은 그것이 우리의 뜻과 상반되기 전까지는 어렵지 않다. 그러나 그것이 우리의 뜻과 상반되기 시작하면 선이 그어지고, 논란이 시작되고 자기 기만이 우세해진다. 그러나 겟세마네 동산의 기도에서 우리가 배우게 되는 교훈은 나의 뜻, 나의 방법, 나의 선은 반드시 더 높은 권위에 복종해야 한다는 것이다.

갈등의 필연성

우리가 명심해야 할 사실은 이 모든 것이 아무런 노력 없이 이루어지지 않는다는 것이다. 설사 노력 없이 이루어진다 해도 그것은 바람직하지도 않다. 갈등은 포기 기도의 필연적 요소이다. 예수님께서 자신이 마셔야 할 잔이 지나가기를 반복해서 간구했던 것을 주목해 보라! 그가 원했다면 십자가를 피할 수도 있었다는 사실을 놓쳐서는 안된다. 그에게는 자유 의지가 있었고 선택권이 있었다. 그러나 그는 자기 뜻을 아버지의 뜻에 굴복시키기로 선택하였다.

그것은 간단히 선택하거나 재빨리 결정할 문제가 아니었다. 핏방울 같은 땀으로 얼룩진 예수님의 갈등과 기도는 밤새도록 계속되었다. 포기한다는 것은 정말 쉬운 일이 아니다.

성경에 나오는 유명한 사람들도 모두 갈등을 겪었다. 자기 아들 이삭을 포기할 때 아브라함이 그러했고, 이스라엘의 해방자가 해야 할 임무에 대한 자기의 생각을 포기할 때 모세가 그러했으며, 밧세바에게서 태어난 아들을 포기할 때 다윗이 그러했고, 앞날에 대한 제어권을 포기할 때 마리아가 그러했으며, 자신을 쇠약하게 하는 육체의 가시로부터 놓임받기를 원했으나 하나님의 뜻 때문에 자신의 뜻을 포기했던 바울이 그러했다.

갈등이 중요한 또 하나의 이유는 포기의 기도가 숙명론이 아니라 그리스도인의 기도라는 사실 때문이다. 우리는 운명에 자신을 내맡기지 않는다. 캐더린 마샬(Catherine Marshall)은 "운명을 감수한다는 것은 하나님의 사랑에 대한 믿음의 결핍이요, 하나님이 없는 것처럼 보이는 어떤 항성의 흙구덩이 속에 가만히 눕는 것이나 다름없다. 또한 그것은 소망의 문이 닫혀 버리는 것을 말한다"고 했다.

우리는 미리 정해진 운명론적인 미래에 갇혀 있는 것이 아니다. 우리가 살고 있는 영역은 폐쇄된 우주가 아닌 열린 우주이다. 우리는 사도 바울이 표현한 바와 같이 '하나님의 동역자들' 이다. 우리는 사건의 결과를 결정짓기 위해 하나님과 함께 일한다. 따라서 우리의 기도 노력은 하나님과의 진정한 대화이며, 그것은 진정한 갈등이다.

귀중한 뿌리의 절단

이 글을 쓰고 있는 지금 캐롤린(Carolynn)과 나는 직접 포기의 기도를 경험하고 있다. 일년여 전에 어떤 예언적인 말씀이 내게 들려 왔다. 전반부의 말씀은 우리 가족에 관한 것이었는데 매우 고무적인 결과와 믿음을 성장시키는 면으로 나타났다. 그러나 그 말씀의 후반부는 우리가 겪게 될 혹독한 시련과 관계되는데, 그 결과 우리는 새로운 영역의 효과적인 사역을 해야만 하는 것이었다.

나는 이 말씀의 마지막 부분을 어떻게 생각해야 할지, 수개월 전에 하나님의 특별한 계시를 받고 나서야 비로소 알게 되었다. 그 말씀의 요지는 나의 삶 속에 있는 가장 귀중한 뿌리까지도 잘라야 한다는 것이었다. 처음에 나는 그 말씀을 오해했다. 나는 그 말씀이 내가 그 당시 관여하고 있었던 작은 작가들의 모임과 관련되어 있는 것 같다고 생각했다(하나님이 우리에게 말씀하신다는 사실이 곧 우리가 올바르게 듣거나 이해한다는 보증이 되지 않는다). 얼마 후 나는 하나님께서 말씀하시는 것은 우리가 살고 있는 도시와 내가 가르치고 있는 대학에 관한 것이라는 사실을 깨닫게 되었다. 그것은 여러 가지 상황과 주변에 있는 많은 사람들의 지혜로운 충고에 의해서 확증되었다.

그러나 그것은 우리가 포기의 기도를 경험한 시작에 불과했다. 우리는 12년 넘게 쌓아 온 따뜻한 우정 그 이상의 것을 포기해야 했다.

나는 '밀턴 센터(The Milton Center)'라고 하는 작은 작가들 모임의 책임자이다. 나는 이 센터를 5년 전에 세웠다. 그리고 지금까지 이 모임에 대해 많은 기대를 갖고 있다. 그러나 그것까지도 포기해야만 할 입장이었다. 수년 동안 아내와 나는 아내의 다소 심각한 알레르기 증상에 대하여 하나님의 치료의 손길을 간구하며 독소가 전혀 없는 집을 건축하고자 꿈꾸어 왔다. 아내 캐롤린은 그 집을 설계하고 감독하는 데만 일년을 보냈다. 우리는 얼마 전에야 비로소 입주할 수 있었다. 그러나 그것까지도 포기하지 않으면 안될 지경이었다. 그것뿐만이 아니었다. 우리가 포기해야 하는 것은 그 이상의 것이었다.

사실 이러한 결정들은 쉽지 않다. 우리는 기도하면서 끊임없이 울고 갈등한다. 그리고 이 생각도 해보고 저 생각도 해본다. 이렇게 재어 보고 또 저렇게 재어 본다. 그리고 다시 기도한다. 또다시 울고 또다시 갈등한다. 진정한 포기는 하나님의 방법은 옳고 선하다는 것에 대해 전심으로 그리고 온전하게 하나님과 일치하는 것을 말한다.

소망 있는 포기

포기의 기도는 진심으로 손을 떼고 잊어버리는 것이다. 하지만 그것은 소망 있는 포기다. 운명론적인 단념이 아니다. 하나님의 성품에 대한 분명한 믿음이 우리에게 격려가 된다. 보이는 상황이 인생의 양탄자 뒷면에 뒤엉켜 있는 실과 같을지라도 우리는 하나님이 선하시고 우리에게 늘 선을 행하신다는 것을 안다. 우리가 포기해야 할 것이 무엇이든지 간에, 결국 우리가 승리자라는 확신을 갖게 되는 근거가 바로 거기에 있다. 하나님은 우리를 더 깊이 들어오라고 초청하시며, 더 높이 올라가라고 권유하신다. 의로운 삶과 변화시키는 힘, 새로운 기쁨과 더 깊은 친교에는 훈련이 있다.

때때로 우리가 포기하는 바로 그것이 다시 우리에게 주어지는 경우가 있다. 나의 첫 저작인「훈련의 축제」를 쓰기 전에 나는 꼬박 일년 간을 쓰지는 않고 이야기만 했다. 캐롤린은 내가 지껄여대는 소리를 듣느라고 짜증을 냈다. 그러나 나의 정신은 온통 거기에 쏠려 있었다.

그러던 어느 날 나는 어떤 큰 회의에 참석하게 되었다. 그 모임에서 유명한 연사 중의 하나요, 저명한 저술가 한 분이 자신의 저술 활동이 결혼 생활에 얼마나 나쁜 영향을 미쳤는지를 다소 즉흥적으로 말씀하셨다. 그것은 그 회의의 주제와는 관련이 없는 일상적인 언급이었다. 그러나 나는 한 주간 내내 그 말밖에는 아무것도 들려 오지 않았다. 계속해서 내 귓가를 울려 왔던 질문은 "네가 캐롤린과 아이들을 위해서 그 책을 기꺼이 포기하지 않겠느냐?" 하는 것이었다.

물론 그것은 하나님께서 내게 주신 말씀이었다. 그러나 나는 낙심이 되고 화가 났다. "하나님, 이 책을 쓰라고 제 마음속에 생각을 주신 것이 언젠데 지금 와서 쓰지 말라니 무슨 말씀이십니까? 게다가 지금까지 제가 이렇게 준비해 왔고 돈도 많이 썼고 연사들이 하는 말에는 전혀 집중할 수도 없었습니다. 이것이 얼마나 큰 낭비입니까?" 이렇게 반문해 보았지만 여전히 위의 질문이 나를 따라다녔다.

　주일 저녁 늦게 비행기를 타고 집으로 왔다. 공항에서 차를 타고 오는 동안 내내 캐롤린과 나는 아이들 얘기, 수도꼭지 새는 얘기, 수표가 만기되었다는 얘기 등 일상적인 이야기를 주고받았다. 캐롤린은 내 마음속의 갈등을 전혀 눈치채지 못했다. 집에 도착하자마자 나는 아내를 가볍게 안으며 굳은 어조로 이렇게 말했다. "여보, 이 책을 쓰겠다는 내 계획보다 당신이 내게 훨씬 더 중요하다는 사실을 알았으면 좋겠소. 그로 인해 우리의 관계에 조금이라도 손상이 간다면 나는 이 책을 쓰지 않겠소." 그것이 전부였다. 나는 절대로 그 책을 쓰지 않겠노라고 다짐하고 잠자리에 들었다.

　그날은 주일 밤이었다. 화요일 아침에 나는 내 책의 편집 책임자가 되기로 예정되어 있었던 사람을 만났다. 뒷이야기는 이미 다 지나가 버린 과거지사가 되었다. 오늘날까지 나는 그 회의에서 연사들이 한 이야기는 단 한 마디도 기억나지 않는다.

값진 보화

물론 이런 일이 늘 일어나는 것은 아니다. 포기한 것이 영원할 때도 있다. 그런 때는 하나님의 지혜를 믿어야 하며 그가 주시는 평안을 누리기 위해 은혜를 간구해야 한다. 사실 안정된 평안은 포기의 길을 걸어 본 사람들이 가장 자주 경험하는 은혜이다.

　그러나 앞서 말한 대로 우리가 포기하는 바로 그것이 때때로 다시 우리에게 돌아오기도 한다. 왜 하나님께서는 우리로 하여금 그런 과정을 밟게 하실까? 이를테면 예수님께서는 왜 이런 말씀을 하셨을까? "한 알의 밀이 땅에 떨어져 죽지 아니하면 한 알 그대로 있고 죽으면 많은 열매를 맺느니라"(요 12:24). 하나님께서는 왜 무언가를 주시기 전에 먼저 포기하기를 원하시는가?

　다음과 같은 사실이 그 대답의 일부가 될 수 있다. 종종 우리는 우리가 알고 있는 좋은 것에 너무 집착한 나머지 우리가 알지 못하는 훨씬 더 좋은 것을 받지 못하기 때문이다. 하나님께서는 우리를 위해 예비해 두신 더 좋은 것을 주시기 위해서 우리의 작은 꿈 같은 것을 버리도록 도와주신다.

그러나 이것도 부분적인 대답에 불과하다. 더욱 완전한 대답은 그것을 통해 하나님은 인간의 성품을 변화시키고자 하신다는 것이다. 우리는 포기를 통해 값진 보화를 얻게 된다. 그것은 우리의 의지를 십자가에 못박아 버리는 것이다. 바울은 이것이 얼마나 큰 은사인지 알고 있었다. 그는 즐거이 선언하기를, "내가 그리스도와 함께 십자가에 못박혔다"고 했다. 포기가 있는 곳에 십자가의 죽음이 있고 그곳에는 자아에 대한 죽음이 있다. 그러나 거기에는 소망이 있는 포기도 있다. "그런즉 이제는 내가 산 것이 아니요 오직 내 안에 그리스도께서 사신 것이라 이제 내가 육체 가운데 사는 것은 나를 사랑하사 나를 위하여 자기 몸을 버리신 하나님의 아들을 믿는 믿음 안에서 사는 것이라"(갈 2:20).

아메리카 대륙에서 노예 제도를 없애기 위해 많은 일을 한 퀘이커 교도이자 재단사인 존 울만(John Woolman)이 한번은 극적인 환상을 보았다. 그는 그 환상 중에 부드럽고 아름다운 목소리를 들었다. 그 소리는 일찍이 그가 들었던 어떤 목소리보다도 더 순수하고 조화로운 목소리였다. 그는 그 목소리가 한 천사가 다른 천사들에게 말하는 소리라고 믿었다. 그런데 그 천사들이 나눈 말은 바로 "존 울만이 죽었다"라는 것이었다. 울만은 이 말을 듣고 너무나 깜짝 놀랐다. 환상에서 깬 그는 그 말의 비밀을 알아내기 위해서 깊이 묵상하였다. 그러다가 마침내 그는 하나님께서 하나님의 능력이 자신에게 임하길 원하신다는 것을 느꼈다. 그때 그는 "나는 그리스도와 함께 십자가에 못박혔다"라고 선언하였다. 그때의 상황을 그는 이렇게 고백하였다. "그렇게 하고 나자 그 말의 비밀이 드러났다. 존 울만이 죽었다는 말이 다름아닌 나 자신의 의지가 죽었다는 것을 뜻하고 있음을 이해하게 되었다."

"내 자신의 의지가 죽었다"는 말은 강한 말이다. 그러나 경건한 사람들 중의 유명한 사람들은 모두 다 그것을 경험했다. 쇠렌 키에르케고르는 울만과 같은 경험을 하고서 이렇게 말했다. "하나님은 무에서 모든 것을 창조하신다. 하나님은 사용하고자 하시는 것은 무엇이든지 먼저 무로 만드신다."

이처럼 의지를 십자가에 못박는다는 것이 얼마나 큰 자유인지 아는가? 그것은 토저(A.W. Tozer)가 말한 "자기 중심적인 생활의 가느다란 실타래", 다시 말해서 그것은 '자기'라는 말이 붙은 죄로부터의 자유를 뜻한다. 즉 자기 충족, 자기 동정, 자기 도취, 자기 비난, 자기 과장, 자기 징계, 자기 기만, 자기 칭찬, 자기 경시, 자기 방종, 자기 증오 등 이와 유사한 수많은 것들로부터의 자유를 말한다. 그것은 늘 우리 중심적으로 행동하지 않으면 안되는 영원한 짐으로부터 자유하는 것이다. 그리고 그것은 순수하게 다른 사람들의 필요를 먼저 채워 주고 기쁘고도 자유롭게 다른 사람들을 돌보며, 내게 있는 것을 내주는 자유를 의미한다.

우리는 이처럼 매일같이 자신의 의지를 십자가에 못박음으로써 조금씩 조금씩 변화되어 간다. 조개 속의 모래 한 알이 사물을 변화시키는 것처럼 말이다. 새로운 은혜가 임한다. 모든 염려를 하나님께 맡겨 버릴 수 있는 새로운 능력, 다른 사람들의 성공을 기뻐해 줄 수 있는 새로운 기쁨, 선하신 하나님께 대한 새로운 소망, 이러한 것들이 하나님께서 주시는 새로운 은혜이다.

명심해야 할 것은 지금 우리가 다루고 있는 것은 의지의 말소가 아니라 의지를 십자가에 못박는 일이라는 것이다. 십자가에 못박는 것은 언제나 부활과 연관되어 있다. 하나님은 의지를 파괴시키는 분이 아니라 그것을 변화시키는 분이시다. 그래서 시간과 경험이 쌓이게 되면 하나님이 뜻하시는 것을 우리도 자유로이 할 수 있도록 하신다. 의지를 십자가에 못박음으로써 우리는 인생에 대한 지나친 집착을 버릴 수 있게 되고 가장 훌륭한 기도를 드릴 수 있게 된다.

기도의 실제

포기의 기도는 일상 생활의 구체적인 일들을 통해서만 드릴 수 있다. 가정과 가족과 직장의 일상적인 결정들을 직면할 때 순간순간 의지는 굴복된다. 나는 이 일이 어떻게 이루어지는가를 구체적으로 규정할 수가 없다.

사실 특정한 문제가 생겨야 비로소 포기한다는 것이 무슨 뜻인지를 알게 된다. 따라서 포기의 기도를 드릴 수 있는 것은 실제적이며 구체적인 생활을 통해서 가능하다. 그러나 나는 여러분에게 몇몇 실제적인 기도를 제시해 줄 수 있다. 그 기도는 다만 여러분 개개인의 상황 속에서 재해석되어야 한다.

첫째로, 자기를 비우는 기도를 배우라. 빌립보서 2장을 가지고 묵상하며 기도하라. 거기에 보면 그리스도께서 자기를 비운 것을 '케노시스(Kenosis)'라는 말로 표현하였는데, 그것은 그리스도께서 본래 하나님의 본체였으나 스스로 자기를 비워 종의 형체를 가져 죽기까지 복종하신 것을 말한다. 당신의 기도를 일상적인 세세한 일들에 적용시키기 위해 하나님의 영이 품어 주시기를 간구하라. 그리고 조용히 기다리고, 주의 깊게 들으며, 즉시 순종하라.

둘째로, 복종의 기도를 배우라. 공관복음서 중의 하나를 택하여 예수님과 함께 동산으로 들어가라. 깨어서 지켜 보라. 슬퍼하시는 예수님의 영혼을 보라. 당신도 함께 슬픔을 나누어 보라. 다른 선택의 방도를 찾고 잔이 지나가기를 소원하며 그와 함께 갈등해 보라. 예수님의 말을 이제 자신의 말로 직접 해보라. "나의 뜻대로 마옵시고 아버지의 뜻대로 되기를 원합니다." 부활하신 주님을 초청해서 그 말을 당신의 삶과 당신의 가족과 당신의 직장 속에서 해석해 주시도록 요청하라.

셋째로, 단념의 기도를 배우라. 드 꼬싸드(De Caussade)의 저서인 「하나님의 섭리에 대한 자기 포기(Self-Abandonment to Divine Providence)」가 도움이 될 것이다. 샤를르 드 푸꼬(Charles de Foucauld)의 기도를 사용해도 좋다. "아버지, 아버지의 손에 제 자신을 맡겨드립니다. 저를 아버지의 뜻대로 사용하옵소서. 제게 어떤 일을 하시든지 저는 아버지께 감사드립니다. 저는 모든 일에 준비되어 있고 모든 일을 받아들일 각오가 되어 있습니다. 제게, 그리고 모든 피조물 가운데 아버지의 뜻만이 이루어지게 해주시옵소서. 오! 주님, 제가 원하는 것은 이것뿐입니다." 당신의 마음을 주관하시는 하나님께서 당신이 하나님의 발 밑에 내려놓아야 할 것이 무엇인지 일일이 열거하실 때에 순종하라.

넷째로, 해방의 기도를 배우라. 먼저 당신의 자녀와 배우자와 친구들을 하나님의 품에 올려 드려라. 그 다음에는 당신의 미래와 소망과 꿈을 하나님의 사랑스런 돌보심 속에 맡겨 드려라. 마지막으로, 당신의 원수와 분노와 보복심까지도 하나님께 위탁하라. 그 모든 것을 하나님의 손길에 내맡기고 그 다음에 포기할 것들은 포기하라. 그러면 하나님께서 보시기에 옳으신 대로 모든 것을 돌봐 주실 것이다.

다섯째로, 부활의 기도를 배우라. 이렇게 기도해 보라. "주님, 주님을 기쁘시게 하고 주님의 나라를 확장시키는 일을 다시 살려 주옵소서. 그 모습이 어떠하든지 주님의 뜻대로 이루어 주옵소서. 주님의 때에, 주님의 방법대로 이루어 주옵소서. 주님, 부활로 인해 주님께 감사드립니다." 어떤 것들은 살아나지 않고 그대로 죽어 있을 수도 있는데, 그렇게 하는 것이 오히려 당신에게 더 좋기 때문이다. 또 어떤 것들은 당신이 거의 알아차릴 수 없는 방법으로 갑자기 소생할 것이다. 둘 중의 어느 경우든지 하나님의 뜻이 당신보다 더 낫다는 확신 속에 평안을 얻으라.

포기의 기도를 드릴 수 있게 되어도 그것은 시작에 불과하다. 우리에게는 배워야 할 것이 너무나 많고 가야 할 길이 너무도 멀다. 포기는 우리를 험한 지형으로 인도한다. 올라가는 길이 가파르고 바위는 험준하다. 그렇듯 험한 산길을 올라가면 위험한 산등성이가 나온다. 인간적인 관점에서 본다면 때때로 그것은 마치 절벽에서 떨어져 죽음에 이르는 것같이 보인다. 그러나 우리는 그것이 벼랑에서 떨어져 죽는 것이 아니라, 예수님의 품에 안겨 완전한 만족과 완전한 안식을 누리게 되는 것임을 안다.

기도

오! 주님, 확신이 없을 때 어떻게 포기해야 합니까? 주님의 뜻에 대한 확신도 없고 나 자신에 대한 확신도 없습니다. 그러나 사실 이것은 문제가 되지 않습니다. 진짜 문제가 되는 것은 바로 내가 포기한다는 것 자체를 싫어하는 것입니다. 문제는 바로 그것입니다. 나는 그것을 포기하기가 두렵습니다. 그리고 무슨 일이 생길지 걱정이 됩니다. 주님, 나의 두려워하는 마음을 치유해 주시옵소서. 주님, 감사합니다. 내가 실족하여 제대로 기도하지 못하는 중에도 나의 어두운 부분을 밝혀 주시니 참으로 감사합니다. 이제 나는 어떻게 해야 합니까? 내가 주재권을 어떻게 포기해야 할까요? 예수님, 제발 나에게 예수님이 포기하신 방법을 가르쳐 주시옵소서. 아멘.

6장

성숙의 기도

"은밀하고 열심 있는 믿음의 기도는 모든 개인적인 경건의 뿌리가 된다."

윌리엄 캐리(William Cary)

"기도는 사물을 변화시킨다"고들 한다. 기도는 또한 우리도 변화시킨다. 후자가 더 당위적인 목표이다. 기도는 우리로 하여금 하나님과 교제하는 생활을 하게 함으로써 성령의 능력으로 우리가 점점 아들의 형상을 닮아 가게 하는 데 일차적인 목적이 있다. 성숙의 기도의 유일한 초점은 바로 변화되어 가는 이 과정에 있다.

우리 중의 어느 누구도 먼저 변화될 준비가 되어 있지 않고서는 기도 생활을 영위할 수 없다. 변화될 준비가 되어 있지 않으면 결국 기도 생활을 포기하거나, 기도 생활 자체를 경건의 모양은 있지만 경건의 능력은 부인하는 나름대로의 작은 생활 체계로 바꾸어 궁극적으로는 기도 생활을 포기하는 지경에 이르게 된다.

우리가 하나님과 동행하기 시작하면 하나님은 은혜로우셔서 우리의 연약하고 이기적인 기도에 놀랍게 응답해 주신다. 기도의 응답을 받고 우리는, "이것 참 놀라운데. 정말 하나님은 살아 계셔!"라고 생각한다. 그러나 시간이 흘러 우리가 다시 한번 이런 경험을 하고자 하면 하나님께서는 우리에게 이렇게 말씀하신다. "나는 너의 공급자에 머무르고 싶지 않다. 너의 선생도 되고 싶고 너의 친구도 되고 싶다. 그리고 너를 더 멋진 길로 인도하게 해다오. 나는 너의 삶을 슬프게 하는 탐욕과 욕심, 공포와 적대감으로부터 너를 자유케 하기를 원한다." 이 말씀 때문에 처음에는 저항감이 생겨 투쟁을 하기도 하지만 때가 되면 하나님의 정직한 선을 배우게 되고 거룩한 순종의 단계로 들어가게 된다. 그러면 하나님의 영이 날마다 새로운 방법으로 우리를 가르쳐 주신다. 이러한 성령의 인도하심을 따르기 시작하면 결국 우리는 심령으로부터 변화를 받게 된다.

옛사람들은 이러한 역동적인 변화를 가리켜 '콘베르싸치오 모룸(conversation morum)'이라고 했다. 이 말은 번역하기가 쉽지 않다. 부정적으로 그것은 현재 상태에 대한 죽음, 늘 그렇게 해왔던 관행이나 모습에 대한 중단을 의미한다. 긍정적으로는 계속적인 변화, 끊임없는 전환, 성령의 인도하심에 대한 끊임없는 수용을 의미한다. 장 삐에르 드 꼬싸드는 말하기를, "깃털처럼 가볍고, 물처럼 유연하며, 어린아이처럼 순진한 영혼은 하나님 은혜의 역사에 떠다니는 풍선처럼 순간순간 응답한다"고 했다.

앞의 장들에서 나는, 기도가 우리의 삶에 깊이 스며 있는 습관들을 변화시키는 방법에 대하여 지나가는 말로 언급하였다. 그러나 이 장에서는 그 문제가 바로 우리 논의의 중심이다. 다음과 같은 중요한 문제들이 언급되지 않으면 안된다. 어떻게 우리가 이런 기도를 통하여 이기주의의 숨통을 죄며 자아 중심적인 생각의 짐을 벗어 버릴 수 있을까? 이 기도가 어떤 면에서 영적인 성장을 자극하는가? 이 기도가 우리 안에서 사랑과 희락과 화평과 오래 참음과 자비와 양선과 충성과 온유와 절제라는 열매를 맺게 하는 데 어떤 역할을 감당하는가? (갈 5:22)

기도의 한계

논의를 진행하기에 앞서 한 가지 유의해야 할 것이 있다. '거룩한 습관'을 형성함에 있어 기도가 차지하는 위치를 지나치게 과장해서는 안된다는 것이다. 기도 그 자체가 우리에게 주는 유익은 엄격하게 제한되어 있다. 거룩한 습관을 들이는 것이 물론 기도의 중요한 역할임에는 틀림없지만 그것은 훨씬 큰 전체의 일부분에 불과하다.

달라스 윌라드(Dallas Willard)는 우리를 계속적으로 변화시키기 위해 하나님이 사용하시는 세 가지 주요한 영역에 대해서 말했다. 그것을 우리는 변화의 '황금 삼각형' 이라고 불러도 좋다. 첫 번째 영역은 금식, 예배, 찬양 등의 영적인 생활에 대한 전통적인 훈련이다. 두 번째 영역은 저항, 불순종, 회개, 굴복, 믿음, 순종 등 하나님의 성령의 역사에 대한 끊임없는 상호작용이다. 세 번째 주요한 영역은 우리가 매일같이 접하는 갖가지 좌절과 시련과 유혹에 의해 하나님께서 우리 안에 키워 주시는 인내심이다.

그러므로 우리는 기도를 기독교 신앙의 다른 영역들과 분리시키거나 하나님께서 의도하신 것 이상으로 강조해서는 안된다. 오히려 전반적인 영적 생활과 조화시켜 기도의 역동적인 상호 작용을 보아야 한다.

또 한 가지 유의할 점이 있다. 성숙의 기도에 있어 내가 말하고자 하는 것은 영적 생활에서의 완전주의가 아니라 성장이라는 것이다. 신학자들 사이에 '완전 무죄함'이나 '완전한 성화'와 같은 주제가 깊이 논의되고 있다. 이러한 주제들이 중요하고, 나도 그 문제에 대해 나름대로의 견해를 갖고 있지만 여기서 그 문제들을 깊이 논의할 생각은 없다.

내가 강조하고 싶은 것은 진보와 성장과 변화와 성숙의 중요성이다. 하나님께서는 우리를 변화시켜 점점 더 그리스도의 형상을 닮게 하시기를 원한다. "하나님이 미리 아신 자들로 또한 그 아들의 형상을 본받게 하기 위하여 미리 정하셨으니…"(롬 8:29) 하는 말씀이 바로 그것이다. 이제 이런 일련의 과정 속에서 성숙의 기도가 갖는 역할을 살펴보고자 한다.

우리의 뜻과 하나님의 뜻

성숙의 기도에는 능동적인 면과 수동적인 면이 있다. 능동적인 면에서 우리는 하나님을 추구하고 있다. 우리는 하나님께서 지으신 성읍을 찾고 있는 나그네들이다. 또한 믿음의 여로에 서 있는 순례자이다. 우리는 두렵고 떨림으로 우리의 구원을 이루어 가고 있다. 우리는 그리스도 예수 안에서 하나님께서 위에서 부르신 목표를 향해서 좇아가고 있다(빌 2:12, 딤전 4:7, 빌 3:12 – 14).

수동적인 면에서 우리는 하나님께서 찾고 계시는 대상이다. 우리는 정신을 차리고 하나님의 부르심에 응답해야 한다. 우리는 토기장이 되신 하나님의 손 안에 있는 따뜻한 진흙덩이이기 때문이다(렘 18장).

기도에는 이처럼 능동적인 면과 수동적인 면이 다 같이 필요하다. 그 두 가지는 서로 역동적인 긴장 관계에 놓여 있다. 그것은 마치 하나님과 아담이 서로를 향해 손을 내밀고 있는, 시스틴 교회에 있는 미켈란젤로의 벽화와 같다.

훈련, 그리스도를 닮는 것

우리의 변화를 주된 목적으로 하는 성숙의 기도에는 세 가지 고전적인 방법이 있는데 그것을 살펴보자. 그 첫 번째는 이그나티우스가 쓴 「영적 훈련(Spiritual Exercises)」에서 유래한 것이다. 이그나티우스 로욜라 (Ignatius Loyola)는 본래, 그의 지도를 받아 수도 생활을 할 사람들을 위해서 이러한 식의 기도 방법을 고안해 내었지만 사실 그것은 우리 모두를 위한 기도의 학교라고 할 수 있다.

'훈련' 체제에는 기본적으로 네 가지 단계 내지는 사 주간이 있다. 첫 단계(혹은 첫 주)는 하나님의 사랑에 비추어 우리 죄에 초점을 맞추어 보는 것이다. 두 번째는 그리스도의 삶에 초점을 맞추고, 세 번째는 그리스도의 수난, 그리고 네 번째는 그리스도의 부활에 초점을 맞추는 것이다.

사 주간의 이 계획에는 많은 묵상 훈련이 수반되는데 그 훈련은 종종 복음서에서 나온 것들이다. 여기서 이그나티우스는, 묵상할 때마다 모든 감각을 다 사용하라고 힘을 다해 역설하고 있다. 예를 들면, 만일 우리가 그리스도께서 재판받으시는 장면을 묵상할 때는 군중을 '보아야' 하고 비난하는 소리와 채찍 소리를 '들어야' 한다는 것이다. 이처럼 모든 감각을 다 동원하면 우리는 읽는 수준에서 몰입하는 수준으로 바뀌게 된다. 우리는 그 이야기를 보고, 듣고, 냄새 맡고, 맛보고, 만져 보는 것이 된다.

훈련의 목적이 그리스도를 닮는 데 있기 때문에 '훈련' 과정 내내 성령의 특별한 은사와 은혜가 끊임없이 요구된다. 첫째 주에는 습관적으로, 하나님의 사랑을 받고 하나님의 사랑 속에 잠기는 은혜를 구하게 된다. 둘째 주에는 내내 그리스도의 형상을 닮는 은혜를 구하게 된다. 셋째 주에는 그리스도의 수난을 묵상하여 이 세상에 붙은 마음을 버릴 수 있는 은혜를 계속 간구하게 된다. 마지막 주에는 그리스도의 부활에 초점을 맞추는데, 늘 하나님과 하나님의 방법을 선택할 수 있는 성령의 능력이 바로 우리가 구해야 할 은혜이다.

많은 사람들은 이 글을 읽고 이그나티우스의 상세한 훈련 방법에 대해 힘들어 할지도 모른다. 그러나 내가 추천하고 싶은 것은 바로 이 네 가지 단계의 훈련이다. 우리 모두는 우리 자신이 가진 끊임없는 불순종의 습관과 하나님의 한없는 용서에 대해 좀더 깊이 묵상해 볼 필요가 있다. 또한 그리스도의 삶에 대해 더욱더 풍부하게 묵상해 볼 필요가 있다. 왜냐하면 그렇게 함으로써 '그리스도의 발자취'를 따를 수 있는 방법을 터득할 수 있기 때문이다. 우리는 그의 죽으심도 충분히 묵상해 볼 필요가 있다. 그것이 우리를 자유하게 하기 때문이다. 그리고 그의 부활도 더 깊이 체험해 볼 필요가 있다. 그로 인해 우리는 범사에 그리스도께 순종할 힘을 얻기 때문이다.

성 베네딕트의 열두 단계

성숙의 기도에 대한 두 번째 고전적인 접근 방법은 「성 베네딕트의 규율(The Rule of St. Benedict)」이라는 책에 묘사된 대로 겸손을 적극적으로 추구하는 것이다. 베네딕트는 야곱의 사다리 비유를 사용하여 겸손에 이르는 열두 단계를 설명하고 있다.

우리 시대에는 겸손이 너무나 나쁜 취급을 받아 왔다. 때문에 열두 단계는 고사하고 단 한 단계만이라도 겸손해지기를 원하든 원치 않든 겸손에 접근하기 전에 최소한 몇 가지 왜곡된 내용을 바로잡지 않으면 안된다.

간단히 말해서 겸손은 가능한 한 진리와 가까이 사는 것을 의미한다. 우리 자신에 관한 진리, 다른 사람들에 관한 진리, 그리고 우리가 살고 있는 이 세상에 관한 진리가 바로 그것이다. 그것은 미국의 연재 만화에 등장하는 캐스퍼 밀크토우스트(Casper Milquetoast)처럼 소심한 성격을 말하는 것이 아니다. 또한 비굴하게 자기 자신의 가장 나쁜 약점만을 보라는 것도 아니다.

겸손은 사실 생명을 일으키는 힘으로 가득 차 있다. 그 말은 본래 비옥한 땅을 뜻하는 라틴어 '후무스(humus)'에서 나왔다. 안토니 블룸(Anthony Bloom)은 "겸손은 땅과 같다"고 말했다. 어떤 의미에서 겸손은 땅과 가까이 있는 것 그 이상도 그 이하도 아니다. 블룸이 우리에게 상기시켜 주고 있는 것은 땅이 늘 우리와 함께 있고, 당연한 것으로 받아들여지며, 또 모든 사람들이 늘 밟고 지나다니는 곳이라는 사실이다. 그곳은 또한 우리가 쓰레기를 버리는 곳이기도 하다. 그의 말을 들어 보자.

땅은 조용히 모든 것을 용납하는 곳이다. 그리고 기적적인 방법으로 온갖 쓰레기로부터 새로운 풍요를 만들어 낸다. 썩은 것을 변화시켜 생명력과 새로운 창조의 가능성을 만들어 낸다. 햇빛을 받고 비를 맞으며 우리가 뿌리는 씨를 받아들여 30배, 60배, 100배의 결실을 맺을 수 있는 곳이다.

이것이 바로 겸손의 힘이다. 아빌라의 테레사(Teresa of Avila)가 말한 것과 같이 "겸손은 기도의 가장 중요한 조력자이다."
그러면 어떻게 겸손해질 수 있을까? 겸손이란 우리가 거기에 집중한다고 해서 얻어지는 미덕이 아니다. 그 결과, 많은 사람들이 우리를 괴롭히는 교만하고 자기 중심적인 성향들을 어찌할 수 없는 것으로 포기하기에 이르렀다. 그래서 하나님께서 우리 머리 위에 겸손을 쏟아 부어 주시기만을 기다린다. 그 얼마나 헛된 일인가!
베네딕트는 이런 점에서 우리가 할 수 있는 영적인 일이 있음을 보여 줌으로써 커다란 공헌을 했다. 교만을 정복하고, 온유하고 겸손한 삶의 기쁨을 가져다 주는 몸과 마음과 영의 활동이 있다. 물론 우리 모두가 한결같이 그가 말한 모든 단계에 동의하는 것은 아니다. 그러나 그가 우리로 하여금 겸손한 생활을 하기 위해 할 수 있는 일들이 있다는 사실을 알게 해준 점에 대해서만큼은 감사하지 않을 수 없다.
베네딕트가 말한 열두 단계 중 몇몇은 하나님과 우리 사이의 관계에 초점을 두고 있다. "하나님께 대한 경외심을 늘 목전에 두라. 우리 자신의 뜻과 욕망을 포기하고 하나님의 뜻을 실천하라. 우리의 모든 악한 생각과 하나님께 대한 모든 악한 행위들을 고백하라." 그가 말한 단계들 중 세 가지가 혀의 사용과 관련되어 있으며 우리 생활 중 특히 언어 생활의 중요성을 강조하고 있다. 우리는 때론 침묵할 줄도 알아야 하며, 경박한 말을 피하고, 쉽고 단순한 언어를 사용해야 한다. 겸손의 단계 중 하나는 '우리가 당하는 상처와 아픔을 인내하며 참는 것'이며 또 하나는 '범사에 자족하는 것'이다.

어느 경우에서든 가르침의 요점은 겸손이 어떤 특별한 것이 아니라 평범한 것이라는 점이다. 하나님을 사랑하는 일은 단순하고 일반적인 일을 하는 것이다. 분수를 넘어서서 과욕을 부리는 일들에 대해 여러 번 죽는 경험을 함으로써 우리는 점차 겸손이라는 은혜 속에 들어가게 된다.

작은 길

이제 우리는 성숙의 기도에 대한 세 번째 고전적인 접근 방법에 이르렀다. 그것은 리지외의 떼레즈(Therese of Lisieux)가 말한 작은 길이다. 「작은 꽃(the Little Flower)」이란 책으로 유명한 이 소박한 여인은 기도로 충만한 생활을 설계하여 많은 사람들에게 도움을 주었다. 그것을 그녀는 '작은 길'이라고 불렀는데 얼핏 보기에는 간단하다. 요컨대 그 길은 비천한 일을 찾아서 하는 것이고 부당한 비난을 기쁨으로 받아들이는 것이며 우리를 괴롭히는 자들의 친구가 되어 주는 것이고 원수 같은 자들을 도와주는 것이다.

떼레즈는 이러한 '하찮은' 일들이 위대하고 공인된 거룩한 행위보다 예수님을 더 기쁘게 한다고 확신했다. 작은 길의 아름다움은 모든 사람들에게 이용 가능하다. 어린이로부터 어른에 이르기까지, 현자로부터 소박한 사람들에 이르기까지, 그리고 힘있는 사람들로부터 평범한 사람들에 이르기까지 모두가 이 작은 일들을 할 수가 있다. 이렇게 살아갈 수 있는 기회는 항상 우리에게 있지만 작은 일에 충성하는 사람은 이따금씩 있을 뿐이다. 우리 모두는 잔소리하는 동료들에게 거의 매일 미소로 섬길 수 있으며, 짜증나게 하는 사람들의 말에도 주의를 기울일 수 있고, 거창하게 소란을 피우지 않고서도 작은 친절을 나타낼 수 있다.

이런 작고 사소한 행동들은 언급할 가치조차도 없다고 생각할지 모르겠다. 물론 정확히 말해서 그들의 가치는 보잘것없다. 그러나 우리가 알지도 못하는 사이에 그것들을 통해 이기심을 정복할 수 있다. 이렇게 일상생활에서 보이지 않는 승리를 얻었다고 해서 메달을 받는다거나 '감사장'을 받는 것은 아니지만 그것이 바로 우리가 원하는 일이다.

떼레즈의 자서전인 「영혼의 이야기(The Story of Soul)」에 나오는 한 실화는 '작은 길'의 중요성을 일깨워 준다. 교육을 받지 못하고 다소 우쭐대기를 좋아하는 어떤 자매가 있었다. 그녀는 사사건건 떼레즈가 하는 일마다 방해하고 화나게 했다. 그러나 떼레즈는 그 사람을 회피하기는커녕 오히려 그 갈등 속에 나 있는 '작은 길'을 택했다. 그녀는 이렇게 말했다. "나는 마치 내가 그녀를 가장 사랑하는 것처럼 대하려고 마음먹었다." 떼레즈는 결국 그가 택한 작은 길에서 성공을 거두었다. 그녀가 죽은 후 그 자매는 이렇게 선언했다. "떼레즈가 살아 있을 때 나는 그녀를 진실로 행복하게 해주었다." 확신컨대 나는 떼레즈가 정말 기뻐했으리라 믿는다.

고독은 우리를 자유케 한다

이제 성숙의 기도가 갖는 또 다른 측면을 살펴보자. 얻으려 하기보다는 받는 것, 주도하기보다는 복종하는 것에 초점을 맞추어 주목해 보자. 여기서 가장 중요한 이미지가 바로 토기장이의 손에 들려 있는 진흙이다. 부드럽고 유연하며 어떤 모양이라도 낼 수 있는 진흙의 이미지가 바로 그것이다. 그러면 성숙의 기도가 갖는 이런 수동적인 측면에 대한 고전적인 세 가지 접근 방법을 살펴보자.

이러한 접근의 최우선적이고 가장 기초적인 방법은 바로 고독이다. "고독이 없이는 영적인 생활을 영위하기가 사실상 불가능하다." 이 말은 헨리 누웬(Henri Nouwen)이 한 말이다. 그 이유는 간단하다. 고독에 의해서 하나님은 우리를, 사람들에 대한 속박과 우리 자신의 내적 강요에서 자유케 해주시기 때문이다.

고독을 체험하려면 다른 사람들이 우리를 어떻게 생각하든지 그것을 무시하지 않으면 안된다. 누가 과연 이 사실을 이해하겠는가? 가장 가까운 친구라 할지라도 그렇게 혼자 지내는 것을 보고 귀중한 시간을 낭비한다고 말할 것이며 다소 자기 중심적이라고 생각할 것이다. 그러나 다른 사람들의 생각을 염두에 두지 않을 때 마음속에 생기는 자유가 얼마나 소중한가! 우리가 인간의 소리를 적게 들으면 적게 들을수록 우리는 하나님의 소리에 더욱더 귀를 기울이게 된다. 그리고 다른 사람들의 기대에 따라 움직이는 것이 적으면 적을수록 하나님의 기대에 더 많이 부응하게 된다.

고독은 다른 사람들에 대해서만이 아니라 자기 자신에 대해서도 죽는 것이다. 처음에는 분명히, 고독이 새로운 힘과 활력을 가지고 삶의 수많은 경쟁 상황 속으로 들어가기 위해 건전지를 재충전하는 한 가지 방법이라고 생각한다. 그러나 시간이 지나면서 우리는 고독이 우리에게 극심한 생존 경쟁에서 이길 힘이 아니라 그 생존 경쟁 자체를 무시할 수 있는 힘을 준다는 사실을 알게 된다. 또한 필요 이상의 재물을 얻고자 하는 마음과, 실제보다 더 젊어 보이고 싶어하는 욕망, 그리고 분수에 넘치는 지위를 얻고 싶어하는 욕구를 서서히 억제할 수 있게 된다. 더 나아가 우리의 거짓되고 분주한 자아가 가면을 벗게 되고 본래 거짓말쟁이였던 자신의 모습들이 드러나게 된다.

성 제롬(St. Jerome)은 우리에게 "혼자 있다고 해서 외로운 것은 아니라는 점"을 상기시켜 준다. 나는 여러분을 이러한 고독의 교류 속으로 초대한다.

내면 세계에의 묵상

현대인들에게는 이상하게 들릴지 모르지만 자신의 죽음을 묵상해 보는 것이 자신의 변화를 가져오는 가장 유서 깊은 방법 중 하나이다. 이것은 오늘날처럼 허무주의가 급증하는 시대에 부활시켜도 좋은 방법이다. 만일 당신이 오늘 죽는다면 어떻게 될까? 만일 내가 오늘 죽는다면? 이런 묵상을 통해 얻는 가장 냉철한 깨달음 중 하나는 내가 없어도 세상은 정상적으로 매우 잘 움직여 나갈 것이라는 사실이다. 그 다음날 태양도 여느 때와 다름없이 떠오를 것이고 사람들은 일상적인 일들로 분주하게 왕래할 것이다. 실제로 일어나는 변화는 아무것도 없을 것이다.

그런데 정작 어려운 문제는 나에게 있다. 우리는 세상이 마치 우리의 결정에 따라 움직인다고 착각하고 있다. 나 없이 어떻게 감히 그렇게 중요한 일이 일어날 수 있단 말인가? 알다시피 우리는 이솝 우화에 나오는, 마차

바퀴에 붙어 있는 파리와 유사하다. 거기에 보면 그 파리가 뒤를 돌아보며 큰소리로 "아니, 저 흙먼지 좀 봐. 내 힘이 과연 세군" 하고 말하는 대목이 나온다.

루터 교회의 목사인 친구 빌 파스비히(Bill Vaswig)와 나는 언젠가 갈라디아서 2:19에 대해서 이야기하다가 그리스도와 함께 십자가에 못박힌다는 것이 무슨 뜻인지 궁금해 한 적이 있었다. 빌은 이렇게 말했다. "우리 그 구절이 서로의 마음속에 새겨지도록 기도하세." 나는 사실 그 논의를 접어 두고 싶었지만 꾹 눌러 참고 이렇게 말했다. "좋아, 그럼 어떻게 하면 되겠나?" "글쎄, 나도 잘 모르겠네. 자네가 먼저 해보게." 빌이 대답했다. 그래서 나는 그에게로 다가갔다. 그의 머리에 양손을 얹고 기도하기 시작했다. 그리스도와 함께 십자가에 못박힌다는 것이 무슨 뜻인지를 그가 체험하게 해달라는 것 외에 내가 무엇을 기도했는지 나는 잘 모른다.

내가 기도를 끝내고 자리에 앉자 빌이 눈을 동그랗게 뜨고 나를 바라보며 이렇게 속삭였다. "됐네." "아니, 뭐가 됐나?" 나는 얼이 빠져 대꾸했다. 그는 내가 기도하기 시작했을 때 마음속에서 생생한 환상을 보았다고 했다. 그것은 그가 다니는 교회에서 어떤 장례식이 치러지는 광경이었다. 모든 것이 생생하게 보였다. 뚜껑이 열린 관, 성가대 그리고 아치형의 높은 천장이 보였다고 한다. 그가 본 환상은 대충 이러했다. 그런데 그는 그 모든 것을 관 속에 누워서 보고 있었다. 그것은 바로 그의 장례식이었다. 사람들이 슬픔에 가득 차서 일렬로 서서 관 옆을 지나갈 때 그는 그들에게 모든 것이 괜찮다고, 그리고 자기는 건강하며 아무 일도 아니라고 말해 주려고 했다. 그러나 그들은 그의 말을 듣지 못했다. 그들에게는 시체밖에 보이지 않았다. 그러나 그는 여느 때보다도 더 생생하게 살아 있었다.

나를 위한 그의 기도도 똑같이 강렬한 은혜를 끼쳤다. 그날 우리는 성령의 도가니 속에 들어갔던 것이다. 무엇보다도 중요한 것은 우리 둘 다 자아에 대한 죽음의 의미를 보다 깊이 있게 깨닫게 되었다는 사실이다.

유순한 기도

수동적인 성숙의 기도의 세 번째 유형은 에벌린 언더힐(Evelyn Underhill)의 말대로 '유순한 기도'이다. 그것은 '완전히 온순하고, 완전히 솔직하며, 하나님의 손에 완전히 포기하는 경험'을 말한다.

유추에 의해 이것을 설명해 보자. 손에 연필을 들고 종이 위에 알아볼 수 없는 그림을 그리고 있는 어린아이를 마음속에 그려 보라. 이제 그 아이의 어머니가 그 아이의 손을 잡고 종이 위에 그 손을 움직이며 크고 멋진 글씨를 쓰는 모습을 상상해 보라. 이것이 바로 유순한 기도이다.

이번에는 사람이 키를 잡고 능숙한 솜씨로 바람이 불어오는 쪽으로 배를 향하게 할 때 배가 움직이는 데 따라서 바람을 선택하는 돛을 상상해 보라. 돛이 바람을 이용할 수 있는 것은 돛의 유연성 때문이다. 돛 대신에 나무판을 달아 보라. 배는 앞으로 조금도 나아가지 못할 것이다. 유순한 기도에서 가장 핵심적인 부분은 바로 이러한 연약함이요, 무방비로 접근이 용이하다는 점이다. 그러므로 이 글을 읽으며 당신 자신을 토기장이이신 하나님의 사랑의 손길에 내맡기라. 그리고 두려워하지 말라. 하나님은 '상한 갈대를 꺾지 않으시며 꺼져 가는 심지를 끄지 않으시는 분'(마 12:20)이라고 성경은 말한다. 하나님은 결코 약한 자들을 밟지 않으시고 아무리 작은 소망이라 할지라도 자르지 않으신다. 하나님의 손이 당신의 손을 잡고 당신을 친히 인도하시도록 맡기라. 약하고 무르고 공격받기 쉬운 위치가 되라. 그리고 참 목자이신 예수님의 음성에 귀를 기울이고 그에게서 배우라.

겨울의 축복

매년 겨울이 올 때마다 나는 뒤뜰에 있는 커다란 단풍나무가 여름철의 푸른 무성한 잎을 잃어버리고 암울한 갈색으로 변해 가는 것을 즐겨 본다. 잎이 떨어질 때마다 아무렇게나 나 있는 그 나무의 가지들과 결점들이 하나 둘씩 드러나기 시작한다. 물론 그 불완전함이 늘 거기 있었지만 에메랄드 빛 담요에 의해 나의 시야에서 가리워져 있었다. 그러나 이제 그 나무는 황량하게 벌거벗었고 나는 그 나무의 진면목을 볼 수 있게 되었다.

겨울은 나무를 보존하고 또 강화시킨다. 나무의 힘이 바깥 표면에서 소모되기보다는 그 나무의 수액이 나무의 안쪽 깊은 곳까지 점점 더 깊이 들어가게 된다. 겨울에는 더 강인하고 더 탄력성 있는 생활이 굳건하게 확립된다. 겨울은 나무가 생존하고 번창하기 위해 꼭 필요하다.

이것은 곧바로 우리에게도 적용된다. 우리는 얼마나 자주 경건한 활동이라는 표면적인 선을 가지고 우리의 참모습을 숨기곤 하는가! 이처럼 열정적이었던 푸른 잎들이 하나 둘 떨어지고 나면, 겨울같이 차디찬 영성의 힘이 변화를 일으킨다.

겉으로 보기에는 모든 것이 메마르고 흉하게 보인다. 우리의 수많은 결점과 오점과 약점과 불완전함이 뚜렷이 부각되기 때문이다. 그러나 그것은 단지 외관상의 아름다움이 없어졌기 때문이고, 근본적인 아름다움은 사실 강화되고 있다. 영혼은 계속해서 내면 세계를 향해 나아가고 있고, 진정한 선과 변함없이 지속되는 덕행이 마음속 깊은 곳에서 자라기 시작한다. 순수한 사랑이 탄생되고 있는 것이다.

기도

사랑의 주 예수님, 나는 매순간 주님을 닮고 싶습니다. 그러나 내게는 그렇지 않은 순간도 있습니다. 주님의 길에 순종하는 것이 진정으로 얼마나 좋은 일인지 깨닫게 해주시옵소서. 주님을 찾다가 오히려 내가 주님에 의해 발견되게 하옵소서. 주님, 주님을 사랑합니다. 예수님의 이름으로 기도드립니다. 아멘.

7장

언약의 기도

"우리에게 필요한 것은 하나님의 모든 뜻을 알고자 하는 소망과 또 그것을 행하고자 하는 굳은 의지이다."

요한 웨슬리(*John Wesley*)

언약의 기도는 하나님으로 충만한 삶을 갈망하는 마음속 깊은 외침이다. 이 기도를 통해 우리는 개인적 결단이라고 하는 교차로에 이르게 된다. 그 기도는 신성한 헌신의 골짜기를 통과하며 거룩한 순종의 산등성이로 우리를 안내한다.

언약의 기도의 본질은 시편 기자가 한 고백에 잘 나타나 있다. "하나님이여 내 마음이 확정되었고 내 마음이 확정되었사오니…"(시 57:7). 언약의 기도의 제단 앞에서 우리는 확고부동한 헌신을 맹세하고, 굳은 의지로 결단하고, 거룩한 순종을 약속한다.

약속하는 것에 대한 두려움

헌신이라는 말을 들으면 여러분은 거의 본능적으로 움츠러들 것이다. 나 역시 그렇다. 왜 그럴까? 무엇보다도 그 이유는 오늘날 많은 사람들이 어떤 종류의 헌신에도 익숙해 있지 않기 때문이다. 어떤 의미에서 그것은 우리의 잘못이라고 볼 수 없다. 그것은 보이지 않는 분위기이며 시대의 조류이다. 헌신은 책임을 의미하며 책임은 무언가 제한이 있는 것처럼 들린다.

예를 들면, 오늘날 '자유'를 흔히 속박이 전혀 없는 상태로 정의하는 경향이 있다. 그러나 그것을 잠깐만 생각해 보더라도 그 생각이 얼마나 우스꽝스러운 것인지를 알게 된다. 절대적 자유란 얼마나 어리석은 말인가! 우리는 헌신과 훈련과 고정된 습관에 의해서 자유를 얻는다. 그리스의 웅변가였던 데모스테네스(Demosthenes)는 입에 자갈을 물고 노호하는 바다를 향해 소리를 지르는 훈련을 겪었기 때문에 위대한 웅변가가 될 수 있었다. 조지 프리드리히 헨델(George Frederick Handel)은 작곡에 정진했기 때문에 '메시아'와 같은 대작을 작곡할 수 있었다. 플레너리 오코너(Flannery O'Connor)는 강도 높은 개인 훈련을 통해 몸을 쇠약하게 하는 질병을 이겨내며 20세기의 가장 위대한 소설가 가운데 한 사람이 되었다. 이처럼 자유는 훈련과 헌신의 산물이다.

우리는 또한 헌신을 하게 되면 우리의 생활에서 자발성과 기쁨을 모두 빼앗기지나 않을까 두려워한다. 엄숙한 맹세는 너무나 냉혹한 것처럼 들리고 이를 악물고 살아가야 하는 것같이 보인다. 우리는 의무적으로 기도하기보다 기도하고 싶을 때 하기를 원한다. 헌신을 하게 되면, 기도가 하고 싶을 때 하는 것이 아니라 강제적인 것이 되어 버릴까 봐 걱정한다.

디트리히 본회퍼는 우리에게 다음과 같은 사실을 상기시켜 주었다. "기도는 하나님께 하고 싶을 때 하는 것이 아니라 의무적인 것이다. 하나님께서는 그렇게 요구하신다." 의무라고 해서 냉혹해야 할 필요는 없다. 우리가 좋아하는 시편 가운데 많은 것들이 문맥으로 보아 의례적인 의식에서 비롯된 것이라고 해서 거기에 기쁨이 없었다고 생각할 수 있을까? 베드로와 요한이 정해진 기도 시간에 정규적으로 성전에 올라갔다고 해서 그들이 그 앉은뱅이에게 한 말, 즉 "은과 금은 내게 없거니와 내게 있는 것으로 네게 주노니 곧 나사렛 예수 그리스도의 이름으로 걸으라"는 말 속에 자발성이 전혀 없었다고 생각할 수 있을까? 그리고 이 사람이 성전에 두루 다니며 '걷기도 하고 뛰기도 하며 하나님을 찬양할 때' 이를 악물고 했다고 할 수 있을까?(행 3:1-10) 아니다. 의무적인 일도 성령의 힘으로 할 때 그것은 커다란 기쁨과 축복으로 가득 채워질 수 있다. 사실 의무는 드 꼬싸드가 우리에게 가르쳐 준 대로 '지금 이 순간의 성례'이다.

우리가 헌신을 회피하는 데는 또 하나의 다른 이유가 있다. 간단히 말해서 그것은 바로 우리가 약속을 완수하지 못할지도 모른다는 두려움이다. 과거에 헌신을 했다가 이루지 못한 경험이 있을 수 있다. 아마 그것은 결혼 맹세일 수도 있고 자녀에게 한 약속일 수도 있다. 아니면 훨씬 더 단순한 것이었을지도 모른다. 이를테면 성경을 부지런히 읽기로 서약했던 것일 수도 있다. 성경에서 다음과 같이 경고하는 말씀을 보았을지도 모른다. "서원하고 갚지 아니하는 것보다 서원하지 아니하는 것이 나으니"(전 5:5). 그 결과 우리는 약속을 어겼을 때 마음속에 죄의식을 느낀다.

이러한 두려움에 대해서 나는 격려의 말을 하고 싶다. 위대한 사도 베드로도 자기로서는 감당하기 어려운 맹세를 했다는 사실을 기억하라. 또한 하나님께서 당신의 마음의 본뜻을 알고 계신다는 사실을 기억하라. 하나님께서는 당신의 연약함과 부족함을 알고 계신다. 때때로 당신은 하나님께서 정죄하지 않는 것에 대해서 스스로 마음속으로 정죄하기도 한다. 하나님께서는 하나님을 기쁘게 하려는 당신의 노력을 기뻐하신다. 마음속의 언약과 헌신은 결코 헛되지 않다. 하나님께서는 당신이 얼마나 원하는지 그 수준에 따라 역사하신다. 하나님은 마음속 깊은 곳에서 그 소망을 일으키시는데, 결국 우리의 마음속에 그 열망이 생기는 것은 하나님의 역사이다.

생명을 주는 언약
언약은 성경에 나오는 용어이다. 당신은 하나님께서 노아, 아브라함, 모세 그리고 다윗과 맺으신 언약에 대해 알고 있을 것이다. 또한 예수님께서 우리 죄를 용서해 주시기 위해 그의 피로 맺으신 새 언약을 기억할 것이다.

  언약의 요점은 헌신이다. 그것은 우리가 싫어하여 반감을 갖는 바로 그것이다. 그러나 만일 하나님께서 아브라함의 자손을 통해서 이 세상에 복 주시기 위해 자신을 내어 놓지 않으셨다면 우리는 어떻게 되었을까? 예수님께서 이 세상의 죄를 씻어 주시기 위해 자신을 헌신하지 않으셨다면 우리는 어떻게 되었을까? 과연 우리는 어떤 위치에 있을까?

  하나님께서 모세와 언약을 맺으실 때, 이스라엘 백성들을 속박의 땅인 애굽에서 구원해 내시겠다고 약속하셨다. 그가 그들의 하나님이 되어 그들을 보호하고 인도하며 복 주시겠다고 약속하셨다. 그 언약에는 지켜야 할 규정들도 있었다. 오늘날 우리는 그것을 십계명이라고 부른다. 십계명은 하나님의 넘치는 은혜와 선하심에 대한 백성들의 반응이 되어야 했고, 하나님의 기쁨을 얻기 위한 방법으로서가 아니라 하나님의 자비하심에 대한 감사의 표시로서 충성스럽고 순종하는 삶을 살아가겠다는 그들의 약속이 되어야 했다.

  예수님께서 그의 피로 세우신 새 언약도 그에 못지않게 많은 것을 요구한다. 그는 그 계명을 돌비에 새긴 것이 아니라 육체의 심비에 새겼다. 우리는 예수 그리스도의 얼굴에서 하나님의 영광을 보았다. 갈보리의 희생은 하나님 편에서의 헌신이다. 그는 우리와 언약을 맺으셨다. 헌신은 헌신을 요구한다. 우리의 반응은 어떤가? 그 대가로 마땅히 순종의 삶을 올려 드려야 하지 않겠는가?

거룩한 순종의 언약
우리는 하나님의 사랑이라고 하는 거룩한 제의에 대해서 제일 먼저 거룩한 순종의 언약을 통해 반응한다. 아무리 희미한 하나님의 속삭임이라 할지라도 우리는 조금도 유보 없이 따르기로 맹세한다. 완전한 헌신과 전적인 소박함으로 우리는 참 목자의 목소리를 따르기로 약속한다. 이에 대해 토마스 켈리(Thomas Kelly)는 이렇게 말했다. "거룩하고 완전한 순종의 단계와 기꺼운 자기 부인의 단계 그리고 민감한 청종의 단계가 있다."

이 모든 것은 너무나 놀라우리만큼 절대적이고 궁극적인 것처럼 보인다. 우리가 과연 어떻게 그런 약속을 성취할 수 있을까? 우리는 할 수 없다. 순종의 문제는 하나님의 일이고 우리의 것이 아니다. 하나님께서 우리에게 먼저 순종하고자 하는 마음을 주시고 우리에게 순종할 힘을 주시지 않는다면 우리는 단 한 가지도 선한 일을 할 수 없다. 바로 이 점이 중요하다. 하나님께서 마음의 소원을 주시는데 만일 그 소원이 미리 마음속에서 끓어오르지 않았다면 당신은 이 글을 읽고 있지도 않을 것이다. 그리고 하나님은 어떤 일을 하고자 하는 마음을 주시면 반드시 순종할 힘까지도 주신다.

더구나 순종은 언뜻 보기에는 부담스러운 것처럼 보이지만 사실 그렇지 않다. 그것은 우리 영혼의 영원한 사랑의 대상이신 하나님께 홀딱 반해 있는 것이나 다름없다. 찬송가 작가인 조지 마티슨(George Matheson)은 그것을 '나를 버리지 않는 사랑'이라고 고백하였다. 우리는 영원한 사랑의 하나님이 침투하고 강권하며, 초청하고 설득하는 부르심에 대해 순종이라는 유일한 방법으로 반응하는 것이다.

알다시피 하나님께서는 우리가 먼저 조금만 마음을 열어도 우리에게 달려오신다. 하나님은 사정없이 우리 뒤를 추적하는 하늘의 사냥개에 비유할 수 있다. 하나님께서는 우리에게 하나님을 찾고자 하는 만족할 줄 모르는 굶주림을 주시는데 그것은 순전하고 참된 생명의 떡이신 그리스도가 아니고서는 결코 만족시킬 수 없다.

때때로 우리는 엄청난 하나님의 사랑을 경험하고서 마음속 깊이 감동을 받는다. 무디(D. L. Moody)는 언젠가 뉴욕 거리를 지나가다가 엄청난 하나님 사랑의 실재에 압도되어 혼자 있을 만한 처소를 얻기 위하여 친구 집으로 달려갔다고 한다. 그는 거기서 두 시간 동안 하나님의 한량없는 사랑의 물결이 자기를 향해 계속해서 밀어닥침을 경험하였다.

때로 우리는 불꽃같이 환한 환상을 보고 영원히 하나님께 충성하기로 맹약하는 경우도 있다. 블레즈 파스칼(Blaise Pascal)은 놀라운 영적 체험의 순간을 단 한마디 '불!' 이라는 말로 묘사했다. 또 어떤 사람들은 말로 표현할 수 없는 하나님의 평화를 체험하고서는 설 때나 걸을 때나 앉을 때나 누울 때나 언제든지 말이 아닌 행동으로 찬양하며 복종하며 경이와 영광을 하나님께 올려 드린다

우리는 영혼을 뒤흔드는 하나님의 사랑으로 충만해지는 경험을 통하여 영원히 변화된다. 성령의 지시하심을 따라 민감하게 움직이게 된다. 결코 일상적인 선행만 가지고는 충분하지 않으며, 어중간한 임시 변통의 수단으로는 마음의 욕구를 채울 수가 없다. 공의로우시고 변치 않는 하나님의 기준, 즉 온전한 순종에 이르기까지 그분께 사로잡혀야 하는 것이다.

나는 그러한 하나님으로 충만한 경험이 우리가 얼핏 생각하는 것보다 훨씬 더 흔하다는 사실을 알았다. 그러나 우리 가운데 어떤 사람들은 영혼을 뒤흔드는 그런 만남을 경험하지 못했을 수도 있다. 하지만 괜찮다. 그런 경험이 없다고 해서 우리에게 이상이 있는 것은 아니다. 우리는 유명한 성인들의 전기나 기록들을 통해서, 그리고 무명의 알려지지 아니한 수많은 평범한 사람들의 간증을 통해서 그런 기쁘고 놀라운 환상들을 공유할 수 있다. 결국 이런 경험들은 몇몇 개인들이 아니라 하나님의 모든 백성들을 격려하기 위해 주어진다.

또한 우리는 마음과 뜻이 하나님을 향하도록 습관화할 수 있다. 일상의

일을 수행해 나갈 때 우리는 마음속에서 끊임없이 그 중심이 하나님을 향하도록 매진한다. 기회 있을 때마다 우리는 다음과 같은 내적인 고백과 간구와 더불어 우리의 마음을 하나님 앞에 내려놓는다. "예수님, 예수님을 사랑합니다. 오늘 제게 주님의 길을 보여 주십시오." 더 나아가 우리는 정신적인 영역에서 감성적인 영역까지 조용히 경이와 경배와 찬양을 드리며 살아간다.

우리는 지금 우리가 할 수 있는 모든 것과 우리가 알고 있는 모든 것에서 하나님께 순종한다. 엘리자베스 프라이(Elizabeth Fry)의 기도를 드려 보자. "오, 하나님! 주님을 섬기는 일에 홀로, 그리고 더욱더 단순하고 순수하게 복종할 수 있도록 하옵소서."

만일 우리가 넘어지면－분명 넘어질 테지만－우리는 일어나 다시 순종해야 한다. 우리는 순종의 습관을 형성해 가고 있다. 모든 습관은 수많은 실패와 오류와 잘못된 출발로 점철되어 있다. 영적인 생활에 있어서 우리가 어떤 일을 할 때, 처음에 우리는 우리 스스로가 그것을 시작했다고 생각한다. 그러나 시간이 지나면 우리의 가슴에 절대적인 순결을 원하는 불타는 열망을 주신 분이 바로 하나님임을 깨닫게 된다. A. W. 토저는 이에 대해 이렇게 말했다. "우리가 하나님을 추구하는 것은 바로 하나님께서 먼저 우리 안에 그런 마음을 넣어 주셨기 때문이다."

여기 아름다운 일이 있다. 다름아닌 하나님을 찾는 것만이 그런 추구를 심화시키고 고양시킨다는 것이다. 한번 순종의 맛을 보고 나면 우리는 그것을 더 원하게 된다. 시편 기자는 "여호와의 선하심을 맛보아 알지어다"(시 34:8)라고 권고하였다. 불타는 마음을 가진 하나님의 자녀들의 역설적인 경험은 하나님을 즐거워하면 할수록 더욱더 그를 갈망하게 된다는 것이다. 끌레르보의 버나드(Bernard of Clairvaux)는 이 거룩한 갈망을 시로 표현했다.

　오 생명의 떡이신 주님, 우리가 주님을 맛보며
　여전히 주님으로 즐거워하기를 갈망하나이다.

샘의 근원이신 주님으로 말미암아
영혼의 갈증을 채우기 원하나이다.

내가 말하고자 하는 것은 바로 이것이다. 순종은 우리가 갖고 있는 자원을 고갈시키는 것이 아니라 강화시키는 한 방법이라는 것이다. 만일 우리가 어느 작은 일에 순종한다면 다른 것에서도 순종할 수 있는 힘을 얻게 될 것이다. 순종은 또 다른 순종을 낳는다.

내가 지금 말하고 있는 거룩한 순종은 가정과 회사와 학교와 쇼핑 센터 등지에서 불화와 충돌이 있을 때의 순종이라는 것을 알았으면 한다. 우리는 졸라대는 아이들 틈바구니에서 불굴의 인내로 순종하는 것을 배우고 있다. 또한 부부간의 좌절과 두려움과 고통에 대해서 가식 없는 온순함으로 순종하는 것을 배우고 있다. 그리고 우리가 감당할 수 없는 사건들이 일어나도 안정된 평화를 누리며 순종하는 것을 배우고 있다. 이것이 바로 거룩한 순종의 언약이다.

시간의 언약

언약의 기도는 거룩한 순종이라는 넓은 의미의 헌신에 우리를 내버려두지 않는다. 우리에게 구체적인 결단을 촉구한다. 리차드 백스터(Richard Baxter)는 그의 저서 「성도들의 영원한 안식(*The Saints Everlasting Rest*)」에서 우리에게 "기도하기에 가장 적합한 시간, 적합한 장소 그리고 가장 적절한 마음의 준비"를 갖추라고 권면한다. 언약의 기도에 꼭 필요한 특정 요소에 바로 그런 것들이 있다.

시간의 언약이란 규칙적인 기도 생활에 헌신하는 것을 의미한다. 성 베네딕트는 그의 저서 「규율(*Rule*)」에서 기도의 규칙성을 강조했다. 그 이유는 그의 추종자들이 감독자이신 하나님을 잊어버리는 것을 원치 않았기 때문이다. 경건한 사람들의 직업 재해 가운데 하나는 사람의 일과 하나님의 일을 혼동하는 것이다. "이 일은 정말로 중요하다"는 말 대신에 "나는 정말로 중요하다"라고 말하기가 얼마나 쉬운가! 베네딕트는 여기에 대해 깊이 이해했기 때문에, 매일 규칙적으로 시간을 정해서 기도할 것을 요구하였다. 아무리 긴급하고 중요한 일을 하고 있을지라도 때가 되면 기도해야 한다고 말했다. 규칙적으로 기도하는 일에 헌신하는 것은 자만심을 없애고 마귀의 책략을 깨뜨린다.

그러면 '규칙적'이란 말은 무슨 말인가? 그것은 전적으로 당신과 당신의 개성과 당신의 필요에 달려 있다. 고대 히브리 사람들은 아침, 점심, 저녁으로 하루에 세 번씩 기도했다. 베드로와 요한이 앉은뱅이를 만난 것은 바로 그들이 습관을 좇아 제 삼시 기도 시간에 성전에 올라가고 있었기 때문이다(행 3:1). 나는 인도에 있는 어떤 단체를 알고 있다. 그들에게는 종이 있는데, 그들은 아침 10시와 오후 3시에 이 종을 울린다. 그러면 모든 사람이 그것을 신호로, 하던 일을 멈추고 그 집단의 필요를 모아 함께 기도하는 관습이 있다. 많은 사람들은 이미 나름대로 매우 유익한 체제를 찾아내었다. 이른 아침이 바로 그 좋은 예다. 시편 기자도 이렇게 선포했다. "여호와여 아침에 주께서 나의 소리를 들으시리니 아침에 내가 주께 기도하고 바라리이다"(시 5:3).

여기서 주의할 것은 실현 불가능한 짐을 사람들에게 지워서는 안된다는 사실이다. 시골 사람들은 생활 주기가 하루 단위로 돌아가는 경향이 있고, 도시 사람들은 생활 주기가 일주일 단위로 돌아가는 경향이 있다. 시골에서는 아침 저녁으로 해야 할 자질구레한 일들이 많다. 예를 들면 소젖도 짜야 하고 닭모이도 주어야 한다. 따라서 매일의 기도 훈련이 시골에서는 효과가 있다. 반대로 도시에서는 모든 일이 금요일까지 집중되어 있고 주말에는 훨씬 더 자유 재량권이 있다. 그래서 "금요일이어서 하나님께 감사해요(TGIF, Thank God it's Friday)"라는 말도 있다. 이런 상황에서는 일주일 단위로 기도 생활을 하도록 하는 것이 더 설득력 있다. 매일 매일 기도 시간을 따로 내지 못하여 죄의식을 갖는 대신에, 예를 들면 매주 토요일 아침마다 시간을 내어 더욱 넓은 기도를 하고 경건서적을 읽는 것이 낫다.

이 문제에 대해서 나는 유아를 둔 부모들에게 해주고 싶은 이야기가 있다. 젖먹이의 요구는 생각보다 훨씬 많다. 특히 어느 한쪽의 배우자가 없는 경우는 더욱 심하다. 아기로 인해 방해받는 일은 끝날 줄을 모른다. 또한 좀처럼 잠도 깊이 잘 수 없다. 언제나 아기의 동태를 살펴야 하기 때문이다. 이 사실을 인식하고 마음을 편히 먹는 것이 중요하다. 생각보다 시간이 빨리 지나갈 것이다. 이런 상황 속에서는 결코 찾을 수 없는 환상적인 혼자만의 시간을 찾아 기도하려고 하지 말고 오히려 아이와 함께 있는 동안에 하나님을 찾아야 한다. 그러면 그 아이로 인해서 하나님은 당신에게 더 실제적으로 응답하실 것이다. 아이와 노는 시간이 기도 시간이 되게 하라. 아이에게 음식을 먹이는 동안에 기도할 수도 있다. 이것은 특히 젖먹이는 어머니들에게 해당된다. 그리고 기도로 하나님께 찬양을 드리라. 불과 몇 달 지나지 않아 더 규칙적인 기도 생활로 돌아갈 수 있게 될 것이다.

이렇게 개개인의 차이와 계획에 따라 기도 시간을 너그러이 정하도록 했지만 우리는 규칙적인 기도 생활을 하도록 훈련해야 한다. 훈련 시간이 어느 정도 나겠지 생각해서는 안된다. 우리는 기도할 시간을 갖는 것이 아니라 만들어야 한다. 때문에 우리는 자신을 합리화하는 일에 대해서 단호해야 한다. 예를 들면, "늘 기도하는 마음으로 살아갑니다"라는 말로 기도하지 않는 삶을 위장해서는 안된다. 존 달림플(John Dalrymple)은 여기에 대해 다음과 같은 말로 적절히 묘사했다. "우리가 특정한 때, 특정한 곳에서 기도하기를 구체적으로 시작하지 않으면 언제 어디서든지 기도하기를 배울 수 없다."

다른 사람들에 대한 책임도 매우 도움이 된다. 나는 매주 조그만 그룹과 만남을 가진다. 그리고 만날 때마다 우리 각자는 여러 가지 질문을 묻고 대답한다. 제일 먼저 던지는 질문은 "지난 한 주간 동안 경험하신 기도와 묵상에 대해서 말씀해 주십시오. 그리고 다음 주의 결심은 어떤 것입니까?" 하는 것이다.

우리가 언약을 지키기 위해서는 소박하고 실제적인 결심을 하는 것이 도움이 된다. 나는 작은 수첩을 늘 가지고 다니면서 거기에 기도 시간을 적기를 좋아한다. 여행을 할 때는 대개 항공여행의 첫 구간을 예배와 기도와 묵상을 하는 데 쓰기로 계획한다. 어느 겨울에는 평일날 오후 3시에 시간을 내기로 계획하고 수첩에 기록해 두었다. 그때 나는 하루 한 시간씩 사무실을 떠나 있었다. 5분 정도 그 지역의 동물원이 있는 곳으로 차를 몰고 가서 손에 성경과 개인묵상 노트를 들고 아름다운 실내 열대우림 속에서 의자에 앉아 50분 간 묵상하곤 했다. 대부분의 사람들이 직장에서 그런 자유 재량권이 있는 시간을 갖고 있지 못하다. 그러나 우리 모두에게는 생각만 있으면 이용할 수 있는 시간이 얼마든지 있다.

그런 일을 위해서라면 전화를 받지 않을 수도 있고 현관문을 열어 주지 않을 수도 있다. 대주교인 안토니 블룸의 아버지는 현관문에 이런 쪽지를 써 붙여 놓았다고 한다. "수고스럽게 문을 두드리지 마시오. 제가 안에 있지만, 열어 주지는 않을 겁니다." 나는 실제로 그렇게 해본 적은 없다. 그러나 때때로 사무실 문에 모든 사람이 알아볼 수 있도록 '하나님과 회의 중'이라고 써 붙여 놓은 적은 있다.

이와 같은 사실을 잊지 말라. 당신으로 하여금 기도하지 못하도록 모든 것이 다 동원된다는 사실이다. 전화가 올 수도 있고 펜의 잉크가 떨어질 수도 있다. 집에 누가 찾아올 수도 있고 수년 동안 잊고 지냈던 일을 갑자기 해야 할 긴급한 용무가 생기기도 한다. 그런 긴박한 순간에 내적인 마음의 성소에 그대로 머물러 있을 것인지, 아니면 그 긴급한 용무의 지배를 받아 거룩한 장소에서 뛰쳐나갈 것인지를 결정하는 것은 오로지 당신 자신에게 달려 있다.

장소의 언약

시간의 언약이 계속성을 부여한다면 장소의 언약은 안정성을 보장한다. 성 베네딕트는 그 당시 아무런 책임도 없이 방황하는 예언자들을 너무나 많이 접해 보고 안정성에 대한 서약을 그의 저서 「규율」의 중심 주제로 삼았다. 우리도 역시 어딘가에 닻을 내릴 필요가 있다.

장소의 언약은 우리에게 집중의 은사를 준다. 나는 초신자였을 때 매일 아침 차고 뒤로 나가 두 발을 쓰레기통 위에 올려 놓고 가벼운 콘크리트 블록으로 쌓은 담 위에 걸터앉아 성경을 손에 들고 묵상하곤 하였다. 그곳이 나의 거룩한 장소였다. 너무 추워서 밖으로 나갈 수 없는 날에는 뉴 멕시코의 조그만 아파트 건물 벽장 속으로 들어갔다. 그 속은 캄캄하고 조용한 곳이었는데, 내게 집중을 가르쳐 주었다. 당신도 이렇게 정신을 집중할 수 있는 장소를 찾기를 원한다. 창고의 위층이든지 정원이든지, 빈방이든지 다락방이든지 아니면 지정된 좌석이든지 어디라도 상관없다. 그저 일상 생활에서 벗어날 수 있는 곳이면 되고 정신이 산만해지지 않으면 된다. 그런 장소를 선택하여 신성한 '회막'으로 삼으라. 이에 대해 토마스 머튼(Tomas Merton)은 이렇게 말했다.

나의 큰 기쁨은 다락방에 올라가 깨어진 작은 창문으로 계곡을 내다보는 것이다. 거기서 나는 말없이 푸른 풀밭을 바라보는 것을 좋아한다. 나는 이런 고독을 너무나 사랑한다. 그래서 새 건물에서 멀리 떨어져 외딴 곳에 서 있는 낡은 헛간쪽으로 나 있는 길을 따라 걷곤 한다. 그러면 기쁨이 머리 끝부터 발 끝까지 온 전신에 충만하게 되고 평화가 골수까지 사무치게 된다.

장소의 언약에는 공동체에의 헌신이 내포되어 있다. 우리는 한 민족의 일원이다. 우리는 그들과 동일시되고, 민족을 위해 자신을 헌신한다. 어떤 사람들에겐 영적인 지도자가 있다. 영적 지도자는 그들과 함께 그들이 하나님과 동행하고 있는지를 살핀다. 또 어떤 사람들은 소그룹으로 모임을 갖는다. 그것은 교회 속의 작은 교회이다. 그들은 상호 양육과 책임을 위해 모인다.

그러나 기억하라. 이러한 공동체는 하나의 은사이다. 논리학적인 배열에 의해서 그것을 만들 수는 없다. 때때로 어떤 곳에서는 이런 특별한 은사가 없이도 살아갈 수 있다. 그러나 장소의 언약을 통해서 우리는 늘 공동체를 찾아내고 언제든지 그것의 출현을 기뻐하며 그 발전을 위해 늘 자양분을 공급하게 된다.

마음의 준비를 위한 언약
우리는 리차드 백스터의 말대로 '가장 적절한 마음의 준비'를 갖추어야 한다. 몸짓만으로 우리의 마음속 가장 깊은 감정까지 나타낼 수 있다는 사실이 사람들에게 알려지기 오래 전, 백스터는 사람들에게 권면하기를, 아무런 제약 없이 가장 깊은 감정까지도 자연스럽게 나타내며 하나님을 만나 보라고 했다. 우리는 달릴 수도 있고 뛸 수도 있으며, 걸을 수도 있고 설 수도 있으며, 무릎 꿇을 수도 있고 바닥에 누울 수도 있다. 경외와 존경으로 눈을 감고 머리 숙일 수도 있고, 찬양과 헌신하는 마음으로 눈을 들어 바라볼 수도 있다. 손을 들 수도 있고 박수를 칠 수도 있으며 깍지를 낄 수도 있다. 울거나 웃을 수도 있고, 노래하거나 소리지를 수도 있다. 트럼펫, 류트, 하프, 탬버린, 현악기, 관악기 그리고 크게 소리 나는 심벌즈를 사용할 수도 있다. 우리는 경이와 찬양으로 조용히 무릎을 꿇을 수도 있다.

우리는 또한 '거룩한 기대감'을 키움으로써 마음을 준비할 수 있다. 마음의 눈을 가지고 바깥뜰과 안뜰을 드나든다. 마음의 베일이 벗겨지고 우리는 지성소로 들어간다. 마침내 마음속이 기대감으로 가득 차게 된다. 우리는 완전한 침묵 속에서 하나님의 목소리에 귀기울이게 된다.

놀라운 하나님의 임재에 들어가기 위하여 마음을 준비시키는 또 하나의 방법은 혀를 훈련시키는 것이다. 하나님의 현존 앞에 비뚤어진 마음과 가득한 말로 달려 나오는 것보다 아무 말도 없이 침묵 속에서 거룩하시고 영원하신 하나님 앞에 나오는 것이 얼마나 옳은 일인가! 이에 대한 성경의 교훈은 다음과 같다. "오직 여호와는 그 성전에 계시니 온 천하는 그 앞에서 잠잠할지니라"(합 2:20).

마음을 준비하는 데 있어서 여러 가지 구체적인 준비는 도움이 될 수 있다. 시편은 교회의 기도서이다. 그래서 나는 종종 개인적인 기도에 앞서 기도하는 마음으로 시편 한 편을 읽는다. 때때로 나는 개인적인 기도를 돕기 위하여 만들어진 예식서를 사용하기도 한다. 이따금씩 나는 내 마음을 계발하기 위해 존 베일리(John Baillie)의 유명한 저서인 「개인 기도 일지 (Diary of Private Prayer)」를 사용한다. 또한 그리 잘 알려져 있지는 않지만 「존슨 박사의 기도(Doctor Johnsons Prayers)」에 의존하기도 한다. 또 어떤 때는 나 자신의 기도문을 작성하여 마음의 준비를 위한 매일의 개인 의식으로 그것들을 기도하곤 한다.

당신만의 작은 성소를 준비하면 당신의 마음이 하나님을 경배하게 된다. 내 친구 중에는 기도할 때마다 그녀의 작은 서재에 촛불을 켜놓는 친구가 있다. 신선한 꽃들이 시각과 후각을 즐겁게 해줄 수도 있다. 나는 아침 기도를 할 때마다 손에 커피 한 잔을 들고 들어가기를 좋아한다.

각자 나름대로 자신의 준비 방법이 있다. 그 방법은 우리 안에 있는 것이 다음과 같은 송영이 되도록 우리가 할 수 있는 모든 수단을 다 사용하는 것이다. "내 영혼아 여호와를 송축하라 내 속에 있는 것들아 다 그 성호를 송축하라"(시 103:1). 리차드 백스터의 견해대로 그 보상을 생각한다면 당신이 그만큼 노력할 만한 충분한 가치가 있는 것이다. "이 천상의 대화에 익숙한 사람들만큼 기쁘고 복된 생활을 살아가는 사람은 없다."

하나님과의 밀회

밀회라는 말은 대개 연인들끼리 미리 약속하고 만나는 것을 뜻한다. 그 얼마나 적절한 말인가! 밀회의 기도란 하나님과 특별한 데이트를 하는 것이다. 그 기도는 우리를 마음의 본향으로 인도하기 때문에 우리를 자유롭게 하고 편하게 한다. 하나님께서는 우리의 영원한 연인으로서 우리가 기대와 기쁨으로 그 앞에 규칙적으로 나아 오기를 기다리신다. 이 규칙적인 만남의 시간을 지키기는 어렵지 않다. 왜냐하면 연인들의 언어는 어차피 소모적인 언어이기 때문이다. 우리는 하나님과 시간을 보내는 것이 기쁘다. 왜냐하면 하나님과 동행하면 즐겁기 때문이다.

기도

복되신 주님, 제가 헌신의 제단 앞에서 머뭇거리고 있습니다. 저는 진정으로 고정된 기도 습관을 갖기 원합니다. 적어도 이 순간만큼은 진심으로 그렇게 되길 원합니다. 지금부터 두 주일 후에도 계속해서 그것을 원할지는 저도 잘 모릅니다. 다만 제가 아는 것은, 주님과 어떤 식으로든 계속적으로 교제하지 않는다면 제가 참된 순종을 알지 못한다는 사실입니다.

따라서 할 수 있는 한 최선을 다해서 시간을 따로 떼어 규칙적으로 기도하고 묵상하며 말씀을 읽기로 약속드립니다. 저를 강하게 하사 이 언약을 깨뜨리지 말게 하소서. 주님의 임재 앞에 늘 기뻐하도록 도우셔서 제가 주님 계신 본향으로 자주 나아가게 하소서. 주님의 이름으로 이 언약과 더불어 기도드립니다. 아멘.

하나님과의 친밀한 교제를 구하는
위를 향한 기도

마음의 참 본향인 하나님께 나아올 때까지 우리는 추방자요 타국인이다. 교만과 두려움으로 인해 우리는 하나님과의 관계가 소원해졌다. 그러나 우리 안에 있는 저항감이 믿음과 소망과 사랑의 역사로 극복되기 때문에 우리는 하나님과의 친밀한 교제를 갖기 위해 위를 향하게 된다. 그러면 우리가 다른 사람들을 향해 사역할 힘을 얻게 된다.

레오 톨스토이가 어떤 섬에 살았던 세 명의 은둔자 이야기를 한 적이 있다. 하나님과의 깊은 교제와 사랑에 대한 그들의 기도는 그들의 단순함만큼이나 단순했다. "우리도 셋이요, 주님도 셋이오니 우리에게 자비를 베푸소서. 아멘." 그들이 이런 식으로 기도했을 때 종종 기적이 일어났다.

은둔자들의 이야기를 들은 당시의 주교는 그들에게 바르게 기도하는 법을 가르쳐 줄 필요가 있음을 알았다. 그래서 주교는 그들이 있는 작은 섬으로 갔다. 그들에게 기도를 가르친 후 주교는 그 단순한 사람들의 영혼을 깨우쳐 주었다는 사실에 기뻐하면서 본토를 향해 배를 타고 떠났다.

갑자기 그는 배 뒤편에서 큰 공처럼 생긴 불빛이 바다를 가로질러 미끄러지듯이 다가오는 것을 보았다. 점점 가까이 다가오는 것을 보니 그것은 다름아닌 그 세 명의 은둔자가 물 위로 달려오고 있는 것이었다. 그들은 주교에게 이렇게 말했다. "죄송합니다만 주교님께서 가르쳐 주신 것을 그만 잊어버렸습니다. 다시 한번 가르쳐 주시겠습니까?" 주교는 손을 내저으며 부드럽게 대답했다. "내가 당신들에게 가르쳐 준 것들을 다 잊어버리시오. 그리고 늘 하던 대로 그냥 계속 기도하시오."

8장

찬양의 기도

"찬양의 학교에서 우리는, 찬양이 아닌 다른 목표에 접근하는 것이 왜 우리의 영혼을 쉼 없이 만들고 말았는가를 배운다."

더글라스 스티어(Douglas Steere)

기도는 모든 영혼을 둘러싸시는 하나님의 영원한 사랑에 대한 인간의 반응이다. 하나님께 대한 우리의 대답이 가장 직접적일 때 그것을 가리켜 찬양이라고 한다. 찬양은 하나님을 경배하고, 존귀히 여기며, 찬송하고 칭송하고자 하는 마음의 자발적인 열망이다.

어떤 의미에서 찬양은 기도의 한 특별한 형태가 아니다. 왜냐하면 모든 참된 기도에는 찬양의 요소가 들어 있기 때문이다. 찬양은 기도가 호흡하는 공기요, 기도가 헤엄치는 바다라고 할 수 있다. 그러나 또 다른 의미에서 찬양은 다른 종류의 기도와 분명히 구별된다. 왜냐하면 찬양을 통해 우리는 이기심이 없는 순수한 헌신의 공기 속으로 들어가기 때문이다. 찬양의 기도로 우리는 하나님을 소중히 여기는 것만을 구하며, 하나님을 높이는 것만을 구한다. 그리고 그의 선하심에만 초점을 맞춘다. 더글라스 스티어는 이에 대해 다음과 같이 말한다. "찬양의 기도를 통해 우리는 하나님께 대한 사랑를 표현한다. 그분 자신과, 그분의 바로 그 존재와, 그분의 빛나는 기쁨으로 인해 그분을 사랑한다."

가슴 설레는 찬양 체험

한번은 조그마한 작가 단체의 연례 모임에 들뜬 기분으로 참가하였다. 단결심을 키우고 서로 정담을 나누는 일은 언제나 내 마음을 즐겁게 했다. 그 해에 우리는 캐나다 국경 부근의 아름다운 휴양지에서 모임을 가졌다. 그런데 갑자기 나는 그 모임의 가벼운 지적인 농담에 끼여들고 싶지가 않았다. 왜 내 마음속에서 그런 생각이 일어났는지 알 수가 없었다. 다만 이런 생각이 들었다. '몹시 분주한 여행 계획으로 나는 너무 지쳐 있고 수많은 고통과 슬픔으로 내 영혼은 침체되어 있다. 아마 혼자 있는 것이 도움이 될지도 모른다.' 그러나 마음속 깊은 곳에서 나는 다만 혼자 지내는 것 이상의 어떤 것이 필요하다는 느낌이 들었다. 그것이 무엇일까?

그 다음날 오후는 자유로웠다. 오후 늦게 독서 시간이 계획되어 있을 뿐이었다. 혼자 있을 수 있는 절호의 기회였다. 점심을 먹은 후 나는 아름다운 호수를 따라 혼자 도보 여행을 했다. 푸른색과 초록색의 무한한 변화를 만끽하며 걸었다. 마침내 가까운 마을에 이르러 여러 상점을 둘러보았다. 사람들이 나를 알아보지 못하는 관계로 많은 사람들 틈에서 홀로 지낼 수 있었다.

독서 시간이 되어 돌아갈 때가 되었다. 그런데 어쩐지 내 마음속에는 아직도 미진한 점이 남아 있다는 생각이 들었다. 돌아오는 길에 나는 가까운 곳에 폭포가 있다는 희미한 표지판을 보았다. 나는 방향을 바꾸어 구부러진 길을 타고 올라갔다. 그 길은 울창한 숲속으로 나 있었으며 폭포가 있는 곳에서 끝이 났다. 그 지역을 탐사하는 동안 햇빛이 간간이 술래잡기 놀이를 하듯이 나무들을 헤치며 드나들었다.

약 한 시간 남짓 강물을 따라 내려갔다. 얼마 되지 않아 모든 길이 보이지 않았고 여행자들과 관광객들도 전혀 눈에 띄지 않았다. 자갈길을 지나고 쓰러진 나무들을 넘어가 보니 마침내 강 속에 돌출된 거대한 바위가 나타났다. 그 바위로 인해 강물은 구부러진 말굽형으로 흐르고 있었다. 많은 노력 끝에 나는 이 길다란 화강암 바위 위에 올라갔다. 그리고 얼마 동안 나는 위쪽에 펼쳐져 있는 협곡의 장관과 아래쪽에 흐르고 있는 세찬 물살에 그저 입을 벌리고 감탄할 수밖에 없었다.

그 다음에 일어난 일은 이루 말로 형언하기 어렵다. 내가 아무리 소리를 질러도 금방 집어삼킬 듯한 세찬 강물 소리에 나는 마음껏 하나님께 감사와 찬양을 외치고 싶었다. 찬양과 찬미의 정신이 내 속에서 용솟음쳤다. 나는 하늘의 북소리에 맞추어 춤을 추기 시작했고 내가 알지 못하는 말로 노래하기 시작했다. 즉흥적으로 빛나는 광채 속에 폭포처럼 쏟아져 내리는 영혼의 노래만이 아니라 희미한 추억 속에 아련히 솟아나는 시와 찬미로, 내 마음으로도 노래하였다. 크건 작건 모든 일에 대해 감사가 쏟아져 나왔다. 즐거이 주님을 높이는 찬양이 강물 소리와 어우러졌다. 마치 나는, 하나님의 보좌 앞에 올라가는 끊임없는 찬미 속에 참여하도록 초청받고 있는 것 같았다.

처음에 그 경험은 나를 완전히 열광시켰다. 그러나 시간이 지나자 그 환희는 "거룩하다, 거룩하다, 거룩하다!"라는 속삭임으로 바뀌었다. 경배가 더 깊어지고 더 풍성해졌다. 나는 하나님의 이름을 찬미하는 것으로 시작해서 마침내 하나님의 이름으로 숨쉬는 데까지 이르렀다. 하나님을 높이는 것이 찬양이 되었다.

그분을 높이는 말을 얼마 동안 조용히 중얼거렸다. 그러자 말없이 하나님께서 들으신다는 확신이 생겼다. 그것은 앞날에 필요한 교훈을 주었다. 나는 아무 말도 없이 경외와 찬양으로 고개 숙이며 오던 길을 돌이켜 강물 위쪽으로 올라갔다. 마음속의 폭포수는 그 뒤에도 며칠 동안 계속되었다. 그날 오후 나는 고전적인 의미의 황홀경은 맛보지 못했다. 하지만 우리의 슬픔을 치료해 주고 우리를 하나님께 가까이 인도하는 사랑의 찬양 속에는 분명히 들어갔다.

찬양의 두 가지 측면

찬양의 기도에는 감사와 찬송이라는 두 가지 측면이 있다. 이 두 가지는 대개 이렇게 구분한다. 감사는 하나님께서 우리에게 행하신 일에 대해 영광을 돌리는 것이고, 찬송은 본질적으로 하나님이 누구신가에 대해 영광을 돌리는 것이다. 이 구분은 타당하다. 그러나 그것을 너무 중시해서는 안된다. 경험으로 봤을 때 그 두 가지는 서로 얽히고설켜서 유기적인 전체를 이룬다. 성경의 기자들은 종종 이 말들을 서로 바꾸어 쓰고 있으며 다른 하나에 덧보태어 쓰기도 한다. "내가 대회 중에서 주께 감사하며 많은 백성 중에서 주를 찬송하리이다"(시 35:18). 감사와 찬송은 동시에 모든 참된 찬양의 경험 속에 어우러져 있다.

구약 성경의 세계는 감사의 언어로 가득 채워져 있다. 왕정 시대에 다윗 왕은 제사장들을 선택하여 언약궤 앞에서 오직 한 가지 사명만을 감당하게 하였다. 그 사명은 '이스라엘의 하나님 여호와를 칭송하며 감사하며 찬양하는 것'이었다. 다윗은 레위 사람 중에 특별히 노래하는 사람들을 세워 '여호와께 찬양하는 일'만을 전담케 하였다(대상 16:4-36).

그리고 '감사 희생'이라는 것도 있었다. 그것은 고대 이스라엘의 예배 가운데 매우 두드러진 요소였다(레 7:12 등등).

시편 중에는 감사라는 말을 담고 있지 않은 부분은 찾기가 어렵다. "할렐루야 여호와께 감사하라 그는 선하시며 그 인자하심이 영원함이로다"(시 106:1). "내가 전심으로 여호와께 감사하오며…"(시 9:1). "…여호와 나의 하나님이여 내가 주께 영영히 감사하리이다"(시 30:12). 이처럼 기도할 때마다 감사가 반복되며 감사 위에 또 감사가 이어진다.

예수님도 궁극적으로 감사의 사람이셨다. 그의 생애 밑에 기록된 서명이 있다면 그것은 "천지의 주재이신 아버지여… 감사하나이다"(눅 10:21)라는 기도였다. 바울도 역시 감사의 정신을 알았다. "내가 예수 그리스도로 말미암아 너희 모든 사람을 인하여 내 하나님께 감사함은…"(롬 1:8). 분명히 성경의 증인들은 한 목소리로 말한다. 그리고 우리에게 "범사에 우리 주 예수 그리스도의 이름으로 항상 아버지 하나님께 감사하라"(엡 5:20)고 강권한다.

굳이 구분을 짓는다면 찬송이 감사보다 높은 수준이라고 할 수 있다. 오 할레스비(Ole Hallesby)는 그의 고전적인 저서 「기도(*Prayer*)」에서 이렇게 말했다. "감사를 드릴 때 내 생각은 어느 정도 여전히 내 주위에서 맴돌지만, 찬송을 드릴 때 내 영혼은 자신을 잊고 찬양하는 경지까지 오르게 되며 하나님의 위엄과 능력, 그의 은혜와 구속만을 바라보고 찬송하게 된다."

성경은 분명히 찬송으로 채워져 있다. 고대 율법서에도 찬송에 대한 명확한 언급이 있다는 것은 참으로 놀라운 일이다. "그는 네 찬송이시요 네 하나님이시라"(신 10:21). 시편은 찬송의 소리로 흘러넘친다. "할렐루야 내 영혼아 여호와를 찬양하라 나의 생전에 여호와를 찬양하며 나의 평생에 내 하나님을 찬송하리로다"(시 146:1-2). "내가 여호와를 항상 송축함이여 그를 송축함이 내 입에 계속하리로다"(시 34:1). "여호와를 두려워하는 너희여 그를 찬송할지어다"(시 22:23). "새 노래 곧 우리 하나님께 올릴 찬송을 내 입에 두셨으니"(시 40:3).

히브리서의 기자도 우리에게 "이러므로 우리가 예수로 말미암아 항상 찬미의 제사를 하나님께 드리자 이는 그 이름을 증거하는 입술의 열매니라(히 13:15)"고 권고하고 있다. 그리고 요한계시록의 기자도 우리에게 찬송이 천국의 엄숙한 일임을 확신시켜 준다.

> 내가 또 보고 들으매 보좌와 생물들과 장로들을 둘러 선 많은 천사의 음성이 있으니 그 수가 만만이요 천천이라 큰 음성으로 가로되 죽임을 당하신 어린양이 능력과 부와 지혜와 힘과 존귀와 영광과 찬송을 받으시기에 합당하도다 하더라(계 5:11 – 12).

송축은 기쁨에 넘친 최고도의 찬송이다. 시편 기자는 이렇게 말한다. "내 영혼아 여호와를 송축하라 내 속에 있는 것들아 다 그 성호를 송축하라"(시 103:1). 누가는 그가 쓴 복음서를 큰 기쁨으로 송축하는 말로 끝맺고 있다. "저희가… 늘 성전에 있어 하나님을 찬송(송축)하니라"(눅 24:53). 하나님을 송축하는 경험을 하게 되면 우리의 영혼은 찬송으로 큰 기쁨을 얻게 된다. 마음과 생각의 이 두 가지 활동, 즉 감사와 찬송의 중요성을 누가 의심할 수 있겠는가? 그 두 가지는 함께 찬양의 의미를 해석해 준다. 오 주님, 우리의 마음을 감동시켜 주소서. 우리의 마음을 소생시켜 주소서. 거룩한 산 시온으로 올라가는 그 옛날의 찬송의 행렬에 우리도 열심히 참여하게 하소서. "감사함으로 그 문에 들어가며 찬송함으로 그 궁정에 들어가서 그에게 감사하며 그 이름을 송축할지어다"(시 100:4).

하나님의 눈물
우리가 만일 하나님의 마음을 알 수 있다면 찬송과 감사를 더 자주 할 것이다. 우리는 하나님이 너무 장엄하시고 너무 높으시기 때문에 우리의 찬양이 하나님께 아무런 의미가 없다고 생각하기 쉽다. 그러나 우리는 언제나 성 어거스틴의 말을 기억해야만 한다. "하나님은 갈망받기를 갈망한다."

하나님은 무감각하신 분이 아니다. 하나님의 마음은 무엇보다 민감하고 부드럽다. 아무리 무의미하고 작은 일이라 할지라도 하나님이 간과하시는 일은 없다. 냉수 한 컵조차 하나님의 눈에 눈물이 흐르게 하기에 충분하다. 자녀에게서 시들어 버린 민들레 꽃다발을 받아들고 감격에 겨워 자랑스러워하는 엄마처럼, 하나님은 우리의 자그마한 감사의 표시에도 기뻐하신다.

예수님께서 열 명의 문둥병자를 고치신 사건을 생각해 보라. 단 한 사람만이 돌아와 예수님께 감사를 드렸는데 그 사람은 사마리아인이었다. 그 한 사람으로 인해 예수님께서 얼마나 감동하셨는가! 그리고 그 아홉으로 인해 얼마나 슬퍼하셨는가! 또한 감사의 눈물로 예수님의 발을 씻겼던 여인을 생각해 보라. 그 여자의 소박한 헌신의 행위가 주님을 얼마나 감동시켰는가! 값비싼 향유를 아낌없이 예수님의 발에 부었던 여인을 생각해 보라. 그 여인의 헌신적인 찬양의 행위로 인해 예수님께서 얼마나 기뻐하셨는가! 우리는 어떠한가? 망설이고 있지는 않은가? 주님의 못자국 난 손을 붙들고 다만 마음속 깊이 "주님, 감사합니다. 주님을 송축합니다. 주님을 찬양합니다"라고 말하기만 해도 하나님의 마음은 기쁨으로 넘칠 것이다.

찬양을 방해하는 것들

C. S. 루이스는 찬양을 방해하는 것들을 몇 가지로 분석해 놓았다. 그 첫째는 부주의함이다. 인생의 소용돌이 속에 휘말리다 보면 하나님의 사랑의 손짓을 간과하기가 얼마나 쉬운가! 그것은 우리가 단지 인생의 격심한 생존 경쟁 속에 빠졌기 때문만은 아니다. 인생을 흐리멍덩하게 더럽히려는 가정과 학교와 직장의 매우 타당성 있는 요구 때문이다. 우리가 마땅히 해야 할 일은 '잭의 콩나무'처럼 밤새 자라는 일인 것 같다. 보이지 않으면 찬양할 수 없다는 말이다.

두 번째 방해 요인은 다른 것에 주의를 기울이는 것이다. 해가 지는 것을 보고 찬양하기보다는 분석을 하고, 좌절이 생기면 그저 보이는 것은 좌절뿐이고 '하나님의 섭리는 무시하는' 경우가 바로 그것이다.

한번은 어느 무더운 여름날 저녁에 어떤 가정에서 예배를 인도하고 있었다. 산들바람이 들어올까 하여 문들을 열어 두었다. 예배 도중 나는 모든 식구들에게 말없이 조용히 "하나님의 응답을 기다리라"고 권면하였다. 그런데 갑자기 집주인의 고양이가 고요한 적막을 깨뜨렸다. 그 고양이는 칸막이 문을 할퀴며 들어오는 입구를 찾고 있었다. 그 고양이에게 신경 쓰지 않으려고 하면 할수록 점점 더 신경이 거슬렸다. 나는 하나님께서 간섭해 주시기를 기도했다. 그 고양이를 쫓아 주시든지, 아니면 문이 마술처럼 열리든지, 아니면 고양이를 좋아하는 사람들이 있을까 봐 차마 입에 담지는 못하겠지만 그보다 더 무서운 기도까지도 서슴지 않았다.

저녁 늦게 누군가가 그 고양이에 대해서 언급했다. 모든 사람이 그 고양이 때문에 하나님께 집중하려는 마음이 얼마나 분산되었는가에 대해 나누기 시작하였다. 지혜와 성령이 충만한, 이전에 선교사였던 빌만 제외하고는 모두가 다 그러했다. 빌은 단 한마디도 말하지 않고 생각에 잠겨 있었다. "빌, 무엇을 그렇게 골똘히 생각하고 있소?" 내가 물었다. 그러자 빌은 신중하게 대답했다. "오, 나는 지금 하나님께서 그 고양이를 통해 우리에게 말씀하시고자 한 것이 무엇인지 생각하고 있었소." 내가 아는 한, 우리는 칸막이 문을 할퀴고 있는 그 고양이에게서 아무런 '메시지'도 얻지 못했다. 그러나 이것만은 달랐다. 나는 그 고양이를 훼방꾼으로만 보고 있었던 반면, 빌은 그 고양이를 하나님의 메신저일 수도 있다고 보았다는 것이다. 생각해 보면 그것은 당연히 하루 저녁 누군가에게 충분한 '메시지'가 될 수도 있다.

세 번째 찬양의 방해 요인은 탐욕이다. 우리는 "이번에도 주님이십니다"라는 말 대신에 "한 번만 더"라는 파멸의 말을 말하기 쉽다. 더욱더 많은 것을 원하는 우리의 욕심 때문에 우리는 찬양의 능력을 상실한다. 그 한 가지 이유는 욕심으로 인해 심사숙고하지 못하기 때문이다. 장미 한 송이나 성경 한 구절에 대해서도 냄새 맡고, 맛보고, 씹어 보고, 마셔 보는 것 자체가 찬양의 재료가 된다. 한 번만 더 하기를 원하는 것은 하나님께서 주고자 하시는 것 이상을 요구하는 것이다. 우리는 단순히 즐거움을 누리는 것이 아니라 즐기든 즐기지 않든 더 많은 즐거움을 원한다. 성경말씀을 조금 바꿔 말한다면 "한 날의 즐거움은 그날에 족하다."

루이스는 한 가지 방해 요인을 더 말하고 있는데 그것은 자부심이다. 일상적인 것 가운데서 하나님을 발견하는 사람들은 그 모든 것에 관해 자부심을 갖기가 너무 쉽다. 우리가 하늘을 바라볼 때 그 속에서 진주와 비둘기와 은빛의 미묘한 변화를 기쁘게 관찰하는 동안, 다른 사람들은 오로지 잿빛만을 바라볼 수 있다는 것은 충격적인 일이다. 특히 남을 가르치는 사람들일수록 그러기가 더욱 쉽다. "아직도 모르겠니?" "네 코앞에 있잖니!" 이런 말들로 나무라곤 한다. 자부심이 발동하면 자신이 얼마나 훌륭한가에 다시 한번 초점이 맞추어지게 된다. 이것이 바로 찬양의 줄이 매우 쉽사리 잘리는 이유이다.

디딤돌

찬양의 기도는 배워야 한다. 저절로 되는 것이 아니다. 우리의 자녀들을 보라. 그들은 무언가를 요구하기 위해서 훈련받을 필요가 없다. 이 사실을 경험적으로 확인하려면 그들을 데리고 백화점이나 슈퍼마켓에 나가 보는 것으로 족하다. 그러나 감사를 표현하는 것은 전혀 다른 문제다. 자녀에게 감사의 습관을 들이기 위해서는 끊임없는 노력이 필요하다.

우리도 마찬가지다. 감사, 찬송, 경배, 이러한 것들이 처음부터 우리의 마음속이나 입술에 떠오르는 것은 아니다. 더욱더 깊고 온전한 찬양을 하기 위해서는 가능한 모든 도움이 필요하다. 다음에 제시하는 디딤돌들이 좋은 지침이 되었으면 좋겠다.

우리는 좌절과 두려움 등 우리가 처해 있는 일상적인 삶의 구석구석에서부터 시작한다. 예를 들면 슬픈 일이 생겼을 때 우리가 받은 복들을 세어 본다든가 하나님의 영광스런 속성들을 나열해 보는 일은 참 어렵다. 우리는 찬양을 배울 때 웅장하고 우주적인 것들에 초점을 맞추어 그렇게 엄청난 규모로 배우지 않는다. 적어도 처음에는 그렇게 배우지 않는다. 그런 식으로 찬양을 배우기 시작하면 금방 지쳐 버리고 패배하고 만다.

우리는 좀더 소박하게 시작한다. 우리는 하나님의 선하심을 배울 때,

하나님의 선하심을 묵상함으로써 배우는 것이 아니라 나비를 지켜 봄으로써 배운다. 여기에 바로 내가 말하고자 하는 핵심이 있다. 먼저 땅을 기어다니는 작은 미물들에 관심을 가짐으로써 시작한다. 그것들을 연구하거나 분석하려고 하지 말라. 단지 새와 다람쥐와 오리를 지켜 보기만 하고 평가하지 말라.

시냇가로 가서 그 물을 땀이 흐르는 얼굴에 끼얹어 보라. 그 순간 공해와 생태계의 모든 문제를 해결하려고 하지 말라. 그저 그 찬물을 느끼기만 하라. 그 물 속에 먼저 하나님을 찾는다거나 감사한 마음을 가지려고 애쓰지 말라. 그저 그 시원한 물이 피부를 적셔서 상쾌한 느낌만 들도록 하라. 그리고 시냇가에 앉아서 시냇물 소리에 귀를 기울이라. 나뭇가지들이 머리 위에서 이리저리 흔들리는 것을 보라. 산들바람에 흔들리는 나뭇잎들을 보라. 그 모양과 색깔과 무늬도 보라. 바스락거리는 잎새들과 달아나는 다람쥐들, 그리고 지저귀는 새들의 교향곡에 귀를 기울여 보라. 그것들을 분석하는 것이 아니라 다만 주목해 보기만 하라는 점을 명심하라.

어느 정도 규칙적으로 이런 일을 하다 보면 즐거움을 속속들이 파헤치는 것이 아니라 실제로 경험하기 시작할 것이다. 이렇게 되면 우리 안에 참으로 놀라운 일이 생긴다. 처음에는 이러한 사소한 즐거움에 마음이 끌리다가 나중에는 그것을 뛰어넘어 그 즐거움을 주시는 분께 관심을 갖게 되는 것이다. C. S. 루이스의 말을 빌면, 참된 즐거움은 결국 '영광의 축'이라 할 수 있다. 이렇게 될 때 감사와 찬송과 찬양이 때맞춰 자연스럽게 흘러나온다. "작은 신현(theophany)을 경험하는 것 그 자체가 바로 찬양하는 것이다."

이것은 시작 단계이지 끝나는 단계는 아니다. 우리의 자기 중심주의적인 물결 위에 놓아야 할 또 하나의 디딤돌이 있는데 수 몽크 키드(Sue Monk Kidd)는 그것을 '중심의 감사'라고 불렀다. 우리 각자는 삶 속에 그러한 중심을 갖고 있다. 그것은 무엇인가를 움켜쥐려는 모든 욕심과, 모든 갈등과, 거부하고 부정하는 모든 마음 상태에서 해방된 시간과 장소를 말한다.

내가 가졌던 중심의 감사를 소개해 보겠다. 내가 일곱 살이었을 때 우리 부모님은 미국의 웨스트 코스트로 이사를 가셨다. 당시 우리는 비교적 가난했다. 그래서 로키 산맥에 있는 어떤 아저씨의 통나무집에서 겨울을 나지 않으면 안되었다. 부모님께는 그 당시가 매우 어려웠을 때였다. 그러나 내게는 영광이었다. 도시에 살던 소년이 갑자기 낙원에 뛰어든 기분이었다. 하늘로 치솟은 소나무, 장미 석영 그리고 흙탕물 튀는 시냇물. 이 모든 것은 낙원이라는 말이 오히려 부족할 지경이었다. 촛불, 벽난로, 옥외 화장실 등 통나무집의 원시적인 자연 환경들은 나의 모험심을 더해 줄 뿐이었다.

동생들과 나는 화강암으로 된 많은 요새를 정복하였으며 화살촉을 줍기도 하고 비밀스런 은신처를 발견하기도 했다. 추운 겨울, 눈이 내렸을 때 우리는 버드 제독의 수차례에 걸친 혹한 탐험에 '동참' 하기도 했다. 성탄절이 되면 어머니를 도와 솔방울을 은색으로 칠하기도 했다.

그중에서 가장 생생하게 기억나는 것은 벽난로에 대한 추억이다. 그때까지 나는 네브라스카의 집에 있었던 석탄난로밖에는 본 적이 없었기 때문에 그런 벽난로 옆에는 앉아 보지도 못했었다. 밤마다 나는, 낮에는 긴 의자 밑에 감추어져 있던 침대를 끄집어내어 두꺼운 누비이불을 덮고 벽난로 옆에서 자곤 했다. 내 머리 맡, 불과 3m도 못 되는 곳에서 벽난로의 장작이 딱딱 소리를 내며 타들어 갔다. 우리 모두를 따뜻하게 해준 이 이상한 노란 불꽃을 보면서 나는 매일 밤 잠이 들었다. 그때 내 마음 중심에는 감사가 있었다.

성인이 된 오늘날까지도 기억이라는 놀라운 능력에 의해 그때 그 마음으로 돌아갈 수 있다. 그래서 온갖 좋은 선물을 주시는 하나님께 감사하게 된다. 나는 현대 생활의 고난과 역경을 회피하거나 도피하려고 하지 않는다. 오히려 그런 고난과 역경을 직면할 수 있는 준거점을 얻고 있다.

여러분에게도 그런 중심이 있다고 믿는다. 가능한 한 자주, 상상 속에서 그 중심으로 가라. 그리고 그곳에서 조용한 감사의 기도가 흘러나오도록 하라.

그런 경험을 통해 우리는 다음 단계의 디딤돌인 감사의 실천으로 나아갈 수 있다. 우리는 이제 날마다 우리에게 생기는 간단한 선물에 대해서 감사하는 습관을 들일 수가 있다. 캐롤린과 나는 이따금씩 우리 집 뒤에 있는 조그마한 연못을 찾아오는 거위들에게 먹이를 주고 돌아온다. 그것은 참 감사할 만한 일이다. 오늘은 여름철 무더위의 기승을 꺾는 시원한 날씨여서 기쁘다. 그리고 서재 창 밖으로 보이는 놀랍게 균형잡힌 하얀 전나무에 대해서도 감사를 드린다. 여러분에게도 음식, 가정, 의복 그리고 생명 자체에 대해서 감사한 마음이 있을 것이다. 그래서 우리는 더 많이 감사하게 된다. 하루 종일을 온전히 감사하며 생활해 보라. 불평이 한 번 생길 때마다 열 번 감사하고, 한 번 나무라고 싶으면 열 번의 칭찬과 병행하라. 감사를 실천하다 보면, 어느샌가 '제발'이라는 말보다 '감사합니다'라는 말을 즐겨 쓰는 자신을 발견하게 될 것이다. 이 사실은 애니 딜라드(Annie Dillard)의 「팅커 강의 순례자(*Pilgrim at Tinker Creek*)」에 잘 나와 있다.

이제 우리는 처음에는 도저히 도달할 수 없었던 또 하나의 디딤돌에 이르렀다. 그것은 하나님을 확대하는 것이다. 무엇을 확대한다는 것은 비율을 증가시켜 더 크게 보이도록 하는 것이다. 우리 자신이나 우리의 활동을 지나치게 확대해서 말하는 것은 참으로 위험하다. 그러나 우리가 하나님을 확대하는 것은 안전하다. 우리는 하나님의 선하심과 사랑에 대해 아무리 확대해도 지나치지 않다. 우리가 생각해 낼 수 있는 최대한의 과장된 것도 실제 하나님의 그것에는 전혀 미치지 못한다.

하나님을 확대하는 가장 쉬운 방법은 시편을 이용하는 것이다. 거의 대부분의 시편에서 우리는 하나님을 찬양하는 데 도움이 되는 구절을 찾을 수가 있다. 시편 기자는 이렇게 말한다. "나와 함께 여호와를 광대하시다 하며 함께 그 이름을 높이세"(시 34:3). 이 말이 우리의 것이 되도록 우리도 그렇게 하자.

시간이 흐르면 그 말이 우리 말이 될 뿐만 아니라 우리도 우리 자신의 말로 하나님을 찬송하게 된다. 처음에는 은혜 입은 것을 말로 표현할 수 있고 그것이 익숙해지면 인정하고 감사하며 찬송하고 찬양하게 된다.
　이 모든 일에 크게 도움이 되는 것이 음악이다. 슬픈 마음을 찬양으로 바꾸어 줄 수 있는 찬양 음악이 오늘날 풍성하다. 음악적인 재능이 거의 없어도 이런 노래에 기쁨으로 참여할 수 있다. 집에서나 자동차에서나 하나님에 대해 듣지 못하는 사람은 없으며 하나님은 우리의 찬양을 기뻐하신다.
　마지막으로 말하고 싶은 디딤돌은 기쁘고 유쾌하게 춤을 추며 축제를 벌이는 것이다. 박수 치고, 웃으며, 소리지르고, 노래하며 춤춘다. 이 찬양의 축제는 집단적으로 잘 이루어진다. 그러나 혼자 해도 무방하다. 혼자 있는 것이 아니기 때문이다. 천사들과 천사장, 그리고 우리가 말로만 듣던 수많은 생물들과 함께 환희의 찬송에 참여하는 것이다. 미리암처럼 여호와께 춤추며 노래하자. 그는 말과 그 탄 자를 바다에 빠뜨리시고 영광스럽게 승리하셨기 때문이다(출 15장). 마리아처럼 우리 영혼으로 주를 찬양하며 우리 마음으로 하나님 우리 구주를 기뻐하자(눅 1장).
　지금까지 오랫동안 찬양에 대해 생각해 보았다. C. S. 루이스가 '미미한 찬양'이라고 한 유아 단계에서 시작했다. 그러나 우리는 하나님이 정하신 때에 하나님의 방법으로, 영원하고 불멸하며 보이지 아니하고 홀로 하나이신 하나님께 불가항력적으로 찬양하지 않을 수 없게 된다(딤전 1:7). 리차드 백스터는 우리에게 이렇게 권고한다. "천사의 사역인 찬양에 전념하라. 가장 지고한 영들이 가장 지고한 일을 하듯이 우리가 하는 일이 지고하면 할수록 우리의 영도 더욱 지고해진다."

기도

가장 높고 영화로우신 하나님, 나의 난처함이 어찌나 큰지요! 주님의 엄위하신 임재 앞에 침묵이 최선인 것처럼 보입니다. 그러나 내가 침묵을 지키면 돌들이 소리지를 줄 압니다. 하지만 내가 말을 해야 한다면 무슨 말을 해야 하겠습니까?
　비록 아직도 더듬기는 하지만 나로 말하게 하시는 분은 바로 사랑의 주님이십니다. 주 하나님, 주님을 사랑합니다. 주님을 찬양합니다. 주님을 경배합니다. 엎드려 주님께 경배합니다.

 은혜로운 선물에 감사드립니다. 변함없이 해가 뜨고 해가 지는 것, 경이로운 색깔들, 위로의 음성. 이것이 바로 주님의 선물입니다.

 주님, 주님은 광대하십니다. 주님의 위대하심을 제가 수용할 수 있는 최대한으로 알고 싶습니다. 주님의 임재 앞에 끊임없는 경이와 쉼 없는 찬양으로 경배하도록 도와주시옵소서. 영원히 찬양받으실 주님의 이름으로 기도드립니다. 아멘.

9장

안식의 기도

> "안식하라, 안식하라, 하나님의 사랑 안에 안식하라. 당신이 지금 해야 할 일은 마음속에서 들려 오는 조용하고 세미한 하나님의 음성에 정신을 집중하는 것 뿐이다."
>
> 잔느 귀용 부인

안식의 기도를 통해 하나님은 그의 자녀들을 폭풍의 눈 속에 두신다. 우리 주변이 온통 혼돈과 혼란으로 둘러싸여 있을 때 우리는 마음속 깊은 곳에서 안정감과 고요함을 느낀다. 엄청난 개인적인 갈등의 현장 한복판에서 우리는 고요하고 평안한 마음을 유지한다. 수많은 좌절이 우리의 마음을 흩어 놓으려 하여도 여전히 우리는 마음을 모아 집중할 수 있다. 이것이 바로 안식 기도의 열매이다.

"수고하고 무거운 짐진 자들아 다 내게로 오라 내가 너희를 쉬게 하리라"(마 11:28)는 예수님의 은혜로운 말씀보다 더 호소력 있는 초청의 말씀은 없는 것 같다. 오늘날 몸과 마음과 영혼의 안식보다 더 필요한 것은 없다. 토마스 켈리(Thomas Kelly)가 말한 대로 우리는 너무도 많은 생애를 '열병에 걸려 헐떡거리는 것과 같은 견딜 수 없는 투쟁' 속에 살고 있다. 붙잡고 제어하고 조작하는, 인생의 모든 역학 관계가 우리를 지치게 한다.

긴장과 염려와 성급함에서 벗어나 평안한 삶을 누릴 수만 있다면! 모든 긴장이 사라지고 하나님이 주시는 평화가 넘친다면, 그리고 그리스도께서 이미 세상을 이기셨다는 사실을 알 수만 있다면! 나는 여기서 바로 이런 삶의 방법이 우리의 것이 될 수 있다는 사실을 말하고자 한다. 우리는 이런 안식의 실재와, 믿음과 평온과 굳건함 같은 삶의 방향을 직접 체험할 수 있다. 그리고 장 소피아 삐고(Jean Sophia Pigott)의 말을 산 경험으로 체득할 수 있다.

주님, 주님이 어떤 분이신지, 그 기쁨 속에서
저는 안식을 누리고 있습니다.
주님의 위대하신 사랑의 마음을
발견해 가고 있습니다.

오늘 바로 이 순간, 예수님은 그의 안식으로 당신을 초청하시며 또 나를 초청하신다. "나는 마음이 온유하고 겸손하니 나의 멍에를 메고 내게 배우라 그러면 너희 마음이 쉼을 얻으리니"(마 11:29).

안식의 기도를 배우라
히브리서의 기자는 우리에게 "안식할 때가 하나님의 백성에게 남아 있다" (히 4:9)고 약속한다. 이 말씀은 내가 처음 그리스도인이 되었을 때부터 줄곧 낯익은 말씀이다. 그러나 최근에 캐나다의 태평양 연안에서 조금 떨어진 어느 작은 섬에서 지내는 동안 비로소 나는 '안식의 기도'에 대해서 알게 되었다.

나는 어느 연구 모임에 참여하고 있었다. 아침 휴식 시간 중에 나는 카누 한 척을 발견하고 그것을 타고 노를 저어 한 작은 섬으로 갔다. 카누를 해변에 끌어올리며 나는 전나무로 뒤덮인 지형을 살펴보기 시작했다. 그 섬의 가장 높은 곳에 이르자 그곳에는 누군가가 만들어 놓은 듯한 작은 나무 강단과 그 강단 위에 외로운 파수병처럼 우두커니 놓여 있는 낡은 의자가 있었다.

그 의자에 앉으면서 나는 과연 그 의자가 내 몸무게를 견딜 수 있을 것인가를 알아보았다. 그 의자는 견고했다. 나는 의자에 바싹 등을 기대고 앉아 따스한 햇살을 받으며 고요한 육지와 바다와 하늘을 만끽했다. 주위의 나무들은 전혀 움직이지 않고 서 있었다. 그것들은 마치 하나님의 위엄을 조용히 드러내는 증명서와 같았다. 박새와 어치의 지저귀는 소리도 침묵을 깨뜨리기는커녕 오히려 연장시켜 주고 있었다.

내가 이 아름다운 곳까지 노를 저어 온 것은 기도하러 온 것이 아니라 다만 조사하러 왔을 뿐이다. 그러나 나는 거기 앉아서 아내 캐롤린이 공항에서, "새로운 마음으로 집에 돌아오시길 바래요"라고 했던 작별 인사를 떠올렸다. 그리고는 곧 이렇게 기도했다. "주님, 나를 새롭게 하소서. 나를 새롭게 하소서." 침묵 속에 기다리는 것은 어렵지 않았다. 완전한 옥외 성소가 경외심으로 침묵을 지키는 것 같았다. 그 다음 순간 내 의식적인 마음에 떠오른 생각은 "내가 너에게 안식의 기도를 가르쳐 주고자 한다"는 하나님의 음성이었다. 나는 기대감에 몸을 앞으로 숙였다. 나는 안식의 기도가 무엇인지 전혀 몰랐다. 그러나 배우고 싶은 열망은 있었다. "주님께서 나를 인도해 주십시오. 나는 어찌할 바를 알지 못합니다." 나는 이렇게 응답했다. 그때 이런 음성이 들려 왔다. "조용하라… 안식하라… 샬롬." 이것이 전부였다. 그 이상의 다른 말은 없었다. 잠시 동안 나는 그 한마디 한마디를 체험해 보려고 애썼다.

그 만남은 멋진 만남이었다. 그러나 시간이 너무나 빨리 지나가고 있음을 알았다. 나는 걱정이 되었다. "벌써 정오가 다 되었다. 사람들이 나를 찾기 시작할 테고 왜 이렇게 돌아오지 않고 있는지 궁금해 할 것이다. 점심 시간까지는 돌아가는 편이 좋겠다"는 생각이 들었다. 그때 똑같은 말이 내게 들려 왔다. "조용하라… 안식하라… 샬롬." 그 말들은 내 영혼을 평온하게 해주는 것 같았다. 그래서 나는 다시 조용히 정신을 집중시켰다.

얼마 후 나는 일종의 과잉 책임감으로 조바심이 났다. 아마 여러분도 그런 감정을 알고 있을 것이다. "다음 회의가 곧 시작될 것이다. 나는 그 자리에 있어야 하는데 내가 무단으로 자리를 비운 것을 다른 사람들은 어떻게 생각할까? 더구나 내가 없어진 것에 대해서 모든 사람이 정말 염려하기 시작할텐데." 나는 이렇게 생각을 진전시키고 있었다. 생각이 여기에 이르자 나는 자기 중심적이고 초현실주의적인 시나리오를 마음속에 그리기 시작했다. "사람들이 아마 내가 카누를 타다가 빠졌다고 생각할지도 모른다. 그래서 그들은 구조 작업을 개시해야 할 것인지에 대해 토의하고 있을지도 모른다." 또다시 똑같은 말이 내 마음을 단련시켰다. "조용하라… 안식하라… 샬롬."

그러나 마지막 유혹이 나를 가장 부추겼다. 나는 혼자 이렇게 생각하기 시작했다. "이런 경험은 더할 나위 없이 좋은 경험이다. 나는 앞으로를 위해서도 이 순간을 붙잡지 않으면 안된다. 그런데 어떻게 할 것인가? 나는 아마 여기서 내게 일어나고 있는 일들을 다 기억하지는 못할 것이다. 어디 종이가 좀 없을까? 이 모든 것을 적어 두었으면 좋겠는데." 이때 또다시 내게 "조용하라… 안식하라… 샬롬" 하는 소리가 들려 왔다. 그리하여 더욱더 마음을 집중하여 나는 안식의 기도에 다시 몰두하였다. 잠시 후 마음속에서 들려 오던 그 음성이 더 이상 들려 오지 않는 것 같았다. 그래서 나는 모임 장소로 다시 돌아갔다. 짐작하였겠지만 사람들은 내가 자리를 비운 것을 전혀 눈치채지 못했고 그 날의 일정은 아무 차질 없이 잘 진행되었다.

하나님 안에서의 안식

성경은 우리에게, 하나님께서 개미로부터 돼지에 이르기까지 모든 만물을 말씀으로 창조하시고 인간에게 생기를 불어넣으신 후에 안식하셨다고 가르쳐 준다. 이 일곱째 날의 '하나님의 안식'이 우리로 하여금 하나님 안에서 안식하라고 하는 안식일 규정의 신학적인 틀이 되었다. 이제 이 구약 성경의 안식일 규정을 손에서 떨쳐 버리기 전에 우리가 주목해야 할 중요한 사실은 그 규정 이면에는 정기적인 휴식에 대한 욕구 이상의 많은 내용이 있다는 사실이다. 예를 들면, 거기에는 늘 더 많이 가지려는 탐욕스런 마음을 자제하는 길이 있다. 혹시 우리가 소유욕에 어느 정도 노예가 되어 있는지를 알고 싶다면, 안식일의 리듬을 유지하는 것이 얼마나 어려운가를 살펴보는 것으로 족하다.

안식일 원리에서 도출되는 어떤 교훈도 우리가 하나님 안에서 안식한다는 중심 원리보다 더 중요하지 않다. 이것저것을 하려고 노력하는 대신에 우리는, 주기를 좋아하시는 하늘에 계신 아버지께 대한 믿음을 배운다. 이것은 무기력한 태도를 조장하는 것이 아니라 하나님을 신뢰하며 활동하는 태도를 장려한다. 더 이상 우리는 모든 것을 우리 손에 움켜쥐려고 하지 않는다. 오히려 그 모든 것을 하나님의 손에 올려 드리고 내적인 지시에 따라 행동한다.

여러분은 이스라엘 자손들이, 비록 하나님께서 그들을 속박의 집 애굽에서 인도해 내기는 하셨지만 하나님의 안식에 들어가지 못했던 것을 기억할 수 있을 것이다. 그들은 여호와를 신뢰하지 못했기 때문에 반역하고 그들의 남은 날들을 시내 광야에서 방황하며 보내야만 했다. 최종적으로 하나님은 그들에게 비극적인 선언을 하셨다. "저희가 내 안식에 들어오지 못하리라"(히 4:3).

오늘날 우리는 이스라엘 자손들이 들어가지 못했던 하나님의 안식에 초대받았다. 히브리서 기자는 "거기 들어갈 자들이 남아 있다"고 선언한다. "항상 기도하라"는 말을 문자적으로 번역하면 "안식하러 오라"는 말이다. 안식의 기도를 통해 우리는 강렬하면서도 고요함에 이르게 되고, 조용하면서도 민첩함에 이르게 된다.

기도는 '중간태'로 일어난다

그러면 어떻게 하면 되는가? 어떻게 안식의 기도에 들어갈 수 있을까? 바로 이 점에서 우리는 심각한 어려움에 빠지게 된다. 우리에게는 확고한 주도권을 갖든지, 아니면 전혀 아무것도 하지 않든지 극단적인 경향이 있다.

우리는 종종 기도를 시작할 때, 모든 다른 문제를 근면으로 해결하도록 가르침받은 그대로 기도도 근면으로 해결하려고 한다. 이를 악물고 의지력을 굳게 하여 노력하고, 또 노력하고, 또 노력한다. 실제로 이것은 이방인의 기도 개념이다. 왜냐하면 쓸데없는 말을 반복하고 주문을 외우듯이 중언부언하는 것은 이방신들을 깨워 활동하도록 하는 것이기 때문이다.

안토니 블룸은, 어떤 할머니가 있는 힘을 다해 기도했지만 한 번도 하나님의 임재를 느껴 보지 못한 이야기를 하고 있다. 지혜로운 대주교가 그 할머니에게 "매일 방에 들어가 하나님 앞에서 15분 동안 뜨개질을 하되 단 한 마디의 기도도 해서는 안됩니다. 뜨개질만 하시고 방안에 그득한 평화를 누리도록 해보십시오"라고 권면해 주었다.

그 할머니는 이 권면을 받아들였다. 그리고 처음에는 단지 이렇게만 생각했다. "너무나 행복하다. 15분 동안 죄의식 없이 아무것도 하지 않을 수 있다니!" 그러나 시간이 흐르자 그 할머니는 뜨개질을 하면서 생긴 침묵 속에 들어가게 되었다. 이내 할머니는 이렇게 말했다. "이 침묵은 단지 소음이 없다는 의미의 침묵이 아니라 무언가 실체가 있는 침묵이라는 것을 알게 되었다. 그것은 무언가가 없는 것이 아니라 무언가가 있는 것이다."

그 할머니는 매일같이 뜨개질을 계속하다가 "침묵의 한복판에는 매우 고요하고, 매우 평화로우며, 매우 침착한 주님이 계신다"는 사실을 발견했다. 주먹을 불끈 쥐고 하나님의 임재를 체험하려는 모진 노력을 그만두고 뜨개질을 하면서 이미 거기 계신 하나님의 임재를 발견한 것이다.

그러나 오해해서는 안된다. 완전한 수동적인 자세가 해답인 것은 아니다. 하나님 안에서의 안식이란 체념이나 게으름을 의미하지 않는다. 우리가 물러나 앉아서 하나님께서 무언가를 하시도록 기대하는 것은 힌두교의 기도 개념이다. 그들은 기도를, 남신이나 여신의 비인격적이고 운명론적인 뜻에 우리가 수동적으로 순응하는 것으로 본다.

비록 수년 전의 일이지만 나는 어느 날 밤의 일을 잘 기억한다. 그때 나는 수백 명의 청소년 모임을 주관하고 있었는데 그 모임은 잘 진행되었다. 그날 저녁의 설교자는 설교를 끝내고 이 젊은 남녀 청소년들에게 그들의 삶을 예수 그리스도께 헌신하도록 초청하고 있었다. 일순간 모든 무리 가운데 정적이 감돌았다. 그것은 소중한 순간이었다. 그러나 바로 그때 에어컨의 송풍기 벨트가 삐걱거리기 시작했다. 정신을 산란하게 하고 신경 쓰이게 만드는 요란한 소리가 강당 전체에 울려 퍼졌다.

나는 기도하기 시작했다. "주님, 이 순간은 저 아이들의 삶에 있어서 특별한 순간입니다. 제발 저 시끄러운 소리를 멈추어 주십시오. 벨트에 기름칠을 해주시든지, 모터가 멎게 해주십시오. 제발 저 시끄러운 소리가 나지 않게 해주십시오." 그러나 아무 일도 일어나지 않았다. 작은 신앙의 위기가 찾아와 나의 좌절감을 더해 줄 뿐이었다. 하지만 곧 나는 마음의 평정을 찾기 시작했다. 그러자 이런 음성이 들려 왔다. "가서 송풍기를 직접 끄면 어떨까?" 그러고 보니 다섯 걸음도 채 되지 않는 곳에 스위치가 있었다. 젊은 열정으로 나는, 내게 필요한 일이 내가 할 수 있는 아주 간단한 일임에도 불구하고 하나님께서 간섭해 주시기를 기대하고 있었다. 어떤 일을 내 마음대로 조작하고 통제하는 것이나 수동적으로 아무 일도 하지 않는 태도는 둘 다 안식의 기도의 적절한 모델이 아니다.

그렇다면 우리가 어떤 자세를 취해야 할까? 이 진퇴양난의 뿔을 어떻게 깨뜨릴 수 있을까? 유진 피터슨(Eugene Peterson)은 말하기를, "기도는 중간태로 일어난다"고 했다. 문법에서 능동태란 우리가 행동을 취할 때이고, 수동태란 다른 사람의 행동을 받을 때를 말한다. 그러나 중간태에서는 우리가 행동을 취하기도 하고 받기도 한다. 즉 우리가 행동의 형성에 참여하여 그 유익을 거두어들이는 것을 말한다. 우리가 하나님을 조종하지도(능동태) 아니하고 하나님에 의해 조종되지도(수동태) 아니한다. 우리는 행동에 관여할 뿐만 아니라 그 결과에도 참여한다. 그러나 그것을 통제하거나 규정하지 않는다(중간태).

알다시피 우리는 적극적인 행동주의나 정적주의의 범주에 규제되지 않는다. 그것들은 안식의 기도 중에 일어나는 것을 설명하기에 충분하지 않다. 분명히 '안식의 기도'는 수동적인 것처럼 들린다. 그러나 그것은 우리가 직접 '참여하기' 때문에 또 능동적인 것처럼 들린다. 우리는 중간태로 기도하고 있다. 우리는 받기도 하고 반응을 보이기도 하여 참여와 친밀한 교제, 신뢰와 용서와 은혜라고 하는 수많은 미묘한 일들에 동참하게 된다.

옛 경건한 성현들은 종종 '거룩한 여가'에 대해서 말했다. 그것은 생활의 균형 감각을 일컫는 말이다. 활동과 휴식, 일과 놀이, 햇빛과 비 등이 바로 그것이다. 그것은 하나님의 무한한 인내로 가득 찬 그날의 활동을 수행하는 능력을 의미한다. 거룩한 여가는 중간태로 생활하고 중간태로 기도하는 것을 의미한다.

영원하신 삼위 하나님의 활동

내가 설명하고자 하는 가슴 벅찬 소식은 바로 이것이다. 우리가 은혜로 충만한 기도 사역에 완전히 참여하게 될 때, 그 기도 사역은 우리에게 달려 있지 않다는 사실이다. 우리는 종종 투쟁적이거나 일관성 없는 방법으로 기도한다. 우리는 하늘의 영광의 단편적인 면만을 볼 때가 많다. 사실 우리는 무엇을 기도해야 할지, 어떻게 기도해야 할지를 모른다. 기껏 우리가 기도한다고 하는 것이 무슨 말인지도 모르는 탄식소리처럼 느껴질 때가 종종 있다.

바로 이런 이유 때문에 성경이 다음과 같은 복된 소식을 약속하고 있다. "이와 같이 성령도 우리 연약함을 도우시나니 우리가 마땅히 빌 바를 알지 못하나 오직 성령이 말할 수 없는 탄식으로 우리를 위하여 친히 간구하시느니라 마음을 감찰하시는 이가 성령의 생각을 아시나니 이는 성령이 하나님의 뜻대로 성도를 위하여 간구하심이니라"(롬 8:26 - 27).

당신은 이것이 어떤 도움인지 알고 있는가? 삼위 하나님 중에서 제3위이신 성령 하나님께서 우리가 기도할 때 직접 우리와 함께하신다는 것이다. 우리가 말을 더듬을 때 성령께서 우리 말을 바로잡아 주시고, 우리가 불순한 동기를 가지고 기도할 때 성령께서 기도의 물줄기를 정화시켜 주신다. 우리가 유리를 통해서 희미하게 볼 때에 성령께서는 우리가 구하는 것이 하나님의 뜻과 일치할 때까지 조정하시고 초점을 맞추신다. 요지는 바로 이것이다. 우리가 기도할 때에 모든 것을 다 완벽하게 갖출 필요는 없다는 것이다. 성령께서 우리의 연약하고 이기적인 기도를 재구성하고, 정제하며 재해석한다. 우리는 우리를 위한 성령의 이런 사역을 믿고 의지할 수 있다.

그런데 복된 일은 여기서 그치는 것이 아니다. 히브리서의 기자는 우리에게 예수 그리스도가 우리의 대제사장이심을 상기시켜 준다. 알다시피 고대 이스라엘 사회에서 대제사장의 역할은 사람들을 대신하여 하나님 앞에서 중재하는 것이었다(히 7 - 9장). 이것이 무슨 뜻인지 알겠는가? 오늘 우리가 일상 생활을 영위해 나갈 때 예수 그리스도는 우리를 위해 기도하고 계신다. 오늘 밤 우리가 기나긴 시간 잠을 잘 때 예수 그리스도는 우리를 위해 기도하고 계신다. 끊임없는 기도가 우리를 대신하여 하나님의 보좌 앞에 계속해서 상달되고 있는데 그 기도는 다름아닌 영원하신 아들이 드리는 것이다. 지금도 당신을 위해 기도하고 계시며, 지금도 나를 위해서 기도하고 계신다. 우리는 우리를 대신해서 기도드리는 성자 하나님의 이 사역을 믿고 의지할 수 있다.

그런데 아직도 가장 복된 일이 더 남아 있다. 우리가 이해하기는 어렵지만, 하나님은 우리가 더듬거리고 실수가 많은 기도를 하는 동안 자신과 영원한 교제를 갖고 계신다. 포어시드는 이렇게 말한다. "우리가 하나님께 기도하는 것은 사실상 우리 안에 계신 하나님께서 우리를 통해 자신에게 말씀하시는 것이다. 은혜의 대화는 실제로, 자신과의 대화로써 사랑 안에서 이루어지는 하나님의 독백이다." 이 얼마나 놀라운 일인가! 그리고 이 얼마나 믿을 수 없을 만큼 엄청난 일인가? "우리는 기도한다. 그러나 실제로 기도하는 것은 우리가 아니라 우리 안에서 기도하시는 위대한 하나님이시다." 어느 시인은 이것을 이렇게 노래했다.

주님, 제가 주님과 대화를 나누고 있을 때
사람들은 제게 이렇게 말합니다.
'한 목소리밖에는 들리지 않으니 꿈에 불과하고
한 사람이 둘인 것처럼 흉내내고 있다.'

때때로 그렇기도 하지만, 그들이 생각하는 것과는 다릅니다.
사실 저는 제가 말하고 싶었던 것들을
제 속에서 찾아봅니다.
그러나 보십시오. 제 샘은 말라 있습니다.

주님은 제 속에 아무것도 없는 것을 아시고
듣는 자의 구실을 포기하시고
제 무딘 입술을 통하여 호흡하시며
제가 알지 못했던 생각으로 말씀하셨습니다.

주님은 대답을 요구하시지도 아니하고
또한 할 수도 없습니다. 그러므로 우리가
둘이 대화하는 것 같지만 주님은 영원히 한 분이십니다.
나는 꿈을 만드는 자가 아니라 주님의 꿈을 꾸는 사람입니다.

이처럼 우리에게는 우리의 연약한 기도를 도우시는 영원한 삼위 하나님의 활동이 있다. 성령 하나님은 하늘 보좌 앞에서 우리의 한숨과 탄식을 해석해 주신다. 아들 하나님은 하늘 보좌 앞에서 우리를 위해 중재하고 계신다. 그리고 아버지 하나님은 하늘 보좌에 앉으셔서 우리 기도를 사용하여 아들 하나님이 아버지 하나님과 대화하는 완전한 독백을 만드신다.

삼위 하나님의 이런 도우심이 있을 때, 생에 대한 굳은 집착을 완화시킬 수 있지 않을까? 그리고 성공적으로 기도하고자 하는 성급한 욕구를 자제하고, 하나님께 굴복할 수 있지 않을까? 또한 우리를 더욱 풍요롭고 완전한 교제로 이끄시는 하나님을 신뢰하며, 안식의 기도로 들어갈 수 있지 않을까?

세 가지 전통적인 실천 방법

우리를 안식의 기도로 인도하는 세 가지 좋은 실천 방법이 있다. 첫째는 '고독'이다. 우리는 앞서 '성숙의 기도'에서 고독이 우리를 어떻게 변화시키는가를 간단히 살펴보았다. 여기서는 고독이 우리를 어떻게 단순하게 만드는가를 보고자 한다. 고독하게 되면 우리는, 우리의 힘과 행복이 오직 하나님께로부터 온다는 사실을 발견하기 위하여 얼마 동안 정상적인 행동 양식과 사람들과의 상호 활동을 자진해서 삼가게 된다. 루이 보이예(Louis Bouyer)는 "고독은 우리의 피상적인 안전의 껍질을 깨뜨려 열어 주며, 부수어 준다"고 말했다. 우리는 고독의 체험을 통해 살그머니 지성소로 들어가며 그 안에서 고요 속에 걸러지게 된다. 고통스럽게 우리는 모든 사람, 모든 것을 맡고 있는 우리 자신들의 헛된 모습을 버리게 된다. 서서히 우리는 너무나도 중요하게 보이는 모든 사업 계획에 대한 집착을 줄이게 된다. 그래서 우리는 정신을 더욱더 단순화시키고 집중하게 되며, 하늘의 양식인 만나를 기쁨으로 받게 된다.

혹시 예수님도 고독을 여러 번 체험하셨다는 것을 주목해 본 적이 있는가? 우리의 기억 속에 자주 떠오르는 말씀, "새벽 오히려 미명에 예수께서 일어나 나가 한적한 곳으로 가서 거기서 기도하시더니"(막 1:35) 하는 말씀은 단 한번의 사건이 아니라 습관적인 생활 양식임을 보여 준다. 예수님도 사역을 감당하시기 위해서는 자주 사람들에게서 물러나 홀로 계시는 것이 필요했다. 그런데 우리는 예수님이 필수적이라고 하신 것을 없어도 되는 것이라고 생각하는 경향이 있다.

'헤시키아(hesychia)'라는 말은 헬라어로 '안식'을 뜻한다. 그리고 '헤시카즘(hesychasm)'이란 말은 사막의 교부들의 영성을 가리킨다. 헨리 누웬은 말하기를, "사막의 교부들이 드리는 기도는 안식의 기도이다"라고 했다. 그들은 사막의 고독 속에서 몸과 영혼의 완전한 안식인 '헤시키아'를 발견한 것이다.

우리 중에는 문자적인 의미에서 사막의 교부들을 따를 수 있거나 또 따르고자 하는 사람이 거의 없다. 우리에게는 가족과 직업과 사회적인 책임이 있다. 그러나 우리는 고독을 체험할 수 있다. 예를 들면, 올해 나는 새로운 실험을 하고 있다. 고독의 체험을 실제적으로 갖기 위해 나는 봄, 여름, 가을, 겨울 계절별로 한 번씩 개인적인 휴가 시간을 달력에 표시해 놓았다. 이 휴가는 24시간 내지 48시간의 짧은 기간이었는데, 내 시간 계획에 따라 결정되었다. 나는 이 계획에 따라 간단한 고독 훈련 프로그램에 참여할 수 있었다. 내가 아주 잘 아는 한 모임은 한 달에 한 번씩 8시간의 휴가 시간을 갖는다. 그들은 모두 사무원들이요, 비서들이요, 가정 주부들로서 매우 바쁜 사람들이었지만, 한 달에 한 번씩 토요일을 택해서 묵상하고 칩거하는 것이 영적으로나 다른 모든 점에 있어서 매우 유익하다는 사실을 발견하였다. 확신컨대 여러분도 틀림없이 마음의 고독 속에 들어갈 수 있는 창조적인 방법을 발견할 수 있으리라 믿는다.

안식의 기도를 실천할 수 있는 전통적인 방법 중의 두 번째 것은 '실렌시오(silencio)'이다. 그것은 옛사람들이 '피조물의 활동'이라고 불렀던 것을 하지 않고 멈추는 것이다. 그것은 말의 침묵이라기보다는 사람들과 환경을 우리 마음대로 쥐고 흔들고 통제하기를 그만두고 침묵하는 것을 말한다. 그것은 모든 사람을 통제하고 모든 것을 조종하려는 우리의 상호 의존적인 운동에 대항하여 굳게 서는 것을 의미한다.

이 떠들썩한 피조물의 활동은 우리 안에서 역사하시는 하나님의 사역을 방해한다. 그러므로 실렌시오를 통해 우리는 하나님께 뿌리를 두지 아니한 모든 움직임을 멈춘다. 마음이 집중될 때까지 조용히 하고 말을 하지 않으며 움직이지 않는다. 완전한 하나님 나라의 실재 속에 들어갈 때까지 모든 과도한 짐과 없어도 되는 장식들을 벗어 버린다. 중심 되신 하나님께로 인도될 때까지 모든 산만한 것들을 내어 버린다. 그리고 하나님께서 우리의 우선 순위를 조정해 주시고 불필요한 허황된 것들을 제거해 주시도록 위임한다.

이처럼 피조물의 모든 활동을 중지하고 나면 우리가 비로소 하나님께 귀를 기울일 수 있게 된다. 프랑소아 페넬롱(François Fenelon)은 이렇게 말했다. "우리는 모든 피조물을 잠잠케 해야 하며 우리 자신도 침묵해야 한다. 그래야 영혼의 깊은 침묵 속에서 하나님의 형언할 수 없는 음성을 들을 수 있다. 우리는 귀를 기울이지 않으면 안된다. 왜냐하면 그것은 부드럽고 섬세한 음성이며 다른 것에 더 이상 귀를 기울이지 않는 사람만이 들을 수 있기 때문이다."

한번은 내가 수년 간 가르쳤던 대학에서 한 고질적인 문제를 해결하려고 애쓴 적이 있었다. 나는 주요 책임자들을 데리고 나가 점심을 먹었다. 직접 얼굴과 영혼을 대하고 논의하면 그 문제가 쉽게 해결될 수 있으리라고 생각했기 때문이다. 시간은 시시각각 흘러갔고 나는 서로 다른 사람들이 각자 저마다의 입장을 고수하는 것을 지켜 보았다. 그 모임은 내놓을 만한 아무런 결과도 없이 끝나고 말았다. 나는 사무실로 돌아오면서 낙심이 되어 불평했다. "하나님, 이 문제를 해결함에 있어서 전보다 나아진 것이 아무것도 없습니다. 이 문제를 해결하려면 수개월 동안의 모임과 협상이 있어야 할 것 같습니다. 그래도 성공적인 결론에 도달하게 될지 아무런 보장이 없습니다."

그때 하나님의 음성이 들려 왔다. "나는 너에게 가장 먼저 이 문제를 해결하라고 하지 않았다. 마음을 편히 가져라. 때가 되면 변화가 나타날 것이다." 나는 기를 쓰고 애쓰던 일을 그만두고 마음을 편히 가졌다. 그렇게 함으로써 실렌시오에 대해 좀더 많은 것을 배우게 되었다.
　안식의 기도에 들어갈 수 있는 세 번째 방법은 '묵상'이다. 묵상이란 집중을 의미한다. 그것은 마음과 정신과 영의 고요함을 의미한다.
　묵상 기도에 이르게 되면 우리는 묵상에 대해 좀더 자세히 알게 된다. 지금으로서는 묵상을 하는 데 단 한마디의 말이면 족하다. 어떻게 하면 될까? 우리는 기도하는 마음으로 묵상의 삶을 계발할 수 있다. "우리는 과연 누구이며 우리의 존재 목적은 무엇인가?" 하는 존재론적인 문제로 씨름할 수도 있다. 단지 삶의 방향을 모색하기 위해 개인적인 칩거 시간을 가질 수도 있다. 이것이 바로 묵상의 소재이다.

가볍게 컵을 쥔 모양의 손

정신적인 장애인들을 위한 라르쉬 공동체의 설립자인 장 바니에(Jean Vanier)는 종종 간단한 예화를 들어 라르쉬에 살고 있는 사람들에 대한 자신의 견해를 밝히고 있다. 그는 양손을 가볍게 붙여 컵 모양을 만든 후 이렇게 말했다. "내 손에 상처 입은 새 한 마리가 있다고 가정합시다. 내가 만일 두 손을 꽉 누른다면 그 새는 어떻게 될까요?" 그 대답은 즉시 나왔다. "그야 그 새가 짓눌려서 죽고 말겠지요." "음, 그렇다면 내가 만일 두 손을 완전히 벌린다면 어떻게 될까요?" "오, 안돼요. 그러면 그 새가 달아나려고 날아가다가 떨어져 죽을 거예요." 바니에는 미소를 짓더니 이렇게 대답했다. "맞습니다. 가장 좋은 곳은 완전히 벌린 것도 아니고 완전히 닫힌 것도 아닌, 컵 모양의 내 손과 같은 곳입니다. 성장은 바로 그런 곳에서 일어납니다."
　이와 같이 하나님도 역시 가볍게 컵을 쥔 모양의 손으로 우리를 보호하고 계신다. 우리에게는 충분한 자유가 있어서 마음껏 몸을 뻗을 수도 있고 자랄 수도 있다. 또한 하나님의 충분한 보호로 다치지 않고, 다쳤다 해도 고침받을 수 있다. 이것이 바로 안식의 기도이다.

기도

은혜로우신 주님, 나는 주님의 손 안에서 안식하는 일을 잘하지 못합니다. 내가 경험한 것 중에는 내게 이런 안식을 가르쳐 준 것이 아무것도 없습니다. 나는 관리하는 법도 배웠고 통제하는 법도 배웠습니다. 그런데 안식하는 법은 배우지 못했습니다. 내게는 본받을 만한 모범도 없고, 안식을 위한 본보기도 없습니다.

하지만 꼭 그런 것만은 아닙니다. 주님, 주님께서 예루살렘의 군중들 사이를 지나시고 유대의 산들을 다니실 때, 주님께서는 그러한 삶의 선구자가 되셨습니다. 주님께서는 언제나 행동이 기민하셨으며 활력 있으셨습니다. 주님께서는 아버지의 뜻에 전적으로 맞추어 사셨습니다. 해야 할 일들이 수없이 많이 있었지만 언제나 서두름 없이 평안과 능력으로 행하셨습니다.

주님, 주님의 뒤를 따라 걸어가게 하옵소서. 주님께서 보시는 것만을 보며, 주님께서 말씀하시는 것만을 말하며, 주님께서 행하시는 것만을 행하도록 가르쳐 주옵소서. 주님, 제가 안식하며 일하고, 안식하며 기도하도록 도와주옵소서. 주님의 선하시고 능하신 이름으로 간구하옵나이다. 아멘.

10장

성례의 기도

> "참된 성례는 거룩한 인격이다."
>
> 포어시드(*P.T. Forsyth*)

성례의 기도는 성육신의 기도이다. 크신 지혜의 하나님은 그의 생명을 눈에 보이는 실재로서 우리에게 내어 주기로 선택하셨다. 그것은 위대한 신비이다. 하나님은 순전한 영으로서 모든 피조물의 한계를 완전히 초월하신 분이지만, 낮아지셔서 인간의 연약함을 입으시고 신체를 가짐으로 육안으로 볼 수 있도록 우리에게 자신을 드러내셨다. 영원하신 하나님의 아들이 말구유에서 아기로 태어나신 것이다. 떡과 포도주에는 성례의 권능이 부여되었다. 우리는 그 모든 경이로움 앞에 머리를 숙인다.

지난 수세기에 걸쳐서 불행하게도 그리스도인들 사이에 끊임없는 논쟁이 일어났다. 한편은 예배 의식과 성례와 기도문을 강조하는 사람들이고, 다른 한편은 친교와 형식에 얽매이지 않는 태도와 자발적인 기도를 강조하는 사람들이다. 그들은 각자 종교적인 우월감을 가지고 서로를 대해 왔다.

바로 여기에서 우리에게 필요한 것은 거룩한 연합이다. 우리는 더 나은 하나를 선택하도록 강요당할 필요가 없다. 둘 다 같은 성령으로 감동받은 것이기 때문이다. 때로는 잘 짜여진 예배 의식의 부요함과 깊이에 의해 고상하고 거룩한 경외심을 가질 수 있다. 또한 자발적인 예배의 따뜻함과 친밀함을 통해 가슴 졸이는 경이로움을 맛볼 수도 있다. 우리의 영성은 이 두 가지를 다 포용할 수 있어야 한다.

수년이 지난 지금도 나는 '종교 의식이 없는 기독교'를 실험해 보았던 일이 선명하게 기억난다. 그것은 디트리히 본회퍼가 옥중에서 쓴 글에 의해 영향을 받아 그 시대를 풍미했던 개념이었다. 그 실험의 내용은 다음과 같다.

나는 삼 개월 동안 아무런 외적인 '뒷받침' 없이 하나님과 끊임없이 교제하며 살아 보려고 했다. 성경도 없고, 예배 의식도 없고, 성찬도 없고, 설교도 없고 예배나 정해진 기도 시간도 없으며 그야말로 아무것도 없이 지내려고 했다. 그 석 달 동안 하나님은 내게 은혜를 베푸셨다. 그러나 내가 배운 가장 중요한 사실은 나를 끊임없이 하나님이 계신 중심으로 나아가게 하는 외적인 '뒷받침'들이 내게 얼마나 필요한 것인가 하는 것이었다. 나는 규칙적인 헌신의 의식들이 일종의 뼈대를 형성하여 그 위에 끊이지 않는 기도의 근육 조직을 세울 수 있게 해준다는 사실을 발견했다. 이런 외적인 구조 없이는 하나님을 향한 나의 가슴속의 열망들이 하나로 합쳐지지 않는다. 대개 의식이라고 불리는 규칙적인 신앙 형태는 하나님이 정하신 은혜의 수단이다.

예배의 모범과 전례

앞서 말한 나의 작은 실험 당시만 해도 성경이 각종 의식과 예배 모범과 전례들로 가득 차 있다는 사실을 나는 몰랐는데, 아마 여러분은 벌써 그것을 알고 있었을 것이다. 회막 의식에 관한 율법과 레위족의 제사장직과 성전 의식에 관해서 여러분에게 자세히 설명할 필요가 없다고 생각한다.

물론 시편은 성례 의식과 성전 예배 의식으로 가득 차 있다. 시편의 시는 예배 의식에 종종 쓰였기 때문에 수많은 시편의 제목은 실제 성전에서 음악을 맡고 있던 어려운 용어들이다. 시편에 나오는 '할렐루야'는 "여호와를 찬양하라"는 뜻의 예배 의식적인 외침이다. 시편의 많은 시들이 예배하는 모임에서 쓰이던 기도문들이다.

예수님께서는 아주 어린 시절에 이미 자기 백성들의 예배 의식적인 생활에 참여하셨던 것이 거의 분명하다. 누가복음에 보면 예수님께서 안식일에 '자기 규례대로' 회당에 올라가셨다고 나와 있다(눅 4:16). 예수님께서는 신앙을 가진 모든 유대인들의 두 가지 훈련을 틀림없이 다 수용하신 것 같다. 하나는 하루에 두 번씩 쉐마를 암송하고 아침, 점심, 저녁으로 하루 세 번씩 기도 시간을 지키는 것이었다. 쉐마는 하나의 신앙 고백으로서 그 내용은 "이스라엘아 들으라 우리 하나님 여호와는 오직 하나인 여호와시니"(신 6:4)라는 것이다. 그리고 기도 시간마다 '테필라'라는 찬송을 불렀다. 그 내용은 여러 개의 축복 기도로 이루어져 있었으며 기원 1세기 말엽에는 열여덟 개에 이르렀다.

신약 성경의 서신서에도 여러 개의 찬송과 신앙 고백적인 내용이 들어 있다. 그것들은 틀림없이 초기 기독교 공동체의 활기 넘치는 예배에 사용되었을 것이다. 지금도 우리는 그들의 찬양 소리를 들을 수 있다. "만세의 왕 곧 썩지 아니하고 보이지 아니하고 홀로 하나이신 하나님께 존귀와 영광이 세세토록 있어지이다 아멘"(딤전 1:17). 또한 그리스도께 대한 그들의 신앙 고백적인 증언도 들을 수 있다. "그는 육신으로 나타난 바 되시고 영으로 의롭다 하심을 입으시고 천사들에게 보이시고 만국에서 전파되시고 세상에서 믿은 바 되시고 영광 가운데서 올리우셨음이니라"(딤전 3:16).

이처럼 그 공동체가 기쁨 가운데 자발적인 신앙으로 가득 차 있었음을 간파하기란 어렵지 않다. "시와 찬미와 신령한 노래들로 서로 화답하며 너희의 마음으로 주께 노래하며 찬송하며 범사에 우리 주 예수 그리스도의 이름으로 항상 아버지 하나님께 감사하며"(엡 5:19-20).

기도서의 기도가 주는 자유

성례 기도의 모든 형태가 다 예배 의식적인 것은 아니지만, 모든 예배 의식은 성례적이라고 보는 것이 옳다. 보다 조직적인 기도라고 할 수 있는 기도서의 기도가 주는 몇 가지 자유를 여기서 설명해 보고자 한다.

첫째, 기도서의 기도는 표현하고자 하는 마음의 열망을 말로 분명하게 나타내 준다. 이따금씩 우리는 우리의 느낌을 말로 표현하기 어려울 때가 있다. 또 때로는 기도할 수 없는 것 같고, 소위 '물이 안 나올 때 펌프에 마중물을 붓는 것'처럼 기도서의 기도조차 할 수 없을 것 같은 때도 있다. 예를 들면, 「성공회의 기도서」에 나오는 참회의 기도와 같이 성령의 능력을 입은 기도보다 누가 더 나은 기도를 할 수 있겠는가.

우리는 길을 잃은 양처럼 주님의 길을 떠나 방황하였나이다. 우리는 우리 자신의 마음의 계획과 욕망을 따라 살아왔나이다. 우리는 주님의 거룩한 율법을 어겼으며, 마땅히 해야 할 일들을 하지 않았고, 하지 말아야 할 일들을 했나이다. 오 주님, 하지만 주님은 우리에게 긍휼을 베푸셨사오며, 우리 주 그리스도 예수 안에서 인류에게 선포하신 주님의 언약을 따라 참회하는 자들에게 용서를 베푸셨나이다. 오 가장 자비로우신 아버지시여, 이제 이후로는 주님을 위하여 우리가 경건하고 의로우며 균형 있는 삶을 살아가게 하소서. 그리하여 주님의 거룩한 이름에 합당한 영광을 돌리게 하소서.

둘째, 기도서의 기도는 '성도가 서로 교통하는 일'에 우리가 연합할 수 있게 해준다. 우리가 하고 있는 일은 우리보다 훨씬 더 크다. 우리 중 많은 사람들이 성인들에게 하는 기도에 대해서는 이견이 있지만 성도들과 함께하는 기도에 대해서는 모두가 일치한다. 생각해 보라. 우리는 수세대 동안 참길을 따르는 자들이 드렸던 그 기도를 은혜의 보좌 앞에 올리고 있다. 이 같은 성도들의 기도에 대해 C.S.루이스는 "우리는 새들의 작은 지저귐처럼 끊임없이 기도를 더한다"고 표현하고 있다.

셋째, 기도서의 기도는 남의 시선을 집중시키고 사람들을 즐겁게 하려는 유혹에 대항할 수 있게 한다. 남을 끌어당기는 개성이나 영리한 말도 소용없다. 뛰어난 통찰력도 필요하지 않다. 우리는 늘 기도했던 말로 기도하면 된다. 우리는 하나님께 더 집중하는 반면 개인적인 지도자에게 덜 집중하게 된다.

넷째, 기도서의 기도는 개인적인 종교의 유혹을 이기게 한다. 우리의 사소한 모든 관심사들에 대해 기도의 부담을 갖는 것은 너무도 인간적인 모습이다. 물론 우리 자신의 절박한 필요에 대해서 기도하는 것이 잘못은 아니지만 그러한 기도가 기도 자체의 목적이 되어서는 안된다. 기도서의 기도를 통해 우리는 끊임없이 전체 공동체의 삶으로 돌아가며, 끊임없이 건전한 교리와 만나고 있을 뿐만 아니라, 가난한 자들의 흐느끼는 소리를 들으며, 민족들의 아픔을 보게 된다.

다섯째, 기도서의 기도는 자칫 습관적으로 하기 쉬운 기도에 빠지지 않게 한다. 습관적인 기도는 피조물과 창조주 사이의 무한한 차이와 늘 균형을 이루어야 한다. 성경에는 하나님을 만난 사람들이 마치 죽은 사람처럼 얼굴을 땅에 대고 엎드리는 경우가 흔히 있다. 장중하고 의례적인 기도는 우리가 참된 왕이신 하나님 앞에 있다는 사실을 깨닫게 해준다.

생각해 볼 만한 관심사
기도에 대한 이러한 접근은 여러분의 마음속에 관심을 불러일으킬 것이다. 이런 저런 형태로, 나는 이미 성례의 기도에 대해 종종 표현되는 모든 관심사를 다 가져 보았고 어느 정도는 지금도 계속해서 갖고 있다.

한 가지 관심사는 틀에 박힌 기도와 기도서의 기도가 동일하지 않느냐는 것과 관계가 된다. 아마 여러분은 다음과 같은 말을 했거나 이렇게 말하는 것을 들어 본 적이 있을 것이다. "당신은 마지못해 기도하는 시늉만 하고 있군요. 그 모든 기도는 판에 박힌 형식적인 것일 따름이며, 당신은 정작 무엇을 기도하고 있는지도 모르고 있소."

그런 주장은 기본적으로 옳으나 그것이 기도에 장애가 되는 것은 결코 아니다. 나는 그것을 일차적으로 하나의 이점이라고 본다. 기도서의 기도가 가지고 있는 커다란 가치 중 하나는 우리가 생각할 필요가 없다는 바로 그 점에 있다. 만일 글을 쓸 때 계속해서 쉼표와 부정사 등에 온 신경을 다 쓴다면 글을 쓰는 데 온전히 집중하기 어려울 것이다. 기도도 마찬가지이다. 내가 "오 하나님, 오셔서 나의 도움이 되어 주소서. 어서 빨리 나를 도와주소서" 하는 아침 기도를 외워서 드린다면 나의 필요를 어떻게 표현할 것인가에 대해서는 신경 쓸 필요가 없다. 오히려 하나님께서 갖고 계신 자원은 무궁 무진하다는 사실과 내가 필요로 하는 것의 깊이가 어느 정도인지를 자유롭게 생각해 볼 수 있다.

또 하나의 관심사는 타당성의 문제이다. 기도서의 용어가 고어체로 되어 있고, 기도의 내용도 진부하여 현대 세계와 연관성이 없는 것같이 보인다.

그러나 예상되는 불이익이 오히려 장점이 되는 경우가 많다. 종종 타당성을 요구하는 것은 악마의 유혹에 불과하므로 거부할 필요가 있다. 기도서에는 기독교 신앙의 가장 훌륭한 것들을 보존하도록 되어 있어서 그 기도를 드림으로 우리는 최근의 유행이나 일시적인 변덕에 빠지지 않게 된다. 물론 기도문의 내용도 언어의 변화와 더불어 변해야 하지만 너무 급하게 변해서는 안된다고 생각한다. 그 한 가지 이유로는, 우리가 교회 생활 속에서 이를테면 「성공회의 기도서」와 비슷한 어떤 것을 만들어 낼 만한 문학적 재능을 좀처럼 발견할 수 없기 때문이다. 더구나 C. S. 루이스가 말한 것처럼 베드로에게 주신 책임은 "내 양을 먹이라"는 것이었지 내 쥐를 실험해 보라는 것이 아니었다.

또 하나 우리가 주목해 볼 수 있는 것은 형식이 고정되어 있는 의례적인 기도가 예수님이 심히 나무라신 '중언 부언' 하는 기도(마 6:7)는 아닌가 하는 점이다. 슬프게도 우리의 우려가 종종 현실로 나타나는 것을 본다. 문학적인 기교를 좋아하는 것은 맹목적인 숭배의 대상이 되기 쉽다. 그리고 예배의 아름다움과 정확성만을 강조하다 보면 하나님께 대한 마음속의 열망을 잃어버리기 쉽다.

물론 이것이 '미숙한' 것과 '영적인' 것이 반드시 어울린다는 말은 아니다. 하지만 그것이 우리에게 현학적인 것을 우상화하는 것에 대해 분명하고 확실하게 경고해 주어야 한다. 우리는 '공허한 빈말만을 되풀이하기' 쉽다. 이것은 성경에 나와 있듯이 "성령 안에 있는 의와 평강과 희락"에 대해서는 조금도 관심을 갖지 않는 것을 말한다(마 6:7, 롬 14:17).

마지막으로 우리가 주목해 볼 만한 점이 또 하나 있다. 그것은 옛 경건주의자들이 곧잘 말했듯이 우리가 예수님을 '회막의 포로'로 만들 위험성이 있다는 것이다. 이 점을 잘 받아들여야 한다고 생각한다. "하나님은 영이시니 예배하는 자가 신령과 진정으로 예배할지니라"(요 4:24) 하는 예수님의 가르침과 취지를 우리는 얼마나 쉽게 놓치고 마는가! 그리고 얼마나 쉽게 성스러운 것과 세속적인 것의 이분법 속에 빠지는가! 또 언제나 그 뜻대로 움직이시는 성령의 역사를 수용할 수 있다고 얼마나 쉽게 생각하는가!

그러나 이 점을 너무 심각하게 생각하다가 우리의 마음과 삶 속에 역사하시는 하나님 은혜의 특별한 수단을 깨닫지 못하는 일이 있어서는 안된다. 하나님이 세상에 긍휼을 베푸시기 위하여 특별한 성례를 제정하셨다는 사실을 부인하지는 않는다. 조나단 에드워드(Jonathan Edwards)는 말하기를, 하나님은 수단의 하나님이라고 했다. 그의 말은 옳다. 그리고 우리의 영적 성장의 한 요인은 이러한 '은혜의 수단'을 이해하고 체험하는 데 있다. 이것이 바로 우리가 지금 주의를 기울여야 할 일이다.

옛날 방식의 새 노래

시편은 교회 안에서 찬송가인 동시에 기도서로서의 역할을 수행해 왔다. 시편이라는 말은 본래 악기(하프)를 가리키던 말이었다. 시편을 가리키는 히브리어 제목도 찬송을 의미한다. 시편 72:19을 보면 그 앞의 시가 전부 '다윗의 기도'라고 되어 있다. 하루 다섯 번씩 기도하러 모이는 수도원에서도 시편을 노래하며, 저녁 기도를 하기 위해 모이는 회중들도 시편을 노래한다.

시편의 전부가 찬송이나 기도인 것은 아니지만 그 명칭은 여전히 정당화된다. 왜냐하면 시편은 모두 하나님께 영광을 돌리기 때문이다. 그것이 바로 찬송의 목표이다. 또 모든 시편은 우리를 하나님의 길과 뜻으로 인도해 주기 때문이다. 그것이 바로 기도의 목표이다. 찬송과 기도를 병행함으로써 시편은 정말 중요한 역할을 한다. 순수하게 인간적인 측면에서 볼 때 음악은 감정과 의지, 상상력과 이성 모두에 호소하기 때문에 가장 강력한 매체 가운데 하나이다. 따라서 음악과 기도를 묶으면 강력한 결합이 이루어진다. 노래 역시 우리의 기도에 활력과 기운과 기쁨을 더해 준다. "노래하는 사람은 두 배로 기도하는 것이다"라는 옛 속담을 혹시 아는지 모르겠다. 마틴 루터는 어떤 기도서를 보며 이렇게 탄식했다. "아, 시편에서 볼 수 있는 활력과 힘과 열정과 뜨거움이 없구나."

오늘날 시편이 음악으로 옮겨지고 그중의 어떤 것은 매우 성공적인 것을 볼 때 참 기쁘다. 나는 이런 흐름이 계속되기를 원한다. 언젠가는 지금까지 그래왔듯이 시편 전체가 음악으로 바뀌거나, 거기에는 못 미치지만 시편에서 다루는 각각의 주제, 이를테면 창조·율법·신성한 역사·메시아·교회·생명·고난·죄책감·원수·종말 등에 관한 시를 발췌하여

곡을 붙이기를 기대한다. 그것은 슬픔에서부터 기쁨에 이르기까지 하나님의 모든 권고를 기도해 볼 수 있는 가장 좋은 방법 중의 하나이다.

여러 시편을 노래할 때 참고해야 할 한 가지 간단한 제언이 있다. 그것은 기도하는 마음, 즉 기도로 충만한 마음으로 부르라는 것이다. 가사를 통해 당신이 경건해지고 마음이 안정되면 깊이 있는 삶이 되도록 해야 한다. 이것은 어렵잖은 일이다. 왜냐하면 대다수 시편의 구조가 그것을 목표로 하고 있기 때문이다.

시편에 종종 나타나는 '셀라'라는 말은 묵상을 위한 막간 여흥의 신호였다. 만일 당신이 시편의 어떤 시를 두고 작곡하고 있다면 그 부분에서 실제로 음악적인 막간을 두어 사람들이 지금 자기가 노래하고 있는 것에 대해 잠깐만이라도 묵상해 볼 수 있기를 원할 것이다. 마틴 루터는 '셀라'가 조용하고 평온한 영혼을 요구하고 있으므로 성령께서 그 부분에서 선물로 주시는 것을 붙잡아 고수할 수 있어야 한다고 말했다. 우리는 더 나아가 히브리어의 시적 구조인 병행구를 통해 도움을 받고 있다. 병행구란 동일한 생각을 약간 다른 말로 반복하는 것으로서 그것은 우리로 하여금 묵상하며 노래할 수 있게 한다. 단순한 반복을 통해 우리는 기도에 더 깊은 관심을 갖게 된다.

기록된 기도를 하는 데 익숙하지 않은 사람들에게는 시편이 가장 좋은 지침을 제공한다. 만일 우리가 여러 구절을 암기하게 되면 그 구절들이 우리 마음속 깊이 박혀서 보다 자발적인 표현으로 된 기도를 하게 하거나 알려 줄 것이다. 초대 기독교 공동체에서는 다윗의 시편을 전부 암송하는 것이 예사였다. 성 제롬(St. Jerome)은 말하기를, 그의 시대에 사람들이 들이나 마당에서 시편을 노래하는 소리를 종종 듣게 될 것이라고 했다. 우리도 이런 옛날의 방법으로 "새 노래로 여호와께 노래할"(시 96:1) 날이 오기를 기도한다.

가장 완전한 기도

모든 그리스도인의 기도의 중심에는 성찬식을 거행하는 의미가 있다. 성찬식에는 기도의 거의 모든 측면이 들어 있다. 시험, 회개, 간구, 용서, 묵상, 감사, 송축 등의 요소가 다 포함된다. 성찬식은 우리가 거기에 온전히 참여한다는 점과 주시는 은혜는 오로지 하나님께 속해 있다는 점에서 기도의 핵심적인 요소를 가장 완벽하게 구현하고 있다. 거기에는 모든 감각이 총동원된다. 보고, 냄새 맡고, 만지며, 맛본다. 그리고 공식적인 말을 듣는다. "이것이 내 몸이다. 이것은 내 피다." 요컨대 성찬의 기도는 우리가 이 세상에서 할 수 있는 가장 완전한 기도라 할 수 있다.

성찬식을 통해 그리스도의 생명이 우리에게 어떻게 중재되는가 하는 문제는 정직한 마음을 가진 그리스도인들 사이에 오랫동안 논란이 되어 왔다. 중요한 차이점을 드러내기 위해 복잡한 용어들이 사용되었다. 화체설, 공제설, 기념설 따위가 그것이다. 나는 이런 문제가 중요하다고 생각하고 또 나름대로 확신을 갖고 있지만, 여기서 이 복잡한 문제에 대해서 거론하지는 않겠다. 나보다 훨씬 우수한 지성인들이 이 문제를 연구하여 훌륭한 책으로 펴냈을 뿐더러, 어떤 사람이 성찬식에 온전히 참여할 수 있게 한 전통적인 요소와 상관없이 그 사람의 확신을 동요시키고 싶지도 않기 때문이다.

개인적으로 나는 교부 시대의 탁월한 성례 신학자인 고백자 성 막시무스(St. Maximus)의 견해를 좋아한다. 그는 성찬식에서의 그리스도의 몸과 피를 '상징, 형상, 신비'라고 불렀다. 그는 이렇게 말했다. "그리스도께서 진실로 우리 가운데 임재하시며 그의 생명이 진실로 우리에게 나누어 준 바 되었다. 하지만 그 모든 것이 어떻게 역사하는가 하는 것은 거룩한 신비다." 바로 이 점에서 우리의 분석은 송영으로 바뀌고 만다. 사실 동방 정교의 전통에서 성찬식은 공식적으로 '거룩한 신비' 중의 하나로 지칭된다.

우리들도 성찬식의 빈도와 양식에 대해 서로 서로 의견이 다르다. 어떤 사람은 자주 간단하게 성찬식을 거행한다. 제롬은 어떤 주교에 대한 이야기를 했다. 그 주교는 청빈을 좋아하여 빵을 담을 바구니와 포도주를 담을 평범한 유리잔만 가지고서 성찬식을 거행했다고 한다. 어떤 경우는 성찬식의 집례 의식이 훨씬 의례적이며 화려하다. 그러나 이 모든 차이는 우리가 공유하고 있는 것에 비하면 표면적인 문제에 불과하다. 기독교 공동체는 성찬식을 이해함에 있어 이구동성으로 '보이지 않는 은혜의 보이는 수단'이라고 힘주어 말한다. 하나님께서는 유대인들이 가장 흔히 먹는 음식인 빵과 포도주를 택해서 그것으로 우리에게 그분의 생명을 나누어 주기로 선택하셨다.

성찬 기도 중에 우리는 그리스도의 수난이 복음의 핵심이라는 사실을 늘 상기한다. 그 기도는 우리로 하여금 계속해서 그리스도의 희생을 생각하지 않을 수 없게 한다. 예수님의 몸이 찢기시고 피가 흘러 나왔다. 이것으로 우리가 생명을 얻고, 이것으로 우리가 견고해지며, 이것으로 우리가 힘을 얻는다. 성찬식에는 우리 모두가 동일한 입장으로 참여한다. 똑똑하고 논리 정연하고 지혜로운 사람들이라고 해서 글을 모르는 사람들이나 성숙하지 못한 사람들보다 더 나은 것은 결코 아니다. 우리 모두는 어린아이처럼 뭔가 달라는 기도를 하며 두 손을 벌리고 성찬에 참여한다.

성찬식 기도에는 우리의 감정이 문제되지 않는다. 이 얼마나 놀라운 해방인가! 우리는 성찬에 참여하기 위해서 특별히 어떤 경건한 감정을 불러일으킬 필요가 없다. 물론 이 사실은 모든 형태의 기도에 다 해당되지만 이 기도에 있어서는 특히 그러하다. 주님께서 나를 위해 피 흘리셨기 때문에 한마디 변명도 없이 내 모습 그대로 성찬에 참여한다. 당신도 마찬가지이다. 우리가 우리 자신을 어떻게 생각하느냐 하는 것은 문제가 되지 않는다. 하나님 앞에서 우리가 어떻게 행하느냐 하는 것도 문제가 되지 않는다. 우리는 두 손을 벌리고 빈손으로 성찬에 참여한다. 그 모든 것은 오직 은혜에 속한 것이다.

바로 이 점에서 나는, 고린도전서에 바울이 가르친 대로, 성찬에 참여하되 합당치 않게 참여하여 '판단'을 받는다든가 다른 오랜 번역본에서 표현하고 있는 것처럼 '비난'을 받는다든가 하는 것에 대해서 염려하는 사람들에게 한마디 말하고 싶은 것이 있다(고전 11:20-30). 이러한 바울의 가르침으로 인해 당신은 놀랄지도 모른다. 특히 무엇보다 당신이 하나님의 선하심과 은혜와 은사를 받을 자격이 없다고 생각할 때 더욱 그러하다. 아마 당신은 주님의 성찬에 참여하기에는 합당치 않은 일과 말과 생각을 했다고 걱정할지도 모른다. 그래서 성찬에 참여하면 정죄를 받을까 두려워한다.

당신이 만일 그런 생각으로 염려해 왔다면 나는 당신에게 바울이 다른 문제도 함께 다루고 있다는 사실을 확신시키고 싶다. 바울이 염려하는 것은 성찬을 아무런 격식도 없이 경박하게 받는 사람들에 대한 것이다. 그는 성찬시에 일어나는 거룩하고 진지한 의미에는 아무런 관심이나 의식도 없이 '합당치 않게' 먹고 마시는 사람들에게 초점을 맞추고 있다.

알다시피 그것은 당신의 입장에 전혀 해당되지 않는 문제이다. 어쨌든 당신은 너무 심각하게 염려하지 않아도 된다. 확신컨대 하나님께서는 당신을 있는 그대로 받으신다. 성찬을 받기 위해 선행의 양을 증가시키거나 더 적절한 회개를 하거나 어떤 다른 것을 해야 할 필요는 없다. 자격이 없다고 망설이지 말라. 성찬은 분명히 자격이 없는 사람들을 위한 것이다. 나오라, 그리고 먹고 마시라! "너희가 이 떡을 먹으며 이 잔을 마실 때마다 주의 죽으심을 오실 때까지 전하는 것이니라"(고전 11:26).

말씀의 성례

마틴 루터는 "하나님의 말씀이 진실하고 순수하게 선포되고 그리스도의 말씀과 정하신 제도에 따라 성례가 시행되는 곳에서 교회가 발견된다"고 말했다. 성찬의 성례는 눈을 통한 복음이고 말씀의 성례는 귀를 통한 복음이다. 포어시드는 말하기를, "말씀의 성례에서 목사들은 그 자신들이 그리스도의 손에 붙들린 바 되어 그리스도를 증거하거나 상징할 뿐만 아니라 사실상 인격의 성례를 통해 십자가에 못박히셨다가 부활하신 그리스도를 전하는 것이다"라고 하였다.

여기서 내가 말하고 있는 말씀의 성례란, 물론 설교를 포함하고 있기는 하지만 설교 이상의 것을 의미하고 있다는 사실을 이해해 주었으면 한다. 말씀이란 한 번에 여러 가지 의미를 내포하고 있다. 즉 살아 계신 하나님의 직접적인 음성, 하나님의 말씀 그 자체이신 예수님, 기록된 하나님의 말씀으로서의 성경, 그리고 성령의 능력과 영감으로 인간이 하나님의 진리를 선포하는 것 등을 의미한다.

또 내가 바라고 싶은 것은 말씀의 성례를 수행하는 사람들은, 물론 그런 사람들이 포함되어 있기는 하겠지만, 공식적으로 인정받고 정당하게 안수받은 성직자 이상이어야 한다는 점을 이해했으면 한다. 교회의 머리이신 예수 그리스도께서는 생명의 말씀을 전할 사람들을 친히 선택하셔서 권능을 주신다. 하나님께서 당신을 사용하실 수도 있고, 그의 말씀을 전하시기 위해 나를 사용하실 수도 있다. 그 말씀은 공허한 메아리로 돌아오는 것이 아니라 분명히 보냄받은 그 목적을 수행하고야 말 것이다.

또 한 가지 바라고 싶은 것은 말씀의 성례가 지정된 예배 장소에서 일어나는 것 이외에 그 밖의 여러 장소와 상황에서도 시행된다는 점을 알아 두었으면 한다. 나는 거리의 모퉁이에서, 병원의 병실에서 그리고 회사의 사무실에서 말씀이 선포되고 권능이 임하는 것을 본 적이 있다. 이것은 하나님의 생명이 사람들에게 흘러나오는 것이다. 하나님은 자신의 영광을 드러내시기 위하여 원하시는 것이면 무슨 수단이든지 다 사용하신다. 전화상으로 누군가와 말씀을 나눌 수도 있고, 옛 사람들이 즐겨 사용했던 말인 '권력 앞에서도 진실을 말하는' 성별된 말을 할 수도 있다. 이것이 바로 말씀의 성례이다.

이와 더불어 내가 강조하고 싶은 것은 말씀의 선포인 설교이다. 이것은 우리의 삶 속에 부어 주시는 하나님께서 정하신 은혜의 수단이며 가장 중심적인 은혜의 방편이다. 설교자가 기도로 충만하지 않고 성도가 기도로 충만하여 설교를 듣지 않는다면, 무기력한 교회와 가장 불쌍한 사람들이 되고 만다. E.M.바운즈는 이렇게 말했다. "우리의 기도 성격이 설교의 성격을 결정한다. 가벼운 기도는 가벼운 설교를 만든다. 기도는 설교를 강하게 할 뿐 아니라 마음에 새겨지게 한다."

이 말을 하면서 바운즈는 오래 전에 쓰였던 단어 하나를 사용하고 있는데, 그것은 오늘날 우리에게 절대적으로 필요한 '거룩한 기름 부음'이라는 말이다. 거룩한 기름 부음이란 영적인 기름 부음의 신비로서 설교와 다른 모든 의사 소통 사이를 구별해 주며 설교시에 임하는 역사이다. 그것은 열심 이상이며 열정이나 수사학적 기술 이상이다. 거룩한 기름 부음이란 설교에 들어 있는 신성이며 설교에 요점과 날카로움과 권위를 부여해 준다. 그것은 계시된 진리에 하나님의 모든 능력을 불어넣는다. 그것은 지탱하고, 위로하고, 절단하며, 대결하여 마른 뼈가 생명을 얻게 한다.

언젠가 참여했던 그 예배를 나는 좀처럼 잊을 수가 없다. 나는 기독교에 대해서는 전혀 알지 못하는 어떤 친구와 함께 있었다. 우리는 정해진 시간인 오전 10시 30분에 도착했다. 그러나 예배는 이미 시작되었다. 우리가 창고를 개조한 듯한 예배실에 들어섰을 때, 나중에 얘기하겠지만 우리는 둘 다 예배하고 있는 무리들 가운데 있는 영적인 권능과 능력에 의해 완전히 압도되었다. 우리는 말 그대로 숨을 죽이고 반 발자국 뒤로 물러섰다.

목사님은 부드러움과 동정심, 신뢰감과 힘을 가지고 설교하셨다. 설교는 웅변이 아니었다. 그 선하신 분은 그런 것은 꿈도 꾸지 않으셨다. 그러나 그보다 훨씬 나은 것이 있었다. 바로 경건한 성품이었다. 우리는 그가 삶과 일치된 진리를 설교하고 있다는 사실을 알았다. 설교자의 입과 청중들의 귀 사이에서 마치 말씀이 비상한 생명과 권능으로 살아 움직이는 것 같았다. 하나님의 기름 부으심이 그에게 그런 은혜와 자비로 임하시니 우리의 마음이 부드러워져서 순종하지 않을 수 없었다. 그에게 임한 거룩한 기름 부음이 하늘나라의 봉헌과 같은 느낌을 갖게 했다. 그때의 그 분위기는 너무나 생기 있었고 거룩한 침묵이 온 회중들을 압도했다. 우리 두 사람에게 있어서 그 설교의 순간은 인간의 문제에 간섭하시는 하나님의 역사에 대하여 모든 의심을 없애 버리기에 충분했다.

그러한 은혜는 저절로 임하지 않는다. "기도, 오직 많은 기도만이 그런 거룩한 기름 부음이 임하는 설교를 낳는다. 그리고 기도, 오직 많은 기도가 이 거룩한 기름 부음을 유지할 수 있는 유일한 조건이다. 끊임없는 기도가 없이는 거룩한 기름 부음이 절대로 설교자에게 임하지 않는다. 기도의 인내가 없이는 그 거룩한 기름 부음은 너무 많이 거둔 만나처럼 벌레가 생긴다."

당신과 내가 어떻게 설교자를 도울 수 있을까? 설교자를 위하여 끊임없이 기도함으로 도울 수 있다고 확신한다. 그러나 그보다 훨씬 더 중요한 것이 있다. 그것은 바로 전심으로 귀를 기울이는 것이다. 설교자가 거룩한 강단으로 나아올 때 우리는 가르침을 받으려는 정신으로 신중한 자세를 취해야 한다. 말씀의 성례가 시행되고 있을 때 우리는 마음속으로 무릎을 꿇고 그 말씀을 받겠다는 자세를 취해야 한다. 우리는 설교 도중 내내 '콜 야훼(Kol Yahweh),' 즉 여호와의 음성에 귀기울여야 한다. 우리는 마음을 다해 들으며 정성을 다해 들어야 한다. 설교 시간 내내 우리의 삶을 점검하고 수용과 적용의 기도로 호흡해야 한다.

"그 말씀이 옳습니다만, 목사님께서는 제가 매주마다 그런 설교를 참고 들어야만 한다는 사실은 모르실 겁니다." 당신은 이렇게 생각할지도 모른다. 또 "그런 설교는 제게 도대체 성례적이라는 느낌이 들지 않습니다"라고 말할지도 모른다. 나는 이런 문제를 잘 알고 있다. 죽은 정통성만을 설교하는 설교자들, 개인적인 부를 축적하기 위해서 신성한 직임을 수행하는 설교자들, 최근의 지적·문화적 유행을 파는 설교자들, 이 모든 이들이 문제이다. 내가 알기로는 많은 설교가 생각이 짧고, 준비가 부족하며 전달이 잘 되지 않고 있다. 나는 또한 신실한 목사들로 하여금 온전히 설교를 준비할 수 없게 만드는 많은 부담들에 대해서도 누구보다 더 잘 알고 있다. 여전히 나는 진심으로 귀기울이는 법을 배워야 한다고 말하고 싶다. 우리는 때로 사람들의 말 가운데서도 하나님의 속삭임을 들어야 하고 또 늘 들으려고 귀를 기울여야 한다. 왜냐하면 포어시드의 말처럼, "말씀의 성례는 다른 모든 성례에 가치를 부여해 주는 것이기 때문이다."

몸으로 드리는 기도

내가 영을 가지고 있는 것이 아니라 내가 곧 영이다. 마찬가지로 내가 몸을 가지고 있는 것이 아니라 내가 곧 몸이다. 당신 역시 그렇다. 우리가 기도할 때 마치 우리가 몸이 없는 영인 것처럼 기도할 때가 얼마나 많은가! 바로 그때가 우리가 몸에 대해서 그리스도의 육신적인 이해를 회복해야 할 적시라고 할 수 있다. 하나님의 은혜는 우리의 몸을 통해서 우리에게 중재된다. 우리는 우리의 몸을 가지고 하나님께 예배한다. 그리고 우리의 몸을 가지고 기도한다.

성경에는 몸으로 드리는 기도라고 할 수 있는 기도가 얼마든지 있다. 이스라엘 민족이 아말렉 족속과 싸울 때 모세가 양손을 높이 들고 기도한 것이 바로 그것이며, 엘리사가 수넴 여인의 아들을 살려 달라고 기도할 때 그 아이 위에 엎드린 것이 바로 그것이며, 다윗이 거룩한 성에 법궤가 들어올 때 여호와 앞에서 춤춘 것이 바로 그것이며, 요한이 밧모 섬에서 영광의 그리스도를 뵙고 그 앞에 꿇어 엎드린 것이 바로 그것이다. 그외에도 열거하기 시작하면 끝이 없다.

성경에 나오는 가장 흔한 기도의 자세는 양손을 펼친 채 완전히 엎드리는 것이다. 두 번째로 흔한 자세는 양손을 들고 손바닥을 위로 향하게 하는 것이다. 다음으로 우리에게 가장 익숙한 자세는 양손을 잡고 두 눈을 감는 것인데 이러한 자세는 성경 어느 곳에서도 찾아볼 수 없다. 그렇다고 해서 앞의 두 자세는 옳고 세 번째 것은 옳지 않다고 볼 수는 없다. 오히려 그 사실로 인하여 우리는 우리가 하고 있는 기도의 체험에 적절한 것이라면 어떤 신체 언어라도 사용할 수 있어야 하는 것이다.

이제 몇 가지 제안을 하고 싶다. 만일 자백이나 회개의 기도를 하려면 엎드려 얼굴을 땅에 대고 양심의 가책과 마음의 슬픔을 나타내는 것이 좋겠다. 그리고 높으신 여호와를 사랑하며 찬양하려면 두 손을 조금 들고 손바닥을 위로 향한 채 무릎을 꿇고 조용히 감사와 경이로움을 표현했으면 한다. 또한 적극적인 경배와 찬양을 드리려면 일어서서 두 손을 들고 손바닥을 밖으로 향하여 노래하며 간구하는 것이 낫겠다. 마지막으로 하늘과 땅을 지으신 하나님을 송축하려면 그 앞에서 두 팔을 벌리고 서서 손바닥을 위로 향하게 한 채 다음 시편의 말씀을 고백하기를 원한다. "내 영혼아 여호와를 송축하라 내 속에 있는 것들아 다 그 성호를 송축하라"(시 103:1).

기독교의 찬양에 사용되고 있는 몸으로 드리는 기도 가운데 또 하나의 형태는 거룩한 춤이다. 이러한 새로운 강조에서 가장 돋보이는 점 가운데 하나는 예배 의식과 찬양, 찬송, 예언이 혼합되었다는 것이다. 이 점에 대해 나는 매우 흡족하다.

천년 동안이나 그리스도인들은 많은 찬송가에 맞추어서 '트리푸디움'이란 춤을 추었다. 예배하는 자들이 찬양을 하면서 팔짱을 끼고 앞으로 세 걸음, 뒤로 한 걸음, 또 앞으로 세 걸음, 뒤로 한 걸음씩 옮기며 춤을 추었다. 그들은 그렇게 춤을 추면서 사실상 그들의 발로 신학적인 입장을 드러냈다. 그들은 악한 세상에서 그리스도의 승리를 선포하였다. 그 승리는 우리를 앞으로 전진하게 하지만 그렇다고 해서 뒤로 물러서는 일이 없지만은 않다는 사실을 춤으로 보여 준 것이다.

거룩한 춤은 개인적인 기도나 예배의 한 부분으로 쓰일 수도 있고, 또 여러 사람이 함께하는 모임에서도 사용될 수 있다. 시편 기자처럼 우리는 비파와 수금으로 하나님을 찬양하며, 소고 치고 춤추며 찬양하며, 현악과 퉁소로 찬양할 수 있다. 우리는 우리의 오장 육부 전체로 하나님의 선하심을 찬양해야 한다.

나는 이 모든 것들을 단지 제안하고 싶을 뿐이다. 하나님께서 친히 당신과 나를 인도하셔서 우리에게 가장 필요하고 하나님께는 가장 큰 영광이 되는 기도를 그와 같이 여러 가지 몸짓으로 표현하게 하실 것이다.

기도로 충만한 삶은 무한한 다양성을 가지고 있다. 하나님 앞에 나올 때에 예배 의식적인 위엄과 영적인 큰 기쁨을 갖고 나아 오면 된다. 그 두 가지는 기도에 대한 완전한 체험에 있어서 가장 중요하다.

기도

하늘에 계신 우리 아버지여
이름이 거룩히 여김을 받으시오며
나라이 임하옵시며
뜻이 하늘에서 이룬 것같이
땅에서도 이루어지이다
오늘날 우리에게 일용할 양식을 주옵시고
우리가 우리에게 죄지은 자를 사하여 준 것같이
우리 죄를 사하여 주옵시고
우리를 시험에 들게 하지 마옵시고
다만 악에서 구하옵소서
대개 나라와 권세와 영광이 아버지께 영원히 있사옵나이다. 아멘.

11장

쉬지 않는 기도

> "어떤 사람의 마음속에 성령이 거하시게 되면 그 사람은 기도를 멈출 수 없다. 성령이 그 안에서 쉬지 않고 기도하시기 때문이다. 잠을 자든, 깨어 있든 그 사람은 마음속으로 계속해서 기도하게 된다. 먹을 때나 마실 때나, 일할 때나 쉴 때나 기도의 향기가 그의 마음속에서 자발적으로 피어 오르게 된다. 마음속에서 생기는 아무리 작은 자극도 보이지 않는 하나님을 향해 은밀하게 부르는 말없는 노래와 같다."
>
> 시리아의 아이작(Isaac the Syrian)

언제나 하나님의 임재 가운데 사는 한 가지 좋은 방법에 대해서 말하고 싶다. 하나님과 영속적인 교제를 나누며 살아가는 이러한 삶을 내가 온전히 누리고 있다고까지는 말하지 못하지만, 나는 그러한 삶이 가장 훌륭하고, 가장 멋지며, 가장 온전한 삶의 방식임을 알고 있다고 어느 정도 자부한다.

고금을 막론하고 많은 사람들이 우리에게 그러한 삶이 가능하다고 말한다. 브라더 로렌스(Brother Lawrence)는 간단하게 이렇게 말했다. "하나님과 끊임없이 대화하는 것보다 더 기쁘고 충만한 삶은 없다." 래더의 성 요한(St. John of the Ladder)은 "숨쉴 때마다 예수님을 기억하라"고 권면하였다. 노리치의 줄리애나(Juliana)는 "기도는 영혼을 하나님께 결합시켜 준다"고 솔직히 말했다. 비잔틴의 신실한 작가 칼리스토스(Kallistos)는 "쉬지 않는 기도는 쉬지 않고 하나님의 이름을 부르며 기원하는 것"이라고 가르쳤다. 또 성 프랜시스에 대해서 사람들은 "그가 기도하는 사람이 아니라 기도 그 자체가 사람이 된 것 같다"고 말하였다. 프랑크 라우바흐(Frank Laubach)는 말하기를, "오, 이렇게 하나님과 끊임없이 교제하는 것, 하나님을 내 생각의 대상으로 삼고 내 대화의 상대로 삼는 것이야말로 내가 일찍이 경험한 것 중에서 가장 놀라운 일이다"라고 하였다.

아마 이것이 당신에게는 불가능하거나 심지어 바람직하지 않은 것처럼 보일지도 모른다. 인생은 그 자체가 매우 복잡하다. 이미 꽉 짜여진 계획 위에 또 다른 종교적인 의무를 부과해야 할 이유가 무엇인가? 게다가 그것은 너무나 힘들게 보인다. 쉬지 않고 하나님을 생각할 수 있는 사람은 아무도 없다. 더욱이 누가 과연 그런 일을 하고 싶어하겠는가?

만약 당신이 어떤 식으로든 이런 감정을 갖고 있다면 당신을 격려해 주고 싶다. 하나님께서는 당신이 지금 당장 하나님과 끊임없이 나눔을 갖는 수준에 이르러, 마치 깊은 바다 속에 뛰어들어 이 대륙에서 저 대륙까지 헤엄쳐 건너가는 것 같은 수준을 기대하시지는 않는다. 우리가 이해할 만한 실제적인 삶의 과정을 통해서 그러한 단계에 이르게 된다. 그리고 이렇게 하나님의 임재를 부단히 연습하는 동안 다른 모든 것은 중단하게 된다. 우리는 점차 삶의 초점이 맞추어지고 마음이 집중되며, 또한 차츰 관점이 모아지게 된다. 점점 더 우리는 일상 생활의 긴장과 스트레스를 우리 자신조차 놀랄 만큼 수월하고 차분하게 해결하며 살아가는 것을 경험하게 된다.

더욱이 하나님과의 꾸준하고 신실한 교제는 어떤 면에서 우리의 일상적인 기도 방법보다 더 쉽다. 일관성 있게 꾸준히 기도하는 것보다 간헐적으로 기도하는 것이 더 어렵다. 그것은 마치 오랜 만에 한 번씩 칠 때 좋은 테니스 경기를 하기가 더 어려운 것과 마찬가지이다. 일정하지 못한 기도 생활을 하면서 마음과 뜻과 영혼이 모아지는 체험을 할 수 있다고 정말 생각하는가? 결과를 예측할 수 없는 불신의 기도를 하면서 누군가가 모세처럼 친구에게 하듯이 하나님과 "얼굴과 얼굴을 맞대고 이야기할 수 있다"고 과연 믿는가? 아니다. 규칙적으로 관련을 맺을 때 친밀도가 향상된다. 수월성도 역시 발전된다. 왜 수월해지는가? 그 이유는 의의 습관을 점점 쌓아가기 때문이다. 때가 되면 이 '거룩한 습관들'이 통합되는 역사가 일어나 기도가 쉽고 자연스럽고 자발적이 되며, 기도를 그만두는 것이 오히려 더 어려워질 것이다.

중단 없는 교제

성경의 기자들은 쉬지 않고 기도하는 것의 가능성에 대해 말하고 있다. 사도 바울은 "쉬지 말고 기도하라"(살전 5:17)고 권하면서 로마인들에게는 "소망 중에 즐거워하며 환난 중에 참으며 기도에 항상 힘쓰라"(롬 12:12)고 말했다. 에베소 사람들에게는 "모든 기도와 간구로 하되 무시로 성령 안에서 기도하라"(엡 6:18)고 했다. 골로새인들에게는 "기도를 항상 힘쓰고 기도에 감사함으로 깨어 있으라"(골 4:2)고 했다. 그리고 빌립보 사람들에게는 "아무것도 염려하지 말고 오직 모든 일에 기도와 간구로 너희 구할 것을 감사함으로 하나님께 아뢰라"(빌 4:6)고 했다.

히브리서 기자는 우리에게 "항상 찬미의 제사를 하나님께 드리자 이는 그 이름을 증거하는 입술의 열매니라"(히 13:15)고 권고하고 있다. 예수님도 우리에게 기도에 대해 비유로 말씀하시면서 "항상 기도하고 낙망치 말아야 한다"(눅 18:1)고 하셨다. 예수님은 우리에게 아버지와 영속적인 교제를 나누는 삶을 모범적으로 보여 주셨다. "아들이 아버지의 하시는 일을 보지 않고는 아무것도 스스로 할 수 없나니 아버지께서 행하시는 그것을 아들도 그와 같이 행하느니라"(요 5:19). "내가 아무것도 스스로 할 수 없노라 듣는 대로 심판하노니"(요 5:30). "내가 아버지 안에 있고 아버지께서 내 안에 계시다"(요 14:11). 또한 예수님은 제자들에게 포도나무 가지가 포도나무에 붙어 있는 것과 마찬가지로 그 안에 거하라고 말씀하셨다. 그때 제자들은 예수님의 의도를 즉시 알아차렸다. 왜냐하면 수년 동안 그가 아버지 하나님 안에 거하시는 것을 직접 보아 왔기 때문이다(요 15:1-11).

불타는 열정

이 시대에는 쉬지 않는 기도가 절대적으로 필요하다는 것을 당신도 분명히 알고 있으리라 믿는다. 우리는 흩어진 마음들과 떠들썩한 마음으로 끝없이 연속되는 활동을 하다 보면 숨이 차게 된다. 마음이 긴장되고 조급해지며 숨을 쉴 수 없게 된다. 아무런 까닭 없이 마음속에서 생각이 나기도 하고 사라지기도 한다. 한 가지 일에 오랫동안 집중이 잘 안된다. 정신을 집중하지 못하도록 방해하지 않는 것이 없다. 우리는 사실 정신이 산만해진 사람들이다.

 쉬지 않는 기도는 혼돈된 가운데서도 평화를 말해 주는 면이 있다. 그제서야 우리는 하나님의 무한하신 인내심에 대해 조금씩 경험하기 시작한다. 우리의 일그러지고 깨어진 행동들이 서서히 새로운 중심점을 향해 초점을 맞추기 시작한다. 그리고 우리는 진정한 삶이 지향하는 평화와 안정과 고요함과 확고함을 경험하게 된다.

 그러나 이러한 삶이 자동적으로 되는 것은 아니다. 우리가 그것을 원해야만 하며, 그것도 불타는 열정이 있어야만 한다. 윌리암 제임스(William

James)는 어디엔가 이렇게 썼다. "종교는 무딘 습관으로 존재하는 것이 아니라 날카로운 열정으로 존재한다." 당신의 몸 속에 있는 모든 세포가 이러한 생활을 갈구하지 않는가? 하나님의 계속적인 임재를 마음속 깊이 동경하고 있지 않는가? 하나님의 사랑과 하나님의 기쁨과 하나님의 평화와 하나님의 능력이 점점 더 증가하기를 갈망하지 않는가? 확신컨대 여기 저기서 조금씩 드린 기도는 당신에게 충분하지 않다. 때문에 더 원해야만 하며 훨씬 더 기도에 힘써야 한다. 당신은 영원한 기도의 제단에 꺼지지 않는 헌신의 불꽃을 태우기를 원할 것이다. 단지 우리 모두가 그 방법만 안다면 바로 우리 모두가 이제 여기에 관심을 가져야 할 것이다.

단숨의 기도

그리스도인들은 수세기에 걸쳐 "쉬지 말고 기도하라"는 성경의 가르침에 순종하려고 애써 왔다. 그래서 그들은 쉬지 않고 드리는 기도의 두 가지 기본적인 표현을 발전시켜 왔다. 하나는 더 형식적이고 예전적이며 다른 하나는 훨씬 자발적이며 대화적이다. 첫 번째는 동방 기독교 전통에 그 기원을 둔 것으로 대개 '숨을 내쉬는 기도' 또는 '단숨의 기도'라고 일컫는다. 그 사상은 시편에 뿌리를 둔 것으로 반복되는 어구가 우리에게 시 한 편을 전부 생각나게 한다. 예를 들면 "여호와여 주께서 나를 감찰하시고 아셨나이다"(시 139:1)와 같은 기도가 바로 그것이다. 결과적으로 그 개념은 단숨에 말할 수 있는 짧고 간단한 간구 기도에 대해 생각해 볼 때 생겨난다. 그래서 그 기도를 '단숨의 기도'라고 하는 것이다. 시나이의 그레고리(Gregory of Sinai)는 "하나님에 대한 우리의 사랑은 숨쉬기도 전에 달려가야 한다"고 말했다.

단숨의 기도 중 가장 유명한 것은 '예수 기도'로서 그 내용은 "주 예수 그리스도, 하나님의 아들이시여, 이 죄인을 불쌍히 여기소서" 하는 것이다. 알다시피 이 기도는 자기 의에 대한 예수님의 비유에서 나왔다. 그 비유를 보면 세리가 가슴을 치며 기도하기를 "하나님이여, 불쌍히 여기옵소서. 나는 죄인이로소이다"(눅 18:13)라고 하였다. 그 내용이 지금의 형태로 함께 전해져 왔으며 6세기에 널리 쓰이다가 14세기에 이르러 동방 교회에서 수정되었다.

19세기에 익명의 러시아 농부가 「순례자의 길(The Way of a Pilgrim)」이라는 책에서 쉬지 않고 기도하려고 애썼던 자신의 감동적인 이야기를 해주었다. 일단 '예수 기도'를 배우게 되자 그는 계속해서 그 기도를 드렸으며, 마침내 그 기도가 생각에서 마음으로 이어져서 결국은 전신으로 스며들게 되었다. 그 기도는 내면화되어 언제나 그와 함께 있었고, 잠잘 때나 깨어 있을 때나 늘 그와 함께 동행하였다. 그 책은 동방 교회의 경계를 훨씬 넘어서 멀리 있는 그리스도인들에게까지 영향을 미쳤다.

그러나 '예수 기도'는 단 한가지 예밖에 없다. 그것은 당신 자신의 단숨의 기도에서도 찾아볼 수 있다. 몇 년 전 어느 날 저녁, 나는 밖에서 조깅을 하고 있었다. 그때 열두 개가 넘는 단숨의 기도들이 입에서 쏟아져 나왔다. 그 여름날 저녁 쏟아져 나온 기도들 중에 몇 개는 다음과 같다. "오 주님, 사랑으로 제게 세례를 베풀어 주소서." "아버지, 제게 온순함을 가르쳐 주소서." "예수님, 저로 주님의 은혜를 받게 하소서." "은혜로우신 주님, 저의 두려움을 없애 주소서." "오 성령이여, 나의 죄를 밝혀 주소서." "주 예수님, 저로 사랑받고 있음을 느끼게 하소서."

각각의 기도가 얼마나 짧은지 주목해 보라. 일고여덟 마디밖에 되지 않는다. 또 하나님과 얼마나 가깝고 얼마나 친밀한지 주목하라. 하나님께 개인적이고도 가깝게 말하고 있다. 또한 기도하는 사람이 자기를 의존하지 아니하고 하나님께 대한 의지와 온순함과 믿음을 어떻게 표현하고 있는지 살펴보라. 그리고 그 기도가 온통 요구하는 것뿐임에 주목하라. 이 기도는 우리가 우리 안에서 또는 우리에게 이루어지기를 바라고 있다는 점에서 자아에 초점을 둔 기도이다. 그러나 단숨의 기도를 통해 구하는 내용이 하나님의 뜻과 하나님의 방법을 가미한 것이라는 점에서 자아 중심적인 기도는 아니다.

단숨의 기도는 창조되기보다는 발견된다. 우리는 하나님께 우리가 지금 필요로 하는 것에 대한 하나님의 뜻과 하나님의 방법, 그리고 하나님의 진리를 보여 달라고 기도하고 있다.

여기에 당신이 당신 자신의 힘으로 단숨의 기도를 발견할 수 있는 방법이 한 가지 있다. 아무에게도 방해받지 않는 시간과 조용한 장소를 선택해서 가만히 앉아 하나님의 사랑의 임재를 묵상해 보라. 잠시 후 하나님께서 당신의 이름을 불러 주시기를 기대하라. 그 다음 "네가 무엇을 원하느냐?" 하는 질문에 귀를 기울이라. 이 물음에 간단히, 그리고 즉시 대답하라. 아마 단 한마디, 평화, 믿음, 힘 따위의 말이 의식 속에서 떠오를 것이다. 어쩌면 주님의 진리를 이해하는 것, 또는 주님의 사랑을 느끼는 것 따위의 한 구절이 생각날지도 모른다. 그 다음에는 하나님을 향해 당신이 말할 수 있는 가장 편안한 말과 그 구절을 연결시켜 보라. 가령 복되신 주님, 아바, 임마누엘, 거룩하신 아버지, 은혜로우신 주님 따위의 말이 바로 그것이다. 마지막으로 당신은 단숨의 기도를 기록해 놓고 단숨에 편안히 말할 수 있는 그 기도의 내용 속에 거하고 싶어할 것이다.

그 다음 몇 날 동안은 하나님께서 다소나마 당신의 기도를 조정하시도록 맡겨 드려라. 당신이 "주님, 주님의 진리를 알게 하여 주옵소서"라고 기록해 두었을지도 모르지만, 그 기도를 이삼 일만 드리고 나면 당신에게 진정으로 필요한 것이 하나님의 진리를 아는 것이 아니라 하나님의 진리대로 살아가는 것임을 깨닫게 된다. 그러므로 당신은 이렇게 기도할 것이다. "주님, 주님의 진리대로 살게 하여 주옵소서".

단숨의 기도는 가능한 한 자주 드려라. 하나님께서 그 기도를 당신의 영혼 속 깊이 심어 주시도록 맡기라. 너무 서두르거나 너무 빨리 기도를 바꾸지 말라. 8개월 전 나는 개인적인 단숨의 기도를 받았다. 하지만 아직도 그 일이 끝났다는 표시가 없다. 때때로, 늘 그런 것은 아니지만, 우리는 이 기도가 미치지 못하는 지점을 만나게 된다. 그렇게 되면 안팎으로 목소리를 낮추게 된다. 그리스도는 우리 앞에도 계시고, 뒤에도 계시며, 우리 주위에도 계시고, 우리 안에도 계신다. 바로 그때가 하던 일을 놓고 우리가 하나님과 함께해야 할 때이다.

데오페인(Theophane)이라는 수도사는 단숨의 기도에 대해서 이렇게 말했다. "머리 속에서 여러 가지 생각들이 모기들처럼 계속해서 다툴 때, 이 싸움을 없애려면 마음을 단 한 가지 생각에만 고정시켜야 한다. 이 일을 돕기 위한 한 가지 방법은 짧은 기도이다. 그 기도는 마음을 단순하게 그리고 집중하게 한다."

하나님의 임재 연습

끊임없는 기도에 대한 두 번째 주요한 표현은 기도의 사람들인 브라더 로렌스, 토마스 켈리(Tomas Kelly), 프랑크 라우바흐가 잘 나타냈다. 그들의 제안에 의하면, 매일매일의 모든 활동을 하나님의 임재를 인식하며 기쁘게 해나가되 마음속에서 끊임없이 솟아나는 찬양과 감사를 속삭이듯이 기도로 올려 드리면 된다. 자신을 '온갖 항아리와 냄비의 임자'로 불렀던 브라더 로렌스는 이 생각을 구체화시켜 다음과 같은 유명한 말을 남겼다. "일하는 시간이 내게는 기도하는 시간과 다르지 않다. 주방에서 달그락거리는 소리와 시끄러운 소음이 들리는 중에도, 여러 사람이 한꺼번에 각기 다른 것을 요구하는 동안에도, 나는 마치 무릎을 꿇고 복된 성례에 참여하고 있는 것처럼 매우 고요하게 하나님을 묵상한다."

로렌스는 우리에게 이렇게 권한다. "개인적으로 마음의 예배당을 지어서 이따금씩 일과에서 벗어나 하나님과 평화롭고 겸손하게 사랑하는 마음으로 대화할 수 있도록 하라. 매일 저녁 잠자리에 들기 직전과 매일 아침 일어나자마자 심령의 기도를 드리라." 또 그렇게 함으로써 "성령으로 계속해서 호흡하는 사람들은 심지어 잠자고 있는 동안에도 성장하고 있음을 발견해야 한다"고 권면하고 있다.

철학자였던 토마스 켈리는 그의 짧은 인생 후반에 이렇게 말했다. "하나님의 계시의 생수의 샘이 날마다, 시간마다, 꾸준히 모양을 바꾸어 가며 끊임없이 솟아난다." 또한 그는 이런 글을 남겼다.

정신적인 생활을 동시에 두 개의 차원 이상으로 영위하는 방법이 있다. 한 가지 차원으로는 외부 사건의 모든 요구 조건을 생각하고, 토의하고,

보고, 충족시키는 것이다. 심층적으로 그 이면에서는 보다 깊은 차원에서 기도하고 찬양하고, 노래하고 경배하며 하나님의 숨결을 부드럽게 수용하는 것이다.

프랑크 라우바흐의 일기 속에는 많은 내용들이 하나님의 임재하심으로 반짝이고 있다. "오늘 오후엔 하나님에 대한 생각이 나를 너무도 엄청난 기쁨으로 사로잡았다. 처음으로 그런 기쁨을 맛보았다. 하나님이 너무 가깝고 너무 놀랍도록 사랑스럽게 느껴져 이상할 정도의 크나큰 만족으로 온몸이 녹는 것 같았다." 그는 또한 1930년 필리핀의 작은 섬 민다나오에서 이런 기록을 남겼다.

아주 작은 일에도 하나님과 협력한다는 느낌은 나를 매우 놀라게 한다. 일찍이 그런 느낌을 받아 본 적이 없기 때문이다. 내가 할 일이 있다면 이런 시간을 하나님과 끊임없이 대화하며 하나님의 뜻에 온전히 순종하며 살아가는 것이다. 이 시간을 영광스럽고 부요하게 만드는 것, 이것이 바로 내가 생각할 유일한 일인 것 같다.

이로부터 몇 년 뒤, 다른 곳에서 그는 이렇게 기도했다. "하나님, 하나님의 뜻에 제 뜻을 맞추려고 애쓰니 제 마음이 하나로 모아집니다. 여기 켈커타 역에서 저는 지난 수년 간 겪어 보지 못했던 새로운 힘을 느낍니다."

나는 이 세 사람뿐만 아니라 영적인 생활의 많은 다른 개척자들의 일지나 편지 따위에 들어 있는 긴급성과 모험심과 추진력을 당신에게 어떻게 전달해야 할지 모르겠다. 이 사람들은 우리 대부분이 보지 못하고 지나치는 것에 대해 민감하게 깨어 있었다. 그들의 글은 새로운 것을 발견한 흥분에 넘쳐 있다. 토마스 켈리는 이렇게 말했다. "우리의 중심이신 하나님께로부터 나오는 삶은 서두르지 않는 평화와 능력의 삶이다. 그것은 단순하고 고요하며 놀랍다. 그것은 승리의 삶이며 빛나는 삶이다. 시간이 별도로 들지는 않지만 우리의 시간을 다 차지한다. 그리고 그것은 우리의 삶의 계획들을 새롭고 능력 있게 한다."

그렇다면 당신은 과연 이런 삶을 살 수 있는가? 나는 과연 어떤가? "결코 그렇게 살지 못한다"고 우리는 대답할 것이다. 하지만 기다리라. 우리가 처음 생각하는 것보다 더 쉬울 것이다. 분명히 이런 끊임없는 교제의 삶은 저절로 되거나 아무 노력 없이 이루어지지는 않을 것이다. 그렇다고 지레 겁을 먹어서는 안된다. 가치 있는 일은 언제나 노력이 필요하다. 브라더 로렌스는 그가 하나님의 임재 연습에 완전히 몰두하기까지는 십 년이나 걸렸다고 고백했다. 그리고 라우바흐는 이렇게 밝혔다.

주님께서 내게 요구하신 일은 에베레스트 산을 오르는 것만큼이나 어렵습니다. 하지만 내 뜻을 주님의 뜻에 맞출 수만 있다면 주님께서 그것을 이루어 주실 것입니다. 내가 할 일은 바로 내 뜻을 주님의 능력의 역사에 붙들어매서 주님의 바람이 무한히 휩쓸고 지나가도록 돕는 것입니다.

그렇다. 힘들기는 하지만 불가능하지는 않다. 우리가 한 번에 한걸음씩 나아가는 그 과정만 이해한다면 그만큼 더 가능해질 것이다.

쉬지 않는 기도의 단계

단 한번의 시도로 하나님과 끊임없이 교제하는 단계까지 뛰어오를 수는 없다. 일정 기간 동안 한결같이 연습에 연습을 거듭해야 가능하다.

그 첫 번째 단계는 외적 훈련의 단계이다. 그렇게 하여 우리는 어떤 일에 대해 숙달하게 된다. 능숙한 피아니스트의 경우, 지금은 그의 손이 건반 위에서 위아래로 날렵하게 움직이지만 그도 한때는 아주 간단한 연주 기법을 가지고도 몹시 괴로워했을 것이다. 우리의 경우도 마찬가지이다.

그래서 우리는 간단하면서도 눈에 띄는 방법으로, 심지어 인위적인 방법을 써 가며 시작한다. 예를 들어, 학교 선생님들은 종소리가 울릴 때를 하나님께 단숨의 기도를 드려야 할 시간으로 알아들으면 된다. 좋아하는 색깔이 자주색인 사람은 자주색을 볼 때마다 하나님의 끝없는 사랑의 임재를 상기하면 된다. 외과의사들은 수술을 집도하기 전 소독약으로 닦아낼 때마다 기도하라는 신호로 받아들이면 된다. 은행원들은 창구 앞에 사람이 올 때마다 기도하면 된다. 냉장고나 욕실의 거울, 또는 텔레비전 앞에 보기만 하면 저절로 기도할 수 있는 표시를 해놓을 수도 있다. 설거지를 하거나 화단을 가꾸거나 슈퍼마켓에서 줄을 서서 기다릴 때, 이 모든 일이 우리에게 기도하도록 자극할 수 있다. 조깅, 수영, 산책 등도 역시 마찬가지이다.

생각해 보면 너무나 간단하다. 프랑크 라우바흐는 그것을 '분초와의 경기'라고 하였다. 우리도 그것을 즐거운 경기로 바꿀 수 있다. 과연 우리는 오늘 얼마나 많은 순간을 거룩한 교제로 바꿀 수 있을까?

두 번째 단계는 이 일이 잠재 의식 속에 들어가는 것이다. 우리가 기도를 하되 그 말한 것을 인식하지 못할 정도가 되는 것이다. 모든 일의 기저와 그 배경에는 늘 경이로움과 찬양에의 갈망이 숨쉬고 있음을 느끼되 하루 종일 콧노래를 부르다가 불현듯 그 곡조를 인식하는 것과 같이 자연스럽게 되는 것이다. 내적인 기도는 전혀 뜻밖의 순간에 흘러나온다. 교통이 막혔을 때나 소나기가 올 때, 또는 사람이 북적대는 상점가 같은 곳에서 그런 기도가 나온다. 마침내 기도를 꿈꾸기 시작한다.

이 단계가 되면 우리 행동의 변화까지도 감지할 수 있게 된다. 교통이 혼잡해도 짜증이 덜 나고, 집안이나 회사의 사소한 문제거리들도 더 쉽게 견뎌 낼 수 있다. 다른 사람들의 말에 더 열심히, 그리고 더 조용히 귀를 기울일 수 있게 된다. 아이들에 대해서도 보다 더 신경을 쓰게 된다.

세 번째 단계는 기도가 마음속에 박히는 것이다. 실제로 우리는 지성과 더불어 마음속으로 들어가게 된다. 감성과 이성이 보다 조화롭게 활동한다. 기도하는 일이 좀더 수월해지고, 점점 더 사랑스러워지며, 점점 더 자연스러워진다. 기도가 부담스럽기보다는 즐겁게 느껴진다.

이제 우리는 사랑을 느끼기 시작한다. 우리의 결정은 좀더 사랑에 근거한 합리성에 기초하게 된다. 예를 들면, 다른 사람들의 아픔과 고통에 대해 더 민감해진다. 방안에 들어서면 누가 슬프고 외로운지, 또 누가 깊고 표현할 수 없는 슬픔 속에 잠겨 있는지 즉시 알아본다. 그런 경우 우리는 그들 옆에 슬쩍 다가가서 말없이 앉아 "깊은 바다가 서로 부른다"(시 42:7)는 것을 알고서 그들을 위로하고 이해하고 치료할 수 있다.

네 번째 단계는 기도가 전인격 속에 스며드는 것이다. 기도가 숨쉬듯 자연스럽게 되고 피가 전신을 돌아다니는 것처럼 되는 것이다. 기도가 우리 속에서 강렬한 리듬을 만드는 것이다.

내가 직접 경험한 것은 아니지만 들은 바로는 그렇다. 그것은 믿을 만한 것이다. 예로부터 여러 성인들은 그들이 종종 '신적인 연합'이라고 하였던 실재에 대해 증언해 왔다. 귀용 부인은 확언하기를 우리의 모든 기도와 모든 묵상이 보다 깊은 이 일을 위한 '단순한 준비'에 불과하다고 하면서 이렇게 말했다. "그런 것들은 끝이 아니라, 끝으로 가는 길일 뿐이다. 끝은 하나님과 연합하는 것이다."

이 마지막 단계는 지금 당장으로서는 내게 조금 큰일이다. 당신에게도 마찬가지일 것이다. 이것을 통해 이 마지막 단계의 실재를 이해하기보다는 오히려 오늘 우리의 영적 상태가 얼마나 빈곤한가를 알게 된다. 어쨌든 우리는 다음 장에서 이 문제를 더 자세히 고찰해 보게 될 것이다.

두 가지 문제

이 장을 마치기 전에 나는 이론적인 문제와 실천적인 문제를 하나씩 제기하고 싶다. 이론적인 문제는 다음 사실과 관련이 있다. 즉 쉬지 않는 기도가 예수님이 금지하신 중언 부언하는 기도가 아닌가 하는 것이다. 이 문제는 마지막 장에서 자세히 살펴볼 것이다. 사실 이 문제에 있어서 예수님께서 말씀하고 계신 것은 당시의 특정 상황을 가리키는 것으로, 바리새인들이 장터에서 큰소리로 기도함으로써 공개적으로 경건을 드러내던 것을 가리킨다. 그것은 헛된 것이었을 뿐만 아니라 허영으로 가득 찬 무의미한 말들의 반복이었을 뿐이다. 그러나 쉬지 않는 기도는 골방의 기도이며 은밀한 기도이다. 우리가 그런 기도를 드리는지 아는 사람은 아무도 없다. 그들이 다만 아는 것은 우리가 이전보다 행복하고 더 충만하다는 사실뿐이다.

반복 그 자체는 잘못이 아니다. 예수님께서도 비유를 통해 끈질긴 기도에 대해 가르쳐 주셨고 자신도 겟세마네 동산에서 그렇게 기도하셨다. 아브라함도 여호와께 소돔 성을 위해 기도할 때 그렇게 기도했으며, 바울도 '육체의 가시'를 제거해 달라고 할 때 그렇게 기도했다. 문제가 되는 것은 반복 그 자체가 아니라 기도를 마술적인 주문으로 만들어 버리는 그런 반복이다. 우리가 말을 일정한 순서대로 짜 맞추어 바르게 말해야만 하나님께서 우리의 기도를 들으신다는 생각이 바로 성경에서 거부하는 반복의 개념이다.

두 번째 문제는 성격상 실천적인 것에 가깝다. 이 장에서 내가 말한 것은 모두, 우리의 감정이 영적이고 하나님을 사모하는 마음이 있을 때는 좋고 바람직한 것이다. 그러나 우리의 감정이 분명히 영적이지 못할 때는 어떤가? 가령 자녀들과 반목하거나 부부가 불화할 때는 어떤가?

솔직히 말해서, 1장에서 우리가 논의한 결사적인 기도가 있긴 하지만 나는 그런 때에는 기도가 안된다는 것을 알았다. 그래서 어리석게 겉으로만 경건한 체하며 끊임없이 교제하는 것처럼 가장하느니보다 차라리 그런 상황에서 나는 하나님께 잠시 동안 나가 계시기를 기도한다. 하나님은 여느 때처럼 은혜로우셔서 우리의 연약함을 이해하신다. 때가 되면 우리는 다시 돌아와 다시 시도하게 된다. 문제는 우리가 계속해서 실패하느냐 그렇지 않느냐가 아니다. 실패하는 것은 기정 사실이다. 문제는 오히려 일정 기간 동안 우리가 하나님과의 교제를 연습하여 습관으로 만드느냐 그렇지 못하느냐이다.

하나님은 영혼의 지성소에서 우리를 기다리신다. 하나님은 귀용 부인의 말대로 우리가 "하나님의 끊임없는 내주"를 경험할 수 있는 바로 그곳에서 우리를 영접해 주신다. 그리고 바로 거기에 기쁨이 있다. 더욱 우리를 기쁘게 하는 것은 기대 이상으로 결과가 나타난다는 것이다.

기도

오 주님, 나의 주님, 주의 이름이 온 땅에 어찌 그리 아름다운지요? 묘성과 오리온 성좌가 주님을 찬양합니다. 참새와 박새가 그들의 노래를 흉내 냅니다. 온 천하가 대지휘자이신 주님과 화음을 이루고 있습니다. 나를 제외한 모든 만물이 화음을 이루고 있습니다. 어째서 그렇습니까? 왜 나만 홀로 불협화음을 내고 싶어합니까? 나는 분명히 고집스런 피조물입니다. 나를 용서하여 주시옵소서.

나는 정말 주님과 더 완전하게 더 자주 조화를 이루며 살고 싶습니다. 정말 나는 끊임없이 주님과의 교제를 지속하기 원합니다. 이러한 나의 소망이 비록 지금 당장은 작고 일시적이더라도, 이 소망을 키워 주시옵소서. 언젠가는 나도 "물가에 심은 나무처럼 시절을 좇아 과실을 맺으며 그 잎사귀가 마르지 아니함같이" 그 하는 일이 다 형통하게 하여 주시옵소서. 예수님의 이름으로 기도드립니다. 아멘.

12장

마음의 기도

> "마음과 마음이 말한다."
>
> 존 헨리 뉴먼(John Henry Newman)

마음의 기도는 친밀한 기도이다. 그 기도는 어린아이가 아버지 하나님께 드리는 사랑의 기도요, 애정이 깃든 기도이다. 암탉이 병아리를 그 날개 아래 모으듯이, 우리는 마음의 기도를 통해 하나님께서 우리를 그분에게로 모아 우리를 붙잡아 주시고, 따뜻하게 돌봐 주시며 사랑해 주시도록 할 수가 있다(눅 13 : 34).

"내가 그들의 마음을 뜨겁게 하고 싶다"

나는 누비 이불이 깔린 침대에 누워서 날이 밝기를 기다리며 지난 며칠 동안의 일을 생각해 보았다. 그때 내린 결론은 설교 사역이 만족스러웠다는 것이다. 사람들이 은혜를 받았고 말씀을 잘 받아들였으며 성령께서 우리 가운데 온유하게 임재하셨다. 내게는 한 가지 사역만이 남아 있었다. 그것은 어떤 지역 교회에 가서 주일 아침 설교를 하는 일이었다. 그것만 끝나면 나는 집으로 돌아가게 되어 있었.

"주님, 오늘 아침 이 회중들에게 어떤 계획을 갖고 계십니까? 내가 말씀해야 하거나 행할 특별한 것이라도 있습니까?" 나는 이렇게 기도했다. 나는 설교를 늘 미리미리 준비하지만 이런 식으로 자주 기도한다. 그것은 그 기도를 통해, 개개인의 필요에 따라 올바르게 초점을 맞추어 설교하도록 종종 지침을 받기 때문이다. 오늘 아침에도 분명한 하나님의 인도를 받았다. "그들에게 내가 그들의 마음을 뜨겁게 하고 싶다고 전해라."

'그들의 마음을 뜨겁게 하라고? 그것이 무슨 말인가? 나는 속으로 되뇌어 보았다. 나는 일어나서 내가 전하려고 했던 설교와 연결되는 몇 가지 생각을 간단히 적어 보았다. 그러나 하나님께서 어떻게 우리의 마음을 뜨겁게 하실 것인지에 대해서 아무런 단서도 찾아내지 못했다. 하지만 수년에 걸쳐 나는 모든 것을 다 알 필요는 없다는 것을 이미 체득했었다.

나는 예배 전에 성가대를 만나서 그들과 가능한 한 최선을 다해 이런 생각을 나누었다. 우리가 예배를 위해 기도했을 때 성가대원들 사이에는 거룩한 기대가 말없이 일어나기 시작했다.

예배는 잘 진행되었다. 나는 설교를 끝내고 하나님께서 그곳에 모인 많은 사람들의 마음을 뜨겁게 하기를 원하시므로 우리가 하나님의 임재를 기다려야 한다는 생각을 간단히 나누었다. 우리는 잠시 동안 기다렸다. 그러자 만족할 만한 반응이 나타났다. 열두 명 정도가 일어나더니 하나님께서 각기 독특하게 그들의 차가운 마음을 녹여 주시고 완고한 마음을 부드럽게 하셨다고 말하였다. 그때 나는, 더 헌신적으로 예수 그리스도의 제자의 삶을 살고자 결심하는 사람들이 있다면 일어서 줄 것을 요청했다. 그러자 회중의 반 정도가 일어섰다. 나는 계속해서 헌신의 기도를 인도했으며 중간 중간 묵상 시간을 주어 계속해서 하나님께서 우리의 마음을 뜨겁게 해주시기를 기다렸다. 그 시간은 내내 훈훈한 열기로 가득했으며 모인 무리에게 용기를 주는 시간이었다. 그 과정은 예배로 계속 이어졌다. 나는 본래 장년 모임에서 좌담회를 갖기로 되어 있었다. 그러나 그 모든 시간을 개개인을 위해서 기도해 주는 시간으로 보냈다. 그들은 다양한 방법으로 마음이 뜨거워지기를 원했다. 어떤 사람은 심장이 약하여 신체적으로 치료받기 원했으며, 또 어떤 사람은 인간 관계 문제로 감정적으로 치료를 원하는 등 가지각색의 문제를 가지고 있었다. 점심 시간까지도 계속해서 마음의 상처들을 내어 놓고 기도함으로써 은혜로운 시간이 이어졌다. 나는 계속해서 치유의 역사가 나타나기를 기도했다.

오후에 나는 그 교회의 목사를 만났다. 그는 젊고 열정적이었으며 그가 속해 있는 교단에서 촉망받는 사람이었다. 우리는 방해받지 않을 조용한 곳에서 둘만의 충분한 시간을 가졌다. 그는 함께 대화를 하는 동안 자기 마음속 깊은 곳에 있는 사실들을 꺼내 놓기 시작했다. 그는 전형적인 '영혼의 어두운 밤'을 경험하고 있었다. 약 한 시간 동안 귀기울여 그의 얘기를 들었다. 그리고 그가 경험하고 있는 일들에 감동을 받았다.

나는 그때가 거룩한 순간임을 알았다. 그런데 도대체 내가 어떻게 해야 한단 말인가? 마침내 나는 일어서서 그의 왼쪽 옆에 섰다. 한 손은 그의 등에 대고 다른 한 손은 그의 가슴에 대었다. 그는 내 가슴에 머리를 파묻고 깊은 한숨을 쉬며 조용히 울기 시작했다. 나는 그를 위해 15분 남짓 기도했다. 대개는 묵상 기도로 하고 이따금씩 몇 마디 말을 섞어 가며 기도했다. 기도를 하는 동안 그의 가슴에 댄 나의 손이 점차 뜨겁게 달아오르는 것을 느꼈다. 우리는 하나님의 역사가 끝났다고 느꼈을 때 잠시 이야기를 나누었다. 나는 그에게 우리가 기도하는 동안 내 손이 뜨거워진 것을 느꼈냐고 물어 보았다. "아, 맞아요, 목사님께서 손을 제 맨 살에 대고 아무리 문지르셨다고 해도 그렇게 뜨거울 수는 없었을 거예요." 그가 말할 때 나는 다시 그의 가슴에 손을 대었다. 그 손은 즉시 뜨겁게 달아올랐다. 거의 불덩이같이 다시 한번 뜨거워졌다. 나는 손을 댄 채 계속 이야기를 주고받았다. 우리는 둘 다 그 뜨거운 하나님의 역사에 놀랐다.

나는 리차드 로울(Richard Rolle)의 「하나님의 사랑의 불꽃(The Fire of Divine Love)」이라는 책이 생각났다. 그 책에서 로울은 마음이 뜨거워지는 이상한 체험에 대해서 말하고 있다. 그에 의하면 그 마음의 뜨거움은 문자적으로 불타는 것은 아니지만 마음으로 그렇게 느끼는 것이다.

갑자기 나는 우리에게 일어난 일과 그날 아침 내가 침상에 있을 때 받은 말씀이 서로 관련된다는 것을 깨달았다(그 순간까지 나는 미처 그런 생각을 하지 못했었다). 하나님께서 자기 백성들의 마음을 뜨겁게 하시고자 한 것은 분명히 그 회중들을 위한 것이지만, 특별한 의미로는 이 좋은 목사를 위한 것이었다.

우리가 거기에 서 있는 동안 하나님께서는 그의 마음을 뜨겁게 하고 계셨다. 그리고 피부로 와 닿는 뜨거움은, 곧 마음속에서 일어나고 있는 하나님의 치유하시는 사랑과 은혜로 충만한 인자하심의 심오한 역사를 우리에게 보여 주는 은혜의 표현이었다. 이 신실한 그리스도의 종은 아주 오랫동안 하나님의 임재하심을 '느끼지' 못했었다. 그런데 하나님께서는 은혜롭게도 그에게 "내가 너를 떠나지 아니하며 버리지 않겠노라"는 말씀을 실제로 확인시켜 주셨으며 사역 초기에 받은 깊은 상처를 치료하셨다.

내가 이 이야기를 당신과 함께 나누는 것은 하나님께서 우리와 함께 마음으로 나누고 싶어하시는 갈망을 강조하고 싶기 때문이다. 장 니꼴라 그로우(Jean-Nicholas Grou)는 이렇게 말했다. "기도하는 것은 바로 마음이고, 하나님께서 귀를 기울이시는 것은 바로 마음의 소리이며, 하나님께서 응답하시는 것도 마음이다." 우리도 아주 오래 전의 요한 웨슬리처럼 우리의 마음이 '이상하게 뜨거워지는 것'을 체험할 필요가 있다.

시금석

마음의 기도는 아바 기도이다. 위대한 사도 바울은 우리에게 "하나님이 그 아들의 영을 우리 마음 가운데 보내사 아바 아버지라 부르게 하셨느니라"(갈 4 : 6)고 했다. 마음의 기도의 시금석은 예수님의 '아바' 체험이다.

우리가 복음서를 읽을 때 현저하게 눈에 띄는 것은 예수님께서 체험하셨고 가르치셨던 아버지 하나님의 깊고 개인적이고 친밀한 우리와의 관계이다. 물론 아버지로서의 하나님의 개념은 새로운 것이 아니다. 시편 기자는 이렇게 선포하였다. "아비가 자식을 불쌍히 여김같이 여호와께서 자기를 경외하는 자를 불쌍히 여기시나니"(시 103 : 13). 호세아서에서도 하나님은 자신을 아버지로 묘사한다. 자식을 품에 안은 아버지, '사람의 줄 곧 사랑의 줄'로 자식들을 이끄시는 아버지, 그리고 허리를 굽혀 자녀들에게 먹을 것을 주시는 아버지로 묘사되어 있다(호 11 : 1 – 4).

하나님께서 아버지의 모습으로만 나타나 있는 것은 아니다. 이를테면 선지자 이사야를 통해서 하나님은 어머니라는 말도 사용하신다. "어미가 자식을 위로함같이 내가 너희를 위로할 것인즉"(사 66 : 13).

우리가 복음서를 읽을 때 깜짝 놀라는 것은 하나님의 부모 같은 이미지가 아니다. 그것은 하나님을 전혀 새로운 개인적이고 친밀한 방법으로 부르라는 권유이다. 제자들은 기도를 가르쳐 달라는 그들의 요청에 대해서 예수님께서 보여 주신 반응에 말문이 막혔음이 틀림없다. 왜냐하면 예수님께서는 그저 이렇게 가르쳐 주셨기 때문이다. "너희는 기도할 때에 이렇게 하라 아버지여…"(눅 11 : 2). 하나님의 이름을 감히 부르지 못했던 충실한 유대인들에게는 예수님께서 어린아이같이 친근하게 하나님을 부른 것이 엄청난 충격이었음에 틀림없다.

아바(*abba*)와 이마(*imma*) – 아빠와 엄마 – 는 유대의 어린이들이 가장 먼저 배우는 말이다. 그리고 아바는 너무나 개인적이고 친근한 용어이기 때문에 온 우주의 위대하신 하나님을 지칭할 때 그 누구도 그 말을 감히 사용하려 하지 않았다. 예수님께서 그 말을 가장 먼저 사용하신 것이다. 요아킴 예레미아스(Joachim Jeremias)는 이렇게 말한다. "모든 유대 문학을 다 찾아보아도 하나님을 아바로 부른 예는 단 한번도 없었다."

아버지 하나님과 예수님의 놀라운 친밀함은 우리를 놀라게 한다. 열두 살 때 이미 예수님은 예루살렘 성전에서 그의 육신의 부모님께 "내가 내 아버지 집에 있어야 될 줄을 알지 못하셨나이까"(눅 2:49)라고 말씀하셨다. 18년 뒤 예수님께서 공생애를 시작하실 때 요단 강에서 세례를 받고 올라오시는데 하늘에서 음성이 들려 왔다. "너는 내 사랑하는 아들이라 내가 너를 기뻐하노라"(눅 3:22). 다시 변화산 위의 구름 속에서 소리가 나기를 "이는 내 사랑하는 아들이니 너희는 저의 말을 들으라"(막 9:7) 하였다. 예수님께서는 변화 산에서의 놀라운 변화 속에서 아버지 하나님의 친밀감을 체험하셨을 뿐만 아니라 겟세마네의 고통 속에서도 그것을 체험하셨다. "아바 아버지여 아버지께서는 모든 것이 가능하오니 이 잔을 내게서 옮기시옵소서 그러나 나의 원대로 마옵시고 아버지의 원대로 하옵소서"(막 14:36).

이것들은 물론 몇 가지 예에 불과하다. 실제로 예수님과 하나님의 깊고 친밀한 관계는 예수님의 모든 말씀과 모든 사역 속에 깃들어 있다. 존 달림플(John Dalrymple)은 이렇게 말했다. "예수님의 모든 생애는 계속적인 아바 체험이었다."

존재론적으로 예수님과 아버지 하나님과의 관계는 물론 절대적으로 하나이다. 예수님께서 이 세상에 육신으로 계시는 동안 아셨던 아버지 하나님과의 그 친밀한 관계를 우리도 똑같이 누리도록 초청받는다. 우리는 아버지 하나님의 무릎에 앉아 그의 사랑과 위로와 치유와 힘을 받을 수 있다. 우리는 웃을 수도 있고 마음대로 공공연하게 울 수도 있다. 우리는 하나님 품에 안길 수도, 위로를 얻을 수도 있다. 그리고 우리 영혼 깊은 곳에서 경배할 수도 있다.

유명한 대학원에서 일련의 강의를 하고 있었다. 그 주 내내 훌륭한 신학적인 토론이 계속해서 이어졌다. 그 과정 중에 하나님께서는 한 여학생에게 주셨던 음악적인 재능을 일깨워서 그녀에게 '아바의 자장가' 라는 노래를 주셨다. 그 여학생은 그것을 악보로 만들어 나에게 주었다. 가사를 읽었을 때 내 마음은 감동되었다. 나는 즉시 그 여학생에게 전화를 걸어 하나님께서 그녀에게 주신 것이 단지 노래 한 곡이 아니라 전대학원 학생들에게 주시는 아주 특별한 말씀이라는 생각이 든다고 이야기했다. 나는 그 여학생에게 그 노래를 다음날 예배 시간에 불러 줄 수 있겠느냐고 물었다. 그 다음날은 강의 마지막 날이었다. 그녀는 고맙게도 그렇게 하겠다고 하였다.

금요일, 의례적인 도입부가 끝나고, 나는 하나님께서 우리에게 특별한 말씀을 주실텐데 내가 아니라 바로 그들 중 한 사람을 통해서 주실 것이라는 생각을 그들에게 나누었다. 나는 그 노래가 바로 전날 지어졌는데 노래라기보다 기도이며, 그것도 거꾸로 된 기도라고 설명했다. 그것은 예수님께서 우리에게 불러 주시는 노래였으며 우리가 받아들일 준비만 되어 있으면 도움이 되고도 남았다.

그 여학생이 마이크 앞으로 나왔다. 그녀의 아름다운 소프라노 목소리는 수정같이 맑았다. 우리 모두는 마음이 녹아 하나님께 경배드렸다. 그녀가 부른 노래 가사는 매우 단순하였다. 그래서 닳고닳아 순진성을 잃어버린 이들에게 필요했던 것이다.

귀여운 아가야, 사랑스런 아가야,
내가 널 사랑하는 줄 너는 알고 있겠지.
귀여운 아가야, 사랑스런 아가야,
내가 네게 있음을 너는 알고 있겠지.
귀여운 아가야, 사랑스런 아가야,
내 말이 진실임을 너는 알고 있겠지.
귀여운 아가야, 사랑스런 아가야,
내가 널 사랑한단다.

예, 주님, 제게 요람을 주세요.
제가 누울 크고 튼튼한 요람을 주세요.
예, 주님, 제게 요람을 주세요.
제가 누울 요람은 하나님의 손. 음, 음.

예수님, 절 가만히 흔들어 주세요.
밤새도록 가만히 흔들어 주세요.
절 가만히 흔들어 주세요. 음, 음.
주님의 손 안에서 전 튼튼해질 거예요.

이 선남 선녀들, 바르트(Barth)와 니버(Niebuhr)와 판넨베르크(Pannenberg)와 틸리히(Tillich)의 이론들과 오랫동안 열심히 씨름하던 사람들은 마치 마른 스폰지처럼 이 간단한 사랑과 애정의 말들을 빨아들였다. 일순간 거룩한 침묵이 강당 전체에 흘렀다. 그것은 우리의 마음이 하나님의 마음과 가까워졌음을 증거하는 것이었다. 우리는 잠시 동안 그 가사의 내용을 음미했다. 확신컨대 오랜 시간이 지나면 내 모든 강의는 완전히 잊혀져도 이 단순한 노래는 잊혀지지 않을 것이다. 왜냐하면 그날 예수님께서 우리에게 자장가를 불러 주셨기 때문이다.

우리 안에 내주하여 기도하시는 성령
마음의 기도란 과연 무엇인가? 아주 간단히 말해서 그것은 성령께서 우리 안에 내주하여 기도하시는 것이다. 옛사람들은 기도의 세 단계를 말하였다. 입술의 기도, 지성의 기도, 마음의 기도가 그것이다. 이러한 범주화를 인정하든 인정하지 않든, 우리 모두가 동의할 수 있는 것은 우리가 마음의 기도에 도달하게 되면 성령이 기도의 주도자가 되시는 수준에 이미 들어간 것이라는 사실이다. 마음의 기도를 만드시는 분은 바로 성령이시고, 그것을 계속하게 하시는 분도 바로 성령이시다.

마음의 기도에 들어서면 우리는 우리 능력의 한계에 도달하게 된다. 무언가 말을 하려고 해도 말문이 막히고 만다. 마음속에 있는 것을 표현하려고 애는 쓰지만 그 표현이 실재와는 너무 거리가 멀다는 사실을 고통스럽게 깨달을 뿐이다. 성령께서 '말할 수 없는 탄식'으로 개입하시는 곳이 바로 여기다. 우리는 성령으로부터 양자의 영을 받아 그 영을 통해 '아바 아버지'라 부른다(롬 8 : 17 - 26).

조지 버트릭(George Buttrick)의 말대로 우리는 마음의 기도를 통해 '존중하는 친구 관계'를 경험할 수 있다. 우리가 성령의 인도로 하나님과 가장 깊고 친밀한 교제를 누리게 되면 "마치 태양 빛을 완전히 반사할 수 있는 고요한 연못의 물같이" 된다.

마음 기도의 다양한 표현

마음의 기도를 표현하는 방법은 하나님의 마음만큼이나 무한하고 다양하다. 그러므로 성령의 이러한 역사를 너무 세심하게 분류하거나 구별하려고 해서는 안 된다. 하지만 경우에 따라서는 성령께서 마음의 기도를 통해 자기 백성 가운데서 역사하시는 보다 일반적인 몇 가지 방법을 언급하는 것이 도움이 될 수도 있다.

아마도 가장 일반적인 방법은 성령께서 각 개인에게 주시는 특별 계시의 느낌과 말씀을 통해서일 것이다. 그것을 우리는 종종 '레마'라고 부른다. 그것은 그저 '말'이라는 뜻을 가진 헬라어에 불과하다. 예수님께서 우리가 떡으로만 사는 것이 아니요 하나님의 입으로부터 나오는 모든 말씀으로 산다고 하실 때, 바로 레마라는 단어를 사용했다(마 4 : 4). 마찬가지로 바울이 하나님의 말씀은 좌우에 날선 어떤 검보다도 예리하다고 할 때, 역시 레마라는 단어를 사용했다(엡 6 : 17).

성경을 읽을 때 사람들은 흔히 '말씀 속에 있는 특별한 말씀'을 경험하게 된다. 그것은 말씀 속에 있는 어떤 특별한 구절이 개인의 상황에 새롭게 적용되는 경우를 말한다. 때때로 나는 그런 경험을 할 때 과연 하나님께서 두뇌의 창조적인 요소를 통해 여러 가지 사상과 통찰력을 훌륭하고 새롭게 결합하여 의식적으로 인식할 수 있게 하시는지 궁금하다. 어쨌든

'하나님 말씀의 생동력'은 우리에게 하나님이 가까이 계셔서 우리 삶의 구체적인 상황에 깊은 관심을 갖고 계시다는 사실을 확인시켜 준다.

특별한 레마가 다른 사람들에게서 오는 경우도 빈번하다. 그 말씀 속에서 하나님의 계시가 우리의 구체적인 삶 속에 적용된다. 이런 경험을 자주 하다 보면 우리의 마음이 점점 더 하나님의 마음속에 깊이 이끌리게 된다.

글로쏠라리아(Glossolalia), 즉 방언은 마음 기도의 다른 표현이다. 이 경험은 매우 흔한 것이며 20세기에만 국한되지 않는다. 1세기부터 지금까지 거의 모든 세대, 거의 모든 모임이 어느 정도는 성령의 이 은사를 경험해 왔다.

글로쏠라리아를 사용해야 할 이유와 용도는 많이 있다. 그중의 가장 기본적인 것은 우리의 영이 하나님의 성령 안에 놓임을 받기 위함이다. 그것을 통해 성령께서 우리로 말미암아 기도하시기 때문이다. 영이 영을 감동시킨다. 우리가 우리의 이성적인 능력을 손상시키지 않아야 이성적인 것을 초월한다. 우리는 천상의 언어를 통하여 천상의 것들에 참여한다. 그러나 표현할 수 없는 것들을 표현하기 위하여 하는 수 없이 우리의 연약하고 더듬거리는 언어를 사용한다.

어떤 사람들은 방언을 '기도 언어'라고 했다. 그 기도 언어에 대해서 내가 앞에서 한 설명은 전혀 새로운 것이 아니다. 여러 해 전 어느 수양관의 '경건의 장소'라 하는 소박한 기도실에 있었을 때였다. 나는 어떤 믿음의 친구와 함께 있었다. 나는 그에게 마음의 기도에 대해서 더 많은 것을 가르쳐 달라고 요청했다. 그가 가르쳐 준 방법은 주로 기도하는 것이었다. 그래서 우리는 조용히 앉아 있었다. 그는 하나님께 귀를 기울이라고 설명했다. 이윽고 나는 내 친구의 입에서 부드럽게 경배와 찬양의 소리가 흘러나오는 것을 들었다. 그것이 무슨 뜻인지 우리의 지각으로는 알 수가 없었으나 영적으로는 완벽한 의미가 있는 말들이었다.

나는 경외심을 갖고 귀를 기울였다. 그 친구는 내게 그런 식으로 기도하라고 시키지도 않았고 어떤 일을 하라고 강요하지도 않았다. 지금 나는 그 일에 대해 깊이 감사하고 있다. 왜냐하면 전염병처럼 만연된 조작된 방언을 하지 않아도 되었기 때문이다.

　나는 그때 아무 말도 소리 내어 말하지 않았다. 그러나 그날 오후 무언가가 내 영혼 속에서 해방된 것 같았다. 그후 며칠이 안되어 계속되는 기도 생활의 일상적인 부분으로 글로쏠라리아의 은사가 자연스럽게 흘러나왔다.

　마음의 기도의 또 다른 표현은 때때로 '입신'이라고 지칭되는 것이다. 그것은 성령의 능력에 붙잡히는 체험으로서 잠시 동안 의식을 잃는 것이다. 어떤 사람은 무아경에 들어가게 되고, 또 어떤 사람은 바닥이나 마루에 조용히 눕기도 한다.

　내가 아는 한 이러한 체험이 조작된 것이 아니라면(사실 이 부분에 대해서는 거짓된 것이 많다) 언제나 유익한 결과를 가져온다. 대부분의 사람들이 이 체험의 결과로 영적 교제가 깊어지고 거룩한 사랑이 증가된다고 보고한다. 어떤 사람들은 깊은 내적 치유를 체험하기도 한다. 나는 개인적으로 이런 은사를 받아 보지 못했지만 이런 은사를 받은 사람들을 많이 보아 왔다. 그중에는 내가 기도해 주고 있을 때 바닥에 넘어지는 사람도 더러 있었다. 매번 그들은 아주 평안하고 매우 안정된 모습을 보여 주었다. 그것은 마치 하나님의 평화가 그들에게 임하는 것 같았다. 분명히 영혼의 기도는 그 시간 계속해서 진행된다. 마음과 마음이 통하고 영이 영과 통하는 기도가 일어나는 것이다.

　'거룩한 웃음'도 마음의 기도의 또 다른 표현이다. 성령의 기쁨은 높고 거룩한 환희의 웃음이 퍼져 나올 때까지 사람의 마음속에서 그저 샘솟듯 솟아나는 것 같다. 때때로 이 기쁨은 개인적으로 기도하는 중에 체험하기도 하지만, 모인 회중에게 임하는 경우가 더 많다. 그것은 마땅히 그래야만 할 것 같다. 왜냐하면 웃음이란 것은 결국 공동체적인 체험이기 때문이다. 이러한 것을 모르는 사람들에게는 마치 웃는 사람들이 술 취한 것처럼 보일 것이다. 사실 그들은 취한 것이다. 술에 취한 것이 아니라 성령에 취한 것이다. 이 체험은 중단될 수 있다고 생각한다. 그러나 누가 중단되기를 원하겠는가? 그것은 성령께서 영혼을 새롭게 하시고 마음을 치유해 주시는 것이다. 종종 어떤 사람을 오랫동안 짓눌러 왔던 슬픔과 애통함이 은혜를 받고 즉각적으로 치유되는 경우도 있다.

거룩한 웃음은 좋은 의미의 전통적인 가가대소와 종류가 다르다. 하지만 먼 사촌이라고 할 수는 있겠다. 진정한 웃음, 진정한 기쁨은 다른 것들을 희생함으로써 생기는 값싼 물질이 아니다. 그것은 늘 하나님께로부터 온다. 그것은 우리를 치유하고 온전케 하며 우리의 기쁨을 위해 주어진다. 절대로 두려운 것이 아니다. 우리는 일반적인 웃음의 심리와 현상에 대해 조금 알고 있다. 거룩한 차원은 단지 그 실재를 강화시키고 심화시킬 뿐이다. 그것은 기쁨과 감사로 받는 은혜인 것이다.

어떤 사람은 내가 마음의 기도에 대한 예로 레마, 글로쏠라리아, 입신, 거룩한 웃음 따위를 든 것에 대해 놀랄지도 모르겠다. 이러한 것들이 진정 기도의 표현이라고 할 수 있을까? 일반적으로 우리는 기도를 우리가 하는 어떤 것, 즉 우리가 주도적으로 하는 어떤 일이나 적어도 적극적으로 참여하는 일이라고 생각한다. 그러나 나의 견해에 의하면 그것은 참여하는 것이 아니라 적극적으로 우리에게 일어나고 있는 일인 것처럼 보인다. 우리가 거의 하는 일 없이 받기만 하는데 어떻게 그것을 기도라고 할 수 있을까?

이것은 좋은 질문이다. 이제 최선을 다해 그 대답을 하고자 한다. 우선, 받는다는 것이 결코 나쁜 태도가 아니라는 것이다. 우리가 전능하시며 우주의 창조주이신 하나님과 교제를 나누게 될 때 분명히 우리의 참여는 보다 수동적이다. 그러나 이따금씩 우리가 온전히 참여할 수 있는 때도 있다. 게다가 우리는 우리가 알고 있는 것 이상으로 참여하고 있다. 심지어 어떤 사람이 입신한 경우에도 내적으로는 깊은 영적 교제가 진행되고 있는 것이 당연하다. 여느 때보다 훨씬 더 적극적으로 참여하고 있는 것이다. 나는 그것이 우리의 유한한 인간의 영이 완전히 민감하게 깨어서 무한한 우주의 영, 하나님의 영과 상호 작용을 하고 있는 것이라 생각된다. 그러므로 우리는 기도하고 있는 것이다. 오히려 전보다 더 진실되게 기도하는 것이다.

그러나 나는 마음의 기도가 오직 무아경의 상태에서만 일어난다는 인상을 주고 싶지 않다. 왜냐하면 그렇지 않은 경우가 많기 때문이다. 종종 하나님의 일들에 대하여 영적으로 뜨거워지는 경우가 있다. 하나님을 더 사랑하게 되고, 하나님의 임재를 더 사모하게 되며, 하나님의 길을 더 배우고 싶어하게 된다. 하나님께서 우리의 친구가 되시기 때문에 우리는 그날 그날의 해야 할 일들에 대해 더욱더 준비를 잘 갖추게 된다. 다른 사람들과의 만남을 기다리거나 동역자들과 함께 일하기를 기대하거나 자녀나 배우자와의 시간을 몹시 기다리는 것, 이것이 바로 마음의 기도의 일상적인 재료들이다.

사랑의 반응

마음의 기도는 사실상 우리의 마음에 대한 성령의 선행적 사역에 대해 우리가 반응하는 것에 불과하지만 그럼에도 우리가 해야 할 일이 있다. 우리의 민감한 반응 또한 중요하고 주목할 만한 가치가 있는 것이다.

마음의 기도에 들어갈 수 있는 방법을 나누면서 나는 방법이나 기술을 말하고자 하는 것이 아니다. 내가 말하려는 것은 아버지 하나님과의 은밀한 역사를 더 발전시키고, 예수님과의 친밀한 관계를 더 증진시키자는 것이다. 귀용 부인은 이렇게 기도했다. "주님, 마음의 기도를 가르쳐 주세요. 기도하는 어떤 고상한 방법을 가르쳐 주지 마세요. 인간이 꾸며 낸 기도가 아니라 하나님의 성령의 기도를 가르쳐 주세요."

마음의 기도에 들어가는 첫 번째 방법은 단순한 사랑에 의한 것이다. 사랑은 하나님의 놀라운 선하심에 대한 마음의 반응이다. 그러므로 단순히 들어와 꾸밈없이 정직하게 하나님께 말하라. 당신은 하나님의 임재하심 앞에 너무나 두렵고 너무나 사랑으로 충만한 나머지 말이 안 나올지도 모른다. 그래도 괜찮다. 브레넌 매닝(Brennan Manning)이 말한 대로 '수용된 사랑의 지혜'를 경험하는 것으로 충분하다.

당신은 하나님께 대한 특별한 사랑의 명칭을 받을지도 모른다. 그 이름을 필요한 만큼 자주 계속해서 조용히 부름으로써 당신 자신을 하나님의 사랑의 임재 속으로 다시금 불러들인다. 그런 사랑의 이름은 단순히 '아바, 아버지'일 수도 있고, 스펄전이 하나님을 부를 때 즐겨 사용했던 표현으로 아가서에 나오는 '나의 사랑하는 자'일 수도 있다.

만일 당신의 생각이 복잡하고 혼란스러워지면 당신이 불렀던 하나님의 그 특별한 이름을 단순히 부르기만 하라. 그러면 혼란했던 생각들이 없어질 것이다. 당신이 한 시간에 50회를 이렇게 한다면 당신은 하나님께 대하여 아름다운 사랑의 행위를 50회나 한 셈이다.

아버지 하나님께 사랑과 애정의 말을 하라. 처음에는 어색하고 부자연스러울 것이다. 왜냐하면 하나님을 사랑하는 데 익숙해 있지 않기 때문이다. 그러나 때가 되면 사랑의 언어가 사랑하는 사람들 사이에는 지극히 자연스럽다는 것을 알게 될 것이다.

기도하다가 잠이 드는 것은 문제가 되지 않는다. 하나님의 임재 앞에 안식할 수 있기 때문이다. 게다가 하나님의 마음 바로 옆에 있다는데, 잠자기에는 너무나 좋고 안전한 장소가 아닌가! 「미지의 구름(*The Cloud of Unknowing*)」을 쓴 익명의 저자는 "만일 기도하다가 자신도 모르게 잠이 들면 하나님께 감사하라"고 말했다.

"아바, 저는 아버지의 것입니다" 하는 기도는 완전한 신체 리듬의 기도이다. 이 기도는 불과 네 어절로 되어 있어서 단숨에 쉽게 기도할 수 있다. 그래서 다른 비슷한 기도로 인도함을 받게 된다.

우리는 물론 마음과 혼과 뜻과 힘을 다하여 하나님을 사랑하라는 명령을 받았다. 하지만 하나님을 사랑하기가 쉽지 않다는 것을 알 것이다. 아무리 애를 써도 마음이 차가워지고 굳는 것을 느낄 것이다. 하나님의 은혜와 긍휼에도 감동되지 않고, 하나님의 사랑과 돌보심에도 마음이 움직여지지 않을 때 과연 당신은 어떻게 할 것인가?

한 가지 제안하고 싶은 것은, 먼저 당신이 하나님을 초청하여 당신의 마음속에 사랑의 불을 붙여 달라고 기도하라는 것이다. 그리고 하나님께 당신의 마음속에 있는 고통을 드러내어 달라고 요청하라. 그러면 당신이 잠깐만이라도 하나님에게서 멀어지게 될 때 그 고통은 다시 시작될 것이며,

당신을 하나님의 사랑의 임재 앞으로 다시 인도할 것이다.

그러나 이것만 가지고는 당신에게 충분한 처방이 되지 않을 것이다. 그렇다면 또 다른 방법은 없을까? 아니다. 할 수 있는 일이 또 있다. 당신에게 존 단(John Donne)의 기도를 소개하고 싶다. 그 기도는 "삼위 하나님이시여, 제 마음을 두들겨 주옵소서"라는 기도다. 이것은 그가 쓴 소네트의 첫 행이다. 존 단은 이 시구에서 하나님의 선하심과 온유하심으로도 자기를 회개시킬 수 없었다는 점을 안타까이 묘사하고 있다. 그는 하나님께 우격다짐을 해서라도 자신을 사로잡아 달라고 간청하고 있다. "주님, 주님의 능력으로 저를 깨뜨리고, 때리고, 태워서 새롭게 하여 주소서." 분명히 이것은 강력한 기도요 놀라운 결과를 가져올 수 있는 기도이다.

사랑의 장마비

지금까지 마음의 기도를 설명하긴 했지만 나는 그 표면밖에 다루지 못했다. 아직도 더 깊이 들어가야 할 것이 많고 더 배워야 할 것이 많다. 당신에게 나보다 훨씬 더 훌륭한 선생님이 계시므로 그래도 안심이 된다. 그분이 당신을 모든 진리 가운데로 인도하실 것이다. 아버지 하나님의 사랑은 예상치 못했을 때 갑자기 쏟아 붓는 장마비와 같아서 당신을 경이로움과 찬양으로 몰아가고 놀라움으로 입을 다물게 한다. 이런 일이 생기면 우산을 펴서 당신 자신을 가리지 말라. 오히려 아버지 하나님이 내리시는 사랑의 장마비를 흠뻑 맞도록 하라.

기도

아바, 사랑하는 아바, 사랑이라는 말이 내게 쉽게 다가오지 않음을 아시지요? 용기라든가 믿음이라든가, 다른 많은 것들은 쉽게 말할 수 있는데 사랑이라는 말은 그렇지 않습니다. 어떤 면에서는 참으로 내 몸을 불사르게 내어 주는 것이 사랑하는 것보다 더 쉬운 듯합니다.

오 내 마음의 포도주여, 나를 주님의 사랑으로 취하게 하소서. 예수님의 이름으로 기도합니다. 아멘.

13장

묵상 기도

> "묵상이란 영혼의 언어이며 우리 영의 말이다."
>
> 제레미 테일러(*Jeremy Taylor*)

소가 되새김질하는 것을 본 적이 있는가? 이 점잖은 동물은 풀과 다른 먹이로 그 배를 채운다. 그리고 나서 가만히 앉아서 되새김의 과정을 통해 이미 먹은 것을 다시 씹는다. 그리고 반추하는 과정에서 입을 천천히 움직인다. 이렇게 하여 소는 이미 먹은 것을 완전히 소화시킬 수 있고 그 소화된 음식은 부드러운 우유로 변하게 된다.

묵상 기도도 마찬가지다. 묵상을 통해 진리가 입에서 머리로, 그리고 마음속으로 들어가게 된다. 거기서 조용한 묵상, 즉 반추를 통해 그 사람 속에서 믿음으로 충만한 사랑의 반응을 기도로 표현하게 된다.

조깅하는 수도사

전에 내가 가르친 학생 중 짐 스미스(Jim Smith)의 이야기를 하고자 한다. 정말로 총명했던 짐은 계속해서 미국 동부에 있는 한 유명한 대학에서 대학원 과정을 공부했다. 그러나 그는 2년째 되는 해까지 영적인 생활을 유지하기 위해서 많은 갈등을 겪었다. 그래서 그는 개인적인 수양의 시간을 갖기로 결심했다.

수양관에 도착하여 그는 그 주간 동안 자신의 영적 지도자가 되어 줄 수사를 소개받았다. 그러나 짐은 곧 실망하고 말았다. 왜냐하면 그 수사의 옷 밑으로 조깅화가 보였기 때문이었다. 아디다스 조깅화라니! 짐은 수염이 나고 당대의 지혜로 가득 찬 현인을 기대하고 있었다. 그런데 자신을 양육할 수사가 조깅이나 하는 사람이라니!

그 수사는 짐에게 단 하나의 과제만을 내주었다. 그것은 누가복음 1장에 나오는 성 수태고지(예수 탄생 기사)를 묵상하는 것이었다. 그것이 전부였다. 짐은 자기 방으로 돌아가 성경을 펼쳐 들고 이렇게 중얼거렸다. "예수님의 탄생 기사라. 아마 천 번도 더 읽었을 걸." 처음 두세 시간 동안 그는 여느 훌륭한 주석가가 그러하듯이 그 말씀을 쪼개고 분석하여 나중에 설교에 사용할 수 있는 몇 가지 유용한 통찰력을 얻게 되었다. 그리고 그날의 나머지 시간은 말없이 빈둥거리며 보냈다.

다음날 짐은 수사를 만나 자기의 영적 생활에 대해 상의하였다. 수사는 짐에게 과제로 내준 말씀은 어떻게 되었느냐고 물었다. 짐은 자기가 깨달은 것을 나누며 그도 감동해 주기를 바랬으나 그렇지 못했다.

"그 말씀을 읽은 목적이 무엇이었습니까?" 그 수사가 물었다. "목적이요? 그야 그 본문의 의미를 이해하는 것 아니겠습니까?" "그 밖의 다른 목적은 없나요?" 짐은 잠시 말을 잇지 못했다. "아뇨. 그 밖의 다른 목적이란 게 있나요?" "예. 말씀 속에는 본문이 말하고 있는 것이 무엇인지, 또 그것이 무슨 뜻인지 하는 것 외에 우리가 찾아내야 할 그 이상이 있습니다. 이를테면 '그 본문이 무슨 말씀을 하시고 계신가?' '감동받은 점은 무엇인가?' 그리고 더욱 중요한 것은 '말씀을 읽으면서 그 속에서 하나님을 경험했는가?' 하는 질문들입니다."

그 수사는 짐에게 똑같은 본문을 주면서 그날 하루 종일 묵상하되 머리로만 할 것이 아니라 마음으로 묵상하며 읽도록 권면하였다. 온종일 짐은 그 수사가 가르쳐 준 대로 시험 삼아 해보았으나 계속해서 실패하고 말았다. 밤이 되었을 때는 본문을 실제로 거의 암기할 정도가 되었으나 여전히 그 말씀에는 생명력이 없었다. 짐은 적막함으로 인해 마치 귀머거리가 된 것 같았다.

그 다음날 그들은 다시 만났다. 짐은 낙심하여 수사의 지시대로 할 수 없었노라고 말했다. 바로 그때 그 조깅화 뒤에 감추어져 있던 지혜가 여실히 드러났다. "짐, 당신은 너무 힘들게 노력하고 있습니다. 당신은 하나님을 조종하려 하고 있습니다. 이 본문으로 돌아가 이번에는 하나님께서 당신에게 주시려는 것이라면 무엇이든지 받겠다는 자세로 마음 문을 여세요. 하나님을 당신 뜻대로 움직이려 하지 말고 단지 받아들이기만 하세요. 하나님과의 교제는 당신이 만드는 것이 아닙니다. 그것은 잠자는 것과 같아요. 당신이 스스로 잠들 수는 없어요. 단지 잠잘 수 있는 조건을 만들 뿐이지요. 당신이 이제 해야 할 일은 그 조건을 만드는 것뿐입니다. 성경을 펴서 천천히 읽으세요. 그리고 그 말씀에 귀를 기울이고 가만히 묵상해 보세요."

짐은 자기 방으로 돌아가 다시 말씀을 읽기 시작했다. 그러나 아무 일도 일어나지 않았다. 정오가 되어서 그는 천장을 향해 소리쳤다. "저는 포기했습니다. 하나님이 이기셨습니다." 역시 예상했던 대로 아무런 응답이 없었다. 그는 책상 위에 엎드려 울기 시작했다. 잠시 후 그는 성경을 집어 들고 그 본문을 다시 한번 응시했다. 낯익은 말씀이었지만 어딘가 달라 보였다. 머리와 마음이 부드러워짐을 느꼈다. 마리아의 대답이 그의 말처럼 느껴졌다. "말씀대로 내게 이루어지이다… 말씀대로 내게 이루어지이다." 그 말씀이 계속 그의 머리 속에 맴돌았다. 그때 하나님께서 말씀하셨다. 그것은 마치 창문이 갑자기 활짝 열리는 것과 같았다. 하나님께서 친구처럼 말씀하고 싶어하시는 듯했다. 그 대화는 계속되었다. 누가복음의 그 사건에 대해서, 하나님에 대해서, 마리아에 대해서, 그리고 짐 자신에 대해서 계속 대화가 이어졌다.

성령께서 짐으로 하여금 마리아의 느낌과 마리아의 의심과 마리아의 두려움과 마리아의 믿기지 않는 신앙의 답변 등을 깊이 체험하게 하셨다. 물론 그것은 짐 자신의 느낌과 두려움과 의심이기도 했다. 성령께서는 치유의 사랑과 부드러운 손길로 짐이 가지고 있던 과거까지도 상한 감정들을 어루만져 주셨다.

짐 자신도 거의 믿을 수 없었지만, 천사가 마리아에게 "네가 하나님께 은혜를 얻었느니라"고 한 이야기는 바로 자신에게 하는 말씀인 것 같았다. 또 마리아가 놀라서 "어찌 이 일이 있으리이까?" 하고 반문한 것은 짐 자신의 질문이기도 했다. 그런데 사실이 그러했다. 그래서 짐은 은혜와 자비의 하나님 품에 안겨 감격의 눈물을 흘렸다.

성경의 그 구절을 보면 천사가 마리아에게 앞으로 일어날 일에 대해 알려 준 것이 나온다. 짐의 미래는 어떤가? 하나님과 짐은 이 문제, 즉 앞으로 어떻게 될지, 또 어떻게 될 수 있는지에 대해 대화를 나누었다. 짐은 하나님과 기도하며 산책하는 시간을 가졌다. 태양이 커다란 상수리나무 뒤에서 숨바꼭질을 하면서 서쪽으로 기울고 있는 것이 보였다. 해가 지평선 너머로 막 내려간 바로 그 순간, 짐은 "말씀대로 내게 이루어지이다"라는 마리아의 기도를 자신의 기도로 고백할 수 있었다. 짐은 자기 삶의 주권을 포기한 바로 그 순간, 새로운 주권을 발견한 것이다.

성경에 근거한 묵상

짐의 이야기는 가장 기본적인 형태의 기독교인의 묵상을 강조하는 것이다. 그것은 성경에 근거한 묵상이며 또한 여러 유명한 경건 서적들에서도 볼 수 있다. 이 장에서 우리는 묵상 기도에 대한 가장 기본적인 접근에 초점을 맞추려고 한다. 그렇게 하는 이유는 간단하다. 우리가 참된 유익이라고 할 수 있는 성령의 임재 속에 직접적으로 교통할 수 있으려면 먼저 우리의 마음이 성경으로 충만하고 성경으로 훈련받아야만 하기 때문이다. 우리는 시편에 묘사되어 있는 믿음의 사람들, 즉 "오직 여호와의 율법을 즐거워하여 그 율법을 주야로 묵상하는 자들"(시 1:2)에게 뒤져서는 안된다. 유사 이래 경건한 사람들은 모두 한결같이 성경 묵상을 모든 형태의 묵상을 바르게 유지시키는 준거의 중심으로 생각해 왔다.

묵상 기도에서 성경은 더 이상 인용을 위한 사전의 역할을 하는 것이 아니라 우리를 생명의 말씀으로 인도하는 '놀라운 생명의 말씀'이 된다. 그것은 성경을 공부하는 것과도 다르다. 성경 공부가 해석이라면 성경 묵상은 그 말씀을 내면화하고 인격화하는 것이다. 기록된 말씀이 우리에게 말씀하시는 살아 있는 말씀이 된다. 이것은 전문적인 연구나 분석을 위한 시간이 아니며, 심지어 다른 사람들과 나누기 위해 자료를 모으는 시간도 아니다. 그 시간에는 교만한 마음을 모두 내려놓고 겸손한 마음으로 우리에게 말씀하시는 그 말씀을 받아들여야 한다. 나는 종종 이러한 시간에 특히 적합한 자세는 무릎을 꿇는 것이라고 생각한다. 디트리히 본회퍼는 이렇게 말했다. "사랑하는 사람의 말을 분석하지 않는 것처럼, 여러분에게 말씀이 선포될 때 그대로 받아들이십시오. 마리아처럼 성경의 말씀을 받고 그 말씀을 마음속에서 곰곰이 생각하십시오. 그렇게만 하면 됩니다. 그것이 바로 묵상입니다." 본회퍼가 핀켄발데(Finkenwalde)에 신학교를 세웠을 때, 모든 사람들은 거기서 매일 30분 동안 조용히 성경을 묵상하는 시간을 가졌다.

중요한 것은 많은 성경 구절들을 수박 겉핥기식으로 대충 하고 싶은 유혹을 버리는 것이다. 수박 겉핥기식의 묵상은 우리의 내면 상태를 반영해 준다. 그런 우리의 내면 상태는 변화되어야 한다. 본회퍼는 하나의 본문을 일주일 내내 묵상하라고 권한다. 그러므로 나는 하나의 사건이나, 하나의 비유나, 몇몇 구절이나, 아니면 단 하나의 낱말이라도 일단 그것을 붙잡으면 우리 안에 뿌리를 내릴 때까지 묵상하라고 권하고 싶다.

묵상할 때 우리는 쇠렌 키에르케고르(Sören Kierkegaard)가 성경의 '동시대성'이라고 부르는 것을 체험한다. 이는 과거가 단순히 현재와 병행하는 것이 아니라 실제로 현재와 교차하는 것을 말한다. 이 사실에 대해서 유명한 스코틀랜드의 설교가 알렉산더 휘트(Alexander Whyte) 목사는 말하기를, "성경은 온통 당신의 자서전과 같다"고 했다. 예를 들면, 우리는 성경을 묵상하다가 하나님께서 아브라함에게 그 아들 이삭을 제물로 바치라고 말씀하신 대목에서 그 말씀을 나와 전혀 상관없는 것으로 받아들여 그의 입장이 아님을 감사하며 읽을 수는 없다는 말이다. 사실 따지고 보면 우리가 바로 아브라함의 입장에 있는 것이다. 아브라함과 마찬가지로 우리도 우리에게 가장 귀중한 한 가지를 하나님께 드려야 하는 결단의 문제로 갈등하고 있다. 아브라함이 그랬듯이 우리도 우리의 가장 소중한 것을 하나님께 드리는 위치에 서야 한다. 그래서 아브라함처럼 산에서 내려올 때는 그 말씀의 의미를 나의 말씀으로 깨닫고 새롭게 내려와야 한다.

상상력의 성화

성경 본문을 가장 간단하게, 가장 기본적으로 묵상하는 방법은 상상력을 통해서이다. 이 점에 관해서는 알렉산더 휘트가 "예배와 그리스도인의 상상력의 놀라운 역할"이라는 말로 잘 묘사하고 있다. 추상적인 묵상만을 통해서 하나님을 체험할 수 있는 사람은 거의 없다. 우리 모두는 감각에 더 깊이 뿌리를 내릴 필요가 있다.

감각은 우리가 성경 본문을 접하게 될 때 유용한 도움이 된다. 우리는 성경의 사건을 보고 듣고 만지기를 원한다. 그렇게 함으로써 그 이야기 속에 들어갈 수 있고 그 사건을 우리 자신의 것으로 만들 수 있다. 우리는 말씀을 멀리서 관찰하는 태도에서 이제 적극적인 참여의 자세로 돌아서야 한다.

하나님의 임재를 체험할 수 있는, 보다 간단하고 겸손한 이 방법을 경멸해서는 안된다. 예수님께서도 이러한 방법으로 직접 가르치셨고, 비유 속에서도 계속해서 상상력을 강조하셨다. 수많은 신앙의 대가들도 이러한 방법으로 우리를 격려한다. 테레사(Teresa of Avila)는 이렇게 말한다. "묵상을 할 때 이해가 되지 않는 부분이 있으면 저는 마음속에 그리스도를 그리려고 애쓴답니다. 저는 이런 식의 일들을 많이 하곤 합니다. 제 영혼이 이런 방법을 통해 많은 유익을 얻었다고 생각합니다. 사실 저는 기도가 무엇인지도 모르고 기도를 시작했거든요." 우리도 그녀의 말에 대부분 공감할 수 있다. 왜냐하면 우리 역시 묵상할 때 지적으로만 접근하려고 애써왔으며 그런 방법이 너무나 기계적이고 우리의 삶과는 너무나 동떨어진 것임을 알았기 때문이다.

더 나아가 상상력은 우리의 생각을 고정시키고 우리의 주의를 집중하는 데 도움을 준다. 프랜시스 드 쌀레(François de Sales)는 이렇게 말한다. "새를 새장에 가두어 둔다든가, 매를 가죽끈으로 묶어 두는 것은 편안히 쉬게 하기 위함이듯이, 상상력에 의해서 우리가 묵상하는 그 신비로운 사건에 우리의 마음을 국한시킬 수가 있고 그렇게 함으로써 우리는 이리저리 방황하지 않게 된다."

상상력을 사용하면 감정의 균형도 유지할 수 있게 해주기 때문에 우리는 지성뿐만 아니라 마음으로도 하나님께 나아갈 수 있다. 성경을 지적으로 이해하는 것은 매우 중요하다. 그러나 감정적으로 그 말씀을 느끼지 못한다면 그것은 성경을 온전히 이해한 것이 아니다.

상상력이라고 하는 것이 신뢰할 수 없고 또 악한 자에 의해서 잘못 사용될 수 있다고 해서 아예 상상력 사용하기를 거부해 온 사람들도 더러 있다. 사실 그 사람들이 염려하는 데는 그만한 이유가 있다. 상상력이라고 하는 것도 우리가 갖고 있는 다른 기능과 마찬가지로 타락에 참여하였기 때문이다. 그러나 우리의 이성이 비록 타락하기는 했지만 하나님께서 그것을 택하셔서 거룩하게 하시고 그것을 하나님의 선한 목적에 사용하실 수 있다는 사실을 우리가 믿는 것처럼, 하나님께서는 우리의 타락한 상상력을 거룩하게 하셔서 하나님의 선한 목적에 사용하실 수 있음도 믿는다. 물론, 우리의 상상력이 사탄에 의해서 왜곡될 수 있다. 그러나 그것은 우리가 가진 모든 기능이 다 마찬가지이다. 하나님께서는 우리를 창조하실 때 상상력을 부여하셨다. 따라서 하나님은 모든 피조물의 주로서 그 상상력까지도 구속하실 수 있을 뿐더러 하나님 나라의 역사를 위해서 그것을 사용하신다.

상상력의 사용에 대한 또 다른 우려는 사람이 그것을 조작할 수 있고, 또 자기 기만에 빠질 수 있다는 것이다. 사실 어떤 사람들은 지나친 상상력을 가지고 있어서 실제로 일어나기를 바라는 것의 이미지를 수시로 꾸며 낼 수가 있다. 더구나 성경도 악한 자들의 허망한 생각들에 대해 경고하고 있지 않은가?(롬 1:21)

이와 같은 우려 역시 합당하다. 이 모든 것이 헛된 인간의 노력에 지나지 않을지도 모른다. 그렇기 때문에 이러한 문제에 대해서 우리가 하나님을 전적으로 신뢰하는 것은 너무나 중요한 일이다. 우리는 하나님의 생각을 좇아 생각하려 하고, 하나님의 임재 앞에서 즐거움을 누리고자 하며, 하나님의 진리와 길을 따르고자 애쓰고 있다. 우리가 이렇게 살면 살수록 하나님은 우리의 상상력을 하나님의 선한 목적을 위해 그만큼 더 사용하신다. 하나님께서 우리의 상상력을 거룩하게 하셔서 사용하실 수 있다고 믿는 것은 그리스도의 성육신 사상을 진지하게 받아들이는 것에 불과하다. 하나님께서는 그렇게 자신을 비어 이 세상에 육신을 입고 오셨으므로, 우리가 알고 있고 이해하고 있는 심상들을 사용하셔서 우리가 이해하지 못하고 알지 못하는 보이지 않는 세계를 우리에게 가르쳐 주신다.

성경을 체험하며 사는 법

우리는 묵상을 통해 성경을 체험하며 살아가고자 애쓴다. 알렉산더 휘트는 이렇게 말한다.

> 신약 성경을 펼치면, 당신은 상상력에 의해서 그 순간 그리스도의 제자가 되어 그때 그곳에 있게 되며 예수님의 발 앞에 서게 된다. 상상력에 의해 당신은 거룩한 기름 부음을 받게 된다. 세리가 되기도 하고, 탕자가 되기도 하며, 막달라 마리아가 되기도 하고, 어떤 때는 현관에 서 있는 베드로가 되기도 한다.

성경을 체험하며 살아가는 실제적인 방법에 대해서, 로욜라의 이그나티우스(Ignatius of Loyola)는 우리에게 모든 감각을 다 동원하라고 권면한다. 우리는 바다의 냄새를 맡을 수 있고, 해변가의 찰싹거리는 물소리를 들을 수 있다. 사람들이 나오면 시각을 동원할 수 있고, 머리 위에서 내리쬐는 태양열을 느낄 수 있고, 굶주리면 배가 고픈 것을 느낄 수 있다. 공기 중에 있는 소금기를 맛볼 수 있고 예수님의 옷자락을 만질 수 있다.

"나의 평안을 너희에게 주노라…"(요 14:27) 하신 예수님의 놀라운 말씀을 묵상한다고 하자. 우리가 해야 할 일은 그 구절을 연구할 뿐만 아니라 그 구절이 말씀하고 있는 실제 속에 들어가는 것이다. 우리는 예수님께서 지금 우리에게 평안을 주고 계신다는 진리를 곰곰이 묵상한다. 마음과 뜻과 영이 예수님의 넘치는 평안에 깨어 있게 된다. 모든 두려운 감정이 "…능력과 사랑과 근신하는 마음"(딤후 1:7)에 의해 극복되고 안정되는 것을 느낀다. 평안을 분석하고 쪼개는 대신 그 속에 들어가는 것이다. 예수님이 주시는 평안 속에 둘러싸여 흡수되고 통합되는 것이다.

이러한 체험에서 놀라운 일은 자신을 완전히 망각하는 것이다. 우리는 더 이상 우리 자신이 어떻게 하면 더 평안해질 수 있을까 염려하지 않는다. 왜냐하면 이제 우리가 우리 마음속에 있는 평안을 나누어 주는 일에 관심을 갖게 되었기 때문이다. 더 이상 평안하게 행동하는 방법을 애써 생각해 내려고 하지 않는다. 평안한 행동이 이제 자연스럽게 안에서 밖으로 흘러 나오기 때문이다.

성경의 많은 구절이 묵상 기도의 시금석이 된다. "가만히 서서 내가 하나님임을 알지어다." "내 사랑 안에 거하라." "나는 선한 목자다." "주 안에서 항상 기뻐하라." 이 말씀들은 우리로 하여금 하나님이 우리 가까이 계심을 발견하려고 애쓰고, 하나님의 임재를 체험하기를 갈망해야 한다는 사실을 말해 준다.

기억할 점은, 묵상 기도를 할 때 하나님께서는 늘 우리의 뜻에 대해 말씀하시고 계신다는 것이다. 그리스도께서는 우리에게 도전하시며 선택할 것을 요구하신다. 그의 음성을 들었으면 그 말씀에 순종해야 한다. 하나님의 부르심은 회개와 변화와 순종을 요구하는 윤리적인 부르심이다. 그것은 동양의 세속적인 명상의 결과와는 너무도 분명하게 구별된다. 묵상 기도에는 자아 상실이 없으며, 우주적인 의식과의 하나 됨이 없고, 공상적인 영적 세계로의 여행이 없다. 오히려 우리는 삶을 변화시키는 순종을 요구받는데, 그 이유는 우리가 살아 계신 하나님, 아브라함과 이삭과 야곱의 하나님을 만났기 때문이다. 그리스도는 우리를 치유하시고 용서하시고 변화시키시며, 권세를 주시기 위해 실제로 우리 가운데 현존하신다.

이러한 내용을 말해 주는 전문 용어가 '렉치오 디비나(lectio divina)'라는 말이다. 그 말은 '거룩한 독법'이라는 뜻인데 알아 두면 도움이 될 것이다. 이것은 책을 읽을 때 지적인 마음이 정적인 마음으로 내려가서 그 두 가지가 모두 하나님의 사랑과 선하심 속으로 끌려 들어가는 독법을 말한다. 헨리 누웬은 언젠가 자기 아파트에 걸려 있는 한 아름다운 그림을 가리키며 "저것이 바로 렉치오 디비나입니다"라고 말한 적이 있다. 그 그림은 한 여자가 무릎 위에 성경을 펴 놓고 위를 쳐다보고 있는 그림이었다. 무슨 내용인지 알겠는가? 우리는 글을 읽는 것에 그쳐서는 안된다. 칼 바르트의 말을 빌면 우리는 기록된 글 속에 들어 있는 하나님의 말씀을 찾아야 한다. 우리는 내주하시는 성령님께 마음의 귀를 기울여야 한다. 이렇듯 소위 기도하는 마음으로 읽는 묵상이 우리의 덕을 세워 주며 우리를 강건하게 해준다.

풍성한 우물

렉치오 디비나를 위한 최우선의 가장 순수한 자료는 성경임이 틀림없지만, 수세기에 걸쳐 그리스도인들에게 자양분을 공급해 준 여러 위대한 경건 서적들도 무시할 수 없다.

나는 경건 서적이라는 용어를 사용하기가 조심스럽다. 왜냐하면 내가 말하는 것이 오늘날 소위 경건 서적으로 통하는 진부하고 가벼운 내용을 가리키는 것으로 생각하는 사람들이 있을 것이기 때문이다. 그러나 그렇지 않다.

내가 말하는 경건한 글은 광야에서의 오랜 경험과 참회를 통한 체험에서 우러나온 것들이다. 그것은 시내 산에 살면서 여전히 그들의 삶의 수준에서 우리에게 말하는 사람들로부터 흘러 나오는 글이다.

우리에게 자양분을 공급하는 우물은 광대하고 깊다. 여러분이 시작할 때는 닛사의 그레고리(Gregory of Nyssa)가 쓴 「모세의 생애(*The Life of Moses*)」가 좋겠다. 이 책은 고결한 삶을 살아가는 데 좋은 지침이 될 것이다. 그레고리에게 있어서 미덕이란 목적지에 도달해서 얻는 것이 아니라 시도하고 투쟁하고 경주함으로써 얻어지는 것이다. 우리는 생각의 순수함에서부터 미덕을 발견한다. 마지막 목적지는 하나님과 친구가 되는 것이다. "하나님과의 교제가 단절되는 것은 매우 위험한 일이며, 하나님과 친구가 되는 것은 영예롭고 소망할 만한 일이다. 이것이야 말로 온전한 생활이다." 바로 그렇게 되는 것이 우리의 삶을 바칠 가치 있는 목표가 아니겠는가?

그 다음 책으로는 성 어거스틴의 「참회록」이 좋다. 해방을 향한 어거스틴의 구부러진 길을 따라가는 것은 우회 도로도 많고 막다른 길도 많기 때문에 그 자체만으로도 하나의 모험이라 할 수 있다. 개인적인 불순종과 제도적인 악, 그리고 사회적인 부패가 어거스틴과 우리 삶의 바탕을 이루는 데 어떻게 작용하는지 잘 살펴보라. 어거스틴은 이렇게 말하고 있다. "이

꼬인 매듭을 누가 풀 수 있겠는가? 나는 이것을 견딜 수 없다. 생각하고 싶지도 않고 보고 싶지도 않다."

시세로에서부터 마니교도까지, 아카데미 학파와 플라톤에서부터 사도 바울까지 이른 그의 지적인 순례도 연구해 보라. 그리고 어거스틴에게 선의 훌륭한 본보기가 되어 꾸준히 영향을 주었던 모니카와, 고인이 되었지만 그의 젊은 시절의 친구인 빅토리누스, 그리고 안토니와 암브로스를 주목해 보라. 또한 하나님께서 그를 마침내 소위 '악의 구렁텅이', 즉 교만과 야심과 육욕과 게으름과 방탕함과 경쟁심과 두려움과 복수심에서 해방시키신 그 놀라운 은혜를 생각해 보라.

성 어거스틴의 엄격하고 투쟁적인 삶을 맛본 후에는 「성 프랜시스의 작은 꽃들(The Little Flowers of St. Francis)」이라는 책의 소박한 기쁨을 경험해 보는 것도 괜찮다. 만물의 창조주이신 하나님을 프랜시스와 함께 찬양하라. 그의 '태양 찬가'를 부르며 태양 형제와 달 누이, 바람 형제와 물 누이를 축하하며 하나님을 찬양하라. 버나스 형제와 클래어 누이, 맛세오 형제와 내가 좋아하는 주니퍼 형제의 놀라운 간증들을 들어 보라. "길즈 형제의 말"에 나오는 지혜와 훌륭한 감각이 놀랍지 않은가? 죄악된 행동으로 인해 절망하고 있는 사람에게 길즈는 이렇게 충고한다. "죄에 대해 슬퍼하는 것은 옳다. 그러나 지나치게 슬퍼해서는 안된다. 왜냐하면 하나님의 용서의 능력은 당신의 죄의 권세보다 크기 때문이다. 당신은 당신은 이 사실을 믿고 늘 기억해야 하기 때문이다."

하나님의 사랑에 대해 말하자면, 그 다음으로 노리치의 줄리아나(Juliana)가 쓴 「하나님의 사랑의 계시(Revelations of Divine Love)」를 들 수 있다. 그 책에는 1373년 5월 8일에 그녀가 직접 받았던 열여섯 가지의 환상에 대한 그녀의 성숙한 묵상이 실려 있다. 그 내용 중에는 모든 종교 문학 가운데 가장 아름다운 사랑의 언어가 들어 있다. 그녀는 이렇게 쓰고 있다. "사랑의 하나님은 우리의 영혼이 전심으로 그를 의지하기 원하시며 우리가 하나님의 선하심을 굳게 붙잡기 원하신다." 오늘날 너무 쉽게 열정 없는 신앙 생활로 내려앉는 우리는 그녀의 열정적이고 열심 있는 말을 들어야 할 필요가 있다. "하나님은 그 사랑으로 우리를 감싸 주시고 붙잡아 주신다. 하나님은 사랑으로 우리를 껴안아 주시고 우리를 결코 버리지 않으신다."

근 오백 년 동안 경건 문학의 독보적인 걸작이라고 할 수 있는 「그리스도를 본받아」라는 책도 보기 드물게 좋은 책이다. 전세계 기독교인들이 이 단순한 책으로 인해 정신적으로 엄청나게 부요해졌다. 이 책에는 공동 생활의 형제단이라고 알려져 있는 15세기의 역동적인 영적 운동의 통찰력이 정제되어 담겨 있다. 이 책의 엄청난 인기는 그것이 오십 개 이상의 언어로 번역되었다는 사실만 보아도 충분히 알 수 있다. 그 책은 처음부터 끝까지 설득력 있는 말들로 가득 차 있어서 그 말을 가지고 수일 동안 참된 유익을 누리며 살아갈 수 있다. 그 책의 군데군데에서 뽑아 놓은 말들을 묵상해 보라. "마음에 큰 평안이 있는 사람은 칭찬이나 비난에 관심을 갖지 않는다." "육체 노동으로 땀을 흘리는 것보다 우리의 약점을 이겨내는 것이 더 큰일이다." "모든 좋은 감정을 좇는 데 급히 서두르지 말고 모든 나쁜 감정을 피하는 데 너무 열심 내지 말라." "옛 뱀이 너희를 유혹하고 시험할지라도 기도로 그를 가두어 놓을 수 있고, 시험을 받는 동안 유익한 일을 하면 그의 접근을 막을 수 있다."

상처받고 깨어진 인간성에 대한 통찰력을 넓혀 주는 작가로는 존 울만(John Woolman)이 있다. 그의 책 「저널(*Journal*)」은 비록 18세기에 저술되었지만, 오늘날 우리가 씨름하는 인종 문제, 소비자 보호 운동, 군국주의 등의 문제를 정확하게 지적하고 있다. 울만의 책을 읽고 나면 하나님 사랑과 이웃 사랑을 결코 분리시킬 수 없다. 왜냐하면 그가 그 두 가지를 두 계명이 아니라 하나로 정확하게 지적했기 때문이다. 울만은 노예 해방 운동의 신념을 확산시키는 일에 지도자 격이었다. 그는 그 여론을 확산시켜서 미국의 남북 전쟁이 일어나기 150년 전쯤, 퀘이커 교도들 사이에 있었던 노예 제도의 관습을 공박하여 결국에는 그것을 철폐시켰다. 그가 사랑과 용기, 온유함과 확고함을 잘 조화시켰다는 점이 가장 놀랍다. 울만의 「저널」은 기도하는 마음으로 끈기 있게 읽을 만한 좋은 책이다.

영적인 생활에 자양분을 공급하는 가장 유서 깊은 방법 중 하나는 수세기에 걸친 성인들의 이야기를 읽는 것이다. 그들의 이야기를 통해 우리는 앞서 간 위대한 그리스도인들이 어떻게 하나님과 동행했는지를 배우고 우리가 어떻게 그들을 좇아갈 수 있는지를 배운다. 우리가 읽을 만한 책들은 너무나 많다. 14세기에 쓰여진 「안토니의 생활(The Life of Anthony)」과, 역시 14세기에 아빌라의 테레사가 쓴 「자서전(Autobiography)」 그리고 20세기의 「도요히꼬 가가와」 등을 들 수 있다. 신앙의 영감을 불러일으키는 수많은 증거들에 대해 정말로 도움을 주는 입문서가 있다면 그중의 하나가 바로 제임스 길크리스트 로슨(James Gilchrist Lawson)의 「유명한 그리스도인들의 더 깊은 체험(Deeper Experiences of Famous Christians)」이라는 책이다.

우리 마음의 영양소가 되는 이러한 놀라운 글들을 계속해서 소개하고 싶은 유혹이 있지만 자제하고자 한다. 그 이유는 한편으론 다른 곳에서 그런 유혹에 넘어가 보았기 때문이고, 다른 한편으론 처음부터 너무 많은 선택의 강을 만나게 되면 그곳에서 헤엄을 치기보다는 빠져 죽을 가능성이 크기 때문이다. 그러므로 당신의 인격을 형성할 때까지는 몇 가지 영적인 기본 품목들만 먹는 것이 훨씬 더 나을 것이다.

신앙의 대가들이 쓴 책을 직접 읽음으로써 얻게 되는 진실로 가치 있는 경험들이 있다. 그중 하나는 그들이 정확한 묘사에서 가장 열정적인 기도로, 그리고 또다시 이야기의 서술로 아무런 꾸밈 없이 수월하고 너무 자연스럽게 이어가고 있다는 사실을 발견하는 것이다. 내가 믿기로는 그들이 그렇게 할 수 있었던 것은 일과 기도, 이 두 가지를 꿰맨 자국이 없는 하나의 옷으로 경험했기 때문이라고 생각한다. 파스칼은 그의 「팡세」를 '무릎을 꿇고' 기록했다고 선언하였다. 쇠렌 키에르케고르는 저술가로서의 자신의 천직에 대해 이렇게 말했다.

나는 문자 그대로 사람이 아버지와 함께 살듯이 진실로 하나님과 함께 살아왔다. 나는 아침에 일어나 하나님께 감사한다. 그리고 일하기 시작한다. 저녁이 되면 정해진 시간에 잠시 일을 중단하고 다시 하나님께 감사한다. 그리고 나서 잠자리에 든다. 나는 늘 이렇게 살아간다.

성 베네딕트가 '렉치오 디비나(lectio divina)'를 일상 생활을 위한 그의 '규율'의 불가결한 부분으로 삼은 것은 당연하다. 기도로 충만한 그러한 독서는 하나님께서 우리의 삶에 힘을 주시고 능력을 주시기 위해 하도록 시키시는 것이다. 앞서 읽은 것처럼 토마스 아 켐피스(Thomas à Kempis)의 충고를 따르면 좋을 듯하다. "거룩한 글들 속에 담긴 웅변을 찾지 말고 진리를 찾아라. 거룩한 글들은 모두 그것이 쓰여질 때와 똑같은 정신으로 읽어야 한다. 크든 작든 저자의 권위나 학식에 영향받기보다는 순수한 진리에 대한 사랑으로 읽으라."

하나님께서 일하신다

묵상 기도 때 하나님은 우리에게 개인적으로 말씀하신다. 이것은 우리가 할 수 있는 일이 아니다. 심지어 하나님의 살아 계신 음성을 체험하고자 하는 소망까지도 하나님께서 우리 마음에 역사하실 때 생겨나는 것이다. 왜냐하면 우리는 원래 자동적으로 하나님의 낯을 피하는 자들이기 때문이다. 토마스 머튼(Thomas Merton)은 이렇게 말했다. "누구든지 묵상을 하고자 하는 소원과 은혜를 주시도록 기도하지 아니하고 그저 묵상을 시작하는 사람은 이내 포기하게 된다. 묵상하고자 하는 소원과 묵상을 시작할 수 있는 은혜는 더 큰 은혜를 받기 위한 절대적인 약속이다."

내가 알기로는, 묵상하고자 하는 욕구는 당신에게 이미 주어졌다. 그렇지 않다면 당신이 이 글을 읽고 있지도 않았을 것이다. 더 큰 은혜는 필요할 때 주실 것이다. 하나님께서 당신과 나에게 마음속으로부터 시편 기자의 이런 말을 고백할 수 있는 능력을 주시기를 기도한다. "내가 주의 법을 어찌 그리 사랑하는지요 내가 그것을 종일 묵상하나이다 주의 말씀의 맛이 내게 어찌 그리 단지요 내 입에 꿀보다 더하니이다(시 119:97, 103).

기도

주님, 나는 지금 "내가 불을 땅에 던지러 왔노니"(눅 12:49)라고 하신 주님의 말씀이 무슨 뜻인지 묵상하기를 원합니다. 그 말씀이 무슨 뜻입니까? 그 말씀을 통해 내게 주고자 하시는 뜻이 무엇입니까?

내 속에 불타 없어져야 할 것이 있습니까? 교만, 두려움, 분노…. 주님, 이러한 것들을 하나씩 불태워 주십시오.

이 세상에도 주님께서 태우기 원하시는 것이 있습니까? 우리가 주님의 낯을 피해 숨는 데 사용하는 종교적 제도들과, 흑인과 백인, 남자와 여자, 부모와 자녀 등 서로를 분리시키기 위해 인위적으로 그은 선들, 약한 자들과 힘없는 자들에게 자행되는 끔찍한 불의, 여자들과 아직도 태어나지 않은 생명들에게 행하는 말할 수 없는 폭력. 바로 이러한 것들이 소멸되어야 할 것들이 아닌가요?

오! 주님, 우리를 용서하여 주소서.

예수님의 이름으로 기도드립니다. 아멘.

14장

무언의 기도

"오 주님, 제게 많은 내용을 담고 있는 무언의 언어를 가르쳐 주십시오."

장 - 니꼴라 그로우(Jean - Nicholas Grou)

무언의 기도를 통해 우리는 하나님의 침묵 속에 들어간다. 현 시대를 살아가는 우리에게 이 무언의 세례가 얼마나 절실히 필요한가! 초대 교부였던 알렉산드리아의 클레멘트(Clement of Alexandria)가 말한 것처럼 우리는, 낡은 신발처럼 혀만 제외하고는 모든 것이 닳아 빠졌다. 우리는 오늘날 정교한 첨단 원격 통신 장비까지 갖춘, 말이 많은 세계에 살고 있다. 우리가 살고 있는 지금은 역사상 다른 어떤 시대보다 말은 적게 하면서도 의사 소통은 훨씬 더 많이 하는 이상한 시대이다.

시리아의 수도사였던 니느웨의 이삭(Isaac of Nineveh)은 이렇게 말한 적이 있다. "수많은 말을 함으로써 기뻐하는 사람들은 비록 좋은 말을 하더라도 그 속이 텅 비어 있다." 오늘날 우리는 그러한 비난을 받아 마땅하다.

무언의 기도는 우리를 말 중독증에서 벗어나게 할 수 있는 유일한 훈련이다. 하나님과의 교제가 깊어진다는 것은 점점 더 침묵할 수 있다는 것을 의미한다. "나의 영혼이 잠잠히 하나님만 바람이여"(시 62:1)라고 시편 기자는 선언한다. 그리고 성 안토니스(St. Anthony)의 제자였던 광야의 교부 암모나스(Ammonas)는 이렇게 말했다.

나는 네게, 침묵의 힘이 얼마나 철저하게 치료하는지, 또 얼마나 하나님께 온전한 기쁨이 되는지를 보여 주었다. 명심해야 할 것은 침묵에 의해 성도가 자라나며, 침묵 때문에 하나님의 능력이 성도들 안에 거하며, 침묵 때문에 하나님의 비밀이 성도들에게 알려진다는 사실이다.

무언의 기도를 통해 우리는 이렇듯 다시금 살아나는 침묵으로 나아가게 된다.

경계할 일과 주의할 일
논의를 시작하기에 앞서 약병에 붙어 있는 주의 사항과 꽤 비슷한 경계의 말을 해야겠다. 무언의 기도는 초신자를 위한 것이 아니다. 숙련의 정도나 전문적인 지식과는 상관없이 찬양의 기도나 묵상 기도나 중보 기도나 다른 수많은 종류의 기도들은 누구든지 다 자유로이 할 수가 있다. 그러나 무언의 기도만큼은 다르다. 우리 모두가 다 하나님 앞에서는 똑같이 소중하지만, 누구나 다 똑같이 하나님의 놀랍고 두렵고 부드럽고 사랑스런, 그리고 그 안에 모든 것을 다 담고 있는 침묵의 말씀에 귀기울일 준비가 된 것은 아니다.

어린 아기에게는 스테이크 대신 우유를 준다. 스테이크가 아기에게는 아무 소용이 없기 때문이다. 수습 전기 기술자는 전문 기술자의 일을 해서는 안된다. 그 일을 감당할 수 없을 뿐만 아니라 그 일을 하는 것이 사실 위험하기 때문이다.

영적인 생활에 있어서도 마찬가지다. 이를테면 계산을 하려면 먼저 구구단을 외워야 하는 이치와 같다. 이것은 영적인 영역에 속한 한 가지 사실에 불과하다.

C. S. 루이스는 그의 친구 말콤에게 그가 그리스도인으로서 아주 일찍이 무언의 기도를 시도한 적이 있는데 별로 성공적이지 못했다고 말했다. 그는 또 이렇게 말했다.

나는 아직도 할 수만 있다면 무언의 기도가 가장 좋은 기도라고 생각한다. 그러나 그 기도를 나의 일용할 양식으로 삼으려고 하다가 실제 내 능력보다 더 큰 정신적, 영적 힘에 기대고 있었음을 깨닫게 되었다. 무언의 기도를 성공적으로 수행하려면 우리가 '최상의 상태'에 도달해 있어야 한다.

루이스의 말이 옳다. 무언의 기도는 영적인 세계에 대해서 어느 정도 아는 사람들을 위한 것이다. 사실 영적 지도 분야에 종사하는 사람들은 늘 어떤 성숙한 믿음의 모습을 보고 나서야 비로소 사람들에게 무언의 기도를 권한다. 성숙한 믿음의 표지는 하나님과의 교제에 대한 끊임없는 욕구와, 개인적 희생이 크다 해도 다른 사람들을 용서할 수 있는 능력과, 하나님만이 마음의 소원을 만족시키신다는 살아 있는 확신과, 기도에 대한 깊은 만족 등이다. 또 개인적인 능력과 단점에 대한 실제적인 평가와, 영적인 성취를 자랑하지 아니하는 자유함과, 생의 요구들을 끈기 있고 지혜롭게 처리해 낼 수 있는 입증된 능력 따위를 들 수 있다.

그것은 우리가 그러한 분야에 숙달되어 있어야 한다는 것이 아니라, 분명한 진보가 있어야만 한다는 것이다. 당신 스스로 얼마나 준비되어 있는지 점검하려면 다음 몇 가지 질문을 스스로에게 던져 보면 된다.

"하나님에 의해 구별되어 하나님의 소유가 되는 것을 점점 덜 두려워하고 있는가?" "기도의 훈련을 달게 받으며 기도가 내 안에서 발전하고 있는가?" "건설적인 비판을 점점 수월하게 받아들이고 있는가?" "개인적인 모욕에 대해 구애받지 않으며, 내게 잘못한 사람들을 기꺼이 용서해 주기를 배우고 있는가?"

이런 작은 성찰의 경험을 한 후에 만약 당신이 하나님과 직접적인 교제를 할 준비가 되어 있지 않다면 주저하지 말고 이 장을 넘기라. 걱정하지 말라. 당신 속에서 "우주의 본문을 원문으로 읽고자" 하는 갈망과 각오가 샘솟듯 솟아날 때가 올 것이다.

주의해야 할 일도 한 가지 말하고 싶다. 말없이 하나님을 묵상하다 보면 영적인 세계에 깊이 들어가게 된다. 그런데 영적인 세계에는 하나님의 인도하심이 아닌 초자연적 역사도 있다. 성경은 우리에게 초자연적 세계의 본질에 대하여 그다지 많은 정보를 주고 있지 않다. 그렇지만 우리는 영적인 존재들에는 여러 등급이 있고 그들 중 일부는 하나님과 하나님의 방식과는 절대로 협력하지 않는다는 것 정도는 충분히 알고 있다.

내가 이런 말을 하는 것은 당신으로 하여금 두려워하도록 하기 위함이 아니라 정보를 알려 주고 싶기 때문이다. 당신은 "너희 대적 마귀가 우는 사자같이 두루 다니며 삼킬 자를 찾는다"(벧전 5:8)는 말씀을 알아 두어야 한다. 또한 "너희 안에 계신 이가 세상에 있는 이보다 크심이라"(요일 4:4) 하신 말씀도 알아 두어야 한다. 바로 다음 장에서 우리는 우리가 싸우는 영적 싸움에 대해서 비교적 상세하게 다룰 것이다. 그러나 지금은 당신에게 보호의 기도를 배워 실천하라고 권하고 싶다. 루터가 드렸던 기도가 여기에 있다. "주님, 주님의 오른팔로 보호하여 주시고, 죄의 무서운 해악에서 우리를 구원해 주소서."

나는 다음의 간단한 기도를 드림으로써 무언의 기도 시간을 시작하는 방법을 취하고 있다. "전능하신 하나님의 권세를 믿사오니 그리스도의 빛으로 에워싸 주시고, 그리스도의 피로 덮으시며, 그리스도의 십자가로 인치시옵소서. 모든 어둠의 영들과 악의 영들이 지금 이 순간 물러가게 하시고, 예수 그리스도의 빛을 통과하지 아니하고서는 어떤 세력도 틈타지 못하게 하옵소서. 예수님의 이름으로 기도드립니다. 아멘." 물론 이러한 기도들은 제안에 불과하다. 어떤 식으로든 당신에게 가장 편안한 방법으로 자유롭게 기도하면 된다.

하나님께 대한 애정 어린 정신 집중

리차드 백스터(Richard Baxter)가 "영혼의 큰 기쁨인 천국에 대한 묵상 연습"이라고 부른 이러한 체험은 과연 어떤 것일까? 리지외의 떼레즈(Therese of Lisieux)는 '천국을 꿈꾸는 것'이라고 했고, 꾸자의 니꼴라(Nicholas of Cusa)는 '하나님에의 응시'라고 했으며, 귀용 부인은 '실재의 기도'라고 했다.

가장 기본적이고 기초적인 표현을 빌리자면 무언의 기도는 하나님께 대한 애정 어린 정신 집중이다. 우리를 사랑하시고, 우리와 가까이 계시며, 우리를 자신에게로 인도하시는 하나님께 주의를 집중하는 것이다. 무언의 기도에서는 말이 뒷전으로 물러가고 감정이 전면으로 부상한다. 리차드 로울(Richard Rolle)은 어느 날 예배당에 앉아 있을 때 갑자기 평소에 체험해 보지 못한 기쁨의 불을 자기 안에서 체험했다고 말했다.

12세기의 걸출한 종교적·정치적 인물이었던 끌레르보의 버나드(Bernard of Clairvaux)는 예수님의 임재를 체험하고서 이렇게 묘사했다. "나는 주께서 임재하심을 느꼈다. 후에 되돌아 보니 그는 나와 함께 하고 계셨다. 그리고 때때로 그가 오실 것이라는 예감이 든 적도 있었다. 그러나 그가 오시거나 떠나시는 것을 느낀 적은 없었다."

요한 웨슬리도 알더스게이트에서 그 유명한 모라비아 교도들의 모임 이후에 이렇게 외쳤다. "내 마음이 이상하게 뜨거워지는 것을 느꼈다. 구원받기 위해서 그리스도만을 정말로 믿는다는 느낌이 들었으며, 그리스도께서 내 죄를 사해 주시고 죄와 사망의 법에서 나를 구원하셨다는 확신이 들었다."

각각의 경우 감정적인 언어를 주목해 보라. 이런 종류의 기도는 분명히 이성적인 경험보다는 감정적인 경험에 해당된다. 그러나 이처럼 감정을 강조하다 보면 혼란이 온다. 왜냐하면 우리는 지금까지 살아오는 동안 감정을 믿어서는 안된다고 훈련받았으며, 감정을 통해 진리와 실재에 관한 지식을 조금이라도 얻을 수 있다는 생각 자체가 우스꽝스럽게 보이기 때문이다.

그러나 너무 성급하게 판단해서는 안된다. 우선 우리를 감정적인 면에서 그렇게 격려하는 증인들이 엄청나게 많고 또 평판이 좋다는 것이다. 둘째로는 그들이 다루고 있는 내용이 단순히 감정적인 것만이 아니라 그보다 훨씬 더 깊이 있는 것이라는 사실이다. 무언의 기도를 하는 사람들은 감정이라는 언어를 사용하여 하나님께 자신의 깊은 체험을 말한다. 그것은 하고자 하는 의지가 있다면 마음속에서 일어나는 일종의 청종이라고 할 수 있다. 무언의 기도를 드리는 사람들은 다음과 같은 여호와의 명령에 단순한 마음으로 믿음을 갖고 따르고자 애쓴다. "너희는 귀를 기울이고 내게 나아와 들으라 그리하면 너희 영혼이 살리라"(사 55:3). 무언의 기도를 드리는 사람들이 감정에 대해서 말할 때 의도하는 것은 바로 이렇게 하나님과의 내적인 교제 속에 들어가는 것이다.

더구나 우리의 감정은 우리의 이성이나 상상력과 마찬가지로 완전하게 하나님에 의해 훈련될 수 있고 또 거룩하게 변할 수 있다. 무언의 기도는 신앙 생활에 숙련된 사람들을 위한 것이다. 이 사람들은 모든 교리의 풍조나 감정의 바람에 따라 이리저리 불려 다니는 사람들이 아니다. 이들은 이미 오래 전에 세상과 육정과 마귀에게서 멀어진 사람들이다. 이들은 폭 넓은 체험에 의해서 일시적으로 고양되는 영적인 열정과 성령께서 주시는 확고 부동한 확신의 차이를 알고 있는 사람들이다. 이들은 또한 반복된 시행 착오를 통해서 그리스도의 음성과 교활한 인간들의 목소리를 구별하는 법을 터득한 사람들이다.

하나님과의 연합

무언의 기도의 목표는 무엇일까? 이 질문에 대해서는 예로부터 많은 사람들이 이구동성으로 '하나님과의 연합'이라고 대답해 왔다. 노리치의 줄리아나는 이렇게 선언했다. "우리가 기도하는 온전한 이유는 우리의 기도를 들으시는 분의 이상과 생각 속에 들어가 그와 연합하는 것이다." 성 프랜시스의 제자였던 보나벤추어(Bonaventure)는 우리의 최종 목표가 '하나님과의 연합'이라면서 그것은 우리가 하나님 외에는 아무것도 보지 못하는 순수한 관계라고 하였다. 또 귀용 부인은 이렇게 말했다.

> 이제 우리는 그리스도인이 체험할 수 있는 궁극적인 단계에 이르게 되는데 그것은 바로 하나님과의 연합이다. 이것은 당신 자신의 경험만으로는 일어나지 않는다. 묵상도 하나님과의 연합을 가져오지 않는다. 사랑도, 예배도, 당신의 헌신도, 당신의 희생도 하나님과의 연합을 가져오지 못한다. 결국 하나님과의 연합을 실제로 만드는 것은 하나님의 역사이다.

이 말은 예수님의 다락방 강화에 나오는 연합에 관한 말씀을 상기시켜 준다. "내 안에 거하라 나도 너희 안에 거하리라 … 나는 포도나무요 너희는 가지니"(요 15:4-5). "내가 이것을 너희에게 이름은 내 기쁨이 너희 안에 있어 너희 기쁨을 충만하게 하려 함이니라"(요 15:11). "아버지께서 내 안에, 내가 아버지 안에 있는 것같이 저희도 다 하나가 되어 우리 안에 있게 하사 …"(요 17:21).

하나님과의 연합은 우리의 개체성을 잃어버리는 것을 뜻하지 않는다.

하나님과의 연합은 정체성의 상실을 일으키기는커녕 온전한 개성을 장려한다. 우리는 하나님이 우리를 창조하신 대로 온전한 존재가 된다. 무언의 기도를 하는 사람들은 때때로 하나님과의 연합을 불 가운데 있는 통나무에 비유하여 설명한다. 활활 불타고 있는 통나무는 불과 완전히 연합되어서 타는 동안 나무인 동시에 불이라는 것이다. 또 어떤 사람들은 용광로 속에서 흰빛을 내며 녹는 쇳덩이에 비유하기도 한다. 그들은 "우리의 인격과 개성이 하나님의 사랑의 용광로 속에서 상실되는 것이 아니라 변화된다"고 말한다.

두 가지 중요한 준비

하나님과의 연합이라는 이 목표에 어떻게 도달할 수 있을까? 연합이 순전히 우리 마음에 역사하시는 하나님의 일이라고 한다면 우리 편에서 해야 할 두 가지 중요한 준비가 있다. 그것은 바로 하나님에 대한 사랑과 순수한 마음이다.

무언의 기도는 하나님을 사랑하는 것에서 시작한다. 그것은 사실 사업 전체를 가동시키는 엔진과 같다. 요컨대 우리는 우리에 대한 하나님의 사랑을 받고, 그 대신 우리도 하나님을 사랑하는 것이다. 토마스 머튼은 이렇게 말한다.

> 무언의 기도가 당신에게 주는 소망의 메시지는 오늘날 하나님을 둘러싸고 있는 갖가지 문제들과 혼잡한 언어의 정글을 당신이 말없이 헤쳐 나갈 필요가 있다는 데 있지 않다. 오히려 하나님이 당신을 사랑하시고, 당신 속에 임재하셔서 당신 속에 살아 계실 뿐만 아니라, 당신 속에 내주하셔서 당신을 부르시고 구원하시며 당신이 책이나 설교에서 듣지도 보지도 못한 지각과 빛을 주신다는 데 있다.

말로 표현할 수 없는 것을 묘사하려고 애쓰는 무언의 기도자의 거의 알아들을 수 없는 모호한 언어를 간단히 깨우친 후에, "무언의 기도는 헌신으로 불타는 사랑이다"라는 월터 힐튼(Walter Hilton)의 단순한 고백을 우리는 겨우 하게 된다.

사랑의 길은 완전하기 때문에 우리의 마음을 순수하게 해준다. 우리가 하나님의 사랑의 황홀한 체험으로 끊임없이 폭격을 당한다면 하나님의 사랑받는 자 예수님처럼 되고 싶은 것은 너무도 당연하다. 시편 기자는 이렇게 선포한다. "여호와의 산에 오를 자 누구며 그 거룩한 곳에 설 자가 누군고 곧 손이 깨끗하며 마음이 청결하며 뜻을 허탄한 데 두지 아니하며 거짓 맹세치 아니하는 자로다"(시 24:3-4). 예수님도 그 말을 지지하신다. "마음이 청결한 자는 복이 있나니 저희가 하나님을 볼 것임이요"(마 5:8).

불결함은 하나님과의 연합에 치명적이다. 청결한 것과 불결한 것은 결코 연합될 수 없다. 둘이 하나가 되려면 비슷한 성질을 갖고 있어야 하기 때문이다. 예를 들어, 불결한 흙은 순수한 금과 연합될 수 없다. 불순물을 태우고 순수한 금을 만들기 위해서는 먼저 불이 있어야만 한다. 우리도 마찬가지다. 귀용 부인은 이렇게 말한다. "하나님께서 세상에 불을 보내시는 이유는 당신 속에 있는 모든 더러운 것들을 태우시기 위함이다. 그 불의 능력을 피할 수 있는 것은 아무것도 없다. 그 불은 모든 것을 소멸한다. 하나님은 그 지혜로 오직 한 가지 목적을 위해서, 곧 우리를 하나님과 연합시키기 위해서 우리 속에 있는 모든 불순물들을 태워 없애신다."

앞서 여러 장에서 이미 순수한 마음으로 인도하는 여러 길에 대해서 상세히 살펴보았다. 거기에는 그리스도의 삶을 본받는 여러 훈련과 '영혼의 어두운 밤'이라는 주제도 포함되어 있었다. 더구나 자신 있게 거기에 덧붙일 수 있는 것은 이 문제에 대해 한마디로 정곡을 찌른 쇠렌 키에르케고르의 유명한 표현이다. "마음의 순수함이란 오직 한 가지만을 소망하는 것이다."

우리도 그렇게 하자. 한 가지만을 소망하고, 하나님 외의 모든 충성의 대상들을 포기하고, 하늘의 주재자이신 하나님께 온전히 순종하자. 하나님이 보시는 것만을 보고, 하나님이 하시는 것만을 하자. 한 가지만을 소망하자. 키에르케고르의 말대로 그것이 선한 것이며, 그 한 가지가 바로 하나님이다. 이것이 바로 마음의 청결함이다.

마음의 평정을 배워라
무언의 기도에는 세 가지 기본적인 단계가 있다. 나는 그 세 가지 단계를 간단히 설명만 해주어도 사람들이 종종 엄청난 도움을 받는 것을 보아 왔다.

첫 번째 단계는 전통적으로 '마음의 평정'이라고 불려 왔다. 그것은 우리가 정신이 통일되거나 마음이 온전히 하나 될 때까지 그저 자기 자신을 들여다 보는 것을 뜻한다. 바실 페닝턴(Basil Pennington)은 그것을 '집중적인 기도'라고 했고, 수 몽크 키드(Sue Monk Kidd)는 '임재 기도'라고 했으며, 옛 퀘이커 교도들은 '침잠'이라고 하였다. 그 모든 말은 다 같은 체험을 말한다. 우리가 있는 곳에 진정으로 우리가 존재할 때까지 모든 산만한 생각들을 내버린다는 생각은 동일하다.

마음의 평정을 이루는 방법이 하나 있다. 먼저 편안하게 자리에 앉아서 천천히, 그리고 신중하게 모든 긴장과 걱정을 내버리는 것이다. 그 다음 방안에 계신 하나님의 임재를 느껴 보라. 아마 당신의 맞은편 의자에 앉아 계신 예수님의 모습을 그리고 싶을지도 모르겠다. 왜냐하면 예수님께서 참으로 그곳에 와 계시기 때문이다. 걱정거리가 생기거나 정신이 산만해지면 그것을 다만 아버지의 품안에 올려 드리고 아버지께서 해결해 주시도록 맡기라. 이것은 우리 마음속에서 일어나는 소동을 억누르는 것이 아니라 풀어 버리는 것이다. 억제란 내리누르는 것이며 제지하는 것을 말하는 반면, 마음의 평정이란 내버리는 것이며 풀어 주는 것이다. 그것은 어정쩡한 심리적 긴장 해소 그 이상의 것이다. 그것은 장 삐에르 드 꼬싸드(Jean-Pierre De Caussade)의 표현을 빌면 "하나님의 섭리에 대한 자기 포기" 즉 적극적인 굴복을 말한다.

정확히 말해서 하나님이 우리와 함께 계시기 때문에 우리는 마음의 평정을 유지할 수 있고 또 모든 것에서 자유할 수 있다. 하나님이 계시기만

하면 정작 그 어느 것도 중요하지 않다. 하나님과의 동행 외에 중요한 것은 아무것도 없다. 우리의 심적 갈등과 좌절까지도 마치 태양 앞의 눈처럼 하나님 앞에서는 녹아 없어지고 만다. 속에서 끓어오르는 폭풍우까지도 하나님께서 "평안하라, 고요하라" 하시면 잠잠해질 수 있다. 우리의 시끄럽고 복잡한 마음도 하나님의 큰 침묵 속에서 잠잠하게 할 수 있다.

한 가지 경고하고 싶은 말은 이러한 마음의 집중은 처음부터 쉽게, 그리고 갑작스럽게 생기지 않는다는 것이다. 우리들 대부분은 마음의 집중과는 거리가 먼 찢어지고 분열된 단편적인 삶을 살아가고 있다. 정말로 마음을 모아 한마음으로 살아 보려고 애쓰는 순간 고통스럽게도 우리의 마음이 실제로 얼마나 나누어져 있는가를 깨닫게 된다. 로마노 가르디니(Romano Guardini)는 이렇게 말한다. "우리가 마음을 진정시키려고 애를 쓰면, 불안의 강도는 두 배로 높아진다. 그것은 밤중에 잠자려고 애를 쓰면, 낮 동안에는 상상도 못했던 힘으로 근심과 욕망이 우리를 공격하는 것과 다를 바 없다."

이러한 사실에 낙망해서는 안된다. 오히려 결과나 보상에 연연하지 않고 마음의 평정을 얻기 위해서 무언의 기도 시간 전체를 바칠 준비를 해야만 한다. 하나님께 드리는 아낌없는 사랑의 헌물로 "기꺼이 우리의 시간을 하나님께 드리자." 그러면 하나님께서 겉으로는 어리석은 낭비처럼 보이는 그것을 받으시고 우리를 하나님의 사랑의 임재 속에 더 깊이 들어가게 하신다. 가르디니는 예리한 통찰력으로 이렇게 말한다. "우리가 먼저 우리에게 내적인 통일성이 얼마나 결여되어 있는가를 깨닫기만 한다면 우리는 무언가 중요한 것을 얻은 셈이다. 왜냐하면 흐트러지지 않는 그 중심과 어떤 식으로든 접촉하게 될 것이기 때문이다."

고요의 기도

마음의 평정이 주는 하나 되게 하는 은혜에 점차 익숙해짐에 따라 우리는 무언의 기도의 두 번째 단계로 안내받는다. 아빌라의 테레사는 그것을 '고요의 기도'라고 불렀다. 우리는 마음의 평정을 통해 마음속의 온갖 방해 요인들과 정신을 분산시키는 것들과 의지를 박약하게 하는 것들을 모두 내버렸다. 하나님의 사랑과 찬양의 은혜가 대양의 파도처럼 우리를 씻어 주신다. 그렇기 때문에 내적으로 하나님의 움직임에 민감해지는 우리의 모습을 경험한다. 우리의 존재 중심에는 요동하지 아니하는 고요함이 있다. 그 경험은 단지 침묵한다든가 말이 없는 것이 아니라 그보다 더 심오한 것을 말한다. 거기에는 분명히 고요함이 있다. 하지만 그것은 하나님의 음성에 귀기울이는 고요함이다. 우리의 마음이 비뚤어져 무조건 풍부한 것, 많은 것만을 찾을 때보다 마음이 고요할 때 우리는 더 살아 있고 더 활동적임을 깨닫는다. 우리 속 깊이 있던 그 무엇이 깨어나 의식을 갖게 된 것이다. 우리의 영혼이 바짝 긴장하여 하나님의 말씀에 방심하지 않고 귀를 기울이는 상태가 된다.

마음속에서는 끊임없이 하나님의 뜻을 찾으려는 마음의 응시가 있다. 그것은 때때로 주님을 바라보는 것이라고 하기도 한다. 우리는 주님의 뜨거운 임재를 체험하며 주님의 가까이 계심과 주님의 사랑을 느낀다. 제임스 보스트(James Borst)는 이렇게 말한다. "내가 자신에게 가까운 것보다 주님은 내 진정한 자아에 더 가까우시다. 내가 나를 사랑하는 것보다 주님이 나를 훨씬 더 사랑하신다. 주님이 내게는 '아빠'요, 아버지시다. 그분이 존재하시기에 내가 존재한다."

변화 산상에서 하나님의 말씀이 드리운 구름 사이로 나타나 이렇게 말씀하셨다. "이는 내 사랑하는 아들이요 내 기뻐하는 자니 너희는 저의 말을 들으라"(마 17:5). 그러므로 우리가 귀기울이자. 진정으로 귀를 기울이자. 우리의 마음과 뜻과 영과 뼈와 근육과 힘을 다해 귀를 기울이자. 우리의 전 존재를 다해 하나님의 말씀을 청종하자.

프랑소아 페넬롱(Francois Fénelon)은 이렇게 말한다.

침묵하라. 그리고 하나님께 귀를 기울이라. 하나님의 성령이 감화하셔서 하나님을 기쁘시게 하는 좋은 은사들을 주실 때에 그것을 받을 수 있도록 마음을 준비하라. 당신 속에 있는 모든 것을 다해 주님께 귀기울이

라. 하나님의 음성을 들으려면 모든 외적이고 세상적인 사랑과 우리 속에 있는 인간적인 생각들을 침묵시키지 않으면 안된다.

하나님께 귀기울이기 위해서는 정말로 모든 '외적이고 세상적인 사랑'을 조용히 잠재우지 않으면 안된다. 성 요한(St. John of the Cross)은 이것을 그림처럼 생생하게 "이제 온통 고요 속에 싸여 있는 우리 집"이라고 묘사했다. 이 짧은 표현 속에서 그는 모든 육체적 · 감정적 · 심리적인 감각들을 고요하게 하는 것이 얼마나 중요한지를 보여 주고 있다.

하나님 앞에서 고요히 기다릴 때에 우리는 하나님의 은혜로 말미암아 가르치는 영을 받게 된다. 나는 은혜로 이 말을 한다. 가르치는 영이 없이는 우리를 진리 가운데로 인도하기 위해서 오시는 하나님의 어떠한 말씀도 우리의 마음을 다만 완고하게 할 뿐이기 때문이다. 유순하지 아니하면 우리는 하나님의 가르침을 모두 거부하기 쉽다. 그러나 진실로 하나님의 뜻을 따르고 순종하려 하면, 하나님의 가르침은 생명이 되고 빛이 된다. 물론 목표는 이런 청종하는 기도의 자세를 일상적인 생활 습관으로 만드는 것이다. 이 일은 절대로 금방 되지 않는다. 그러나 시간이 지남에 따라 점점 더 마음속으로 하나님의 속삭임에 민감해지려고 애쓰게 된다. 또 모든 일상 생활의 움직임들, 가령 수지 결산을 맞춘다거나 마룻바닥을 진공 청소기로 청소한다거나 이웃 사람들이나 사업상 관계되는 사람들을 찾아보는 일 속에서도 하나님의 속삭임에 주의하게 된다.

영적인 신비 체험

무언의 기도의 마지막 단계는 영적인 신비 체험으로 황홀경에 들어가는 것이다. 이것은 우리가 해야 할 일이 아니라 하나님께서 우리에게 역사하시는 일이라는 점에서 앞서 말한 두 단계와는 아주 다르다. 여기에서 우리의 책임은 성령께서 우리에게 역사하시도록 끊임없이 마음을 열어 놓고 받아들일 준비를 갖추는 것이다. 그 외 신비 체험의 문제는 하나님의 일이지, 우리 일이 아니다. 당신은 분명히 사도 바울이 셋째 하늘에 이끌려 가서 거기서 말할 수 없는 말을 들었던 그 경험(고후 12:1-5)을 알고 있을 것이다. 그러나 성 어거스틴과 그의 어머니 모니카가 티버 강에 있는 오스티아 성에 있을 때 경험했던 아름다운 일에 대해서는 그만큼 잘 알지 못할 것이다. 이제 그 이야기를 나누고자 한다.

그들 두 사람은 창 밖으로 몸을 내밀어 아름답게 단장된 정원을 바라보며 하나님 나라의 아름다운 삶에 대해서 이야기하고 있었다. 후에 어거스틴이 기록하기를 "우리 마음의 입으로 천국에서 흘러 넘치는 주님의 샘, 생명의 샘을 갈망했습니다"라고 했다. 그러나 계속해서 대화를 나누다가 그들은 말을 잃고 들림을 받았다. 그들의 체험을 들어 보자.

점점 더 높이 올라가 우리는 한걸음 한걸음씩 모든 물질적인 것들을 지나쳤습니다. 심지어 해와 달과 별들이 매달려 지구에 빛을 비추고 있는 그 하늘까지도 지나쳤습니다. 계속해서 우리는 위로 올라갔습니다. 주님의 솜씨를 경이로운 마음으로 바라보며 묵상하며 이야기했습니다. 마침내 우리 자신의 영혼이 있는 곳에 도달하였고 우리의 영혼 너머에 있는 결코 다함이 없는 무한의 세계에 이르렀습니다. 그곳은 주께서 이스라엘을 진리의 양식으로 영원히 먹이시는 곳입니다.

이런 영적인 황홀경에 들어간 이상한 체험을 이야기한 후에 어거스틴은 이렇게 말했다. "우리는 탄식하며 우리 영의 첫 열매를 그곳에 남겨 둔 채 말의 시작도 있고 끝도 있는 현실로 돌아와 대화를 나누었다."

어거스틴의 체험은 분명히 이상하기는 하지만 독특한 것은 아니다. 17세기, 화란의 경건주의자였던 데오도르 브라겔(Theodore Brakel)의 증언을 들어 보자.

나는 너무나 기쁜 상태가 되었다. 나의 생각은 하나님께로 향했고 내 영혼의 눈으로 하나님을 바라보며 하나님과 하나 됨을 느꼈다. 하나님의 존재 속으로 나 자신이 빨려 들어감을 느끼는 동시에 내 마음은 기쁨과 평안과 행복으로 가득 찼다. 나는 그 경험을 말로 다 표현할 수가 없다. 나의 영혼은 이삼 일 동안 완전히 하늘나라에 있었다.

황홀경은 최고도에 달한 무언의 기도이다. 그러나 무언의 기도 생활에 있어 인정받는 권위자들조차 이 황홀경을 그들 생활의 필수 불가결한 것으로 보기보다는 지나가는 일시적인 체험이라고 생각하였다. 이것은 당신이나 내가 생각지도 못했던 일이다. 하지만 괜찮다. 왜냐하면 그것은 정작 우리가 하는 것이 아니라 하나님이 주시는 것이기 때문이다. 그것도 우리가 준비되어 있다는 것을 아실 때에만 주신다. 혹시 무언의 기도에 대한 이런 차원 높은 이야기가 당신에게 실망을 줄지도 모르겠다. 또한 당신은 그런 체험과는 거리가 멀다고 생각할지도 모르겠다. 그리고 영적인 황홀경의 높이를 측정하려고 애쓰기는커녕 다만 그 다음 주를 잘 보내기만을 소망하고 있을지도 모르겠다.

당신의 감정 상태가 그렇다 해도 낙망하지 말라. 나도 이 글을 쓰면서 바로 그런 느낌을 가졌었다. 그것은 내가 일신된 진리를 행하기를 두려워했기 때문이다. 안된 일이지만 우리 모두는 수차례 우리의 목표에 미달하곤 한다. 귀를 기울이는 기도를 시도하다가도 종종 싱크대에 놓여 있는 씻지 않은 그릇들이나 내일 있을 화학 시험에 대한 찜찜한 마음을 떨쳐 버릴 수가 없다. 그러나 우리가 경험한 사소한 일은 우리에게 힘이 된다. 우리는 우리를 성령의 성찬에 초대해 주시는 하나님의 사랑의 마음, 은혜와 자비로 가득 차 있는 그 마음을 보았기 때문이다.

무언의 기도에 대해 마지막으로 격려의 말을 하고자 한다. 우리가 더 이상 말할 수 없을 때가 올 터인데 그래도 우리는 기도할 수 있다. 말없이 기도할 수 있다. 여기에 바로 그 영광이 있다. 인생의 황혼기에, 인생 초기와 마찬가지로 우리는 게르하르트 테르슈터겐(Gerhard Tersteegen)의 말대로 "지금도 임재해 계시는 하나님을 바라보며 하나님이 우리를 지켜 보고 계신다"는 느낌을 갖게 된다.

기도

나의 주, 나의 하나님, 주님께 귀기울인다는 것이 너무나 어렵습니다. 이것이 노력의 문제라기보다는 수용의 문제임을 잘 알고 있기에 꼭 어렵다고 말할 수는 없습니다. 제 말은 제가 너무나 행동 지향적이고 성과 지향적이며, 제게는 행동하는 것이 존재하는 것보다 더 쉽다는 뜻입니다. 제가 조용히 귀를 기울이려면 주님의 도움이 필요합니다. 한번 해보고 싶습니다. 주님의 임재의 빛 속에서 침묵하는 법을 배우고 싶습니다. 그 속에서 평안함을 누릴 수 있을 때까지. 지금 그 일을 시작하도록 도와주시옵소서. 감사를 드립니다. 예수님의 이름으로 기도드립니다 .아멘.

필요한 사역을 구하는
밖으로 향하는 기도

내적인 변화와 하나님과의 친밀함은 둘 다 사역을 지향한다. 우리가 하나님의 용광로를 통해 불순물을 걸러내는 것은 우리 자신만을 위한 것이 아니라 다른 사람들도 위한 것이다. 우리가 하나님의 사랑의 품에 이끌려 안기는 것은 하나님의 용납을 체험하기 위함일 뿐만 아니라 다른 사람들에게도 하나님의 사랑을 주기 위해서이다.

세계는 지금 자기 교만과 자기 과신의 고통으로 몸부림치고 있다. 우리가 원하기만 하면 무언가 달라질 수 있다.

일찍이 우리는 영적 파산 상태에서 봉사하려고 애써 보았다. 그런데 실패했다. 이제 우리는 그 사역이 영적인 풍성함에서 비롯되어야 한다는 사실을 알고 있다.

끌레르보의 버나드(Bernard of Clairvaux)는 이렇게 말한다.

당신이 만일 현명하다면 운하가 아닌 저수지로서의 면모를 보여 줄 것이다. 왜냐하면 운하는 물을 받아들이면서 사방으로 물을 다시 보내지만, 저수지는 기다렸다가 가득찰 때까지 자체적인 손실 없이 흘러 넘치는 물을 전달하기 때문이다. 오늘날 교회 안에는 저수지와 같은 사람은 거의 없고 운하와 같은 사람이 많다.

이제 우리는 저수지와 같은 사람이 되기를 결심하자.

15장

일상적인 기도

> "인생의 가치와 흥미는 눈에 잘 띄는 일을 하는 것이 아니라 일상적인 일의 그 엄청난 가치를 인식하며 그것을 해나가는 것이다."
>
> 떼이야르 드 샤르댕 (Teilhard de chardin)

오늘날 우리들 중 많은 사람들은 일종의 내적 분리 속에서 살고 있다. 마음 한 구석 작은 곳에 경건 활동의 공간을 마련해 놓고는 나머지 생활에서는 전혀 영적인 느낌을 가질 수가 없다. 우리는 이런 생활 방식에 너무나도 익숙해져 있기 때문에 그 속에 들어 있는 모순을 보지 못한다. 지금 기독교의 문제는 영성이 5퍼센트 정도밖에 미치지 못하는 데 있다.

이 현대적인 문제점은 일상적인 기도를 통해서 극복할 수 있다. 일상적인 기도에는 세 가지 방법이 있다. 첫째는 생활의 일상적인 체험들을 기도로 바꾸는 것이고, 둘째는 생활의 일상적인 체험에서 하나님을 발견하는 것이며, 셋째는 생활의 일상적인 체험을 하면서 내내 기도하는 것이다.

일상적인 것의 신성함

나의 어머니 마리 템퍼런스 포스터(Marie Temperance Foster)의 죽음에 대해서 말하고 싶다. 내가 십대였을 때 어머니는 중년이셨다. 어머니의 죽음은 갑작스럽거나 극적이지는 않았다. 처음에는 무엇이 잘못되었는지 아무도 몰랐다. 어머니는 단지 걷는 데 어려움을 느끼실 뿐이었다. 시간이 흘러 어머니의 병명이 다발성 경화증이라는 진단이 내려졌지만 아무도 그 말을 믿지 않았다. 어머니의 병은 천천히 악화되어 갔다. 때때로 어머니께서 새벽 5시에 일어나 마루를 청소하시는 것을 보았다. 어머니는 조그만 카페트 조각을 닦느라고 애쓰다가 소파에 몸을 기대곤 하셨는데, 곧 지치셨다. 얼마간 쉬시다가 다시 일어나 다른 카페트를 계속해서 청소하셨다.

어머니의 상태가 더 악화되자 우리 삼 형제는 일상적인 가사를 떠맡았다. 사실 그 일이 그다지 나쁘지는 않았다. 왜냐하면 어머니께서 언제나 우리를 격려해 주셨으며 어머니의 말씀 속에서 불평이란 찾아볼 수 없기 때문이다. 어머니께서 누워만 있게 되셨을 때 우리는 거실에 병원 침대를 설치했다. 이 무렵 나는 그리스도인이 되었다. 그래서 내가 가장 먼저 드린 기도 중 하나가 어머니의 쾌유를 위한 기도였다. 그러나 어머니는 쾌유하지 못하셨다.

얼마 안 있어 나는 천 마일이나 떨어진 대학에 다니느라 집에서 나와 따로 살았다. 어머니께서는 병원에 계셨고 나는 대학 1학년이었다. 의료진이 어머니의 임종이 임박했다고 말하는 통에 나는 그 해에 세 번이나 집으로 뛰어갔다. 그러나 매번 어머니는 조금씩 원기를 회복하셨으며 아무 일도 일어나지 않고 똑같은 상황만이 그저 반복되곤 했다. 마침내 형과 나는 어려운 결정을 내렸다. 어머니께서 돌아가신 다음에 통보를 받기로 한 것이다.

여름 방학을 맞이하여 나는 집으로 갔다. 어머니께서 알기나 하셨을까? 어머니를 마지막으로 본 사람은 바로 나였다. 수개월 동안 어머니를 찾아뵐 때 어머니께서는 우리를 알아보지 못하셨던 것 같다. 왜냐하면 꼼짝도 안하시고 말씀도 없으셨기 때문이다. 그러나 마지막으로 내가 찾아뵈었을 때 어머니께서는 내 손을 꼭 잡으셨다. 나는 너무나 기뻤다.

그러나 정작 어머니께서 영원한 세계로 들어가시는 순간, 나는 그 자리에 없었다. 어머니께서는 너무도 오랫동안 임종 직전의 순간에 계셨기 때문에 밤을 새워 간호한다는 생각은 할 수도 없었다. 그때가 새벽 2시였다. 하나님의 천사들을 제외하고는 아무도 어머니 곁에 없었다. 어머니는 혼자 조용히 숨을 거두셨다. 어머니의 운명은 너무나 조용하고 평온했기 때문에 사람들은 시간이 지나서야 비로소 그 사실을 알게 되었다.

아마 그것은 당연한 일인지도 모른다. 어머니의 삶 대부분이 평온하고 평범했다. 극적인 사건이나 커다란 뉴스 거리나 아슬아슬한 모험도 없었다. 그저 평범하게 사시다가 평범하게 돌아가셨다.

그러나 어머니는 두 가지를 모두 잘하셨다. 즉 아버지를 몹시 사랑하셨으며 자녀인 우리도 몹시 사랑하셨다. 어머니는 평범하고 단조로운 삶을 사시면서도 우아함과 온유함을 지니셨다. 점점 병세가 악화되어 가면서도 고결한 믿음으로 그것을 받아들이셨다. 몸을 가누지 못하시면서도 인내와 용기로 사셨던 것처럼 죽음도 그렇게 받아들이셨다. 어머니는 일상적인 것의 신성함을 알고 계셨던 것이다.

일상 생활 속에 계시는 하나님

성경은 거침없이 이렇게 주장한다. "태초에 하나님이 천지를 창조하시니라…보시기에 심히 좋았더라"(창 1:1, 31). 그 후 때가 차매 하나님께서는 그의 궁극적인 계시로 말구유에 탄생하심으로 이 실재를 한층 더 강력하게 하셨고 강화시키셨다. 목자들이 메시아임을 알아볼 수 있는 두 가지 표시가 강보와 구유였으니 그들이 얼마나 놀랐겠는가? 그 얼마나 눈에 띄지 않는 평범한 일인가?

그러나 생각해 보라. 창조와 성육신을 통해 위대하신 만유의 하나님께서 영적인 것들과 물질적인 것들을 섞어 짜셨고, 거룩한 것들과 세속적인 것들을 조화시키셨으며, 평범하고 일상적인 것들을 신성하게 하셨다. 이 얼마나 놀라운 일인가! 또 얼마나 멋진 일인가!

하나님은 거창하거나 영웅적인 것에서 발견되는 것이 아니라 일상적이고 평범한 것 속에서 발견된다. 가정과 직장에서의 일상적인 생활에서 하나님을 찾지 못한다면 우리는 어디서도 하나님을 찾을 수 없다. 우리의 삶은 경건한 교향악이 되어야 한다. 일하는 것과 노는 것, 가정, 예배, 성, 수면까지도 영원한 것의 거룩한 처소가 되어야 한다. 토마스 머튼은 우리에게 "피조물들의 거룩함에 대한 말로 다할 수 없는 경외심"을 가지라고 강권한다.

행동으로 하는 기도

예수님은 소위 블루 칼라의 일을 하면서 지상 생활의 대부분을 보내셨다는 사실을 기억하라. 예수님은 하나님을 발견하기 위해서 요단 강에서 세례를 받을 때까지 기다리지 않으셨다. 오히려 예수님은 랍비로서의 사역 중에 하나님의 실재를 말씀하시기보다 목수 일을 하시면서 하나님의 실재를 계속해서 입증하셨다.

오늘날 많은 사람들은 직업을 기도의 방해 요인으로 간주한다. "일로 인해 마음이 분산되지 않고 시간이 좀 있다면 기도할텐데." 이것이 보편적인 감정이다. 그러나 기도는 이미 꽉 짜여진 계획에 덧붙여지는 또 하나의 일이 아니다. 일상적인 기도에 있어서 우리의 직업은 방해 요인이 아니라 오히려 큰 자산이다. 그것은 우리가 기도의 비결을 배우는 것이 바로 일을 할 때이기 때문이다. 그러나 이것이 우리의 직업이 기도의 자산이 되는 전적인 이유는 아니다. 우리의 직업이 기도의 자산인 이유는 우리의 일이 바로 기도가 되기 때문이다. 그것이 행동으로 하는 기도이다. 화가, 소설가, 외과 의사, 배관공, 비서, 변호사, 주부, 농부, 교사 등 이 모든 사람들이 그들의 일을 하나님께 올려 드림으로 기도한다.

"너희가 먹든지 마시든지 무엇을 하든지 다 하나님의 영광을 위하여 하라"(고전 10:31)는 것이 사도 바울의 권고이다. 이 말씀을 이해할 수 있는 기회가 있었다. 십대였을 때 알래스카의 코체부라고 하는 곳에서 에스키모인들과 함께 여름을 지낸 적이 있었다. 내가 거기서 만난 에스키모 그리스도인들은 삶의 전체성에 대한 깊은 인식을 갖고 있어서 기도와 일 사이를 구별하지 않았다.

내가 코체부에 간 것은 나름대로 북극권 한계선 위쪽에 처음으로 고등학교를 세우는 일을 돕는다는 모험심에서였다. 그러나 그 일 자체는 모험이 아니라 몹시 힘들고 인내심이 필요한 일이었다. 어느 날 나는 하수도를 내기 위해서 도랑을 파려고 했다. 얼어붙은 툰드라의 세계에서는 결코 작은 일이 아니었다. 그때, 수많은 겨울을 나서 얼굴과 손이 가죽같이 질겨진 한 에스키모인이 다가오더니 한동안 내가 일하는 모습을 지켜 보았다. 한참 뒤 그는 간단하지만 의미 심장한 말을 했다. "너는 도랑을 파서 하나님께 영광을 돌리고 있구나." 그는 나를 격려하기 위해서 그 말을 했을 뿐이었지만, 나는 그의 말을 잊은 적이 없다. 그 에스키모 친구 외에는 어떤 사람도 내가 그 도랑을 잘 파는지 잘못 파는지도 몰랐고 관심도 없었다. 때가 지나면 그 도랑은 덮여져서 잊혀질 것이었다. 그러나 그 친구의 말 때문에 나는 전력을 다해 팠다. 왜냐하면 땅을 한 삽씩 뜰 때마다 그것이 곧 하나님께 드리는 기도였기 때문이다. 비록 그 당시에는 깨닫지 못했지만, 내 나름대로는 중세 시대의 위대한 예술가들이 하나님만이 그것을 보신다는 사실을 알고 예술 작품 뒷면을 조각했듯이 순진하고 소박하게 나는 그 일을 하고 있었다.

안토니 블룸(Anthony Bloom)은 이렇게 말했다. "기도가 의미를 갖는 것은 삶이 동반될 때뿐이다. 삶이 뒤따르지 않고 기도와 삶이 완전히 일치하지 않으면, 기도는 하나님께 시간을 드리면서 때때로 하나님께 올려 드리는 일종의 정중한 서정시가 되고 만다." 우리의 손과 마음으로 하는 일은 곧 행동으로 나타나는 기도이다. 그것은 살아 계신 하나님께 드리는 사랑의 헌물이다. "불의 전차"라는 영화에서 가장 멋진 대사 중 하나는 아마 올림픽 주자인 에릭 리들(Eric Liddell)이 그의 누이에게 했던 말일 게다. "제니, 나는 달릴 때 하나님의 기쁨을 느꼈어." 이것은 우리가 소설을 쓰고 있건 화장실 청소를 하고 있건, 모든 직업 속에 스며들어야 할 실재이다.

많은 사람들이 문제를 갖게 되는 때는 화장실 청소를 할 때이다. 미켈란젤로 같은 예술가나 엘리어트 같은 시인이 어떻게 하나님께 영광을 돌리고 있는가를 알아보는 일은 어렵지 않다. 그들의 일이 창조적이기 때문이다. 그러나 싫증나는 일이라든가, 별로 중요하지 않은 일들, 세속적인 일들의 경우는 어떠한가? 그런 것들이 어떻게 기도가 될 수 있을까?

여기서 우리가 반드시 이해해야 할 것은 하나님 나라에서의 질서이다. 우리가 하나님을 가장 많이 발견하는 때는 바로 구정물통을 다루는 일과 같이 우리가 혐오하는 일을 할 때이다. 하나님의 영광을 위한 일을 하기 위해서 반드시 좋은 느낌을 가져야 한다거나 뜨거운 열정을 가져야 하는 것은 아니다. 모든 선한 일이 아버지께 기쁨을 드린다. 심지어 우리에게 무의미하고 마음이 가지 않는 일이라 할지라도 하나님 나라의 질서 속에서는 매우 귀중하게 여겨진다. 만일 당신이 하나님의 영광을 위하여 볼트에 너트를 끼우는 일을 끊임없이 한다면, 그 일은 하나님의 보좌에 향기로운 제물이 되어 올라갈 것이다. 하나님께서는 당신의 노동을 기뻐하신다.

당신은 내게 이렇게 질문할지도 모른다. "당신은 일을 좀 지나치게 찬양하고 있는 것은 아닌가? 당신도 알다시피 그것은 일에 대한 개신교적 가치관일 뿐이지 않은가?" 아니다. 나는 그렇지 않다고 생각한다. 일은 타락 전에 있었고 '이마에 땀이 흘러야' 일이 될 것이라는 사실은 타락에 대한 저주였다. 즉 일의 결과와 거기에 드는 노동의 양이 똑같지 않을 것이라는 것이 그 저주의 내용이다. 사실 우리에게 대한 하나님의 은혜의 가장 분명한 증거 가운데 하나는 노동의 결과가 우리가 하는 일의 양에 비해 훨씬 크다는 것이다. 우리는 노동을 통해 하나님을 영화롭게 한다. 그 이유는 창조적인 노동 활동에 종사할 때 창조주와 가장 가까워지기 때문이다.

또 당신은 이렇게 질문할 수도 있다. "그렇다면 일자리가 없거나, 실직이나 퇴직한 사람들의 경우는 어떠한가? 그들은 어떻게 일상적인 기도를 드리는가?" 우리는 취업 가능한 기술이 있든지 없든지 간에 모두 일을 할 수 있다. 하나님 나라에서는 노동의 가치를 보수로 결정짓지 않는다. 설사 우리에게 주어진 능력이나 기회가 단지 나무 토막 치우는 일만을 허용한다 하더라도 우리는 하나님께 영광이 되고 이웃에게 유익이 되도록 최선을 다해 그 일을 해야 한다.

또 당신은 이렇게 질문할지도 모른다. "사람이 일을 하지 않고 하나님을 영화롭게 하는 온전하고도 만족스런 삶을 살 수 있는가?" 그것은 모른다. 분명히 하나님께는 모든 것이 가능하다. 그러나 그러한 것은 어떤 정해진 법칙이 아니라 예외적인 것이라고 확신한다. 사실 나는 노동을 우리 안에 있는 하나님 형상의 반영이라 보고 또 그렇게 소중히 여기기 때문에, 개인적으로는 천국 복들의 일부가 기쁘고 창조적이며 생산적인 일이라고 확신한다.

하나님의 뜻에 합한 기도

장 니꼴라 그로우가 소위 '행동의 기도'라고 부른 것을 실행할 때에도 우리는 일상적인 기도를 드릴 수 있다. "하나님께서 보시는 가운데 행하는 모든 행동은 그것이 하나님의 뜻이요, 하나님께서 원하시는 방법으로 하는 것이므로 하나님의 뜻에 합한 기도이며, 그러할 때의 기도는 말로 할 수 있는 기도보다 훨씬 더 나은 기도이다."

우리가 다른 사람들을 위하여 힘껏 일하는 일상 생활의 모든 활동이 곧 행동의 기도이다. 자녀들에게 특별한 선물을 하기 위해 절약하고 저축하는 것, 비 오는 날 아침에 다른 사람들을 차에 태워 제시간에 출근시키려고 일찍 출발하는 것, 친구와 계속해서 편지를 주고받는 것, 몹시 피곤할 때 밤늦게 걸려 온 마지막 전화에 응답하는 것, 이러한 것들과 이와 유사한 많은 것들이 바로 삶으로 하는 기도이다. 로욜라의 이그나티우스는 "하나님께로 향하게 하는 모든 것이 기도이다"라고 하였다.

우리가 일상 생활의 평범한 경험 속에서 하나님을 볼 수 있다면 우리는 일상적인 기도를 하고 있는 것이다. 어린아이들이 크레용으로 벽에다 그린 낙서에서 우리는 의미를 찾을 수 있는가? 그 낙서들은 혹시나 마음의 벽에 글씨를 쓰시는 하나님의 손가락이 아닌가?

기다리는 것도 일상적인 시간에 속한다. 우리는 기다림 속에서도 하나님을 발견한다. 수속을 끝내고 나가기 위해 줄을 서서 기다리는 경우도 있고, 전화벨이 울리기를 기다릴 수도 있고, 졸업을 기다릴 수도 있고, 승진을 기다릴 수도 있다. 퇴임을 기다릴 수도 있고, 죽기를 기다릴 수도 있다. 우리의 기다림을 하나님께 드릴 때, 기다림 자체도 기도가 된다. 기다림 속에서 우리는 고요함과 행동, 들음과 결심 따위의 삶의 리듬과 접촉하기 시작한다. 그 리듬은 하나님의 리듬이다. 우리가 인내와 수용과 만족을 배우는 것은 바로 일상 생활과 평범한 일 속에서이다. 성 베네딕트가 수도원을 찾아온 사람에게 그 수도원에 머물러도 좋다고 허락하는 기준은 '과연 그가 있는 그대로의 생활에 만족하는지, 지나친 요구 사항은 없는지, 그리고 그저 보이는 그대로에 만족하는지' 따위의 것들이었다.

나는 이처럼 '과도한 요구 없이 만족하는 삶'에 매력을 느낀다. 왜냐하면 그것이 바로 내가 진정으로 살고 싶은 방식이기 때문이다. '협박을 통한 승리'가 시대의 질서인 세계에서, 독단의 폭정에서 자유한 사람들에게 나는 매력을 느낀다. 사람들을 조종하거나 관리하거나 어떤 일을 하도록 시킬 필요도 없이 사람들을 그저 있는 그 위치에서 만날 수 있는 사람들에게 나는 마음이 끌린다. 나는 그들 주위에 있는 것이 좋다. 그들이야말로 아무런 조종 없이 내 속에 있는 최선의 것을 이끌어 낼 수 있기 때문이다.

일상적인 기도를 드릴 수 있는 또 한 가지 방법은 생활 중에 겪는 일상적인 체험을 통해 기도하는 것이다. 신문을 집어 들고 엄청나게 큰 결심을 해야 할 세계의 지도자들을 위해 그들을 잘 인도해 달라는 기도를 신속하게 드릴 수 있다. 학교 복도나 쇼핑 센터에서 친구들을 만나 잡담을 나누다가 그들이 하는 말을 듣고 상황이 허락하는 대로 소리를 내든 내지 않든 그들을 위하여 신속히 기도할 수 있다. 동네에서 조깅을 하다가도 이웃에 사는 가족들을 축복해 줄 수 있다. 때로는 태양과 비와 모든 좋은 것들을 주신 하나님께 감사하며 정원을 가꾸기도 한다. 이것이 바로 일상적인 체험을 통한 일상적인 기도의 재료이다.

거룩함은 가정에서 이루어진다

가정에서 생겨나는 기도가 아마 '일상적인 기도'의 가장 보편적인 표현일 것이다. 에드워드 헤이즈(Edward Hays)는 그의 저서 「가정 교회를 위한 기도집(*Prayers for the Domestic Church*)」에서 크건 작건 모든 가족이 참여할 수 있는 수많은 기도의 모범들을 제시하고 있다. 거기에는 자동차를 위한 축복의 기도와 폭풍이나 위험의 시기에 보호를 구하는 기도 및 편부나 편모의 기도 등이 포함되어 있다. 가정 환경에 따라 기도할 때 우리는 거룩함이 가정에서 이루어짐을 배우게 된다. 가장 초기 형태의 제단은 화로여서 그 불꽃이 집안 중앙에서 활활 불타 올랐다. 오늘날도 가정의 식탁이 의미 있는 제단이 될 수 있다. 거기에 음식이 차려지고 가족들 개개인의 크고 작은 생활의 경험들을 모두 이야기할 수 있다. 바로 여기서 어머니 아버지들이 제사장적인 역할을 수행할 수 있다.

또한 가정에 기도처를 만들 수도 있다. 기도처는 묵상과 칩거를 위해 특별히 마련된 집이다. 옛 러시아에는 마을마다 '푸스티니아(poustinia)'라고 하는 은신처가 있었다. 오늘날 우리에게는 마을에 그런 종교적인 성소가 없다. 그래서 가정마다 그러한 곳을 가져야 할 필요성이 더욱더 절실한 것이다. 동굴이든, 서재든, 다락이든 상관없다. 가정 내에서 좀 조용한 곳이라면 어디든지 가능하다. 그곳이 기도처로 사용될 때는 나머지 가족들에게 출입 금지 구역으로 알려져 있으면 된다.

부모 중 어느 한쪽만 있는 가정은 이러한 일을 가능하게 하기 위해서 종종 색다른 공동체 구조를 필요로 한다. 여러 가족이 정기적으로 만나 애찬을 나누고 함께 활동에 참여하는 것도 때로는 도움이 된다. 이런 식으로 독신 가정이나, 편부·편모가정, 자녀가 없는 가정과 핵가족 등이 서로 함께함으로써 모두가 풍요로워질 수 있다.

어떤 가정들은 '가정 제단,' 즉 성경을 읽고 기도하는 모임을 경험함으로써 도움과 힘을 얻어 왔다. 또 어떤 가정들은 그런 모임을 갖기가 불가능한 것은 아니지만 꾸준히 실시하기가 매우 어려워서 그런 모임을 갖지 못하는 데 상당한 죄의식을 느끼기도 한다. 그러나 그럴 필요는 없다. 왜냐하면 이런 일들은 대체로 가정의 신앙심 결여보다 문화적 양상의 변화를 보여 주기 때문이다. 농경 사회와 대가족 제도가 뚜렷하고 식사를 위한 모임과 야간 활동이 흔했을 때, 이런 종류의 가정 제단은 충분히 설득력이 있었다. 그러나 우리 대부분에게 있어서 그런 시대는 지나갔다. 우리는 지금 도시 환경에 살고 있고 소가족 제도 아래 살고 있다. 우리는 그 시간의 대부분을 간이 음식점에서 외식을 하거나 동일한 저녁 시간에 각기 발레 교습을 받고 축구 연습을 하며 사친회로 모이는 데 만족하며 보낸다.

"어떻게 해야만 할까?"라는 질문에 "가능한 한 최선을 다하라"는 대답밖에 할 말이 없다. 아이들이 문을 열고 나갈 때 축복 기도를 하고, 돌아올 때 감사 기도를 하라. 십대 이전에는 밤에 그들을 위해 기도해 주는 것이 특히 필요하다. 잠자리에 들기 전과 잠든 후에 두 번 기도해 줄 수 있다. 그 날 받았던 정신적 충격의 치유를 위해 기도할 수도 있고, 긴 밤과 그 다음 날 하나님께서 보호해 주시기를 기도할 수도 있다.

초대 교회까지 거슬러 올라가는 오랜 관습 하나는 자녀들이 매일 저녁 잠자리에 들기 전에 아버지께 복을 빌어 달라고 요청하는 것이다. 그 관습에 가부장적 성격이 보여 받아들이기 어려울지도 모르지만 아무튼 부모와 조부모가 어린 자녀들을 위해 복을 빌 수는 있다. 자녀들을 무릎에 앉혀서 책을 읽어 주고 한사람 한사람씩, 그리고 모두를 위해서 심사 숙고하여 복을 빌어 주라. 때때로 자녀를 흔들어 재울 때 자장가를 부르며 복을 빌 수도 있다.

 십대는 적응이 필요하다. 십대들은 대개 자기 방에 누가 있는 것을 싫어한다. 그들의 몸에 손이 닿는 것도 원하지 않으며, 가족간의 기도도 좋아하지 않는다. 비록 애정이 넘치는 기도의 본질이 종종 변화되어야 한다 해도 당신은 그들을 위해서 늘 마음속으로 기도할 수 있다. 뿐만 아니라 기도의 내용이 바뀌는 것을 직접 알게 될 것이다. 시간이 흐를수록 당신은 점점 더 자녀를 독립시키는 기도를 하게 될 것이다. 왜냐하면 그들 편에서 감정적인 탯줄을 끊어 버리려고 시도하기 때문이다. 그러므로 당신은 그들을 도와주어야 한다.

 종종 이때는 긴장의 시기다. 왜냐하면 십대들은 자신들의 정체성을 확인하려고 애쓰기 때문이다. 그들은 당신의 믿음을 그들 자신의 것으로 재확인하기 위하여 일시적으로 그것을 거부해야만 할지도 모른다. 예를 들면, 우리집 두 사내아이는 모두 십대 시절에 우리와 다른 교회에 다녔다. 그 이유는 그들 나름대로의 신앙 경험을 체득하기 위한 정서적 공간을 갖기 위함이었다.

 당신에게 십대 자녀가 있다면 한마디 격려해 주고 싶다. 나는 그 시기가 종종 혼란한 시기임을 안다. 그것은 마치 일련의 급류를 지나가는 고무 보트와 흡사하다. 그리고 나는 마치 급류가 곧장 무서운 폭포를 향하고 있는 것처럼 느껴진다는 사실도 안다. 그러나 대개 그 강에는 폭포가 없다. 그리고 그 반대편은 물살이 느리고 조용하다. 여하튼 우리는 자녀들이 급류를 통과할 때 그들을 위해 기도하며, 급류가 끝난 후에도 그 다음에 나타날 것에 대해 자녀를 위해 기도한다. 그렇게 함으로써 우리는 일상적인 기도를 드리는 것이다.

삶의 공통된 모험

우리 모두는 엘튼 트루블러드(D. Elton Trueblood)가 '삶의 공통된 모험'이라고 부르는 출생, 결혼, 일, 죽음 따위를 공유하고 있다. 예수님은 그의 삶과 가르침을 통해 이러한 일상 생활의 평범한 체험들에 성례적인 의미를 부여하셨다. 예수님의 탄생에서는 일반적인 것과 성스러운 것이 영원히 연합되었다. 예수님은 갈릴리의 한 혼인 잔치에 기꺼이 참여하셔서 그 성스런 축제에 포도주를 더해 주셨다. 예수님은 어부들과 세리들, 그리고 다른 기업가적인 형태의 사람들과 사귀셨다. 또한 주저없이 죽음을 맞이하셨다. 그래서 우리도 소망을 갖고 우리 자신의 죽음을 맞을 수 있게 되었다.

이러한 견고한 기초로 인해 우리는 모든 일이 성스러운 일이며 모든 장소가 성스러운 장소임을 안다. 그러므로 우리는 목소리를 높여 다음과 같이 즐겁게 노래한다. "이곳은 거룩한 땅이요, 우리는 거룩한 땅에 서 있다. 주께서 여기 계시며 주님이 계신 곳은 거룩하다. 이것은 거룩한 손이요, 주께서 우리에게 거룩한 손을 주셨다. 이 손을 통해 주께서 일하신다. 그러므로 이 손은 거룩하다."

기도

전능하시고 지극히 거룩하시며 지극히 높으신 하나님, 보잘것없는 것들을 눈여겨보아 주셔서 감사합니다. 중요하지 않은 것들을 소중히 여겨 주셔서 감사합니다. 들의 백합화와 공중에 나는 새들에 관심을 나타내셔서 감사합니다. 저를 돌봐 주시니 감사합니다. 예수님의 이름으로 기도합니다. 아멘.

16장

간구 기도

"우리가 원하든 원하지 않든, 간구하는 것은 하나님 나라의 법칙이다."

스펄전(C. H. Spurgeon)

전능하신 온 우주의 하나님께서 왜 기도에 응답하시는 방법을 택하시는지 그 이유를 아는가? 그것은 그의 자녀들이 간구하기 때문이다. 하나님은 우리의 간구를 기뻐하신다. 그리고 즐거워하신다. 하나님의 마음은 우리가 간구하는 것을 통해 뜨거워진다.

간구 기도와 중보 기도

우리가 구하는 것이 우리 자신들을 위한 것일 때 그것을 간구라고 하고, 다른 사람들을 위한 것일 때 그것을 중보라고 한다. 구하는 것은 그 두 가지 경험의 핵심부를 차지한다.

우리는 기도의 이런 국면을 부정하거나 손상시켜서는 안된다. 예를 들면, 영적인 통찰력이 적은 사람은 하나님께 끊임없이 도와 달라는 기도를 하지만 진정 영적인 사람들은 간구의 기도를 넘어서서, 필요한 것을 구하거나 요구하지 아니하고 하나님의 본질을 찬양한다고 주장하는 견해가 있다. 이런 견해에 의하면 우리가 무엇인가를 구하는 기도는 더 유치하고 미숙한 형태의 기도인 반면, 찬양과 묵상의 기도는 자기 중심적인 요구가 아니기 때문에 더 성숙하고 고상한 기도라는 것이다.

그러나 그러한 견해는 잘못된 영성에서 나왔다고 생각한다. 간구의 기도는 우리가 영원히 하나님께 의존하고 있기 때문에 일생 동안 우선적인 것이 되지 않을 수 없다. 그것은 우리가 정말로 초월할 수 없으며 또 초월하기를 원해서도 안된다. 사실, 일반적으로 기도를 지칭할 때 쓰는 히브리어와 헬라어는 '요구하다' 또는 '간구하다' 라는 뜻이다. 성경에는 간구 기도가 가득 차 있으며 우리에게 간구 기도를 적극적으로 권유하고 있다.

제자들이 기도를 가르쳐 달라고 했을 때 예수님은 일찍이 해본 적이 없는 가장 위대한 기도를 가르쳐 주셨다. 그것이 바로 '주기도' 인데, 그 내용은 주로 간구에 관한 것이다. 예수님은 그 제자들에게 권고하시기를, "구하라 그러면 너희에게 주실 것이요 찾으라 그러면 찾을 것이요 문을 두드리라 그러면 너희에게 열릴 것이니 구하는 이마다 얻을 것이요 찾는 이가 찾을 것이요 두드리는 이에게 열릴 것이니라"(마 7:7-8)고 말씀하셨다.

나는 우리의 간구 중 대부분이 성숙하지 못하고 자기 중심적인 것처럼 보인다는 사실을 안다. 어떤 의미에서 경배와 찬양과 묵상의 기도만 드리는 것이 문제성이 적을 수도 있다. 그러한 기도는 고상하고 당당하며 숭고하게 느껴진다. 그리고 기독교가 우리를 계속해서 이러한 숭고한 수준에만 있게 한다면 지적인 면에서 훨씬 더 수월한 종교가 될 것이다. 또 기도에 대한 응답이 없어서 좌절한다든지 개인적 욕심을 채우기 위해 하나님을 조종하려고 하는 사람들로 인해 당혹스러워한다든지 하는 문제를 계속해서 다룰 필요도 없을 것이다. 물론 우리가 찬양이나 묵상과 같은 덜 유치한 기도를 좋아할 수도 있다. 그러나 포어시드(P. T. Forsyth)의 말처럼 "순수하지 못한 간구는 간구에 의해서만 깨끗해질 수 있다." 뿐만 아니라, 예수님은 우리를 어린아이와 부모의 가장 기본적인 관계인 요구하고 받는 관계 속으로 계속해서 인도하고 계신다. 한스 울스 폰 발타자르(Hans Urs von Balthasar)의 기록은 다음과 같다. "마치 소리 내어 하는 기도는 초보자들에게 더 어울리고 묵상 기도는 수준 높은 사람들에게 더 어울리는 것인 양 생각하거나, 혹은 말하는 것을 묵상하는 것보다 더 열등하게 보는 것은 잘못이다. 왜냐하면 이 둘의 관계는 어느 한편이 다른 한편을 결정짓고 전제하기 때문이고, 전자는 후자의 결과를 직접 가져오기 때문이다."

그러므로 간구는 낮은 수준의 기도가 아니다. 그것은 우리의 주식이다. 어린아이 같은 믿음의 표현은 하늘 아버지께 우리의 매일의 필요와 욕구를 아뢰는 것이다. 자녀가 떡을 달라고 할 때 돌을 줄 사람은 없다고 예수님께서 말씀하셨다. 또한 생선을 달라고 할 때 뱀을 줄 사람도 없다고 하셨다. 그렇다. 자기 중심적인 계획들로 가득 차 있는 우리들도 부모 자식 간의 가장 기본적인 도리는 존중할 줄 아는데, 하물며 사랑으로 우리를 존중해 주시고 기쁨으로 우리의 구하는 것을 주시는 하나님께서는 얼마나 더하시겠는가?(마 7:9-11)

간구 기도의 두 가지 문제

이러한 기본적인 부모와 자녀 간의 관계에 초점을 맞춤으로써 우리는 간구의 기도가 안고 있는 가장 흔한 문제 중 두 가지를 조망해 볼 수 있다. 첫 번째 문제는 매우 합리적인 질문으로, 하나님께서 우리의 필요를 이미 다 아시는데 왜 우리가 하나님께 '무언가를 달라고 구해야만 하는가' 하는 문제이다. 거기에 대한 가장 정직한 답변은 하나님께서 우리의 구하는 행위를 좋아하신다는 것이다. 우리도 자녀들이 필요로 하는 것을 이미 다 알고 있다. 하지만 그들이 무언가를 달라고 요구하는 것을 우리는 좋아한다. 왜냐하면 요구하는 것 자체가 서로의 관계를 고양시키고 심화시키기 때문이다. 포어시드는 말하기를, "사랑은 이미 알고 있는 것이라도 들어 보기를 좋아한다. 또한 사랑은 주고자 하는 것도 요청받기를 원한다"고 했다.

뿐만 아니라 나는 하나님께서 우리의 간구에 대해서 모든 것을 다 알고 계시는지 확신이 서지 않는다. 오히려 우리가 무엇을 구하느냐 하는 문제는 관계의 역동성에 의해 결정되도록 하나님께서 임의로 선택하신 것이라 생각된다. 이 문제에 대해서는 다음 장에서 더 자세히 논하기로 하겠다. 지금으로서는, 하나님께서 진정한 대화를 원하신다는 것과 우리가 심중에 있는 것을 말할 때 그것이 곧 하나님께서 깊은 관심을 가지고 계신 실제적인 내용의 나눔이라는 데 힘을 얻어야 할 것이다.

간구의 기도와 관련된 두 번째 문제는 여린 마음씨를 가진 사람들에게서 생긴다. 그것은 영적인 공손함으로 사실상 다음과 같이 말하는 것이나 다름없다. "나는 내 생활의 사소한 문제들로 하나님을 괴롭히지 않겠다. 이 세상에는 사소한 내 요구 사항들보다 훨씬 더 중요한 문제가 얼마든지 있지 않은가?"

그러나 여기서 우리는 아버지(Abba)로서의 하나님의 심정을 보아야만 한다. 이를테면 우리가 내일 받아야만 하는 수술에 대해서 느끼는 불안, 자녀의 무책임한 행동에 대해서 오늘 느끼는 분노, 그리고 점점 연로해지는 부모님의 곤경에 대해서 느끼는 절망감보다 하나님께 더 중요한 것은 아무것도 없다. 그러한 것들은 우리에게 매우 중대한 문제들이기 때문에 하나님께도 대단히 중대한 문제들이다. 우리의 가장 깊은 필요들을 뒤로하고 나누지 않는 것은 잘못된 겸손이다. 우리가 말하지 않을 때 하나님의 마음은 상처를 입는다. 마치 우리가, 우리의 자녀들이 학교 생활 중에 겪은 사소한 문제들까지도 우리와 함께 나누기를 원하는 것처럼, 하나님께서도 우리에게서 우리 생활의 가장 작은 문제들까지 듣고 싶어하시는 것이다. 우리가 우리의 삶을 나눌 때 하나님은 기뻐하신다.

응답 없는 기도의 문제

간구 기도와 관련된 가장 곤란한 문제 하나는 바로 응답 없는 기도인데, 이제 그것을 다루어 보고자 한다. 이 문제에 대해 하나님께서는 "해주겠다. 안된다. 기다려라" 등의 방법으로 응답하신다고 간단히 말해 버림으로써 이 문제를 너무 성급히 해결하려고 해서는 안된다. 만일 우리가 정직하다면, 그리고 우리의 불안감을 덮어 두려고만 하지 않는다면 우리 모두는 이 문제에 대한 깊은 당혹감을 인정하지 않으면 안된다. C.S.루이스는 이렇게 말했다. "모든 전쟁과 모든 기근과 전염병, 그리고 거의 모든 임종의 자리는 응답되지 않은 간구 기도의 기념비이다."

신약 성경, 특히 예수님의 말씀 속에 들어 있는 응답에 대한 풍성한 약속을 생각해 보면 문제가 더 심각해진다. 예를 들어 마가복음 11:24에 나타나 있는 예수님의 놀라운 말씀을 생각해 보라. "그러므로 내가 너희에게 말하노니 무엇이든지 기도하고 구하는 것은 받은 줄로 믿으라 그리하면 너희에게 그대로 되리라." 이 약속의 영광스러움은 개인적인 기도 생활의 경험적인 결과에 의해 뒷받침된다. 이런 당혹스런 문제에 대해서 어떻게 말할 수 있는가?

제일 먼저 우리가 고백해야만 하는 것은 우리에게 있는 문제가 가상적인 문제가 아니라 정말 실제적인 문제라는 것이다. 내가 제시하거나 다른 사람이 제시하는 가상적인 해결책은 부분적인 것에 불과하며 궁극적으로 그 문제를 해결하지는 못한다. 나는 죽을 병에 걸린 사람이나 집이 없는 사람을 위한 진심 어린 기도가 왜 응답되지 않는지 그 이유를 알지 못한다. 솔직히 말해서 나는 그 기도가 응답되었으면 좋겠다. 여기서 우리가 할 수 있는 일은 하나님의 오묘하신 방법을 바라보는 것뿐이다. 유리를 통해서 보듯 희미하게 볼 뿐이다. 그러나 장차 올 세대에서는 주께서 우리를 온전히 아는 것같이 우리도 온전히 알게 될 것이다(고전 13:12).

사실상 장차 올 세대의 입장에서 볼 때, 우리가 그러한 전망에 대해 이해할 수 있는 한도 내에서 응답되지 않는 기도의 문제에 대한 첫 해결책을 희미하게나마 한 가지 얻을 수 있다. 포어시드는 통찰력 있게 이렇게 말했다. "언젠가 우리는 하늘나라에 가서 하나님의 위대한 거절이 때때로 우리의 가장 진실된 기도에 대한 진실한 응답이었다는 사실을 알고 감사하게 될 것이다." 우리는 근시안적인 입장에서 우리에게 최선이 아닌 것들을 구할 때가 많다. 때로는 우리의 기도에 대한 응답이 다른 사람들에게 해가 되거나 다른 사람들의 기도에 대한 거절을 의미하기도 한다. 또는 다른 사람들과 나의 기도 모두에 대한 거절을 의미할 수도 있다. 그리고 우리의 기도가 자기 모순에 빠질 때도 더러 있다. "저에게 인내심을 빨리 주시옵소서" 하는 식의 기도가 바로 그러한 예이다. 마지막으로, 우리의 기도는 응답이 되었으나 그것이 오히려 해가 될 때도 가끔씩 있다. 아직 우리가 구한 것을 받을 준비가 되어 있지 않은 경우에 그렇다.

그러한 경우와, 그 밖의 많은 경우에 있어서 우리의 기도가 응답되지 않는 것은 하나님의 은혜와 자비하심 때문이다. 하나님께서 우리에게 그의 은사를 보류하시는 것은 우리의 유익을 위해서이다. 사실 우리의 기도가 다 응답된다면 어떤 일이 생길지 도무지 걷잡을 수 없게 될 것이다. 그러므로 우리의 기도 중 많은 것들이 응답되지 않는 것을 오히려 하나님께 감사해야 한다. C.S.루이스의 말을 빌면 이러하다. "만일 하나님께서 내가 지금까지 드린 모든 어리석은 기도에 다 응답하셨다면 지금쯤 나는 어디에 있을까?"

또 한 가지 실제로 염두에 두어야 할 것은 우리의 기도가 사실상 응답되는 때가 많이 있지만 그것을 볼 수 있는 안목이 우리에게 없다는 사실이다. 하나님께서는 우리가 드리는 기도의 더 깊은 의도를 이해하시고 우리의 보다 큰 필요에 응답하시기 때문에 우리가 기도하는 특정한 관심사를 정한 때에 정한 방법으로 해결해 주신다. 때때로 우리는 다른 사람들의 병을 고치려고 더 큰 믿음을 구하지만 하나님께서는 인간의 필요를 우리보다 더 잘 아시기 때문에 믿음 대신 다른 사람들과 함께 울 수 있는 더 큰 동정심을 우리에게 주신다. 따라서 간구 기도의 내용 중에는 언제나 우리가 하나님의 안목으로 상황을 바라볼 수 있도록 더 큰 분별력을 구하는 것이 포함되어야만 한다.

또 우리가 고백하지 않으면 안될 것은 우리가 하나님의 방법과 시간에 대해서 아는 것이 거의 없다는 사실이다. 때때로 우리는 옛 제자들처럼 하나님의 대적들에게 하늘로부터 불이 내리기를 원한다(물론 그들은 알고 보면 언제나 우리의 대적이 되며 그들에게 불이 내리면 우리에게 썩 좋은 일이기는 하다). 하지만 예수님께서는 하늘에서 불이 내리는 것이 하나님의 방법이 아니라는 점을 너무도 분명히 밝히고 계신다(눅 9:54). 그리고 다른 여러 경우에 우리가 염려하고 걱정하는 이유는 영원하신 하나님의 자비하심은 끝이 없지만 단지 우리가 거기에 시간을 맞추지 못하기 때문이다.

또 기억해야 할 사실은 간구 기도가 우리 자신과 우리의 필요에 집중되기 때문에 결코 제삼자의 입장이 아니라는 사실이다. 자신의 아픈 발가락에 대해서 기도하는 것보다 우리에게 직접적인 영향이 없는 문제에 대해서 분명하게 기도하는 것이 훨씬 더 쉽다. 그렇다고 해서 우리 자신의 필요에 대해서는 기도하지 못하게 막으면 안된다. 왜냐하면 그렇게 기도하라고 명령받았기 때문이다. 단지 그 사실로 인해 우리가 상기할 것은 우리가 무한한 자기 기만의 가능성을 가지고 있다는 사실이다.

오해할까 말하기를 주저했지만, 응답되지 않는 기도에 대해서 한 가지 더 말하고 싶은 것이 있다. 그것은 바로 죄가 우리의 기도를 방해한다는 사실이다. 그러나 이 말이 곧 "하나님은 죄인의 기도를 결코 듣지 않으신다"는 오해의 소지가 다분한 상투적인 표현을 옹호하는 것은 아니다. 그 말이 진정 그러하다면 우리 모두는 진짜 어려움에 처할 것이다. 또 내 말의 뜻은 전능하신 하나님께서 우리의 간구를 응답해 주시기 전에 먼저 우리가 어떤 특별한 성결의 수준에 올라가야만 한다는 것을 말하는 것도 아니다. 우리가 조금만 눈여겨보아도, 하나님께서는 온갖 부류의 사람들에게 그들의 성결의 정도와는 무관하게 자비하심으로 매우 풍성하게 응답해 주신다는 사실을 알 수 있다. 나의 개인적인 체험도 그 사실을 입증한다.

죄가 우리의 기도를 방해한다고 말할 때 내가 의도하는 바는 일반적인 내용과 아주 다르다. 내 의도는, 우리의 죄가 그 본질상 하나님과 우리를 분리시키며 하나님과의 밀접한 교제를 단절시킬 뿐만 아니라, 우리의 영적인 민감성까지 둔화시킨다는 것이다. 우리의 눈은 점점 근시안이 되어가고 우리의 귀는 점점 어두워져 간다는 뜻이다. 그 결과 우리는 잘못된 간구와 하나님의 마음을 구분할 수 없게 된다. 야고보가 우리에게 상기시켜 주고 있듯이(약 4:3), 우리는 정욕으로 쓰려고 잘못 구하게 되고 따라서 우리의 기도가 방해를 받는다는 것이다.

예를 들면, 하나님께서는 나에게 이웃 사람을 저녁 식사에 초대하면서까지 사랑으로 대하라고 말씀하신다. 그러나 나는 우리 정원에 이웃집 나무에서 떨어지는 낙엽 때문에 화가 나서 그와 같은 하나님의 말씀을 거역한다. 하나님께서는 그 이웃 사람에 대한 나의 분개에 대해서 몇 번 다시 상기시켜 주시지만 나는 아무것도 하지 않는다. 시간이 지나 나는 하나님께서 그 이웃 사람에 대해서 내게 말씀하시는 것을 더 이상 듣지 못하게 된다. 그러면 혼자 '좋아. 저 사람과는 이제 완전히 관계가 끊어졌어!' 라고 한다. 하지만 그렇지 않다. 그 사람과의 관계가 끊어진 것이 아니라 귀가 부분적으로 멀게 되었고, 눈이 부분적으로 안 보이게 되었으며, 영적인 민감성이 우리가 우려하는 대로 둔화된 것이다.

이 몇 마디의 촌평이 응답 없는 기도에 대해서 여러분이 느끼는 고민을 다 해결해 주지는 못할 것이라는 사실을 나는 안다. 나 역시 무시되는 듯한 기도에 대해서 당혹스러울 때가 있다. 그럴 때 겟세마네의 암흑 속에서 응답되지 않는 기도의 짐을 양 어깨에 짊어지고 극심한 고통의 순간에 우리와 더불어 "어찌하여?"라는 의혹의 질문을 나누셨던 구세주가 있다는 사실을 아는 것은 우리에게 큰 힘이 된다.

주기도문

완전한 능력과 위엄에 있어서, "하늘에 계신 우리 아버지여…"(마 6:9-13)로 시작하는 주기도문에 필적할 수 있는 기도는 아무것도 없다. 앞에서 언급한 대로 오늘날 우리는 그 기도를 주님의 기도라고 부른다. 사실 그러한 명칭은 요한복음 17장의 다락방에서 드렸던 예수님의 대제사장적 기도에 더 잘 어울린다. 아무튼 주기도문은 주님께서 주님의 제자들, 다시 말해서 여러분과 나에게 주신 기도이다.

주기도문은 진실로 포괄적인 기도이다. 그 기도의 관심은 하나님 나라의 도래에서부터 일용할 양식에 이르기까지 전세계를 포함하고 있다. 큰 문제나 작은 문제, 영적인 것들과 물질적인 것들, 내적인 것들과 외적인 것들, 그 어느 것 하나도 이 기도의 범주를 벗어나지 않는다.

그 기도는 가능한 모든 상황에서 하나님께 드려진다. 거대한 교회의 제단에서 드릴 수도 있고 낯선 곳의 외딴 오두막집에서 드릴 수도 있다. 그런가 하면 아이들도 드릴 수 있고 왕들도 드릴 수 있다. 뿐만 아니라 결혼식 때도 드릴 수 있고 임종 때에도 드릴 수 있다. 부유한 자나 가난한 자나, 총명한 자나 무식한 자나, 단순한 자나 지혜로운 자나, 누구나 이 기도를 드릴 수 있다. 나는 오늘 아침 영적 성장 모임에서 이 기도를 드렸는데, 나는 그때 날마다 이런 식으로 기도하는 전세계 수백만 명의 기도 소리에 동참한 것이다. 이 기도는 언제든지 어디서나 누구라도 드릴 수 있을 만큼 완전한 기도이다.

주기도문은 본질적으로 간구 기도라 할 수 있다. 물론 처음과 끝에 찬양이 있기는 하지만 간구가 그 기도의 주요 부분 전반에 걸쳐 들어 있다. 완벽하게 구성된 일곱 가지 청원 중에서 세 가지가 개인적인 간구와 관련되어 있다. 이 세 가지 청원은 세 단어로 집약될 수 있는데 그 단어는 '주옵소서, 사하여 주옵소서, 구하옵소서'이다. 이 세 단어는 간구 기도의 전형적인 모형을 이루고 있으며 이 단어들을 사용하여 개인적인 간구에 필요한 모든 동사들을 활용할 수 있다.

일용할 양식을 주옵소서

만일 우리가 주기도문에 그다지 익숙해 있지 않다면 일용할 양식을 구하는 데 대해서 깜짝 놀랄 것이다. 만일 그 기도가 예수님 자신이 아닌 다른 사람의 입술에서 나왔다면 순수한 기도의 영역에 물질주의가 침투한 것이라고 생각할 것이다. 그러나 여기서 그것은 가장 위대한 기도의 한복판에 있는 독특한 맛이다. "오늘날 우리에게 일용할 양식을 주옵시고…."

잠깐만 생각해 보더라도 우리는 이 기도가 예수님의 생활 방식과 완전히 일치한다는 사실을 알 수 있다. 왜냐하면 예수님은 인간의 사소한 문제들에 몰두하셨기 때문이다. 예수님은 혼인 잔칫집에서 포도주를 만들어 주셨고(요 2:1-12), 굶주린 사람들에게 양식을 주셨으며(요 6:1-14), 지친 사람들에게 양식을 주셨다(막 6:31). 예수님은 일부러 '소자들'을 찾아 다니셨다. 가난하고, 병들고, 힘없는 사람들을 찾아 다니신 것이다. 그러므로 예수님이 우리에게 일용할 양식을 위해 기도하라고 권유하고 계신 것은 지극히 합당한 일이다.

그렇게 함으로써 예수님은 일상 생활의 사소한 문제들의 의미를 바꾸어 놓으셨다. 만일 예수님께서 우리에게 사소한 것들을 간구하지 말라고 하셨다면 우리의 기도가 어떠할까 상상해 보라. 만일 우리가 기도할 수 있는 내용이, 중대한 문제들이나 중요한 것들, 그리고 심각한 문제에만 국한된다면 어떻게 될까? 우리는 이 우주 속에 고아처럼 버려져 춥고 지독히 외로울 것이다. 그러나 다행히도 그렇지 않다. 예수님은 우리가 이것 저것 수많은 사소한 문제를 가져 가도 반가이 맞아 주신다. 왜냐하면 그 하나하나가 예수님께는 다 중요하기 때문이다.

우리는 일용할 양식을 구할 때 우리의 일상 생활에서 일어나는 사소한 문제들을 하나님께 가져 갈 수 있다. 직장에서 일하는 동안 아이들을 보살펴 줄 사람을 구하기가 힘든가? 그렇다면 매일매일 아기를 돌볼 수 있는 사람을 위해 기도하라. 어떤 일을 깊이 숙고할 수 있는 작은 공간이 필요한가? 그렇다면 매일매일 혼자 있게 되어 안식할 수 있기를 기도하라. 지독히 추운 날씨로 인해 따뜻한 스웨터나 장갑이 필요한가? 우리는 날마다 옷을 달라고 구할 수 있다. 직장이나 가정에서 인간 관계 문제로 갈등하는가? 그렇다면 날마다, 시간마다 인내와 지혜와 긍휼히 여기는 마음을 달라고 기도하라. 일용한 양식을 달라고 기도하는 것은 바로 이렇게 기도하는 것이다.

우리 죄를 사하여 주옵소서

내가 끊임없이 놀라는 것은 "주옵소서"하는 기도가 "사하여 주옵소서" 하는 기도보다 앞서지, 후자가 전자보다 앞서지 않는다는 사실이다. 그것은 마치 하나님의 자비하심이 우리에게 주어질 때 우리로 하여금 우리가 짓고 있는 엄청난 죄를 알게 한 다음 우리로 하여금 "우리의 죄를 사하여 주옵소서" 하고 부르짖게 하는 것과 같다.

우리의 죄는 실로 엄청나다. 그것은 우리가 저지르는 것 그 자체만이 아니라 우리가 하지 않고 내버려두는 것까지도 포함한다. 우리는 하지 말아야 할 일을 하는 죄도 짓고, 또 해야 할 일을 하지 않는 죄도 짓는다. 범죄의 산이 우리에게 너무나 높아져서 바로 그 중압감이 우리를 위협해 우리의 혼을 빼 놓는다. 예수님께서 우리에게 "우리의 죄를 사하여 주옵시고"라는 기도를 권유하시는 때는 바로 우리가 숨이 가빠 헐떡이고 있을 때이다. 예수님께서는 우리를 이런 식으로 가르치신다. 왜냐하면 하나님께서 용서하기를 얼마나 좋아하시는지 잘 아시기 때문이다. 용서는 하나님께서 몹시 원하는 것이고, 애타게 갈망하는 것이며, 애써 하시려는 것이다. 우주의 한복판에는 주고자 하는 하나님의 소원과 용서하고자 하는 하나님의 소망이 놓여 있다.

그러나 이 간구에서 우리는 난처한 입장에 직면하게 된다. "우리가 우리에게 죄지은 자를 사하여 준 것같이 우리의 죄를 사하여 주옵시고…"라고 기도하도록 가르쳐 주셨다. 이것은 조건적인 요청이다. 우리가 용서하는 것같이 우리 죄도 용서받는다. 그리고 마치 이 문제를 더 심화시키기라도 하듯이 예수님께서 자세히 해설하지 않으실 수 없었다. "너희가 사람의 과실을 용서하면 너희 천부께서도 너희 과실을 용서하시려니와 너희가 사람의 과실을 용서하지 아니하면 너희 아버지께서도 너희 과실을 용서하지 아니하시리라"(마 6:14 - 15). 이 이유가 무엇일까? 그것은 하나님께서 용서에 인색하시기 때문도 아니요, 다른 사람들을 먼저 용서하는 태도를 통해 우리의 좋은 믿음을 증명해야만 할 정도로 하나님의 용서를 얻기가 어렵기 때문도 아니다. 그것은 얼토당토않은 이유이다. 그것은 단지, 창조 질서의 본질상 '받기 위해서는 주어야' 만 하기 때문이다. 이를테면, 우리는 사랑을 주지 않으면 사랑을 받을 수 없다. 그리고 사람들이 내게 사랑을 주려고 해도 내 마음이 적개심과 원한으로 가득 차 있다면 그들의 사랑은 오리 등에서 굴러 떨어지는 물방울처럼 내게서 굴러 떨어질 것이다. 주먹을 쥐고 팔짱을 꽉 끼고 있으면 아무것도 잡을 수 없다.

그러나 일단 내가 사랑을 준다면 나는 사랑을 받을 수 있는 후보자가 된다. 두 손을 펴면 받을 수 있다. 성 어거스틴의 말처럼 "하나님께서는 빈손을 발견할 때 주신다."

용서도 마찬가지다. 우리들 가운데 복수를 위한 외침만이 들린다면 화해가 있을 수 없다. 만일 우리의 마음이 너무나 좁아서 다른 사람들이 우리에게 범죄한 것만을 본다면 우리 자신이 얼마나 하나님께 범죄했는가를 보지 못하기 때문에 용서를 구할 필요성도 알지 못하게 된다. 만일 우리가 마음속으로 늘, 이런 저런 사람이 우리의 권리를 얼마나 많이 침해했는가 계산하고 있다면 사태의 본질상 우리는 이 기도를 드릴 수 없을 것이다.

인간 만사에는 보복의 악순환이 있다. 네가 우리 소를 상하게 하면 나도 너의 소를 상하게 하고, 네가 나를 다치게 하면 나도 너를 다치게 하겠다는 식이다. 그러므로 이런 보복의 법칙을 깨뜨린다는 점에서 용서는 너무나 중요하다. 공격당했을 때 그 대가로 보복하는 대신 용서하는 자가 되자

(우리가 용서할 수 있는 것은 단지 골고다의 숭고한 용서가 있었기 때문임을 명심하자. 왜냐하면 바로 그것이 보복의 악순환을 단번에, 완전히 끊어 버렸기 때문이다). 우리가 용서할 때, 바로 그 용서는 하나님으로부터 오는 은혜뿐만 아니라 인간 사이의 용서의 은혜도 강물처럼 흘러 넘치게 한다.

용서가 그렇게 중요하다면 당연히 우리는 용서가 무엇이냐는 질문을 제기해야 한다. 오늘날 이 문제에 대해서 큰 혼동이 있다. 그러므로 우리는 먼저 어떤 것이 용서가 아니냐 하는 것을 이해해야만 한다.

용서는 우리가 더 이상 아파하지 않는다는 뜻이 아니다. 상처가 깊을 경우에는 아주 오랫동안 아파할 수도 있다. 그 이유는 바로 감정적인 고통이 우리가 용서하지 못했음을 의미하지 않는다는 것을 계속해서 경험하고 있기 때문이다. 용서는 잊어버린다는 뜻도 아니다. 그것은 우리의 이성적 기능을 손상시킬 것이기 때문이다. 독일의 제3제국인 나치의 암흑 시대에 살았던 독일의 목사 헬무트 틸리케(Helmut Thielicke)는 이렇게 말했다. "용서한다는 말과 잊어버린다는 말을 한꺼번에 해서는 안된다." 용서한다는 것은 잊어버린다는 것이 아니다. 오히려 기억하기는 하되 용서한 후에 더 이상 그 기억을 다른 사람들에게 해가 되도록 사용하지 않는 것이다.

용서는 그 잘못이 실제로 대수롭지 않았다고 가상해 주는 것도 아니다. 그 잘못이 정작 중요한 문제였고 지금도 중요한 문제인데 그렇지 않다고 가상해 주어 봐야 소용이 없다. 그 잘못이 실제적인 것이지만 우리가 용서할 때 비로소 더 이상 우리의 행동을 지배하지 않게 된다.

용서는 상황이 그 잘못을 저지르기 전과 똑같다고 취급하는 것도 아니다. 우리는 상황이 그 전과 결코 똑같아지지 않을 것이라는 사실을 직시하지 않으면 안된다. 하나님의 은혜로 천 배나 더 나아질 수는 있지만 결코 그 전과 같아지지는 않는다.

그렇다면 용서란 무엇인가? 그것은 은혜로 말미암는 기적으로서, 용서하게 되면 다른 사람의 잘못 때문에 우리가 분열하는 일은 더 이상 없다.

만일 어떤 남편이 자기 아내를 무시하고 사업이나 다른 일들을 아내보다 더 소중히 여기면 그는 자기 아내에게 죄를 짓는 것이다. 그 죄는 실제적인 것이며 그 상처도 실제적이다. 서로의 신성한 신뢰 관계가 깨어진 것이다. 무언가가 그 둘 사이를 갈라놓았다고 말하는 것이 당연하다. 아내는 이렇게 자신이 존중받지 못한다는 것을 결코 잊지 못할 것이다. 노년이 되어서도 이렇게 무시받은 사실을 떠올려 얼음장 같은 냉기를 품을지도 모른다.

그러나 용서란 이러한 실제적인 상대방의 큰 잘못이 우리를 분열시키지 않는 것을 의미한다. 용서는 우리가 서로에게 상처를 입히고 상처를 가하면서 서로의 사이를 분열시키는 그 잘못을 더 이상 사용하지 않는 것을 의미한다. 용서는 우리를 결속시키는 사랑의 힘이 우리를 분리시키는 과실의 힘보다 큰 것을 의미한다. 그것이 바로 용서이다. 용서할 때 우리는 우리에게 잘못한 사람들을 해방시켜 준다. 그래서 그들이 더 이상 우리에게 묶여 있지 않게 한다. 진정한 의미에서 우리는 그들을 해방시켜 줌으로써 하나님의 은혜를 받게 한다. 그리고 그들을 초청하여 우리의 교제권 속으로 다시금 들어오게 한다.

마지막으로 이 간구 기도에 직접 관련이 있는 한마디 말이 있다. 그것은 하나님께서 우리가 용서할 때 그분도 우리를 용서하겠다고 하신 말씀이다. 아마 당신은 지금까지 하나님께 범죄한 것에 대해서 깊은 죄의식을 느꼈을지도 모르겠다. 그리고 하나님의 용서에 대하여 확신하지 못하여 불안해 했을지도 모른다. 그러나 이제 당신은 당신에게 평안을 주실 어떤 확신을 기대해도 된다. 이제 여기에 최고의 권위자가 주신 확신이 있다. 바로 영원하신 아들 예수 그리스도께서 당신의 무죄를 보증하신다. "너희가 사람의 과실을 용서하면 너희 천부께서도 너희 과실을 용서하시려니와" (마 6:14).

구원해 주옵소서

이 세 번째 간구가 아마 셋 중에서 가장 중요한 것 같다. 이 간구에는 부정적인 것(우리를 시험에 들게 하지 마옵시고)과 긍정적인 것(다만 악에서 구하옵소서)이 모두 들어 있다.

이 간구의 첫 부분이 많은 사람들을 혼동시켜 왔다. 하나님께서 어떻게 우리를 시험하셔서 시험에 들게 하실 수 있을까? 시험이라는 희랍어 그 자체는 '시련' 이나 '시험하는 상황' 이라는 뜻이다. 그리고 하나님께서 우리를 시험하시는 때는 우리 마음속에 무언가 드러낼 것이 있을 때뿐이다. 예를 들면, 유다는 돈 문제에 어려움이 있는 사람이었다. 예수님께서 그를 제자들 중에서 회계로 삼으신 것은 바로 그러한 이유 때문이었다. 때가 되자 결국 유다의 마음속에 있었던 것이 밝히 드러나게 되었다.

그러므로 "우리를 시험에 들게 하지 마옵시고" 하는 기도는 "주님, 제 마음속에 들어 있는 것을 드러내시고 주님께서 저를 시험하지 않으면 안 되게 하는 그 무엇인가가 제 속에 없게 하여 주옵소서" 하는 뜻이다. 우리는 하나님께서 우리를 시험하시지 않으면 안될 상황이 없도록, 아무런 숨겨진 죄 없이 변화의 영역에서 발전되어 가기를 원한다.

우리는 여기서 마틴 루터가 '풋나기 죄' 라고 불렀던 어린 시절의 유혹들을 떠올려서는 안된다. 그것은 우리가 관여해야 할 성인들의 죄다. 우리도 광야에서 시험을 당하신 예수님처럼 권력과 영향력에 의해 유혹을 받고, 또 하나님과 상관없이 다른 사람들을 도와줄 수 있는 기회로 인해 시험을 받는다. 우리에게 그런 능력만 있으면 얼마나 좋은 일을 많이 할 수 있을까 하고 생각할지도 모른다. 그러나 우리 마음속에 그런 욕망이 있다면 그것은 파멸의 씨앗이다. 주기도문에서 우리는 우리 마음속에서 그런 것들을 제거해 달라고 하나님께 기도한다. 하나님께서 우리를 시험해 보실 필요가 없게끔 기도하는 것이다.

이제 "다만 악에서 구하옵소서" 하는 간구를 생각해 보자. 비록 우리가 그런 뜻이 아니기를 좋아할는지 모르지만, 원문에 보면 분명히 예수님께서는 우리에게 총체적인 의미의 악이 아니라 악한 자, 곧 사탄에게서 구원받기를 기도하라고 강권하고 계신다. 나는 그런 견해가 현대적인, 또 후기 현대적인 실재의 이해에는 잘 어울리지 않는다는 것을 안다. 그러나 그럼에도 불구하고 사탄은 실재한다.

헬무트 틸리케는 세계 제2차 대전이 끝날 무렵 연합군이 자기 고향인 슈투트가르트를 점령한 직후에 바로 이 구절에 대해서 설교했다. 그는 '악의 개념'에 대해서 현대적으로 적절하게 다음과 같은 영적인 해석을 하였다.

사랑하는 여러분, 우리는 이 시대에 살면서 악마적인 힘을 너무도 많이 경험해 왔습니다. 우리는 사람들과 사람들의 모든 단체가 이해할 수 없는 신비한 힘에 의해서 원하지 않는 곳으로 이끌려 가며 어떻게 부패되고 조종되는지를 느끼고 보아 왔습니다.

우리는 어떤 이상한 영이 사람들을 몰고 다니며 전에는 아주 점잖고 합리적이었을 것 같은 사람들을 어떻게 바꾸어 놓았는지 너무도 자주 보아 왔습니다. 악령은 사람들로 하여금 전에는 전혀 그럴 수 없을 것 같은 일들, 즉 야만적인 행위나 권력에의 망상, 정신병적인 발작 등을 일으킵니다.

해마다 우리는 오염된 환경이 점차적으로 우리가 살고 있는 지구를 뒤덮어 가는 것을 보아 왔습니다. 그리고 공중에 있는 악령들의 존재가 얼마나 실재적이며 만질 수 있을 만큼 명백한가 하는 것을 감지하고 있습니다. 또한 보이지 않는 손이 보이지 않는 독약의 잔을 이 나라에서 저 나라로 옮겨 가며 사람들을 혼란으로 던져 넣는 것을 목격하고 있습니다.

그로부터 지금까지 몇십 년 동안 우리는 마틴 루터가 '무시무시한 어둠의 왕'이라고 한 말을 서슴지 않고 태연히 말할 만큼 끔찍하고 무서운 일을 많이 보아 오지 않았는가? 아마 여러분은 루터가 계속해서 한 말을 기억할지 모르겠다. "우리는 그로 인해 떨지 않는다. 그의 분노는 견딜 수 있다. 그의 말로가 분명하기 때문이다. 말 한마디면 그를 쓰러뜨릴 수 있다."
바로 이것이 구원을 구하는 기도의 결과이다.

캠브리지 대학의 허버트 파머(Herbert Farmer) 교수는 우리에게 상기시켜 주기를 "만일 기도가 신앙의 핵심이라면, 간구는 기도의 핵심이다"라고 했다. 간구 기도가 없으면 우리는 꼭지가 잘린 기도 생활을 하는 것이다. 나는 하나님께서 우리에게 줄 만한 구실을 찾으시다가 우리가 구할 때 얼마나 기뻐하실까 하는 것을 다시 한번 우리 모두에게 상기시키고 싶다.

기도

사랑하는 아버지, 부디 저에게 오늘 먹을 양식을 주시옵소서. 주님의 선하심을 거스르며 제가 오늘까지 지은 수많은 죄를 용서해 주시옵소서. 저는 그 모든 죄를 알지도 못합니다. 너무도 무의식적으로 죄를 지으며 살아갑니다. 저의 깨달음을 새롭게 하옵소서. 그리고 저의 무지함으로 혹시 저에게 도리어 해가 되는 것들을 구했다면, 부디 저에게 그것들을 주시지 마옵소서. 저로 시험에 들게 하지 마옵시고 악한 자에게서 저를 보호하여 주옵소서. 예수님의 이름으로 기도드립니다. 아멘.

17장

중보 기도

> "중보 기도는 우리를 깨끗하게 하는 욕조와 같아서 개개인이 날마다 들어가야 하는 곳이며 교제가 날마다 이루어져야 할 곳이다."
>
> 디트리히 본회퍼

만일 우리가 다른 사람들을 사랑한다면, 우리는 우리 힘으로 그들에게 줄 수 있는 것 이상으로 더 많은 것을 주고 싶어할 것이다. 그래서 우리는 기도하게 된다. 중보 기도야말로 다른 사람들을 사랑하는 방법이기 때문이다.

간구에서 중보로 기도를 바꾸는 것은 우리의 무게 중심을 우리 자신의 필요에서 다른 사람들의 필요와 관심사로 옮기는 것이다. 중보 기도는 이기심이 없는 기도이며, 심지어 자신을 내어 주는 기도이다. 하나님 나라의 계속적인 사역 가운데 중보 기도보다 더 중요한 것은 없다. 사람들은 오늘날 우리의 도움을 절대적으로 필요로 한다. 결혼 관계들이 깨어지고, 자녀들은 파멸의 길을 가고 있다. 개개인은 미래도 없고 목적도 없이 말없는 자포 자기의 삶을 살아가고 있다. 그러나 우리가 그들을 대신해서 기도하기를 배운다면 상황은 바뀔 수 있다.

중보 기도는 제사장적인 사역인데, 신약 성경의 가장 도전적인 가르침 중 하나가 바로 모든 그리스도인들의 만인 제사장직이다. 하나님께 기름 부음을 받아 제사장으로 임명된 우리는 다른 사람들을 대신하여 지극히 높으신 하나님 앞에 나아갈 수 있는 영예를 가지고 있다. 이것은 선택이 아니라 그리스도의 멍에를 메고 있는 모든 사람들의 신성한 의무요, 귀중한 특권이다.

중보 기도의 좋은 모범

모세는 세상에서 가장 훌륭한 중보 기도자들 가운데 한 사람이었다. 그의 생애 가운데 있었던 한 가지 특별한 사건이 우리의 계속적인 중보 사역에 있어서 좋은 모범을 보여 준다. 그것은 아말렉 족속이 이스라엘 자손들과 전쟁을 하고 있었을 때였다(출 17:8-13). 모세의 군사적인 전략은 이상하고 강력했다. 그는 여호수아에게 군대를 이끌고 골짜기로 내려가 싸우라고 명령했다. 모세 자신은 두 보좌관 아론과 훌을 데리고 전장이 내려다 보이는 산꼭대기로 올라갔다. 여호수아가 몸으로 싸우고 있었다면, 모세는 기도의 두 손을 들어올림으로써 그 문제와 영적인 싸움을 하고 있었다.

분명코 모세는 더 어려운 일을 맡고 있었다. 그도 피곤을 느끼는 인간이었기 때문이다. 그래서 아론과 훌이 개입해서 해가 질 때까지 모세의 두 팔을 떠받치지 않으면 안되었다.

전쟁사적으로 보면 여호수아가 그날의 승전 장군이었다. 싸움이 한창 벌어지고 있을 때 앞장서 있었던 사람은 여호수아였기 때문이다. 그러나 우리는 그 전투의 뒷이야기를 알고 있다. 그 전투의 이면에는 모세와 아론과 훌이 중보 기도의 전투에서 승리한 것이 감추어져 있다. 각자의 역할은 그 승리에 필수적이었다. 여호수아는 공격을 선도하였고 모세는 이스라엘 자손을 대신하여 중보 기도를 드렸다. 아론과 훌은 모세가 지쳤을 때 그를 도와주는 역할을 했다.

모세와 아론과 훌이 그날 한 일은 우리 모두가 떠맡도록 부름받은 일이다. 우리 모두가 다 대중의 지도자가 되도록 부름받지는 않았지만, 중보 기도에는 모두 다 힘써야 한다. 포어시드(P.T. Forsyth)는 우리에게 다음과 같은 사실을 상기시켜 준다. "우리가 결단의 골짜기에 더 깊이 내려가면 내려갈수록 기도의 산으로 더 높이 올라가야만 하며, 하나님을 설득하고자 하는 것이 주 관심사인 사람들의 두 손을 떠받쳐 주어야만 한다."

우리의 중보자

이 중보 사역은 우리 혼자 감당하는 것이 아니다. 우리의 미약한 중보 기도는 영원한 중보자 되시는 예수님에 의해 뒷받침되고 힘을 공급받는다. 바울은 우리에게 "죽으실 뿐 아니라 다시 살아나신 이는 그리스도 예수시니 그는 하나님 우편에 계신 자요 우리를 위하여 간구하시는 자시니라"(롬 8:34)는 말씀으로 확신을 주고 있다. 마치 이 진리를 보강이라도 하듯 히브리서 기자는 선포하기를, 멜기세덱의 반차를 좇아 영원한 제사장이 되신 예수님은 "항상 살아서 중보 기도를 하시는 분"(히 7:25)이라고 하였다.

요한복음에 기록된 다락방 설교에서 예수님은 그가 아버지께로 감으로써 제자들을 새로운 차원의 기도에 들어가게 해주시겠다는 점을 제자들에게 분명히 하셨다. 예수님은 아버지와의 신비한 연합에 대해서 설명해 주셨다. 그가 아버지 안에 있고 아버지께서 그 안에 있으며, 그가 아버지께로 가는 것은 그들의 처소를 예비하기 위함이며, 그가 아버지께로 감으로써 제자들이 그보다 더 큰일도 할 수 있을 것이고, 그들이 고아와 같이 버려지지 아니하고 진리의 영이 오셔서 그들을 지도하실 것이며, 가지가 포도나무에 거하듯 그들이 예수님 안에 거할 것이며, 그의 이름으로 무엇이든지 구하면 그것을 시행하며 그보다 더한 것도 해주겠다고 하셨다(요 13-17장).

예수님께서 아버지께로 가는 것이 어째서 제자들의 상황을 그렇게도 철저히 바꾸어 놓게 되는 것일까? 왜 그것이 그 제자들과 우리의 기도 생활에 그렇게 큰 변화를 가져오는 것일까? 그 기도의 새로운 차원은 바로 이것이다. 예수님이 하나님의 보좌 앞에서 중보자로서의 영원하신 사역을 시작하는 것이며, 그 결과 우리도 완전히 새로운 권위를 가지고 다른 사람들을 위해 기도할 수 있게 되었다는 점이다.

내가 말하고자 하는 요지는 우리의 중보 사역이 오직 그리스도의 끊임없는 중보 사역으로서만 가능해진다는 사실이다. 우리가 믿음에 의해서만 구원받는다는 것, 그리고 하나님께 용납받기 위해서 우리가 할 수 있는 일은 아무것도 없다는 사실을 아는 것은 훌륭한 진리라 할 수 있다. 마찬가지로 우리는 믿음에 의해서만 기도한다. 그 믿음은 우리의 영원한 중보자 예수 그리스도께서 우리의 기도 생활을 책임지고 계신다는 믿음이다. 밀라노의 암브로스(Ambrose of Milan)는 "예수님께서 중보하지 아니하시면 우리에게 하나님과의 교제란 없다"고 말했다.

우리 스스로에게는 하늘의 법정에 들어갈 수 있는 입장권이 없다. 그것은 마치 개미가 사람에게 말하는 것과 같다. 우리에게는 통역사요, 중재자요, 중매자가 필요하다. 이것은 예수 그리스도께서 영원한 중보자로서 우리를 위해서 하시는 역할이다. "하나님과 사람 사이에 중보도 한 분이시니 곧 사람이신 그리스도 예수라"(딤전 2:5). 예수님께서는 문을 여시고 우리를 천국으로 들어가도록 허락해 주신다. 더 나아가 그리스도께서는 우리의 연약하고 잘못된 중보 기도를 바로잡아 주시고 깨끗하게 하셔서 거룩하신 하나님 앞에 드려질 수 있게 해주신다. 거기서 또 더 나아가 그의 기도는 우리로 하여금 기도하고자 하는 소원을 잃지 않게 하며, 우리를 계속해서 강권할 뿐 아니라 우리의 기도를 하나님이 들어 주신다는 소망을 갖게 한다. 하늘에 계셔서 중보하시는 예수님의 모습은 우리에게 그의 이름으로 기도할 수 있는 힘을 주신다.

예수님의 이름으로

예수님의 이름으로 기도드리는 문제가 제기되었으므로 거기에 대해 몇 마디 논평을 하고자 한다. 복음서와 그 밖의 다른 곳에서 성경은 우리에게 예수님의 이름으로 기도하라고 반복해서 권고하고 있다. 그렇게 기도하면 놀라운 결과가 생길 것이라고 약속되어 있다. 예수님께서는 직접 이렇게 말씀하셨다. "지금까지는 너희가 내 이름으로 아무것도 구하지 아니하였으나 구하라 그리하면 받으리니 너희 기쁨이 충만하리라"(요 16:24).

물론 나는 이러한 견해가 어떤 사람들에게는 다소 편협하고 완고한 견해처럼 보인다는 사실을 안다. 아마 여러분 중에도 다음과 같이 생각하며 의아해하는 사람이 있을 것이다. "좀더 마음을 넓혀서, 진실한 기도라면 누구의 이름으로 기도하든지, 어떤 권위에 의지해서 기도하든지 다 받아주실 수 없을까?" 이 의문에 대해서 대답할 수 있는 것은 무엇보다도 어떤 사람의 기도를 들어주시느냐, 들어주시지 않느냐 하는 것은 나나 여러분이 할 일이 아니라는 사실이다. 그것은 하나님께 속한 문제이다. 추측건대, 하나님께서는 우리 중에 가장 마음이 넓은 사람보다도 훨씬 더 기도를 잘 들어주신다(넓은 마음을 가졌다고 하면서 우리는 종종 마음이 좁을 때가 많다). 그러나 우리 그리스도인들은 예수 그리스도께서 우리에게 주신 권세로 기도하라는 요청을 받아 왔다. 그리스도는 우리에게 나타난 하나님의 유일하신 계시이기 때문이다. 그래서 우리는 그렇게 기도한다.

그러나 여기서 우리는 예수님의 이름으로 구체적으로 어떻게 기도해야 하는가 하는 실제적인 문제에 부딪히게 된다. 생각이 깊은 사람이라면 누구나 이 기도가, 기도를 마치는 순간까지 단지 판에 박힌 공식대로 기도하는 것만을 의미하지 않는다는 사실을 안다. 그렇다면 그것은 정확히 무엇을 의미할까?

적어도 그것은 두 가지를 의미한다. 첫째는 우리가 이미 논의해 오던 것이다. 예수님의 이름으로 기도하는 것은 그리스도께서 그의 생애와 죽음과 부활을 통해서, 그리고 아버지 하나님의 우편에서 끊임없이 통치하심으로써 성취하신 위대한 사역을 온전히 확신하며 기도하는 것을 의미한다. 도날드 블뢰쉬(Donald Bloesch)는 이렇게 말한다.

> 그리스도의 이름으로 기도한다는 것은 그의 대속의 희생과 구원의 중재가 없이는 우리의 기도가 아무런 가치나 효력이 없다는 것을 인식하고 기도하는 것을 말한다. 그것은 그리스도의 피가 기도의 삶을 위한 원동력임을 알고 거기에 호소하는 것을 의미한다. 그것은 그리스도의 중재나 중보 없이는 우리가 완전히 무기력하다는 것을 인정하는 것을 말한다. 그리스도의 이름으로 기도한다는 것은 우리의 기도가 우리의 구세주요 구속자이신 그 아들에 의하지 아니하고서는 하나님의 심판대를 통과할 수 없다는 사실을 깨닫는 것을 의미한다.

이것은 예수님의 이름으로 드리는 기도의 객관적이고 법정적인 측면이다. 그러나 주관적이고 경험적인 측면도 있다. 예수님의 이름으로 기도한다는 것은 그리스도의 방법과 본성에 따라 기도하는 것을 말한다. 그리고 그것은 예수님께서 육신으로 우리 가운데 계신다면 하시게 될 그런 중보기도를 우리가 드리는 것을 의미한다. 우리는 그리스도에 의해 임명받은 그리스도의 대사들이다. 우리는 그리스도의 이름을 그의 완전한 권세를 가지고 사용할 수 있도록 허락받았다. 그러므로 우리의 기도 내용과 성격은 필연적으로 그리스도의 본성과 조화를 이루어야만 한다.

마술사 시몬이 사람들에게 안수하여 그들로 하여금 성령을 받게 하는 권세를 달라고 요청하였을 때, 그는 하나님의 권능을 자기 자신의 목적을 위해 사용하려고 했다(행 8:14-24). 그는 예수님의 이름으로 기도하고 있지 않았다. 베드로가 그 사실을 알고 그 일로 인해 시몬을 책망했다. 유대의 한 제사장 스게와의 일곱 아들도 바울이 예수님의 이름으로 귀신을 쫓아내는 것을 보고 시험해 보기를, "내가 바울이 전파하는 예수를 빙자하여 너희를 명하노라" 하고 악귀에게 말하였다. 그러나 악귀가 그들에게 말하기를 "예수도 내가 알고 바울도 내가 알거니와 너희는 누구냐?" 하고 그들에게 대답하였다. 보다시피, 그들이 올바른 공식대로 말하기는 했지만 예수님의 삶과 능력으로 기도하지 않았기 때문에 그들은 실패하고 말았다. 누가는 이 사건에 대하여 재미있게 부언하기를, 악귀가 그 일곱 명의 가짜 귀신 쫓는 사람들에게 뛰어올라 억제하여 이기니 저희가 "상하여 벗은 몸으로" 그 집으로 도망하였다고 기록해 놓았다(행 19:11-16).

그렇다면 우리는 어떻게 예수님의 이름으로, 그의 본성에 따라 기도할 수 있을까? 예수님은 직접 이렇게 말씀하셨다. "너희가 내 안에 거하고 내 말이 너희 안에 거하면 무엇이든지 원하는 대로 구하라 그리하면 이루리라"(요 15:7). 여기서 "내 안에 거한다"는 말이 효과적인 중보를 위한 포괄적인 조건이다. 그것이 예수님의 이름으로 하는 기도의 열쇠이다. 우리는 포도나무로부터 그 생명력을 공급받는 가지가 되는 법을 안다. "내 안에 거하라 나도 너희 안에 거하리라 가지가 포도나무에 붙어 있지 아니하면 절로 과실을 맺을 수 없음같이 너희도 내 안에 있지 아니하면 그러하리라"(요 15:4). 기도 생활에 있어서 포도나무의 가지처럼 되는 법을 배우는 것보다 더 중요한 것은 아무것도 없다.

우리가 이런 식으로 생활할 때, 토마스 아 켐피스(Thomas a Kempis)가 말한 '예수님과의 친밀한 친구 관계'를 발전시킬 수 있고, 예수님의 얼굴에 점점 익숙해지게 되며, 마치 전문 보석 감정사가 다이아몬드와 유리 모조품을 구별하는 것같이, 예수님과 친숙해져서 참 목자의 음성과 종교적인 장사꾼의 목소리를 구별할 수 있게 된다. 우리가 진품을 오랫동안 충분히 익히면 값싼 가짜 물건이 분명하게 드러나 보이는 것과 같다.

우리가 충분한 기간 동안 그리스도의 방식에 몰두한다면, 복음에 대한 냄새를 맡을 수 있다. 그래서 그리스도께서 구하고 행하시는 것을 우리도 그대로 구하고 행하게 된다. 예수님께서 구하시고 행하시는 것이 무엇인지를 우리가 어떻게 아느냐고 질문할 사람이 있을지 모르겠다. 결혼해서 오랜 세월 동안 사랑해 온 어떤 부부가 상대방이 생각하고 원하고 느끼는 것을 어떻게 알까? 그것은 우리 자신이 알려지는 바로 그때, 알게 되는 것이다. 예수님의 이름으로 기도한다는 것은 바로 그런 것이다.

끈질긴 기도가 승리한다

우리가 다른 사람들을 위한 기도를 시작하면 그 결과가 더디고 고르지 않아 보이기 때문에 쉽게 낙담한다는 것을 이내 발견하게 된다. 그 이유는 우리가 하나님의 뜻과 인간의 의지가 기묘하게 혼합되는 지점에 들어서기 때문이다. 하나님은 결코 강요하지 않으신다. 그래서 하나님의 뜻은 언제나 피할 길을 주신다. 어느 누구도 로봇처럼 복종을 강요받지 않는다.

하나님의 성품의 이러한 측면, 즉 존중심과 정중함과 인내심은 우리와는 너무나 다르기 때문에 우리가 받아들이기 어렵다. 어떤 사람들은 우리를 너무나 실망시키기 때문에 때때로 우리는 그들의 머리를 열어제쳐서 여기저기를 조금씩 손질해 주고 싶어한다. 이것이 바로 우리의 방식이다. 하나님의 방법은 그렇지 않다. 그분의 길은 우리의 길보다 높다. 하나님의 길은 사뿐히 땅 위에 내려서 땅을 적신 후, 땅 속으로 사라지는 눈이나 비와 같다. 그리하여 적절한 때가 되면 새로운 생명을 싹트게 한다. 조작도 없고 통제도 없으며 완전한 자유와 완전한 해방이 있을 뿐이다. 이것이 바로 하나님의 길이다(사 55:8-11).

이러한 과정은 우리로서는 받아들이기가 어렵다. 그리고 우리는 그 일로 낙담하기 쉽다. 내 생각에는 예수님께서 이 사실을 아셨던 것 같다. 그 결과, 우리에게 끈질긴 집요함이 필요하다는 점에 대해서 여러 번 교훈해 주셨다. 오늘날 그것을 우리는 끈덕진 간청의 비유라고 말한다. 예수님께서는 그런 비유의 말씀을 하시면서 그 이유를 분명히 밝히기까지 하셨다. "항상 기도하고 낙망치 말아야 될 것을 저희에게 비유로"(눅 18:1) 하는 말씀이 바로 그것이다.

그런 비유들이 내게는 특별한 은혜이다. 왜냐하면 나는 너무 빨리 낙심하기 때문이다. 아마 여러분은 내 말이 무슨 뜻인지 알 것이다. 우리는 한두 번 기도하다가 아무런 변화가 일어나지 않으면 다른 문제로 넘어가거나, 자기 연민에 빠져 샐쭉해지거나, 기도를 완전히 포기하기도 한다. 일시적인 우리의 접근 방법은 전기 스위치를 켜는 것과 다소 흡사해서, 만일 전깃불이 즉시 들어오지 않으면 "에이, 어쨌든 전기는 도무지 믿을 수가 없단 말이야" 하고 말하는 것과 같다.

그러나 예수님은 우리의 기도 사역을 새롭게 바라볼 수 있는 전혀 다른 입장을 우리에게 제시해 주신다. 예수님의 말씀에 의하면, 기도는 자신의 무력함을 받아들이지 아니하고, 불의에 대해 분연히 일어서서, 결국에는 끈질긴 인내로 승리한 어떤 힘없는 과부와 다소 흡사하다고 한다(눅 18:1-8). 그것은 또한 한 친구에게 찾아가 너무나 힘들고 불편한 일임에도 불구하고 나그네에게 줄 음식을 달라고 요청하는 것과 다소 흡사하다. 한밤중에 그렇게 할 수밖에 없었던 것은, 그렇지 않으면 그들 중에 있는 그 나그네를 돌보지 않은 것으로 인해 그 마을 전체가 수치를 당하게 될 것이기 때문이다(눅 11:5-13). 위의 두 경우가 가르치고자 하는 초점은 바로 끈질긴 지속성이다. 끊임없이 구하고, 끊임없이 찾으며, 끊임없이 두드려야 한다.

지금까지 설명해 온 내용에 적합한 신앙적인 단어를 든다면 그것은 '간구'이다. 간구는 열심을 갖고 오래 인내하며 기도하는 것을 말한다. 그것은 우리가 지금 기도하는 일에 대해서 극도로 심각하다고 하는 선포이다. 끊임없이 기도하고 결코 포기하지 않겠다는 것이다. 존 칼빈은 이렇게 말하였다. "우리는 똑같은 간구를 두세 번만 반복해서는 안된다. 필요할 때마다 백 번이고 천 번이고 자꾸만 해야 한다… 하나님의 도우심을 기다리는 일에 결코 지쳐서는 안된다."

이것은 새겨들을 만한 중요한 가르침이다. 우리는 헌신을 기피하는 세대에 살고 있기 때문이다. 과거에는 불굴의 정신이 가장 중요한 미덕 중의 하나였다. 그러나 오늘날 어디서 그런 용기 있는 집념을 발견할 수 있겠는가? 어디를 보아도 그 힘이 부족하다는 점을 인정하지 않을 수 없다. 그러나 예수님께서는 중보 기도가 진정한 효력을 얻으려면 그것이 가장 기본적인 것이라고 하셨다.

여러분이나 나는 과연 다른 사람들을 위해 기도할 때 이런 끈질긴 결심을 보여 주고 있는가? 우리는 얼마나 자주 실패하고 마는가? 레위기의 법전에 보면, 불은 끊이지 않고 단 위에 피워 꺼지지 않게 하라고 되어 있다(레 6:13). 하나님께서 우리의 영성에 지구력과 불굴의 용기를 불어넣어 주신다. 오늘날 우리는 헌신의 제단에 기도의 영원한 불길을 피우는 법을 배워야만 한다.

집단적인 중보 기도

중보 기도는 개별적으로 이루어지기도 하지만, 집단적으로 행해지기도 한다. 예수님께서는 믿음의 공동체가 진정으로 그의 이름으로 모일 때마다 큰 능력으로 함께하겠다고 약속하셨다(마 18:20). 어떤 공동체 내에 믿음, 소망, 사랑이 충분할 때 그 복은 배가된다. 왜냐하면 그때에 조직적이고, 집단적인 중보 기도가 가능해지기 때문이다.

이사야 선지자의 말을 빌어 예수님께서는 "내 집은 기도하는 집이라"고 말씀하셨다(사 56:7, 눅 19:46). 나는 우리의 교회들이 기도의 집이 되는 것을 보고 싶다. 여러분도 마찬가지일 것이다. 그러나 교회가 기도와는 전혀 관계가 없거나 기도와는 동떨어진 것들을 위한 장소가 되어 버린 것을 너무나 자주 본다. 나는 아픈 마음으로 이 말을 한다. 하나님의 마음도 아프시리라 믿는다. 사실, 업무상의 만남이나 위원회의 모임이나 성경공부 모임이나 자치 기구 집단이나 예배 행위도 우리에겐 꼭 있어야 할 것들이다. 그러나 그 중심에 불이 붙어 있지 않으면 이런 것들은 우리 손에 들린 재에 불과하다.

17세기에 조나단 에드워즈(Jonathan Edwards)는 다음과 같은 긴 제목을 가진 얇은 책을 썼다. 「마지막 때에 관한 성경의 약속들과 예언들에 부응하여, 이 땅에서의 그리스도의 나라 확장과 신앙 부흥을 위한 특별한 기도를 드림에 있어서 모든 하나님의 백성들의 분명한 일치와 확고한 연합을 증진시키기 위한 미천한 시도」라는 책이 바로 그것이다. 에드워즈는 그것을 너무나 잘 이해했다. 우리에게는 이런 류의 기도를 진척시키기 위해서 '분명한 일치'와 '뚜렷한 연합'이 모두 있어야만 한다. 이것은 쉽게 얻어지는 것은 아니다. 하지만 일단 이루어지면 '특별한 기도'가 너무 강렬한 표현이라고 할 수는 없다.

최근에 안식년 동안, 나에게서 배우고 있는 한국의 서정오라는 목사가 기도에 대해 내가 연구한다는 얘기를 듣고 어떤 신문 기사를 가져 왔다(물론 그 기사는 한국어로 쓰여졌기 때문에 그가 완역한 상태였다). 거기에는 서울의 남동부에 있는 명성장로교회의 기사가 실려 있었다. 한국 교회들이 새벽기도회로 유명한 것을 감안한다 하더라도 이 기사의 내용은 유별났다. 그 모임은 불과 십 년 전에 40명으로 시작되었다. 오늘날에는 새벽 4시, 5시, 6시 3회에 걸쳐 새벽기도회를 하는데 각 모임마다 2천 명이 모인다는 것이다. 서정오 목사가 내게 설명하기를, 그들은 새벽 4시가 되면 첫 예배를 시작하기 위해서 문을 닫는다고 한다. 그래서 만일 사람들이 조금 늦게 도착하면 5시 모임까지 기다려야만 한다는 것이다. 그는 또 이렇게 덧붙였다. "저희 나라에서는 겨울에 날씨가 춥기 때문에 이것은 쉬운 일이 아닙니다. 그래서 모든 사람들이 추위를 이기기 위해 뜨거운 차나 커피를 가져 와 다음 예배를 기다립니다." 이것이 바로 조직적이고 집단적인 중보 기도이다.

21세기를 바라보는 이때, 가장 위대한 기도 운동이 생생한 기억 속에 이미 진행되고 있다는 여러 징후들이 있다. 훨씬 작기는 하지만 여전히 중요한 면에서 명성교회의 이야기는 여러 번 되풀이해도 좋다. 나는 천 명의 회중이 일주일에 40회 기도회를 갖는 한 교회를 알고 있다. 또한 회중의 15퍼센트 내지 24퍼센트가 교회 내 어디에선가 조직적이고 집단적인 중보 기도 모임을 매주 갖는 교회들을 알고 있다. 나는 일찍이 민족적인 기도 지도자들을 만난 적이 있다. 그런데 그들 중의 어느 누구도 지금 어떤 일이 일어나기 시작하고 있는지, 그 비슷한 것조차 알지 못했다. 기도에 대한 이 새로운 각성이 얼마나 중요한가를 이야기하는 것이 시기 상조인 것 같지만 나타나는 징후들은 고무적이다.

각 개개인들과 가정들로 하여금 구원에 이르는 믿음을 갖게 하는 것이 하나님의 소원이다. 사람들로 하여금 마약이나 섹스나 돈이나 지위에 탐닉하지 않게 하는 것이 하나님의 소원이다. 사람들을 인종 차별주의와 남녀 차별주의 및 민족주의와 소비주의로부터 해방시키는 것이 하나님의 소원이다. 도시들을 영적으로 추수하고 모든 사회를 복음화시키는 것이 하나님의 소원이다. 하나님의 마음속에 있는 이러한 소원을 실현시키는 중요한 수단은 바로 조직적이고 집단적인 중보 기도이다.

다른 사람들의 행복을 위하여

당신이 속한 공동체가 집단적인 기도를 교회의 중대사로 여긴다면, 나는 당신이 하나님께서 주신 이런 은혜로운 선물에 대해서 기뻐하리라 믿는다. 많은 사람들이 그와 같은 복을 누리지 못하고 있다. 우리 중 대다수가 그리스도인 지도자들이 그런 영역에서 우리를 인도하지 못하기 때문에 그런 기도의 복을 누리지 못한다. 그러나 그렇다고 해서 우리의 중보 사역이 중단되어서는 안된다. 우리는 하나님 앞에서 하나님이 우리 모임 속에 넣어 주신 사람들을 위해 기도해야 할 책임이 있다. 우리는 구약의 사무엘의 말을 빌어 이렇게 말할 수 있다. "하나님께서는 내가 너희를 위하여 기도하기를 쉬는 죄를 여호와 앞에 결단코 범치 아니하도록 하셨다"(삼상 12:23). 우리는 이 기도를 혼자서 할 수도 있고 두세 명이 모인 작은 무리 가운데서 할 수도 있다. 이러한 상황에 대한 몇 가지 작은 가르침이 도움이 될 것이다.

중보의 사역을 감당하는 방법은 사람 수만큼이나 많다. 어떤 사람들은 규칙적으로 관심을 갖고 기도해 주기 원하는 사람들의 명단을 작성해 두는 방법을 택한다. 한번은 침대에 누워 지내는 매우 경건한 여인을 방문한 적이 있었다. 그 여인은 나에게 약 2백 장 정도 되는 사진이 들어 있는 '가족 앨범'을 보여 주면서 그 사진들은 하나님의 보좌 앞에 걸어 두고 싶은 선교사님들과 그 밖의 여러 사람들의 사진이라고 했다. 그리고는 그 앨범을 가지고 매주 어떤 일을 하고 있는지를 설명해 주었다. 앨범 전체를 한 장씩 넘기면서 그 사진들을 보고 기도한다는 것이었다. 그 당시 나는 십대 소년이었지만 그 어린 나이에도 불구하고 내가 서 있던 바로 그 침대 곁이 거룩한 곳처럼 여겨졌다.

또 다른 접근은 위대한 설교가요 기도의 사람인 조지 버트릭(George Buttrick)에게서 찾아볼 수 있다. 그는 원수들을 위한 기도부터 시작하라고 권면하고 있다. "가장 먼저 해야 할 중보는 이러하다. '제가 어리석게도 원수라고 생각하는 아무개를 축복하옵소서. 제가 잘못한 아무개에게 축복하옵소서. 그들을 주님의 은혜로 지켜 주옵소서. 저의 쓰라린 상처를 떨쳐 버리게 하옵소서.'" 다음으로 그는 우리에게 계속해서 이런 사람들을 위해 기도하라고 권면한다. 정치, 의약, 학문, 예술, 그리고 종교 분야 지도자들과 이 세상의 궁핍한 사람들, 일터나 놀이터에 있는 친구들, 그리고 우리가 사랑하는 사람들을 위해 계속해서 기도하라는 것이다. 버트릭의 조언이 갖는 가장 큰 가치는 우리로 하여금 우리 자신의 편협하고 사소한 관심사를 넘어서서 상처받고 궁핍한 세계 속으로 뛰어들게 한다는 것이다.

이제 내 자신의 접근 방법을 소개하고자 한다. 바로 옆에 있는 가족들을 위해 기도한 후에, 나의 기도가 필요한 개인이나 상황이 저절로 머리에 떠오를 때까지 가만히 기다린다. 다음에는 그 사람들이나 상황을 하나님께 올려 드리면서 어떤 특별한 통찰력이 생겨 기도의 내용을 인도하는지 조용히 귀를 기울인다. 다음에는 하나님께서 들으시고 응답하신다는 완전한 확신을 갖고 가장 적절한 말로 기도한다. 소리를 내어 중보 기도를 한 다음 나는 잠시 동안 기다리며 성령님께서 나를 통해 '말할 수 없는 탄식으로' 기도하시도록 초청한다. 그리고는 기도의 부담이 사라질 때까지 그 개인이나 상황을 위해 계속 기도한다. 기도하는 동안 성령님께서 가르침을 주신다고 느낄 때 작은 기도 수첩에 간단한 메모를 하기도 한다. 이런 짧막한 메모가 매우 유용한 경우가 종종 있다. 그것은 때때로 그 일이 거듭될수록 그 사람의 필요에 대한 열쇠를 쥐고 있는 어떤 정해진 방식이 생겨나기 때문이다. 그렇게 되면 앞으로의 중보 기도의 방향을 제시받게 된다.

형편이 되고 가능하다면 우리가 기도해 주어야 할 그 사람에게로 직접 가는 것이 도움이 된다. 그것이 비록 예수님의 유일한 방법은 아니더라도 일반적인 방법이었다. "당신은 어떤 내용의 기도를 좋아하십니까?" 하는 따위의 간단한 질문이 때때로 구체적인 동기 부여가 될 수 있다. 기도는 다른 사람들을 사랑하는 방법이므로 거기에는 언제나 예의바름과 은혜와 존중심이 질서 정연하게 갖추어져 있음을 명심하라.

한 가지 주의할 점은 우리 중 어느 누구도 모든 사람과 모든 것들을 위한 기도의 짐을 질 수는 없다는 것이다. 우리는 유한한 인간이다. 그러므로 우리의 한계를 인식하는 것은 겸손한 행위이다. 종종 사람들이 우리에게 찾아와 말로만 그저 "저를 위해 기도해 주세요" 하고 부탁하는 경우가 있다. 그들은 자신이 우리에게 어떤 것을 부탁하는지 모르고 있다. 그럴 경우 우리는 그 문제를 신중히 고려하여, 보다 높은 차원의 자극이 있을 때까지 기다려야 한다. 하나님께서 우리가 누구를 위해서, 무엇을 위해서 기도해야 하는지 분명히 밝혀 주신다. 그러므로 그 밖의 모든 상황은 하나님께 맡겨야만 한다.

그러나 당신의 상황은 그 정반대일지도 모른다. 지나치게 헌신되어 있기는커녕 아마 다른 사람들을 위해 기도하려는 많은 열정을 불러일으키기조차 어려울 수도 있다. 아니면 그런 기도의 소원마저 없을 수도 있다. 그렇다면 어떻게 해야 할까?

그처럼 연약하게 된 데는 많은 원인이 있다. 그럴 경우 우선 다른 사람들을 더 사랑하게 해달라고 기도하기 시작하라. 하나님께서 당신의 사랑의 용량을 넓혀 주심에 따라 당신은 아주 자연스럽게 당신의 이웃들과 친구들, 심지어 원수들의 이익을 위해서도 일할 수 있게 된다. 그렇게 함으로써 당신은 이내 당신의 힘의 한계에 도달하게 된다. 그래서 당신은 당신이 줄 수 없는 것들을 그들이 체험하고 받기를 원하게 된다. 때문에 기도하게 되는 것이다.

어거스틴이 말하기를 "기도란 하나님 앞에서 다른 사람들의 행복을 위하여 중재하는 것이다"라고 하였다. 중보 기도를 통해 하나님께서는 우리 각자에게 그분의 이름이 새겨지고 하나님이 손수 기록한 초청장을 주시며 다른 사람들의 행복을 위하여 수고하는 일에 직접 관여하게 하신다. 다음 장들에서 우리는 여러 가지 특정한 형태의 중보 기도에 대해서 관심을 가질 것이다. 우리가 하나님의 초청장을 값없이 받아들인 바로 그때처럼, 각 장의 내용이 이번에도 값없이 주시는 하나님의 기도의 초청장을 우리가 받아들이는 데 한몫을 해주리란 것이 바로 나의 소망이다.

기도

은혜로우신 하나님, 나의 생애의 너무나 많은 부분이 나의 이익과 나의 행복을 좇아 맴돌고 있습니다. 단 하루만이라도 내가 행한 모든 일이 나 외에 다른 사람을 유익하게 하는 일에 사용되도록 하여 주옵소서. 다른 사람들을 위한 나의 기도는 이제 시작에 불과하겠지요? 어떤 칭찬이나 보상을 바라지 않고 그렇게 할 수 있도록 도와주옵소서. 예수님의 이름으로 기도드립니다. 아멘.

18장

치유의 기도

> "그 당시에는 하늘의 권능에 의해서 많은 위대하고 놀라운 일들이 일어났다. 그것은 주님께서 그의 전능하신 팔을 드러내셨고, 그의 권능을 나타내셨기 때문이다. 놀라웁게도 그 치유의 힘으로 말미암아 커다란 질병에서 구원받은 사람이 많이 있다."
>
> 조지 폭스(George Fox)

치유의 기도는 정상적인 그리스도인의 생활의 일부이다. 그것은 믿음의 공동체 내에 있는 어떤 다른 사역보다 과대 평가되어도 안되고 또한 과소 평가되어도 안된다. 오히려 적절한 균형을 이루어야만 한다. 그것은 하나님의 통치하에 사는 것이 무슨 의미인지를 보여 주는 전형적인 모습일 뿐이다.

이 사실은 그리 놀라운 것이 아니다. 왜냐하면 이것은 우리 믿음의 인간적인 본질을 명확하게 인식한 것이기 때문이다. 하나님은 영혼을 돌보시는 것만큼 육신도 돌보시며, 영을 돌보시는 것만큼 감정도 돌보신다. 예수님 안에 있는 구속은 전인격적인 것으로 인격의 모든 면, 즉 육신과 혼과 의지와 마음과 감정 및 영까지도 포함한다.

무한한 다양성

하나님께서는 자기 백성을 건강하게 하고 행복하게 하시려고 무한히 다양한 방법들을 즐거이 사용하신다. 우리는 하나님의 친구들인 의사들이 있어서 기쁘다. 왜냐하면 그들이 기술과 동정심으로 우리의 신체가 질병과 아픔에 대항하여 싸울 수 있도록 도와주기 때문이다. 그리고 현대 정신의학과 심리학의 발전이 있어서 기쁘다. 왜냐하면 보다 좋은 방법들이 발견되어 심층 심리 치료가 증진되었기 때문이다. 또한 관련된 모든 사람의 이익과 하나님의 영광을 위해, 그리스도의 치유 능력을 다른 사람들에게 전하는 법을 배우고 있는 남녀노소들이 점차 많아지고 있음을 기뻐하며 축하한다.

더 나아가, 치유를 위하여 여러 분야에서 함께 협력하는 모든 노력에 대해서도 감사한다. 목회자와 심리학자와 내과 의사의 구별은 최근에 와서야 이루어진 것이다. 전에는 육신의 의사와 마음의 의사와 영혼의 의사가 똑같은 사람이었다. 특히 고대 히브리인들은 사람을 하나의 통합체로 보았다. 그래서 그들에게 있어서는 영혼에 대한 사역을 하지 아니하고 육신에 대한 사역만 한다든지, 혹은 육신에 대한 사역은 하지 아니하고 영혼에 대한 사역만 한다는 것은 생각할 수도 없는 일이었다. 모세 오경을 보면 질병이 의심스러울 때마다 제사장에게 가 보라는 규정이 상세하게 기술되어 있다(레 13장 이하). 예수님도 사역하실 때 기원 1세기 당시에 잘 알려진 의료 기술을 사용하셨다(막 7:33, 요 9:6 등). 오늘날의 많은 '원시적인' 문화에서도 의사와 사제는 하나이며 같은 사람이다. 그래서 우리는 인간을 기능별로 구분하려는 이교적인 경향을 없애는 것을 열정적으로 환호한다.

하나님께서 우리에게 병 고침을 위해서 기도에만 의지하라고 요청하실 때가 있을 수 있다. 그러나 그것은 법칙이 아니라 예외적인 일이다. 치유를 증진시키기 위해서 의학적인 수단 사용하기를 거부하는 것은 믿음의 태도일 수도 있으나, 영적 교만의 모습이 되기가 더 쉽다.

물론 그 정반대의 방향으로 잘못할 가능성도 똑같이 존재한다. 많은 사람들이 오로지 의학적인 수단에만 의지하다가 모든 가능한 의학 기술이 실패하고 난 뒤에야 비로소 기도로 눈을 돌리는 경우가 많다. 이것은 우리 생각의 얼마나 많은 부분이 유물론에 기초하는지 단적으로 보여 준다. 일반적으로 기도의 도움과 의학의 도움은 동시에 추구되어야 하고, 우리는 거기에 똑같은 강도로 의지해야 한다. 왜냐하면 그 두 가지가 다 하나님의 선물이기 때문이다.

작은 것부터 시작하라

처음에 치유의 기도에 대한 나의 관심은 신체적인 치유가 아니라 정서적인 치유에서 비롯되었다. 그때 나는 한 가정 상담 센터에 근무하고 있었다. 그때 나는 그리스도의 치유 능력을 정서적이고 정신적인 질병과 관계하여 사용하지 못하는 나의 무능력함을 심각하게 깨달았다. 내가 성공을 거둔 것이라고는 고작해야 심리학적 방법론으로 완전히 설명할 수 있는 것뿐이었다. 그러나 그것은 인간적인 기술밖에 안되었다. 그런 전문적인 도구들을 거부할 필요성을 전혀 느끼지 않았지만, 나는 치유의 기도가 내가 목표하고 있는 바람직한 결과를 크게 고양시킬 수 있다는 사실을 믿게 되었다.

나의 첫 경험은 28년 동안이나 계속되는 두려움과 쓰라림으로 살아온 어떤 남자에 대한 것이었다. 그는 밤중에 일어나 비명을 지르며 식은땀을 흘리곤 했다. 그는 계속되는 우울증으로 시달렸다. 부인의 말대로라면 그의 상태는 수년 동안 한 번도 웃은 적이 없을 정도로 심각했다.

  그는 나에게 수년에 걸쳐 자신에게 일어났던 일을 이야기해 주었는데 그것은 그가 그런 깊은 슬픔에 잠겨 살아가기 전의 일이었다. 그는 2차 대전 당시 이탈리아에 있었는데 서른세 명의 특공대를 책임지고 있었다. 그 때 그들은 적군의 포화 속에 갇히게 되었다. 깊은 시름에 잠긴 눈빛으로 이 사람은 이야기를 꺼내 놓았다. 하나님께서 그들을 그 위기 가운데서 건져 주시기를 얼마나 결사적으로 기도했는지 그가 말했다. 그의 기도는 이루어지지 않았다. 그는 부하들을 둘씩 둘씩 내보내야만 했고 그들이 죽는 것을 지켜 보아야만 했다. 결국 이른 아침 시간에 그는 여섯 명의 부하와 함께 탈출할 수가 있었다. 그것도 네 명은 중상을 입은 채였다. 그는 가벼운 부상을 당했을 뿐이었다. 그는 내게 말하기를, 그 경험을 통해 자신은 무신론자가 되었다고 했다. 분명히 그의 마음은 분노와 쓰라림과 죄책감으로 가득 차 있었다.

  나는 그에게 물었다. "지금 영원한 나라에 사시는 하나님의 아들 예수 그리스도가 당신의 그 쓰라린 추억 속으로 들어가 다시는 그것이 당신의 마음을 주장하지 못하도록 고쳐 주실 수는 없겠습니까?" 그는 가능할 것 같지 않다고 대답했다. 나는 괜찮다면 그를 위해 기도해 주겠노라고 하면서, 그가 무신론자라는 사실에 개의치 않고 믿음을 갖겠노라고 말해 주었다. 그는 승낙의 표시로 고개를 끄덕거렸다. 나는 그 옆에 앉아 손을 그의 어깨 위에 올려 놓은 채, 다시 28년 전으로 돌아가 예수님께서 그날의 이 착한 사람과 함께 동행해 주시기를 기도했다. 또한 나는 이렇게 간구했다. "주님, 제발 그 상처와 그 미움과 그 슬픔을 몰아내 주시고 그를 자유케 하옵소서." 그리고 다시 생각해 보고 또 기도하기를 이 치료의 한 증거로 그 사람이 평안하게 잠잘 수 있게 해달라고 간구했다. 왜냐하면 그가 그 긴 세월 동안 잠을 제대로 잔 적이 없었기 때문이다. "아멘".

그 다음 주 그는 두 눈을 반짝이며 일찍이 볼 수 없었던 환한 표정으로 내게 왔다. "매일 밤 아주 잘 잤습니다. 그리고 아침마다 마음에 찬송을 떠올리며 잠에서 깨어났습니다. 이제 전 행복합니다. 28년 만에 처음으로 이런 기쁨을 느꼈습니다." 그의 아내도 그렇다고 맞장구를 쳤다. 이 일은 수년 전에 있었던 일이다. 멋진 일은 비록 그 사람이 그때 이후 일상적인 삶의 기복을 겪긴 했지만 그를 괴롭혔던 옛 슬픔은 다시 찾아오지 않았다는 것이다. 그는 완전히, 그리고 즉각적으로 고침을 받았던 것이다.

시간이 흘러 이 사건은 내게 피할 수 없는 결론에 이르게 했다. 그것은 예수님의 치유 사역이 전인격적인 치유와 관련되어 있다는 것이며, 따라서 육체적 치유에 대한 나의 편견은 무너지기 시작했다. 병자들을 위한 기도의 나의 초기 경험들은 씁쓸한 실패들이었다. 처음에 나는 암 환자를 위해 기도했으나 그는 죽었다. 그 다음에는 관절염으로 심하게 다리를 저는 어떤 아주머니를 위해 기도했다. 그러나 그분은 계속 다리를 절었다.

내가 배워야 할 것이 몇 가지 있는 것 같았다. 그래서 "저에게 가르쳐 주세요" 하고 기도했다. 며칠 뒤 한 노부인을 통해 응답이 왔다. 그분은 나를 알지도 못했고 내 문제가 무엇인지도 몰랐다. 그분은 우리 모임에 와서 이렇게 말했다. "여러분이 처음 치유를 위한 기도를 배우려면 암이나 관절염과 같이 너무 어려운 질병으로 시작하지 마시고, 좀더 간단한 것부터 시작하십시오."

나는 자리에서 거의 미끄러져 내릴 뻔했다. 그것은 분명 근본적인 것이었다. 나는 이 진보의 원리를 다른 모든 분야의 노력에 실제로 사용하고 있었다. 그러나 그것을 영적인 생활에는 적용하지 못했던 것이다. 그 초보적인 가르침으로 나는 완전히 새로운 세상에 들어가게 되었다. 나는 작은 것들, 예를 들면 귀가 아프다든지 머리가 아프다든지 감기에 걸렸다든지, 가족과 친구들 중에서 어떤 필요가 생기면 무엇이든지 기도하기 시작했다. 한 번에 한 걸음씩 천천히 나는 치유 기도의 방법들을 발견하기 시작했다.

그 시절 나는 많은 것들을 배웠다. 오늘도 내가 기도하는 사람들 중의 일부는 고침을 받지 못하고 있지만 다른 많은 사람들은 고침을 받고 있다. 특히 내가 팀을 이루어 기도한다든지, 사랑하는 공동체 내에서 기도할 경우 많은 사람들이 치유된다.

당혹스러운 질문

그런데 기도를 받는 사람이 모두 다 치유되지는 않는다는 사실을 어떻게 생각하는가? 나는 이것을 하나의 '사실'이라고 부른다. 왜냐하면 조금만 관찰해 보아도 "저희 병을 다 고치셨다"(마 12:15)는 말씀은 예수님께만 해당되는 말씀임을 알 수 있기 때문이다. 분명히 내가 기도하는 모든 사람이 다 고침을 받지는 않는다. 여러분도 나와 똑같은 체험을 하리라 믿는다. 그리고 때때로 치유 능력의 결핍은 신앙의 진짜 위기를 재촉하는 비극적인 차원까지 드러낼 수도 있다. 그렇다면 왜 어떤 사람들은 고침을 받지 못하는 것일까?

이 당혹스러운 질문에 대한 가장 직선적인 대답은 "나도 모른다"는 것이다. 나는 치유의 기도를 받는 사람은 누구든지 즉각적으로 완전히 고침을 받기를 원한다. 정말 결사적으로 원한다. 그러나 그것이 그렇게 간단히 일어나지는 않는다. 어떤 사람은 고침을 받는다. 그래서 우리는 하나님께 감사한다. 비록 완전한 치유는 아니지만 실제적으로 점점 나아지는 사람들도 많이 있다. 그러나 어떤 사람들은 아무런 변화도 일어나지 않는다. 심지어 나는, 그들 나름대로 능력을 받아 효과적인 치유 사역을 하고 있는 사람들 중에서도 만성적인 어떤 신체적 질병으로 인해 그들 자신은 불구로 지내는 사람도 알고 있다.

어떤 의미에서 치유의 기도는 믿을 수 없을 정도로 단순해서 마치 어린 아이가 아버지에게 도와 달라고 하는 것과 같다. 그런가 하면 다른 의미에서는 너무나 복잡해서 인간과 하나님, 마음과 육신, 혼과 영, 그리고 악귀적인 것과 천사적인 것 등이 뒤엉킨 상호 작용이 내포되어 있다. 케네스 스완슨(Kenneth Swanson)은 우리에게 이와 같은 사실을 상기시켜 준다. "우리는 모두 타락한 세상에 살고 있다. 거기에는 질병과 고통과 괴로움이 존재라는 직물의 일부로 섞여 있다."

때로는 우리가 문제를 잘못 진단하는 수도 있다. 정작 필요한 것은 감정적인 치유인데 신체적인 치유를 위해 기도하는 것이 그 예다. 어떤 때는 식이 요법이나 운동이나 수면과 같은 자연적인 건강 요법들을 무시하는 경우도 있다. 또 어떤 때는 하나님께서 치료하시는 한 가지 방법으로서의 의약을 무시할 때도 있다. 충분히 명확하게 기도하지 않거나 근본적인 문제까지 내려가지 않는 경우도 종종 있다. 우리가 하나님의 사랑과 권능이 흘러가는 적절한 통로가 되지 못하여 우리 안에 있는 믿음과 긍휼이 아직까지 충분히 개발되지 못한 경우도 있다. 때로는 우리의 삶 속에 죄가 있어서 하나님의 역사를 방해하기도 한다. 하지만 나는 계속해서 기도할 것이다. 왜냐하면 치유의 역사가 일어나지 않는 이유가 미로와 같이 복잡하기 때문이다. 그러나 그 이유가 무엇이든지 간에 우리가 기도했는데 아직도 건강하지 않은 사람을 대면할 때가 종종 있다. 참으로 슬픈 일이다.

그러면 어떻게 해야 할까? 우선 해서는 안될 일을 말하고자 한다. 어떠한 상황 속에서도 기도를 받고 있는 사람들에게 그들이 고침을 받지 못하는 것이 그들의 잘못 때문이라든지, 믿음이 없어서 그렇다든지, 그들 속에 어떤 죄가 있어서 기도를 방해한다든지, 아니면 그와 유사한 것 때문이라고 말해서는 안된다. 그렇게 하면 오히려 그들이 져야 할 짐을 배가시키게 될 뿐이다. 그들이 우리를 찾기까지 얼마나 힘들었겠는가? 어딘가 나무랄 점이 있다면 기도해 주는 우리 자신들을 자책하자. 왜냐하면 바로 우리의 믿음의 결여나 우리의 죄로 인해 하나님의 은혜와 긍휼의 역사가 방해를 받기 때문이다.

사실상 책임 소재의 문제는 정작 중요한 게 아니다. 제자들이 "랍비여 이 사람이 소경으로 난 것이 뉘 죄로 인함이오니이까 자기오니이까 그 부모오니이까?" 하고 물으며 책임 소재를 따지고 들었을 때, 예수님께서는 그들의 생각을 본질과 무관한 것으로 일축해 버리셨다(요 9:1-12). 분명한 사실은 우리가 치유의 기도에 대해서 배우고 있다는 것과 우리가 이해하지 못하는 일이 많다는 것이다. 종종 우리는 하나님의 헤아릴 수 없는 오묘함 앞에 서지 않으면 안된다. 때때로 예수님의 제자들도 치유의 기도를 시도하다가 실패했다(막 9:14-29 참조).

우리가 해야 할 한 가지 일은 언제나 긍휼을 베푸는 것이다. 복음서 기자들은 예수께서 백성들을 "불쌍히 여기셨다"는 말을 자주 언급했다. 어떤 기사를 보면, 한 문둥병자가 예수님께 나아와 고쳐 주기를 간청했다. 예수님께서는 문둥병자를 바라보시고 마음이 감동되어 불쌍히 여기셨다. 불쌍히 여긴다는 말의 히브리어와 아람어 어근은 '내장'을 가리킨다. 그래서 옛 킹 제임스 역본은 그것을 가리켜 '자비의 창자'라고 불렀다. 그것은 '자궁'이라는 단어와 똑같은 어원에서 나왔다. 따라서 우리는 그 문둥병자에게 자비를 베풀어 고쳐 주신 예수님의 마음을 어머니의 뱃속과 같은 마음이라고 말할 수 있을 것이다. 예수님은 그 문둥병자에게 가까이 가지 않으시고도 병이 나으라고 명령하실 수 있었다. 그러나 그렇게 하지 않으시고 예수님은 그 사람을 만지셨다. 예수님께서 그를 불쌍히 여기셔서 만지신 것은 우리가 에이즈에 걸린 사람을 붙잡는 것에 견줄 수 있다.

안수 기도

불쌍히 여겨 만지는 것을 이야기한 지금, 안수 문제를 논의하는 것이 시기적절할 듯하다. 안수는 성경에서 두루 찾아볼 수 있는 가르침이다. 그것은 믿음의 공동체의 유익을 위하여 하나님께서 제정하신 근거가 확실한 사역이다. 그것은 무의미한 의식에 불과한 것이 아니라 접촉과 전염의 율법에 대한 분명한 인식이다. 그것은 하나님께서 그 무한하신 지혜로 우리가 원하는 것이나 필요로 하는 것, 우리에게 가장 좋은 것이라고 생각하시는 것을 나누어 주시는 수단이다. 그것은 복음의 초보적인 문제 중 하나로, 그것이 없으면 성숙으로 나아갈 수가 없다(히 6:1-6).

안수는 성경에서 여러 가지 방법으로 사용되었다. 예를 들면 자손에게 축복을 해준다든가, 성령으로 세례를 준다든가, 은사들을 나누어 준다든가 하는 일에 쓰였다. 그러나 무엇보다도 가장 두드러진 용도 중의 하나는 치유의 기도에 쓰인 것이다. 예수님은 나사렛에서 병자들에게 안수하셔서 그들을 고치셨다(막 6:5). 벳새다에서는 눈먼 사람에게 두 번 안수하여 그가 완전히 시력을 되찾게 되었다(막 8:22-25). 멜리데 섬에서 사도 바울은 병자들에게 안수하여 그들의 병을 고쳐 주었다(행 28:7-10). 마가복음의 끝부분인 긴 사본에 의하면, 일반 신자들은 이 안수 사역을 통해 격려를 받는다(막 16:18).

안수 그 자체로는 병자들을 고치지 못한다. 병자들을 고치시는 분은 그리스도이시다. 안수는 우리의 믿음을 촉진시키고 하나님께 치유의 기회를 드리는 순종의 행위일 뿐이다. 야고보서 5:14에서 권유하는 것처럼 안수 외에 기름을 바르는 의식도 겸하여 시행하는 경우가 종종 있었다. 다른 많은 사람들과 마찬가지로, 나는 사람들을 위하여 안수하며 기도할 때에 이따금씩 어떤 힘이 부드럽게 흘러가는 것을 느끼곤 했다. 나는 하늘의 생명력의 흐름을 만들어 낼 수도 없지만 막을 수도 없다는 사실을 발견했다. 만일 내가 하나님의 권능이 어떤 사람에게로 들어가는 통로가 되기를 저항하거나 거부하면, 안수를 멈출 것이다. 또한 미움이나 원한의 마음을 품으면 생명력의 흐름이 즉시 멈춘다. 안수를 받는 사람이 용서하지 못하는 마음이 있으면 그것 역시 걸림돌이 된다.

다른 사람들의 인격을 손상시키지 아니하고 존중해 준다면, 그리고 상식적으로 생각해 보더라도 이 일은 경솔히 하거나 함부로 할 수 없는 일이다. 그리고 원하는 대로 아무에게나 손을 덥석덥석 얹으며 돌아다녀서는 안된다. 바울도 사람들에게 분별 없이 안수하는 일에 대해 주의를 주고 있다(딤전 5:22). 왜냐하면 무분별한 안수는 사람들에게 미처 준비되지 않은 일들을 야기시킬지도 모르기 때문이다. 성화된 상식으로 보면 어떤 주어진 시간에 무엇이 적절한지를 깨닫게 된다.

한 가지 덧붙이고 싶은 사실은 우리 어른들이 안수 문제로 갈등하는 동안 어린이들은 그 문제에 대해서 전혀 어려움을 느끼지 않는다는 것이다. 중병이 든 아기를 위해서 기도해 달라고 어느 가정에 초대 받은 적이 있었다. 그 아기의 네 살난 오빠가 마침 방안에 있어서, 그에게 동생을 위해서 기도해야 하는데 도움이 필요하다고 말했다. 그는 자기가 도와야 된다는 말에 기뻐하였고 나 역시 그의 도움을 얻게 되어 기뻤다. 왜냐하면 어린이들의 기도는 종종 놀라운 효력이 있다는 사실을 믿고 있었기 때문이다. 그 아이는 의자 위에 올라오더니 내 옆에 앉았다. "우리 작은 놀이 하나 할까?" 하고는 이렇게 제안했다. "우리는 예수님이 언제나 우리와 함께 계시다는 것을 아니까, 예수님이 저 맞은편 의자에 앉아 계신다고 생각하자. 예수님은 우리가 오로지 예수님께만 관심을 쏟기를 참고 기다리신단다. 우리가 예수님과 예수님의 눈동자에 어려 있는 사랑을 보면, 그 순간 줄리가 얼마나 아픈가 하는 것보다 예수님의 사랑에 대해서 더 많이 생각하게 되지. 예수님은 웃으며 일어나서 우리에게로 오실거야. 바로 그때 우리 둘이 줄리에게 손을 얹는 거야. 그렇게 하면 예수님이 우리 손 바로 위에 그 손을 얹어 주신단다. 우리 몸 속에 들어가 예수님은 나쁜 세균이 다 사라질 때까지 그 세균과 군인들처럼 싸우신단다. 싸우는 한 떼의 군인들처럼 바로 네 동생의 몸을 낫게 하는 빛을 비춰 주시면서 말야. 알겠니?" 그 아이는 심각하게 고개를 끄덕거렸다. 우리는 내가 이야기해 준 그대로 함께 기도했다. 그리고 나서 우리는 일이 이렇게 되어가는 데 대해서 하나님께 감사했다. 아멘. 우리가 기도하는 동안 나의 기도의 짝이 특별한 믿음을 행사한다는 느낌이 들었다.

다음날 아침 줄리는 완전히 다 나았다. 지금에 와서 나는 우리가 한 작은 기도 게임이 줄리를 낫게 했다는 것을 여러분에게 입증할 수는 없다. 다만 내가 아는 것은 줄리가 고침을 받았고 그것만이 내가 알아야 할 전부라는 사실이다.

네 가지 단계

이 글을 읽는 사람 누구나가 대강당에서 수천 명의 사람들을 모아 놓고 치유 사역을 행할 수 있다고는 생각지 않는다. 그러나 그리스도의 치유의 빛을 우리 주변에 있는 사람들에게 전해 줄 수 있는 기회는 일상 생활 중에 우리 모두에게 수없이 많이 생긴다. 그러므로 나는 여러분에게 치유의 기도에 대한 간단한 접근 방법을 제시하고자 한다. 바라기는 그것이 일반적인 상황에서 도움이 되었으면 한다. 거기에는 네 가지의 올바른 단계가 있다.

첫째, 들어야 한다. 이것은 분별의 단계이다. 사람들에게 귀기울이고 또 하나님께도 귀기울이자. 때때로 사람들은 자신의 가장 깊은 마음속의 필요를 망설임 없이 즉석에서 털어 놓는다. 그러나 우리가 그들의 말을 듣고 있다면, 정말로 그들의 말에 귀기울인다면 종종 우리 마음속에서는 "예"라는 소리가 우러나온다. 그것은 바로 기도하라고 하는 하나님의 초청이다. 그래서 우리는 그들이 그 상황을 위해 기도하고 싶어하느냐고 정중하게 묻게 된다. 이십 년 이상 이런 식으로 사람들을 위해 기도해 온 나는 아직까지 내 제의를 거절한 사람을 한 사람도 보지 못했다. 나는 이 일을 공항에서나 백화점에서나 사람들이 많은 강당에서나 가리지 않고 해 왔다. 이런 식으로 사랑과 관심을 보여 주는 것은 세상에서 가장 자연스러운 일이다.

우리는 또 하나님께도 귀를 기울여야 한다. 그리고 하나님께 문제의 핵심을 보여 달라고 간구해야 한다. 이 기도의 응답은 직접적인 계시로 오기도 하고, 때로는 말씀 이면에 깔려 있는 말씀을 들음으로써 오기도 하고, 또는 그 두 가지가 어울려서 오기도 한다. 내 친구 한 명은 옷을 잘 차려 입은 어떤 여자의 이야기를 경청하고 있었다. 그 여자는 정서적인 질병과 정신 의학적인 치료와 정신 병원들에 대한 슬픈 이야기를 혼잣말로 속사포같이 쏘아대며 털어놓았다. 그 이야기를 듣는 동안 그의 마음속에서는 내내 이런 조언이 떠오르고 있었다. "저 여자의 죄가 사함받았다고 말해라." 그러나 그 여자는 잠시도 틈을 주지 않고 이야기를 계속해 나갔다. 마침내 그가 말했다. "부인, 부인의 죄는 사함받았습니다." 그 말을 듣고 그 여자는 계속해서 자기가 아팠던 이야기와 그 병원에서 있었던 이야기를 이어 나갔다. 다시 그가 말했다. "부인, 부인의 죄가 사함받았습니다." 그러자 다시 그 부인은 자신의 독백을 계속해서 이어나갔다. 마침내 그는 그 여자의 양 어깨를 잡고 두 눈을 똑바로 쳐다보면서 이렇게 말했다. "저를 보세요. 제가 말씀드리려고 하는 것은 부인의 죄가 사함받았다는 사실입니다."

그 여자는 숨이 찬 듯이 말을 끊었다. "지금 뭐라고 말씀하셨죠?" 그 여자가 물었다. "부인의 죄가 사함받았다는 말입니다." 그가 대답했다. 순간 그 여자의 눈에 눈물이 비쳤다. "그 죄들이요?" 내 친구는 사랑하는 마음으로 짧게 대답했다. "그렇습니다. 그 죄들이요." 댐이 무너지고 그녀의 두 눈에서 홍수가 쏟아져 나왔다. 그 부인은 자기 남편을 바라보며 눈물에 뒤범벅이 된 채로 이렇게 말했다. "제 죄가 사함받았대요." 그것이 바로 필요한 돌파구였고 실제적인 치유의 관건이었다. 이 착한 여자는 물론 지금까지 계속적인 상담이 필요했다. 그러나 그때 만난 이후 12년이 지나는 동안 정신 병원에 돌아갈 필요가 없었으며 비교적 정상적인 방법으로 맡은 일을 수행해 오고 있다. 우리는 들어야 한다.

둘째, 구해야 한다. 이 단계는 믿음의 단계이다. 필요한 것이 무엇인지 분명히 알았으면 하나님께서 치유해 주시기를 간구해야 한다. 필요한 것이 무엇인지 분명하게 직접적으로 선포해야 한다. "만약에, 그리고, 그러나"와 같은 말들로 우리의 요청을 약화시켜서는 안된다. 마틴 루터가 그의 병든 친구 멜랑히톤(Melanchthon)을 위해 기도한 것처럼 담대하게 기도하자. 그는 이렇게 말한다. "전능하신 하나님께 나는 매우 힘차게 간구했다. 내가 기억해 낼 수 있는 모든 약속을 성경에서 인용하며 그 기도들을 응답해 달라고 했다. 그리고 이제 이후로 하나님의 약속을 내가 믿어야만 한다면 내 기도를 꼭 들어 주셔야 한다고 기도했다."

한번은 프랭키라는 남자 아이를 심방한 적이 있었다. 그는 눈의 상태가 점점 악화되어 병원에 입원해 있었다. 심방할 때마다 우리는 조금씩 더 친해졌는데 그의 시력은 계속해서 나빠졌다. 의사들이 최악의 상황을 우려한다고 그 부모가 말해 주었다. 그러던 어느 날, 그의 병실에 들어갔을 때 그늘이 드리워진 것을 발견했다. 프랭키가 나를 알아보지 못했다. 단지 누군가가 병실에 들어오자 그 그림자로 인해 알아차렸을 뿐이었다.

나는 그곳에 서서 프랭키에게 해줄 조언을 생각해 내려고 애썼다. 그런데 그 순간 잠깐이기는 하지만, 아마 보지 못하는 것이 그를 위한 하나님의 뜻일지도 모른다는 좋지 못한 생각이 들었다. 그와 동시에 내 마음속에서 믿음이 솟구쳐 올라왔다. 그리고는 혼자말로 이렇게 중얼거렸다. "아니야! 지금은 그의 장애를 받아들이라고 말해 줄 때가 아니지. 계속해서 이 문제를 가지고 싸워야 해." 나는 프랭키에게 조용히 말했다. "우리는 둘 다 네 눈이 회복되고 있지 않다는 것을 알고 있단다. 하지만 어쨌든 내 생각에는 하나님께서 도와주시기를 구해야만 할 것 같다. 내가 네 두 눈에 안수해서 예수님의 치료의 빛이 네 눈을 비추도록 하면 어떻겠니? 물론 반드시 어떤 일이 일어난다고 보장은 못하지만 분명히 나빠지지는 않을 거야." 프랭키는 재빨리 동의했다. 우리는 함께 지금까지 감히 구해 보지 못했던 것을 간구했다.

그 다음 주, 내가 프랭키를 방문했을 때 햇빛이 창문을 통해 스며들어 오고 있었고 프랭키는 공과 글러브를 손에 든 채 퇴원 수속을 준비하고 있었다. 그의 부모는 내게, 놀랍게도 악화되어 가던 프랭키의 눈이 어쩐 일인지 역전되어서 이제는 시력이 거의 정상이 되었다고 했다. 나는 의사들이 그에게 어떤 종류의 의학적인 치료를 실시했는지 알지 못한다. 그러나 그들의 노력에 대해서 마음이 흐뭇했고, 어느 어두운 오후에 프랭키와 내가 함께 그의 시력을 위해서 간구했다는 사실이 기뻤다. 이처럼 우리는 구해야 한다.

셋째, 믿어야 한다. 이것은 확신의 단계이다. 우리는 몸과 마음과 영혼으로, 다시 말하면 전인격적으로 믿는다. 때때로 우리는 귀신들린 아이의 아버지처럼 이렇게 고백해야 한다. "내가 믿나이다 나의 믿음 없는 것을 도와주소서"(막 9:24). 그러나 우리의 믿음이 강하다고 생각하건, 약하다고 생각하건 그것과 상관없이, 우리의 확신이 어떤 특별한 감정을 불러일으킬 수 있느냐 없느냐 하는 데 기초하지 않는다는 사실을 기억해야만 한다. 사실 그것은 하나님의 신실하심에 대한 분명한 확신에 기초한다. 그래서 우리는 하나님의 신실하심과 특히 하나님의 변함없는 사랑에 초점을 맞추어야 한다. 프란시스 맥너트(Francis MacNutt)는 이렇게 말했다. "개인적으로 나는 예수님 속에서 가시화된 하나님의 사랑에 집중하기를 더 좋아한다. 왜냐하면 거기에서 그의 치유의 능력이 흘러 나오기 때문이다."

한번은 어떤 대학에서 새로 강의를 맡았다. 학기가 시작된 지 두 주 되었을 때 내가 가르치고 있던 영성 훈련 강좌를 위해서 조금 일찍 강의실로 갔다. 한 학생이 거기에 와 있었는데 이름은 마리아였다. 우리는 곧 친해졌다. 그날 느지막이 나는 한 번도 가 본 적이 없는 캠퍼스의 한구석을 걷고 있었다. 그런데 한 모퉁이에 많은 사람이 모여 있는 것을 보았다. 무슨 일인가 하여 가까이 가 보니 구급차가 사이렌을 울리면서 멈추어 서 있었다. 구경하던 사람이 내게 한 학생이 소형 트럭을 타고 있었는데 모퉁이를 돌다가 떨어졌다고 말해 주었다. 그 여학생의 머리가 콘크리트 바닥에 부딪쳤다는 것이다. 사람들이 그 학생을 구급차에 실을 때 나는 그 학생이 아침에 교실에서 만났던 여학생이라는 것을 알아차렸다. 나는 그날 아침 우리의 만남이 바로 이 순간을 위한 것이었음을 직감했다.

나는 재빨리 구급차에 올라타면서 의료진에게 내가 그 학생의 담당 목사임을 알렸다. 그렇게 함으로써 나는 가까운 거리에서 그 여학생을 위해서 즉시 기도할 수 있었다. 나는 의료진이 마리아를 살펴보는 동안 마리아의 손을 붙잡고 있었다. 그는 의식을 잃었고 한쪽 귀에서는 피가 흘러 나오고 있었다.

마리아의 친구들이 병원 응급실에 모여들기 시작했다. 나는 그들에게 나를 좀 도와 달라고 말했다. 그리고 그 학생들에게 치유의 기도에 관한 긴급 강좌를 실시했다. "뇌에서 피가 흐르고 있고 부상의 충격으로 부어 있습니다. 우리가 먼저 기도해야 할 것은 뇌 속의 모세혈관 파열이 진정되고 부어 있는 뇌가 가라앉는 것입니다. 우리는 이것을 위해서 집중적으로 기도해야만 합니다." 그 학생들은 기도의 과제를 아주 심각하게 받아들였다. 그리고 일부는 병원에서 밤을 샜다. 그들은 실제적으로 그들의 기도가 마리아의 상황을 바꾸어 놓을 수 있다고 믿었다.

담당 의사가 내게, 자동차로 여덟 시간이나 달려야 갈 수 있는 텍사스에 사시는 마리아의 부모를 불러 달라고 요청했다. "가능한 한 빨리 오시라고 하십시오. 수술을 해야 할지도 모릅니다."

마리아의 부모는 자정이 다 되어서 도착했다. 나는 그분들에게 그 학생의 상태에 대해서 처음부터 상세하게 설명했다. "예, 마리아는 아직 의식 불명입니다. 하지만 수술은 하지 않았습니다. 출혈과 부기가 일정 시간 내에 멈추기만 한다면 수술하지 않아도 됩니다." 말을 마친 후 나는 그 동안 우리가 마리아를 위해 어떻게 기도하고 있었는지를 설명하고, 그분들이 기도로 도울 수 있는 것들에 대해서 몇 가지 제안을 했다. 대개의 부모들은 막연한 두려움 때문에 그런 경우 기도를 하지 못하고 별도움이 되지 못한다. 그런데 마리아의 부모는 이 경우에 있어서 예외였다. 그들은 굉장한 믿음을 가지고 기도했다.

이것은 전날 초저녁에 마리아를 위해서 기도하기를 원했던 교수 몇 명과 모여 기도했던 것과는 완전히 대조적인 모습이었다. 그들 중 한 사람은 이렇게 기도했다. "마리아를 주님의 손에 맡깁니다. 그것밖에 우리가 할 수 있는 일이 없습니다." 나는 그 심정은 이해가 가지만 그의 기도는 완전히 잘못된 것이다. 왜냐하면 마리아에게 그리스도의 치유의 빛이 임하도록 하기 위해서 우리가 할 수 있는 일이 너무나 많았기 때문이다. 또 한 사람은 이렇게 기도했다. "주님, 주님의 뜻이라면 마리아가 낫게 해주십시오." 그들의 기도는 다 그런 식이었다. 나는 내 동료들이 물론 선한 뜻을 품었지만 마리아가 나을 것이라는 사실은 믿지 않는다는 것을 알았다. 그들의 기도는 오히려 믿음을 방해했다. 나는 가능한 한 빨리 그 방을 벗어나 학생들이 있는 병원으로 돌아왔다. 학생들에게는 믿음과 소망과 사랑이 넘쳐 있었다.

그 후 나는 눈을 좀 붙이려고 집으로 갔다. 그래서 그 다음날 아침 6시경에 일어난 일을 학생들에게서 들었다. 마리아의 부모는 그날 아침 병원 근처의 한 모텔에 있으면서 내가 가르쳐 준 대로 마음속에 마리아가 의식 불명 상태에서 깨어나는 걸 그리면서 기도하기로 결심했다고 한다. 바로 그 순간 어떤 학생이 병원 중환자실에서 마리아를 지켜 보고 있을 때, 마리아가 눈을 뜨며 그 친구를 향해 미소를 지었다는 것이다. 그로부터 일주일 만에 마리아는 완전히 회복되어서 퇴원하였다. 친구들과 부모의 충만한 믿음이 그것을 가능하게 했다고 생각한다. 우리는 이처럼 믿어야 한다.

넷째, 감사해야 한다. 이것은 감사의 단계이다. 우리가 구한 것이 이루어지면 조그마한 예절만 있어도 감사를 표하게 된다. 그런데 나는, 이루어진 사실을 대담하게 선포하며 기도하는 어떤 사람들처럼 기도한 적이 없다. 내가 정말 말하고 싶은 것은 이런 것이다. "예수님 감사합니다. 우리가 보고 말한 것이 결국 그렇게 될 것을 감사합니다. 아멘." 내가 하고 있는 일이 무엇인가? 믿음의 눈으로 나는 그저 어느 정도 앞날을 내다보고 있을 뿐이다. 그것이 몇 주든, 몇 달이든, 몇 년이든 그것은 중요하지 않다. 또 내가 믿음의 눈으로 하는 일이란 가능성 있는 일과 이루어질 일에 대하여 하나님의 자비하심으로 감사드리는 것뿐이다.

감사 그 자체에는 종종 능력이 있다. 영국의 어느 정신 의학자는 가계의 유전적 형질의 역사에 대해서 가르치면서 부정적인 성격이 다음 세대에 유전되지 않게 하려면 치유 기도가 필요함을 가르쳤다. 그 다음 주, 그 학급 학생 중에 연세가 일흔이 넘으신 할머니는 자기 계보를 훑어보고는 기도할 만한 아무런 문제점도 찾아낼 수가 없었다. 그 할머니의 가족은 하나님을 진심으로 사랑하고 섬겼던 많은 목사들, 그리고 친척들로 구성된 경건한 가계였다. 그 할머니는 아무런 주요한 유전적인 질병이나 비극적인 죽음을 찾아낼 수 없었다. 그 할머니는 족보를 읽으면서 마음속에 큰 감사의 물결이 밀려옴을 느꼈다. 그래서 훌륭한 유산을 주신 하나님께 감사하기 시작했다.

이 선한 할머니는 자기 자신의 상황이 바로 치유의 기도가 필요한 상황임을 깨닫지 못했다. 어린 시절 그 할머니는 척수성 소아 마비를 앓아서 한 쪽 다리가 마비되었다. 그래서 버팀목을 사용해서 걸어야 했다. 그러나 그 할머니는 일평생 그렇게 살아왔기에 그 문제에 대해서 기도하는 것은 꿈도 꾸지 못했다. 그래서 그날 자기가 한 번도 만나 보지도 못했지만 너무도 큰 은혜를 입은 조상들에 대하여 하나님께 찬양하고 감사하면서 잠자리에 들었다. 그 다음날 아침, 잠이 깼을 때 그 할머니는 자기 다리가 완전히 나은 것을 발견했다. 감사하는 마음의 결과였다. 우리는 감사해야 한다.

건강한 회의와 건전한 믿음

다른 문제들도 다룰 수 있는 공간이 있었으면 좋겠다. 아직도 알아야 할 것이 많기 때문이다. 치유 기도에 대해서 당신은 아직도 회의적일지 모른다. 그것이 무조건 나쁜 것은 아니다. 이 시대에 다소 건강한 회의를 통해 유익을 얻을 수 있는 사람들도 있는 것이다.

성 어거스틴이 그런 식이었다. 그는 치유의 기도의 타당성을 의심했다. 그의 초기 저작들을 보면, 그리스도인들이 치유의 은사의 계속성을 기대해서는 안된다고 언급해 놓았다.

그러나 424년에 한 오누이가 어거스틴이 살고 있던 히포라는 마을에 와서 경련성 발작 증세를 고쳐 달라고 하였다. 그들은 날마다 어거스틴의 교회에 와서 치유를 위한 기도를 하였다. 부활절 일주일 전까지 아무 일도 일어나지 않았다. 그 젊은이는 많은 사람들 가운데 기도하고 있었다. 어거스틴은 찬송가를 준비하며 아직도 대기실에 있었다. 그때 그 청년은 마치 죽은 사람처럼 쓰러졌다. 가까이 있던 사람들은 두려움에 사로잡혔으나 잠시 후 그가 일어나 앉아 그들을 다시 바라보았다. 그는 정상을 되찾았고 완전히 고침을 받았다.

어거스틴은 그 젊은이를 저녁 식사에 초대해서 장시간 대화를 나누었다. 어거스틴의 회의는 이 청년의 증언 앞에서 하나 둘 무너지기 시작했다. 마침내 부활절 사흘 뒤에 어거스틴은 그 오누이를 성가대 계단 위에 서라고 말했다. 그곳은 모든 회중이 볼 수 있는 곳이었다. 그 오누이 중 한 사람은 평온하고 정상적이었으며 나머지 한 사람은 여전히 발작 증세로 떨고 있었다. 그 동안 어거스틴은 그 청년의 간증문을 읽었다. 그리고 나서 그는 모든 사람들을 자리에 앉히고 치유에 대한 설교를 시작하였다. 그런데 갑자기 회중들로부터 놀라움의 외침이 터져 나와 설교를 중단해야 했다. 왜냐하면 그 젊은 여자도 바닥에 쓰러졌다가 즉시 고침을 받았기 때문이다. 그 여동생은 한 번 더 회중 앞에 섰다. 어거스틴은 자신의 말로 이렇게 말했다. "하나님께 대한 찬양이 너무나 크게 울려 퍼짐이여, 내 귀가 그 큰소리를 견딜 수 없도다."

이 모든 일이 일어난 것은 어거스틴이 그의 대작 「하나님의 도성(The City of God)」을 집필할 때였다. 그래서 그는 그 책의 마지막 부분을 자신의 교구에서 일어난 치유의 기적들을 다루는 데 할애하였다. 그는 그가 어떻게 기적들을 기록하고 인증하는 과정을 밟게 되었는지 그 이유를 다음과 같이 설명하였다.

나는 우리가 살고 있는 이 시대에 얼마나 많은 기적들이 일어나고 있는가를 깨닫게 되었다. 하나님의 권능으로 인한 이 놀라운 일들에 대한 기억이 사람들의 뇌리에서 사라지게 하는 것이 얼마나 그릇된 일인지 알게 되었다. 여기 히포에서 기록하기 시작한 것이 불과 2년 전이다. 그리고 이 글을 쓰고 있는 지금, 이미 우리에게 있는 입증된 기적은 거의 70가지나 된다.

어거스틴처럼 우리도 하나님의 치유의 손길을 체험하는 사람들의 겸손한 증거를 목격할 때, 건전한 믿음을 사기 위하여 건강한 회의를 팔 수 있게 되기를 기도한다.

기도
나의 주, 나의 하나님, 나에게는 치유의 기도를 반대하는 수많은 논거들이 있습니다. 그러나 주님은 치유의 기도를 찬성하는 유일한 논거이십니다. 결국 주님만이 승리하십니다.
　나로 하여금 주님의 치유의 사랑이 다른 사람들에게로 전해지는 통로가 되게 하소서. 예수님의 이름으로 기도드립니다. 아멘.

19장

고난의 기도

> "세상을 구원하는 것은 다름아닌 고난의 기도이다."
>
> 성 마리아(*St. Mary of Jesus*)

이제 우리는 전혀 대중적이지 않은 주제를 다루어 보고자 한다. 만일 여러분이 기도의 삶과 기도의 역사에 대해 아주 진지하다는 나의 확신만 아니라면, 나는 이 주제에 대해서 언급하는 것조차 망설일 것이다. 이제 내가 말하고자 하는 것은 고난의 기도에 관한 것이다.

기도의 형태 중에 전적으로 다른 사람 중심의 형태가 있다면 그것이 바로 고난의 기도이다. 고난의 기도는 우리의 필요나 소원과는 거리가 멀다. 심지어 우리의 변화와 하나님과의 연합과도 거리가 멀다. 이 기도에서 우리는 우리가 직면하는 많은 어려움과 시련을 하나님께 맡기고 하나님께서 구속하여 사용하시기를 구한다. 또한 다른 사람들을 자유케 하기 위해서 다른 사람들의 슬픔과 애통을 자발적으로 우리 자신 속으로 받아들인다. 우리의 고난을 통해서, 고난을 당하는 사람들이 고난당하시는 하나님의 얼굴을 보게 되는 것이다.

더 큰 예시는 없다

예수님께서 골고다 언덕 위에서 나무에 달리셔서 "아버지여 저희를 사하여 주옵소서 자기의 하는 것을 알지 못함이니이다"(눅 23:34)라고 사죄의 말씀을 하셨을 때보다 구속을 위한 이 고난의 사랑을 더 잘 보여 주는 것은 없다. 이것은 반복될 수 없는 최고의 구속 사건이다. 이 부분에 있어서 우리는 결코 그리스도의 동반자가 될 수 없다. 예수님께서는 홀로 이 길을 걸어가셔야만 했다.

그러나 그는 우리를 그의 고난 속에 참여하도록 초청하셨다. 그래서 그와 함께 세상의 구속에 동참하게 하신다. 위대한 사도 바울은 이것을 이렇게 이해했다. "내가 이제 너희를 위하여 받는 괴로움을 기뻐하고 그리스도의 남은 고난을 그의 몸 된 교회를 위하여 내 육체에 채우노라"(골 1:24). 바울의 생각은 마치 세상의 구원을 위한 그리스도의 대리적인 속죄에 어떤 부족함이 있거나, 그리스도의 고난에 무언가 빠진 것이 있다는 것이 아니다. 바울의 생각은 그것과 전혀 다르다. 오히려 "그리스도의 고난에 참예"(빌 3:10)함으로써 그리스도의 동반자가 되도록 부름받았다는 것이다.

대속적인 고난

내가 일종의 이상한 종교적인 매저키즘으로 몰아가고 있다고 여러분이 생각하기 전에, 이 모든 것에 대한 보다 분명한 조망을 위해 자세히 언급하려 한다. 우리는 모두 구원과는 상관이 없는 부정적인 다양한 고난에 대해서 잘 알고 있다. 너무나도 잔인하고 전혀 의미가 없는 그런 고난 말이다. 우리는 온 힘을 다해 이 고난에 대항하여 싸워야 한다. 왜냐하면 그것은 언제나 하나님 나라에서의 삶과는 정반대 되기 때문이다.

그러나 목적이 있고 의미가 있는 고난도 있다. 그것은 다른 사람들의 삶을 풍요롭게 하고 세상을 치료하는 고난이다. 순전히 인간적인 차원에서 우리는 이것을 본능적으로 이해할 수도 있는데, 그것은 우리의 자녀들과 관련해 볼 때 더욱 그렇다. 우리는 자녀들이 보다 나은 삶의 기회를 갖도록 하기 위해서 기꺼이 우리가 가진 많은 것들을 빼앗긴다. 한편 이것은 십대 자녀들의 반항을 우리가 견디기 어려워하는 한 가지 이유가 된다. 사실 우리가 두려워하는 것은 우리의 모든 희생이 아무런 성과도 없지나 않을까 하는 것이다.

우리의 모든 문화가 이런 식이라면 대속적인 고난의 개념을 정확하게 이해하기가 어렵다. 그것은 예수님께서 우리에게 풍성한 삶을 약속함과 동시에 우리의 십자가를 져야 한다고 말씀하신 것을 우리가 조화시키기 어려운 것과 같은 이유이다. 그러나 예수님의 생애는 우리에게 은혜와 고난이 양립할 수 있다는 것을 보여 준다. 바울은 많은 고난을 겪었고 또 그 증거도 충분히 제시되어 있는데, 그는 이렇게 선포하였다. "생각건대 현재의 고난은 장차 우리에게 나타날 영광과 족히 비교할 수 없도다"(롬 8:18). 교황 바오로 6세는 이렇게 말했다. "그리스도인은 동시에 두 가지 상반된 경험을 할 수 있다. 그것이 바로 기쁨과 슬픔인데 이 둘은 상호 보완적이다."

대속적인 고난을 통해 우리는 다른 사람들의 죄와 슬픔에 동참하게 된다. 아무런 흠이 없는 완전한 순수함은 있을 수 없으며 또 팔을 뻗으면 닿을 곳에 있지도 않다. 그들의 고난은 복잡하게 뒤엉켜 있으며 우리는 그

혼란의 와중에 뛰어들 준비가 되어 있어야만 한다. 우리는 다른 사람들을 위해서 십자가에 달릴 뿐만 아니라 다른 사람들과 함께 십자가에 달린다. 우리는 고난 중에 기도함으로써 변화된다. 우리의 마음이 모든 사람들을 수용하고 용납하기 위해서 넓어진다. '그들'이라는 말이 '우리'라는 말로 바뀐다. 그것이 지적이건 문화적이건 영적이건 간에 우리가 우위에 두었던 모든 것들이 가만히 사라지고 만다. 우리는 십자가 밑에 함께 서 있는 것이다.

대속적인 고난 뒤에 숨어 있는 억누를 수 없는 힘은 고통이 아니라 기쁨이다. 그것은 우리가 고통을 사랑하기 때문도 아니요, 순교자가 되는 길을 찾으려고 함도 아니다. 이것은 불행을 위한 불행이 아니다. 그것은 하나님께서 모든 사람을 보다 더 유익하게 하기 위해서 우리를 사용하시는 것이다. 그것은 곰곰이 생각해 보면 참으로 놀라운 개념이다. 그래서 예수님에 대해 이렇게 말할 수 있었다. "저는 그 앞에 있는 즐거움을 위하여 십자가를 참으사 부끄러움을 개의치 아니하시더니 하나님 보좌 우편에 앉으셨느니라"(히 12:2). 그렇기 때문에 우리도 오늘날 베드로가 한 말에 대해서 공감할 수 있다. "오직 너희가 그리스도의 고난에 참예하는 것으로 즐거워하라 이는 그의 영광을 나타내실 때에 너희로 즐거워하고 기뻐하게 하려 함이라"(벧전 4:13).

고난 없이는 영광도 없다

고난의 기도의 가치는 무한하다. 우선 그것은 어떤 교리를 절대적인 것으로 믿는 피상적인 신념으로부터 우리를 해방시킨다. 아마 여러분은 어떤 사람이 확신에 찬 믿음과 승리에 대해서 말하는 것을 들어 본 경험이 있을 것이다. 그런데 그 모든 말이 다 옳고 그 이야기가 분명히 건전하게 들리지만, 어딘가 진실하게 들리지 않을 때가 있다. 그렇다면 아마도 그 사람이 고난의 성례에 참여하여 세례받지 않고 아직도 믿음의 가벼운 측면에 의지하여 살아가는 사람이기 때문일 것이다.

우리에게는 구세주가 한 분 계시다. 그분은 "간고를 많이 겪었으며 질고를 아신다"(사 53:3). 예수님은 "심한 통곡과 눈물로 간구와 소원을 올렸다"(히 5:7). 나는 당신에게 묻는다. 종이 주인보다 나은가? 그리스도 안에 승리가 있다. 하지만 그 승리는 고난 주변에 있는 것이 아니라 고난을 통해서 온다. 사도 바울의 당당한 발언은 어떤 교리에 대한 맹신이 아니다. 그가 "우리는 정복자들보다 나은 자들이다"라고 말한 것은 환난이나 곤고나 핍박이나 기근이나 적신이나 위험이나 칼의 다른 한 측면에서 볼 때 가능하다(롬 8:35-39).

윌리암 펜(William Penn)의 "고난 없이는 영광도 없다"는 날카로운 한마디는 매우 실제적으로 들린다. 예수님의 제자들에게는 고난과 더불어 땅이 주어진다. 토마스 켈리(Thomas Kelly)는 이렇게 말했다. "하나님께서는 자신의 성향을 좇아 거룩한 순종의 길에 십자가를 심어 놓으셨다."

여기에 놀라움이 있다. 그 고난은 무익하지 않다는 것이다. 하나님께서는 그것을 아름다운 것으로, 그리고 우리가 상상할 수 있는 것보다 훨씬 뛰어난 것으로 여기시고 또 그렇게 사용하신다. 고난의 순간에 우리는 여기저기서 마치 반사된 달빛과 같은 희미한 불빛만을 볼 수 있을 뿐이다. 그러나 그날이 오면, 눈 가리개가 제거되고 비늘이 떨어져 나가서 고난 속에서도 대낮의 햇빛처럼 빛나는 영광을 보게 될 것이다. 예수님께서는 우리에게 이렇게 솔직하게 말씀하신다. "이 세상에서는 너희가 환난을 당할 것이다." 그러나 계속해서 이 말씀을 덧붙이신다. "담대하라! 내가 세상을 이기었노라"(요 16:33).

고난의 기도의 또 하나의 가치는, 고난에 의해서 우리의 마음이 넓어지고 민감해진다는 것이다. 헨리 누웬의 표현에 의하면 우리는 '상처 있는 치료자들'이다. 모든 것을 좋게 하는 꼭맞는 해답은 없다. 우리는 다른 사람들의 고난에 동참하도록 우리를 준비시키는 고난을 겪는다. 글렌 힌슨(Glenn Hinson)이 말한 대로 "사랑이 우리의 마음을 사포로 닦아 매끄럽게 하면 할수록, 더욱더 많은 고난을 받아야만 한다." 우리는 스스로 마음속에서 우리 시대의 아픔을 인식하게 된다. 그리고 그것이 사역의 출발

점이 된다.

아버지가 목사인 어떤 젊은 여성을 위해서 기도해 준 적이 있었다. 그 훌륭하신 목사님께는 놀라운 점이 많았다. 그러나 그의 딸의 마음은 상실감으로 무거웠다. 아버지는 목회의 필요상 수도 없이 나가 계셨고, 적은 수입으로 장난감도 거의 사줄 수 없었고, 휴일이란 것도 거의 없었고, 남다른 어떤 것도 가질 수가 없었다. 또한 이곳 저곳 기웃거리며 비방하기 좋아하는 교인들은 사사건건 흠을 잡았다. 나는 이러한 것들이 흔히 있을 수 있는 상실감이라는 사실을 알지만, 그렇다고 해서 그로 인해 조금이라도 상처를 덜 받는 것은 아니다.

나는 언젠가 내 아이들이 그대로 반복할지도 모르는 이야기를 그 여자가 하고 있는 것은 아닌지 자문해 보았다. 왜냐하면 나는 젊은 목사이고, 나 또한 역시 시간이 없었고 돈도 부족했으며 교인들 역시 까다로운 사람들이었기 때문이다.

그 여자가 말을 마친 후에 나는 그 뒤에 서서 안수하는 형태로 그녀의 머리 위에 내 양손을 가만히 올려 놓았다. 나는 아직도 그녀의 마음속에 들어 있는 어린 시절의 상한 마음이 치유되기를 기도해 주고 싶었다. 그녀의 마음속에는 그 모든 상실감을 겪었던 어린 시절의 마음이 그대로 있었다. 그런데 나는 불과 몇 마디도 기도할 수가 없었다. 왜냐하면 내 마음속에서 그녀의 감정적인 고통에 대해 솟구쳐 올라오는 깊은 슬픔이 느껴졌기 때문이다. 나는 어떤 일을 했는지도 모르는 그녀의 아버지를 위해서 용서의 기도를 드렸다. 바로 그 순간부터 나는 더 이상 말을 이을 수가 없었다. 어떤 커다란 비통함이 나를 엄습해 왔고, 그래서 나는 그녀를 대신해서 조용히 흐느껴 울 수밖에 없었다. 나는 원래 감정이 무딘 사람이다. 그러므로 대충 말해도 그때 상황이 얼마나 이상했는지 여러분이 이해할 수 있을 것이다. 내가 그녀의 고통 속에 들어갔을 때 나는 바닥에 커다란 눈물을 뚝뚝 흘리면서 그녀의 뒤에 서서 그녀 아버지를 대신해서 회개하고, 그녀의 마음속에 들어 있는 어린 시절 상한 마음을 치료해 주시기를 간구했다. 분명히 말로 할 수 없었던 것을 눈물이 해냈다. 왜냐하면 그 여인이 실질적으로 치료받고 돌아갔기 때문이다. 이런 기도 방법은 고난이라는 학교를 통해서만 배울 수 있다.

대속적인 고난의 가치를 마치 식료품 가게에서 품목을 일일이 확인하듯이 하나씩 하나씩 계속해서 열거해야 하는 것인가? 나는 그렇게 생각하지 않는다. 비록 그것들 하나하나가 모두 사실이긴 하지만, 우리의 있는 그대로의 슬픈 감정에서 우리를 보호하기 위한 적절한 대답처럼 사용될 수 있기 때문이다. 내 생각에 이제 우리는 고난의 기도를 실천하는 쪽으로 돌리는 편이 나을 것 같다.

어떻게 해야 하나?

여러분이나 나나, 악의 문제를 잘라 버린다면 해야 할 일이 훨씬 더 쉬워질 것이다. 그리고 모든 이론을 매우 공정하게 논의할 수도 있을 것이다. 우리가 던져야 할 질문은 "왜 이 세상에 고난이 있을까?" 하는 것보다 "이 세상에 있는 고난을 어떻게 하면 구속과 치유라는 관점에서 이해할 수 있을까?" 하는 것이 되어야 한다. 우리는 실천의 문제에 관심을 가져야 한다.

그러면 어떻게 해야 하는가? 우리는 모세의 본을 따라야 한다. 그가 이스라엘 자손을 애굽의 속박에서 건져내었을 때에 그들은 감사하기는커녕 오히려 금송아지를 만들어 반역하였다. 그때 모세는 그들을 포기하지 아니하고 이렇게 말하였다. "내가 이제 여호와께로 올라가노니 혹 너희의 죄를 속할까 하노라"(출 32:30). 그가 한 일은 바로 이것이다. 하나님과 백성들 사이에 담대히 서서 심판의 손을 늦추어 달라고 하나님께 변론한 것이다. 그 다음에 모세가 한 말을 주목해 보라. "그러나 합의하시면 이제 그들의 죄를 사하시옵소서 그렇지 않사오면 원컨대 주의 기록하신 책에서 내 이름을 지워 버려 주옵소서"(출 32:32). 이 얼마나 놀라운 기도인가! 중보자다운 고난의 기도가 아닌가! 이것이야말로 바로 우리가 동참할 특권을 가진 그런 기도이다.

또 우리는 어떻게 해야 하는가? 다니엘의 모범을 따를 수 있다. 다니엘은 그의 모든 성년의 시기를 바벨론의 궁정에서 보냈다. 그런데 선지자 예레미야의 글을 읽다가 예루살렘의 황폐함이 칠십 년 만에 마치리라는 내용을 접했다. 바로 이때 성경에 기록된 가장 아름다운 기도 가운데 하나가 탄생했다. 그 기도는 예수님의 다락방 기도를 제외하고는 가장 훌륭한 기도라 할 수 있다. 그것은 회개의 기도였다. "내 하나님 여호와께 기도하며 자복하여 이르기를…"(단 9:4). 여기서 다니엘은 자기 죄를 자복하고 있는 것이 아니라 그의 백성 이스라엘의 죄를 자복하고 있다.

주목할 것은 그가 자기만 안전하고 의로운 위치에 따로 떨어져 서 있지 아니하고 오히려 그 백성들의 죄와 자신을 밀접하게 동일시하고 있다는 사실이다. 한번 들어 보라. "우리는 이미 범죄하여 패역하며… 우리가 듣지 아니하였나이다… 우리가 주께 범죄하였음이니이다…"(단 9:5-19). 그 내용은 바로 이것이다. 다니엘이 자기 백성과 함께 서서, 자기 백성을 대신하여 회개하며, 하나님과 자기 백성 사이에서 중보자가 되고 있다는 것이다. 다니엘은 마침내 올바른 관점을 갖고 기도를 맺는다. "우리가 주의 앞에 간구하옵는 것은 우리의 의를 의지하여 하는 것이 아니요 주의 큰 긍휼을 의지하여 함이오니"(단 9:18하). 이 얼마나 놀라운 기도인가! 이것이 바로 우리가 드려야 할 기도이다.

이런 식으로 살면서 기도했던 사람들은 너무 많다. 요셉과 그의 망명을 생각해 보라. 마리아와 갈보리에서의 그녀의 밤샘을 생각해 보라. 스데반과 돌에 맞아 죽은 그의 죽음을 생각해 보라. 바울과 그의 환난을 생각해 보라. 히브리서 11장에 나오는 고난당한 믿음의 거장들의 이름과 거기에 붙은 적절한 묘비명인 "이런 사람은 세상이 감당치 못하도다"(히 11:38)라는 말을 생각해 보라.

되풀이하건대 이것은 고난을 위한 고난이 아니다. 여기에 순교를 위한 갈망이 있는 것도 아니다. 이것은 다른 사람들을 치유하고 그들에게 새로운 생명을 주기 위하여 그들의 죄와 슬픔을 의식적으로 어깨에 짊어지는 것이다. 조지 맥도날드(George MacDonald)는 이렇게 말하였다. "하나님의 아들이 죽기까지 고난을 당하신 것은 사람들로 하여금 고난당하지 않게 하기 위함이 아니라 그와 같이 그들도 고난받게 하려는 것이다."

소극적인 측면과 적극적인 측면

고난의 기도에는 소극적인 측면도 있고 적극적인 측면도 있다. 소극적인 측면에는 우리의 일상적인 삶의 과정 속에 나타나는 많은 시련들이 포함된다. 이러한 것들은 단순히 짜증나는 것이거나 정말로 비참한 것일 수도 있다. 때때로 그것은 불순종이나 그릇된 삶으로 인해 온다. 만일 그렇다면 우리는 살아가는 방식을 바꾸어야 한다. 때로는 좋았던 환경이 잘못되어 가는 소용돌이에 휘말릴 때도 있다. 파산으로 인해 경제적으로 쪼들려 자금이 바닥난다든지, 회사에서의 인간 관계 때문에 지위에 악영향을 받는다든지, 우리의 삶을 영구히 변화시키는 무서운 사고 등이 그것이다.

우리는 이러한 것들을 겪을 때, 우리에게 책임이 있는 것도 아니고 또 우리 힘으로 어찌할 수 있는 것도 아니기 때문에 끈기 있게 견뎌 내야만 하며 하나님께만 의지해야 한다. 오늘날 절망과 궁핍을 견뎌 낼 만큼 능력 있는 사람은 거의 없다. 고난의 기도야말로 이런 능력을 배양시킨다. 때때로 우리에게 영혼의 메마름이 찾아오는 것은 바로 이러한 것 때문이다. 장 니꼴라 그로우는 이렇게 말했다. "당신이 고난을 당하면 하나님을 위해 참고 견디어라. 복종과 인내로 고난을 당하고 예수 그리스도와 연합하여 고난을 당하라. 그러면 당신은 매우 탁월한 기도를 드리게 될 것이다."

우리는 이러한 사실을 확신할 수 있다. 하나님께서는 모든 것을 알고 계시고 또 모든 것을 보고 계시기 때문에 궁극적으로는 모든 것들을 바르게 하실 것이다. 더 나아가 하나님께서는 모든 눈물을 마르게 하실 것이다. 그러는 동안 하나님께서는 신비하게도 우리의 슬픔을 옮기시고 그 슬픔을 사용하여 세상을 치유하신다.

나는 나의 이러한 견해에 내재되어 있는 위험성을 안다. 사람들은 그것을 불의와 악에 대한 소극적인 태도로 잘못 이해할 수도 있다. 그러나 절대로 그래서는 안된다. 하나님께서는 악에 대해서는 어떠한 모양이든지 대항하여 싸우라고 우리에게 명령하신다. 소극적인 태도는 우리의 문제로 보기가 어렵다. 우리는 우리에게 닥치는 온갖 사소한 불편에 대해서도 싸우고 투쟁하는 경향이 있다. 이런 과정을 거쳐 영적인 성숙과 더불어, 십자가 밑에서 살아가는 정상적인 삶의 일부인 시련과 바로잡아야 할 필요성이 있는 악한 세상의 불의를 구별할 수 있는 능력이 생긴다.

고난의 적극적인 측면에는 우리가 다른 사람들을 자유케 하기 위해서 그들의 슬픔과 애통을 자발적으로 우리의 것으로 받아들이는 것이 포함된다. 한번은 앤이라는 여인이 아내 캐롤린에게 기도 상담을 받으러 찾아왔다. 겉으로 드러난 앤의 문제는 우울증이라는 것을 쉽게 알아볼 수 있었다. 잠시 후 문제의 내적 원인이 금방 드러났다. 그것은 바로 갑작스럽고 비극적인 자녀의 죽음이었다. 캐롤린에게는 짐을 나누어 지는 은사가 있었다. 그래서 캐롤린은 앤을 위해 기도하면서 그녀의 슬픔을 마치 자기 것처럼 떠맡았다. 캐롤린이 앤의 자녀의 죽음을 애통해 할 때 계속해서 마음속 깊은 곳으로부터 흐느낌과 통곡이 솟아났다. 캐롤린은 하나님께 앤의 감정적인 아픔을 거두어 주시고 예수 그리스도의 십자가를 통해 구원해 주시기를 간구하였다. 그렇게 하자 슬픔의 눈물이 끝나고 곧 이어 고요한 평안이 찾아 들었다.

후에 캐롤린은 앤에게서 편지를 한 장 받았는데 거기에는 그 기도 모임 중에 찾아 든 새 생명에 대해서 기록되어 있었다. 앤이 그날 받은 치유는 그 문제들의 뿌리가 매우 깊고 사소한 많은 문제들을 안고 있기 때문에 비록 온전한 치유라고 볼 수는 없지만 나름대로 중요한 의미를 가진다. 분명히 앤의 우울증은 상당 부분 치유되어 다시 한번 정상적으로 기능을 회복할 수 있게 되었다. 캐롤린의 대리적인 고난을 통해서 하나님께서는 앤의 과거에 치유의 통로를 개설하셨다. 그 결과 앤 스스로 그 자녀의 죽음에 대해서 슬퍼할 수 있게 되었다.

나는 이 이야기에 한 가지 작은 견해를 덧붙이고자 한다. 우리가 다른 사람들의 짐을 양어깨에 계속해서 짊어질 필요는 없고 오히려 그 짐을 하나님의 품에 내려놓아야 한다는 것이다. 그렇지 않으면 그 짐이 우리가 감당하기에는 너무나 무거워 마음속에 낙심이 찾아올 것이다. 그러므로 계속해서 짐을 질 필요는 없다. 실제로 우리가 해야 할 일은 작은 것이다. 그것은 다른 사람들의 고통을 그들이 스스로 그 문제에서 벗어날 때까지만 붙잡아 주는 것이다. 그리고 나서 우리는 함께 모든 일을 하나님께 위임할 수 있다.

다른 사람을 대신해 드리는 회개

고난의 기도의 참된 의미는 우리가 다른 사람들을 대신해서 회개하는 은혜를 받을 때 가장 두드러진다. 그것도 특히 우리의 원수들을 용서하고 그들을 자유케 하며 그들을 대신하여 회개할 때 더욱 그러하다. 디트리히 본회퍼는 이렇게 말했다. 우리가 원수들을 위해 기도할 때 "우리는 그들의 좌절과 빈곤, 그리고 그들의 죄책과 지옥의 형벌을 우리 자신이 짊어지고 하나님께 그들을 대신하여 탄원하는 것이며, 그들 스스로 할 수 없는 일을 우리가 대신하여 우리 자신의 문제로 알고 대리적으로 하는 것이다."

라펜스브루크에 있는 나치스의 강제 수용소에서 대략 92,000명의 남녀와 어린아이들이 죽임을 당했다. 그중 한 어린아이의 시체 근처에서 포장지 조각 하나가 발견되었는데, 거기에 이런 기도가 쓰여 있었다.

> 오 주님, 호의를 가진 사람들뿐만 아니라 악의를 품은 사람들까지도 기억하여 주소서. 그들이 우리에게 끼친 고난만을 기억하지 마시고 그 고난으로 인해 우리가 얻은 열매도 기억하여 주소서. 이 모든 고난의 결과로 맺어진 열매들, 이를테면 우리의 우정과 충성, 우리의 겸손과 용기, 관용, 넓은 마음도 기억하여 주소서. 그리고 그들이 심판을 받게 될 때에 우리가 맺은 모든 열매들로 인해 그들이 용서받게 하소서.

이처럼 다른 사람들을 대신하여 회개한다는 생각이 당신에게 새로울지도 모른다. "그들이 그들 스스로를 위해서 회개해야 하지 않겠는가?" 하고 의문을 제기할지도 모른다. 물론 그 말이 옳다. 우리 각자는 우리의 범죄에 대해서 심령으로 애통하며 스스로 하나님의 긍휼하심에 호소해야 한다. 그러나 어찌 됐건 다른 사람들을 위한 회개의 기도는 그들이 스스로의 힘으로 돌이키는 것을 가능하게 해줄 뿐만 아니라 더 쉽게 해준다. 어떻게 그 일이 가능한지 나는 모른다. 하지만 분명히 그렇다는 것을 확신한다. 그 이유가 기도하는 사람이 모두 당장에 어떤 성인으로 변화하기 때문은 아니다(심지어 예수님의 희생까지도 그런 결과를 가져오지는 않았다. 일단 우리가 그것을 충분히 이해하기만 한다면 우리는 어떤 결과도 원하지 않을 것이다). 그것은 오히려 은혜와 긍휼의 작은 물방울들을 떨어뜨리는 것과 흡사하다 하겠다. 작은 물방울들은 아마 털어내 버릴 수는 있겠지만 분명히 무시할 수는 없다.

하나님과의 씨름

이렇게 하나님과 사람 사이에 서는 데는 하나님과의 일종의 씨름이 내포되어 있다. 그것은 우리가 겪어야 할 고난의 일부로서 가장 친한 친구와 논쟁을 하는 것과 꽤 비슷하다. 터툴리안(Tertullian)은 그것을 "하나님께 대한 일종의 거룩한 폭력"이라고 했다. 밤새도록 천사와 씨름했던 구약의 야곱처럼, 우리는 우리 자신을 위해서가 아니라 다른 사람들을 위해서 복을 받을 때까지 놓아 주지 않아야 한다. 우리가 하나님과 논쟁하는 것은 그의 공의로우심보다는 그의 긍휼을 얻기 위함이다. 우리가 이렇게 하나님과 씨름할 수 있는 것은 오직 하나님과의 친밀함이 있기 때문에 가능하다.

이러한 격렬한 상호 작용은 하나님 자신의 본질과 다르지 않다. 왜냐하면 도날드 블로쉬(Donald Bloesch)가 말한 대로 "하나님도 자신의 거룩함과 화해하기 위해서 자신과 씨름하신다. 한편으론 죄를 참으실 수 없으시며 다른 한편으로 죄악된 인류에 대해 무한한 사랑을 갖고 계시기 때문이다." 하지만 그렇다 해도 이 씨름은 우리로서는 받아들이기 어려운 씨름이다. 우리는 평화로운 조화의 이미지를 더 좋아한다. 우리의 어려움은 부분적으로 투쟁과 사랑을 화해시키지 못하는 우리의 문화에 기인한다. 우리 생각으로는 사랑하는 사이란 그 본질상 평화롭고 조화로워야 한다.

그러나 인간적인 차원에서는, 우리가 가장 깊이 관심을 두고 있는 것들 때문에 가장 열정적으로 논쟁한다. 투쟁은 사랑과 병행한다. 왜냐하면 투쟁이야말로 관심의 표현이기 때문이다.

이것은 분노가 아니다. 애처로운 울음도 아니다. 그것은 마틴 루터가 표현한 대로, "영혼이 하나님께 드려질 때 하는 끊임없는 격렬한 행동이다." 우리는 지금 중대한 문제를 다루고 있다. 우리의 기도는 하나님께 영향을 미치기 때문에 중요하다. 우리는 하나님께서 우리 마음의 열심을 아시기를 원한다. 우리는 높은 곳에서 우리의 소리가 들리기를 원하기 때문에 찬양의 문을 두드린다. 우리는 고뇌한다. 그리고 울부짖고 큰소리로 외친다. 우리는 흐느낌과 눈물로 기도한다. 우리의 기도는 발버둥치는 믿음의 신음이 된다. 찰스 스펄전이 상기시켜 주고 있는 것처럼 "기도는 하늘과 싸워 이길 수 있고 전능자를 기도의 소원대로 움직일 수 있다."

금식은 우리의 투쟁의 한 표현이다. 금식은 격렬한 영적 활동을 위하여 스스로 정상적인 기능을 부인하는 것이다. 그것은 우리의 심각함과 강렬함을 나타내는 표시이다. 금식한다는 것은 우리가 에덴 동산에서 인간에게 주신 첫 번째 권리인 먹는 권리를 의도적으로 포기하는 것이다. 우리가 음식을 거절하는 것은 다른 사람들이 훨씬 더 많은 영양분을 받게 하는 일에 열중하기 때문이다. 우리는 모든 멍에를 풀고 갇힌 자들을 자유케 하라고 임명되었다. 금식은 바로 상처받고 억압받는 자들을 위해서 싸우는 우리의 투쟁을 그 어떠한 것도 멈출 수 없다는 징표이다.

나는 「훈련의 축제(Celebration of Discipline)」라는 책에서 금식에 대하여 자세히 적어 놓았다. 그리고 지침이 될 만한 다른 좋은 책들도 많다. 여기서 나는 금식이란 우리가 고난을 기쁘게 견딜 수 있게 해주는 하나의 수단이라고 강조하고 싶다. 더 큰 유익을 얻기 위하여 우리 자신을 절제하는 것이다. 금식은 하나님께 대해서는 무게를 가지며 다른 사람들에게는 영향력을 행사한다. 중국의 흐시(Hsi) 목사는 자기 아내가 깊은 우울과 정신적인 고통에서 해방되는 것을 너무나 갈망한 나머지 "자기 가족에게 사흘 밤낮을 금식하도록 요청하고 자신은 기도에 전념하였다. 그는 몸은 비록 쇠약해졌지만 믿음은 강해져서 하나님의 약속을 손에 쥐게 되었다." 그 아내를 위한 그의 계속적인 기도는 결실을 맺어 그 아내가 건강을 완전히 되찾게 되었다. 그 후 그의 아내는 그의 사역의 효과적인 동역자가 되었다.

이것은 또한 지나치고 불건전한 금욕주의가 아니다. 그것은 고문이나 고행과는 아무런 관계가 없다. 고문이나 고행은 순수한 희생이 왜곡된 것이다. 우리는 고통 속에서 기쁨을 얻지도 않고 또 그것을 쓸데없이 추구하지도 않는다. 우리의 금식은 하나님과의 씨름의 일부분이다. 그것은 새 생명의 탄생을 보기 위하여 우리가 겪는 산고의 일부이다.

하나님과의 씨름은 고통스러울지도 모른다. 그러나 그 최종 결과는 투쟁할 만한 가치가 있다. 쇠렌 키에르케고르는 우리에게 우리도 이기고 하나님도 이긴다는 사실을 이렇게 말했다. "의로운 사람은 기도로 하나님과 싸워 이기며 하나님도 거기에서 이기신다."

그리스도와 함께 고난을 받으라

성경은 우리에게 우리가 '그리스도의 몸'이라고 말한다. 믿음의 공동체를 묘사하는 이 표현은 어떤 낭만적인 비유가 아니라 진정한 실재이다. 예수 그리스도는 성령으로 말미암아 계속해서 그의 교회 안에 거하신다. 따라서 우리의 고난은 곧 그의 고난이다. 존 칼빈은 이렇게 말했다. "그러므로 그리스도께서 자기 자신의 몸에 고난을 당하신 것처럼, 그 지체들 속에서 날마다 고난을 당하신다." 바로 이러한 고난이 대속적인 고난이다. 그것은 사실상 사람들을 변화시키고 바꾸어서 그리스도의 길에 들어서도록 인도하시는 하나님의 고난을 묘사할 때 쓰인다.

우리의 고난이 그의 것이듯이 그의 고난도 우리의 것이다. 때때로 우리는 그리스도의 몸의 어떤 특별한 필요에 대해서 그의 고난에 동참할 수 있는 특권을 부여받는다. 아프리카의 어떤 목사가 한밤중에 눈물을 흘리며 잠이 깬 적이다. 한 이상한 이름이 그에게 되풀이해서 나타났는데 전혀 모르는 이름이었다. 그는 이것이 기도하라는 부르심임을 깨달았다. 그런데 누구를 위해서, 또 무엇을 위해서 기도해야 하는지 몰랐다. 그는 비록 모르는 이름이었지만 그 이름에 대해서 성령의 인도로 계속해서 기도하였다. 그는 그렇게 기도하면서 강한 고통을 경험하였다. 여러 시간 후 그 부담이 사라졌다. 그는 자신의 중보 사역이 끝났다는 사실을 알았다. 그 다음날 신문에 한 그리스도인 마을의 주민들이 밤새 대량 학살을 당했다는 기사가 실려 있었다. 그 마을의 이름은 그 목사가 계속해서 기도했던 이름과 똑같았다. 우리가 이해하지 못하는 면도 있지만, 이 목사는 그 마을 주민들의 고난에 동참하게 된 것이며 결과적으로 그리스도의 고난에 동참하게 된 것이다. 우리가 가진 기도의 특권은 비록 이렇게 두드러진 것은 아니지만 그만큼 중요하다.

기도

오 성령 하나님이시여, 오늘날 너무나 많은 사람들이 상처를 입고 있습니다. 나로 하여금 그들의 고난에 참여할 수 있도록 도와주시옵소서. 나는 이 일을 어떻게 해야 하는지 정말 모릅니다. 내 마음속에는 고난의 황무지를 그들과 함께 견디기보다는 차라리 잠시 기도를 해주고 그들을 보내 버리는 것이 더 나을 거라는 유혹이 생깁니다. 나에게 그들의 고난에 동참할 수 있는 길을 가르쳐 주옵소서. 예수님의 이름으로 기도드립니다. 아멘.

20장

권세 있는 기도

"하나님께서 기도를 제정하신 것은 피조물들에게 존재 목적의 존엄성을 부여하시기 위함이다."

블레즈 파스칼(Blaise Pascal)

권세 있는 기도로 우리는 하나님의 뜻이 이 땅에 실현되기를 요구하고 있다. 이 기도는 우리가 하나님께 말하고 있는 것이 아니라 하나님을 대신하여 말하고 있는 것이다. 다시 말하면 하나님께 어떤 것을 해달라고 요구하는 것이 아니라 하나님의 권세를 사용하여 어떤 일이 이루어지도록 명령하는 것이다.

개인적인 기도도 있고 헌신적인 기도도 있지만 여기서 다루고자 하는 기도는 그와는 다른 범주에 속한다. 개인적으로 필요한 것이 있을 때마다 우리는 하나님께 간구한다. 그러면 응답해 주신다. 또 어떤 때는 하나님이 가까이 계심을 느끼며 하나님과의 친밀한 우호 관계로 인해 힘을 얻기도 한다. 그런데 기도에는 하나님께서 적의 영역을 침입해서 하나님의 나라를 세우는 데 사용하시는 기도도 있다. 여기서 논의하고자 하는 것은 바로 그런 기도이다.

이스라엘 자손들이 앞에는 홍해가 가로막혀 있고 뒤에는 바로의 군대가 압박해 오고 있을 때 "여호와께 부르짖었다"고 성경에 나타나 있다. 그런데 하나님께서는 모세에게 이렇게 말씀하셨다. "너는 어찌하여 내게 부르짖느뇨 이스라엘 자손을 명하여 앞으로 나가게 하고 지팡이를 들고 손을 바다 위로 내밀어 그것으로 갈라지게 하라"(출 14:15 – 16상). 이런 경우 우리가 정상적으로 이해하는 바의 기도로는 적절하지 않다. 본질적으로 하나님께서는 "내게 기도하는 일을 멈추고 내가 네게 준 권세를 사용하라"고 말씀하고 계신 것이다. 하나님께서는 모세에게 그 상황을 다스리라고 말씀하고 계셨으며 모세는 바로 그렇게 했다. 권세 있는 기도로 우리가 해야 하는 일이 바로 그러한 것이다.

과감한 시도

나는 이런 기도 방법을 수년 전 우연히 시도한 적이 있다. 우리 집 장남 조엘은 어린 시절 끊임없는 보살핌에도 불구하고 종종 귀가 감염이 되곤 했다. 너무 아파 고통스러워할 때면 우리는 아이와 함께 밤을 새기 일쑤였다. 그러던 어느 날 내가 밤을 샐 차례가 되었을 때 나는 생각해 낼 수 있는 기도란 기도는 다 해보았다. 그러나 아무런 도움도 되지 못하는 것 같았다. 그때가 새벽 4시경이었는데 나는 아이의 귀를 내 어깨에 기대게 하고는 마루를 이리저리 거닐면서, 그 아이가 가슴이 찢어지는 듯한 울음을 그치고 잠이 들 수 있을 정도만이라도 고통이 가라앉기를 소망했다. 나는 지쳤고 절망하고 있었다.

그런데 갑자기 그 고통을 향해 직접 말해야 되겠다는 생각이 얼핏 들었다. 그 생각이 좀 이상한 것 같았지만 나는 조용히 그 고통에게 말하였다. "우리에게 조엘의 귀가 감염되었다는 사실을 알게 해주어 고맙다. 우리는 그것을 치료하기 위해서 할 수 있는 최대한의 의학적인 치료를 시행하고 있다. 우리가 메시지를 받았다. 그러므로 너는 고통의 신호를 더 이상 이 아이의 귀에 보낼 필요가 없다. 이제 예수 그리스도의 이름으로 명하노니, 고통아 멈추어라!" 그러자 그 즉시 조엘의 울음소리와 보채는 소리가 멎었다. 그 아이는 머리를 내 어깨에 기대고 깊은 잠에 빠졌다. 이 일이 너무도 갑작스럽게, 너무도 완전하게 일어났기 때문에 나는 깜짝 놀랐다. 그 아이가 그날 나중에 잠이 깨었을 때 보니 감염된 귀는 완전히 나아 있었다.(한 가지 덧붙이고 싶은 것이 있다. 그로부터 수개월 후, 우리는 그의 편도선을 제거해 주었다. 의사가 편도선 때문에 계속 감염되는 것 같다고 말해 주었기 때문이다.)

권세와 동정심

사실 나는 권세 있는 기도에 대해서 당신에게 말할 필요가 없으면 좋겠다. 왜냐하면 이것이야말로 오늘날 너무나 남용되고 오용되는 기도이기 때문이다. "권력은 부패하고, 절대 권력은 절대적으로 부패한다"는 옛 속담에는 많은 진리가 담겨 있다. 따라서 이러한 기도 방법은 대단히 위험할 수가 있다. 내가 이 주제를 이 책의 끝부분에 와서야 비로소 다루게 된 이유 중 한 가지가 바로 그것이다. 다행히도 우리는 지금까지 하나님의 은혜를 충분히 체험하여 다른 사람들의 삶을 짓밟고자 하는 옛 정욕을 효과적으로 이겨내었거나 적어도 그것이 무엇인지는 분명히 밝혔다.

내가 지금까지 지켜 본 바에 의하면, 사람들이 그리스도의 권세를 행사하는 것과 그리스도의 동정심에 대한 분명한 이해를 잘못 연결시킬 때에 종종 권세 있는 기도가 지나치게 도를 넘어서게 된다. 도스토예프스키는 「까라마조프의 형제들」에서 페라폰트 신부와 조씨마 신부 이 두 수도사의 모습을 그리면서 그 문제를 잘 묘사하고 있다. 이 소설에서 페라폰트 신부는 냉정하고 엄격한 금욕주의자였지만 진정한 영적 능력이 있었다. 페라폰트 신부가 방에 들어오면 모든 사람이 덜덜 떤다. 반면에 조씨마 신부는 동정심 많고 친절하며, 세심한 신부의 전형이었다. 모든 사람들이 조씨마 신부를 사랑했다.

이제 우리가 권세 있는 기도를 실행함에 있어 페라폰트 신부의 능력과 조씨마 신부의 동정심을 잘 결합한다면 훨씬 더 나은 축복의 기회를 갖게 될 것이다. 우리는 권세와 동정심이 상호 배타적인 것을 너무 많이 보아 왔다. 하지만 예수님께 있어서는 그 두 가지가 아름답게 조화되었다. 권세가 타락하지 않기 위해서는 동정심이 필요하다. 남을 불쌍히 여기는 마음이야말로 권세를 행사할 수 있는 환경을 제공하기 때문이다.

분별력과 신중함의 보조 레일

동정심만으로는 충분하지 않다. 권세 있는 기도를 바르게 시행하기 위한 보조 레일(Guard-Rails)의 구실을 하려면, 영적 분별의 은사와 신중함이라는 기본 덕목이 있어야 한다. 분별력은 성령의 초자연적인 은사이며 신중함은 올바르게 살아가려고 애쓰는 사람들에게 꼭 필요한 중심 덕목이라고 보편적으로 인식되어 왔다. 이 두 가지는 한때 배나 비행기의 항로를 유지하는 데 사용되었던 자이로컴퍼스(gyrocompass)의 중심부인 자이로스코프(gyroscope)와 다소 흡사하여 서로의 균형을 잡아 주며 서로에게 영향을 미친다. 분별력은 자이로스코프의 회전하는 축과 같고 신중함은 그것의 수평면과 흡사하다. 이 두 가지의 결합은 균형과 방향이라는 상황 속에서 자유롭게 움직일 수 있게 해준다.

분별력은 실제적으로 진행되고 있는 내용을 알 수 있는 신적인 능력이며, 어떤 상황 속에서 어떤 일이 행해져야 하는지를 알 수 있는 능력이다. 존 울만(John Woolman)이 말한 바와 같이 우리는 "사람들의 영을 느끼고 이해한다." 성령의 이 은사는 매우 중요하다. 그 이유는 효과적인 사역을 하기 위해서는 정확한 진단이 필요하기 때문이다. 예를 들면, 우리는 감정적인 상처로 인해 생긴 복합적 인격과 악령의 역사로 말미암은 정신적인 혼란을 분별할 수 있어야만 한다. 우리는 영적인 세계에 너무나 매료된 나머지 인생의 아주 사소한 것까지 모두 초자연적인 역사라고 생각해서는 안된다. 또한 현대 사회의 자연주의적인 추정에 속아넘어가서 초월적인 것들의 흔적을 보지 못해서도 안된다.

영적 분별의 은사에 대해서 알 수 있는 가장 좋은 방법은 그 분야에 은사가 있는 사람들과 가까이 지내는 것이다. 먼저 그런 은사가 있는 사람들을 찾으라. 비록 그들이 자신들을 좀처럼 드러내지는 않지만 그들을 찾기란 어렵지 않다. 그들은 사람들이 도움이나 안내가 필요할 때 찾는 사람들이다. 그런 사람들의 특징을 몇 마디 말한다면 다음과 같다. "그 여자는 너무나 지혜로워." "그 사람이 어떻게 알았는지는 모르지만 내가 들어야 했던 말을 그대로 말했지 뭐야." "나는 그 여자를 볼 때마다 모든 일이 훨씬 더 잘 깨달아지는 것 같애." 이런 사람들을 만나게 되면 그들과 함께 지내는 방법을 찾아보고 그들에게서 배우라.

루이스(C.S. Lewis)는 말하기를 "신중함이란 실제적인 상식을 의미하는 것으로, 지금 하고 있는 일과 그 일의 결과가 어떠할지에 대해서 일부러 생각해 내려고 애쓰는 것이다"라고 했다. 신중함은 오늘날 많은 사람들에게 부족한 덕목이다. 어떤 사람들은, 일단 그들이 그리스도 안에서 가지고 있는 권세를 깨닫고 나면 모든 좋은 지각과 좋은 예절도 잃어버리는 경향이 있다. 그들은 그 모든 것이 가장 불친절하고 가장 파괴적인 방법으로 일어나도록 명령하면서 돌아다닌다. 예수님은 결코 그렇게 하지 않으셨다. 예수님은 언제 말해야 하고 언제 침묵해야 하는지를 알고 계셨다. 예수님은 언제나 자신이 처한 상황에 맞추어 바르게 행동하셨다. 그의 가르침도 일상적이며 '평이하고 실제적인 상식'으로 가득 차 있었다.

예를 들면, 예수님께서 돼지 앞에 진주를 던지지 말라고 말씀하신 것은 돼지가 더럽기 때문이 아니라, 돼지가 진주를 소화시킬 수 없어서 결국엔 진주가 돼지에게 아무런 유익을 주지 못한다는 사실을 아셨기 때문이다(마 7:6). 우리도 사람들이 미처 받을 준비가 되어 있지 않은 진리는 사람들에게 주지 않을 만한 지각을 갖고 있어야만 한다. 왜냐하면 그 진리가 결국 그들에게 아무런 유익이 되지 못하기 때문이다. 예수님께서 말씀하시고 행하신 모든 것에는 이런 실제적인 상식이 배어 있었다.

분별력과 신중함은 종종 장갑을 낀 손으로서의 작용을 한다. 데렉이라는 친구가 있다. 그는 임종을 앞두고 있는 한 친구를 방문하러 병원으로 찾아갔다. 그는 엘리베이터를 타고 올라가는 동안 다만 질병이 물러가라고만 말해야 되겠다고 생각했다. 그러나 병실에 들어가 보니 그 친구가 잠들어 있었다. 데렉은 그때 좀 이상한 일을 했다. 병원 침대의 발치쪽으로 가서 인도하심을 구하는 기도를 드린 것이다. "주님, 제가 어떤 기도를 드리기를 원하시나요?" 그는 이 기도를 드리자마자 질병이 물러가라고 말하는 것에 대해 마음속에서 저항감이 생기는 것을 느꼈다. 사실 그는 기도하고 싶은 생각이 전혀 들지 않았다. 단지 친구를 방문했다는 그 자체가 만족스러웠다.

그래서 데렉은 친구에게 가까이 다가가서 그의 어깨를 만지며 깨웠다, 그리고 "안녕, 좋은 아침이야. 잠깐만이라도 너를 보고 싶어 그냥 왔어"라고 했다.

데렉의 친구는 힘은 없지만 감사한 마음으로 이렇게 대꾸했다. "오, 정말 반가워. 모든 사람이 들어와 내게 손을 얹고는 나를 낫게 하려고만 했지. 그런데 내가 정작 원하는 것은 천국에 있는 본향으로 돌아가고 싶은 것뿐이야. 그래서 나는 누군가가 내게 찾아와 그저 얼굴만 보여 주었으면 하고 있었어."

그렇다. 우리는 현명해야 할 뿐만 아니라 민감해야 한다. 그래서 믿음으로 하는 명령도 옳고 유익할 때에만 해야 한다.

"바람아, 파도야, 잠잠하라"

우리는 옳고 유익할 경우 권세 있는 말도 담대히 말할 수 있어야 한다. 우리는 예수님께서 그런 식으로 기도하셨고 제자들에게도 그렇게 하라고 권고하셨다는 사실을 절대로 간과할 수 없다. 예수님께서는 의미 심장한 한 구절을 통해 이렇게 말씀하셨다. "내가 진실로 너희에게 이르노니 누구든지 이 산더러 들리어 바다에 던지우라 하며 그 말하는 것이 이룰 줄 믿고 마음에 의심치 아니하면 그대로 되리라"(막 11:23).

예수님께서 우리에게 산에 관해서 하나님께 말씀드리라고 하신 것이 아니라 직접 산에게 명령하라고 하신 것을 주목하라. 이것이 우리가 평범하게 생각하는 그런 기도가 아닌 가장 분명한 기도이다.

한번은 예수님의 제자들이 분명히 귀신들린 표적이 있는 한 아이를 고쳐 주려고 하였다. 그러나 불행히도 그 아이를 고치지 못했다. 마침내 예수님께서 그 상황을 떠맡으셨다. 예수님께서는 그 아이의 상황에 대한 간단한 내력을 물어 보신 후 그 아이의 아버지에게 믿음이 있는 것을 보시고 그 귀신을 꾸짖어 말씀하셨다. "이 아이로 하여금 말 못하게 하고 듣지 못하게 하는 귀신아, 내가 네게 명하노니 그 아이에게서 나오고 다시 들어가지 말라!" 그러자 그 아이가 심한 경련을 일으키고 악령이 떠남과 동시에 아이가 죽은 것같이 땅에 엎드러졌다. 사실 모든 사람들은 예수님께서 그 손을 잡아 온전한 몸으로 일으키실 때까지 그 아이가 죽은 줄로만 생각했다.

제자들이 이 일을 보고 놀란 것도 무리는 아니다. 그들은 예수님이 혼자 계실 때까지 기다릴 수가 없었다. 그래서 그들은 예수님께서 하신 일을 왜 자신들은 할 수 없는지 그 이유를 여쭈어 보았다. 예수님의 대답은 간단하고 명료했다. "기도 외에 다른 것으로는 이런 유가 나갈 수 없느니라"(막 9:14-29). 여기서 주목할 점이 있다. 예수님께서는 그 상황에서 우리가 흔히 기도라고 생각하는 그런 기도를 드리지 않으셨다. 예수님은 하나님께 아무런 말씀도 드리지 않았다. 대신 귀신에게 직접 떠나가라고 명령하셨다.

이것도 기도이다. 옳다. 이것은 명령하는 기도이다. 이런 종류의 기도는 예수님의 사역 전체에 두루 퍼져 있다. 그는 바람과 파도를 명하여 "잠잠하라, 고요하라!" 하시며 멈추게 하셨다. 그는 문둥병자를 향하여 "깨끗함을 받으라"고 명령하셨으며, 소경의 눈을 만지시며 "열려라" 하고 말씀하셨다. 귀머거리의 귀를 만지시면서도 마찬가지로 "열려라" 하고 명령하셨다. 중풍병자에게는 "일어나라"고 명령하셨고, 그의 친구 나사로의 무덤 앞에서는 "나오너라" 하고 명령하셨다. 그리고 악령들에게 "나오라"고 명령하셨다.

예수님은 명령의 기도를 직접 시험하셨을 뿐만 아니라 다른 사람들에게도 그와 똑같은 권세를 위임하셨다. 그는 열두 제자를 보내시며 그들에게 "모든 귀신을 제어하며 병을 고치는 능력과 권세를 주시고 하나님의 나라를 전파하며 앓는 자를 고치게 하려고 내어 보내셨다"(눅 9:1-2). 본질적으로 예수님은 그들에게 천국의 유용성을 선포하라고 말씀하신 것이며, 능력의 역사와 함께 천국이 도래함을 설명하게 하신 것이다. 그리고 제자들이 행한 일이 바로 그것이었다. "제자들이 나가 각 촌에 두루 행하여 처처에 복음을 전하며 병을 고치더라"(눅 9:6).

예수님께서 칠십 인을 보내실 때에도 똑같은 사명을 부여하셨다. "거기 있는 병자들을 고치고 또 말하기를 하나님의 나라가 너희에게 가까이 왔다 하라"(눅 10:9). 그들은 사명을 마치고 기뻐하며 돌아와 이렇게 말했다. "주여 주의 이름으로 귀신들도 우리에게 항복하더이다!"(눅 10:17) 그때에 예수님께서도 기뻐하셨다. 왜냐하면 이제 그분은 하늘의 권능이 일반 사람들에게도 위임될 수 있다는 사실을 확인하셨기 때문이다. "이때에 예수께서 성령으로 기뻐하사 가라사대 천지의 주재이신 아버지여 이것을 지혜롭고 슬기 있는 자들에게는 숨기시고 어린아이들에게는 나타내심을 감사하나이다 옳소이다 이렇게 된 것이 아버지의 뜻이니이다"(눅 10:21).

우리의 인도자이신 예수님을 따라서

내가 지금까지 나눈 구절들은 내게 새로운 것이 아니다. 하지만 수년 동안 나는 능력의 사역이 단지 소수의 선택받은 사람들, 알다시피 사도들이나 성인들과 같은 소수의 무리들만을 위한 것이라고 생각했다. 분명히 나는 그런 일을 하리라고는 엄두도 내지 못하였다. 그러나 그때 나는 예수님의 충격적인 말씀을 접하게 되었다. "내가 진실로 진실로 너희에게 이르노니 나를 믿는 자는 나의 하는 일을 저도 할 것이요 또한 이보다 큰 것도 하리니 이는 내가 아버지께로 감이니라"(요 14:12). 나는 더 이상 내 개인적인 책임과 개인적인 연관을 피할 수 없었다.

그러나 이것은 내게 복음이 아니었다. 나는 그런 인식이 나를 어디로 인도할 것인지에 대해서 염려가 되었다. 나는 사람들이 하나님의 주권에서 멀어져 그들 스스로 사태를 해결하려고 하지나 않을까 염려되었다. 그리고 이 모든 권세 있는 말 속에 담겨 있는 자존심과 추정에 대해서도 걱정이 되었다. 무엇보다도 사람들이 도가 지나쳐 깊은 쪽에 빠지지나 않을까 염려되었고 나 자신조차 그렇게 될까 봐 걱정되었다.

그러나 천박함의 위험이 지나침의 위험만큼이나 위험하거나 그보다 더 위험할지도 모른다는 생각이 곧 들었다. 깊은 쪽에 빠질 것을 염려하다가 얕은 쪽에 빠질지도 모른다는 사실을 깨닫게 된 것이다. 종교적인 체면을 유지하려고 애쓰다 보면 길들여진 신앙에 쉽게 빠질 수 있다. 나는 그런 일이 일어나게 해서는 안된다는 사실을 알고 있었다. 나는 그 물이 비록 깊어 보일지라도 기꺼이 걸어 나오려고 해야만 했다.

뿐만 아니라 도움이 절대적으로 필요한 귀중한 사람들이 있다. 몇년 전 캘리포니아 산타바바라에서 일련의 강연을 하고 있는 동안 한 여자가 눈에 띄었다. 그 여자의 이름은 글로리아였다. 내 강의의 초점은 무언의 기도였다. 그 모임의 분위기는 장엄한 유칼립투스(eucalyptus) 나무와 빨간 타일을 한 농장의 우아한 아름다움으로 인해 한껏 고양되어 있었다. 오후 강연이 끝나자 글로리아는 내게 면담을 요청했다. 그래서 우리는 아름다운 한 서재로 들어갔다. 누구의 방해도 받지 않는 그런 곳이었다. 내 기억으로는 그 방안에 단단한 참나무로 만든 책장들이 있었고 아름답게 꾸며진 활엽수로 만든 탁자가 방 한가운데 있었다. 또 한 가지 기억나는 것은 글로리아에게서 풍기는 세련된 기품이었다. "세련된 사람이군." 나는 혼잣말로 중얼거렸다.

그러나 그날 얘기를 들어 보니 그녀는 세련과는 거리가 멀었다. 영적으로 깊이가 있었던 글로리아는 육 개월 동안이나 악령에게 심하게 시달리고 있었다. 나는 그것을 그렇게밖에는 묘사할 수가 없다. 육 개월 전 글로리아는 일주일 휴식 기간 도중에 갑자기 예기치 않은 극심한 복통을 경험했다. "고통으로 몸이 꼬부라졌어요." 그녀는 계속해서 말을 이어나갔다. "그때였어요. 어떤 모습이 느껴졌어요. 그 모습은 무섭고 끔찍했어요. 그래서 큰소리로 울기 시작했지요. 믿을 수 없을 만큼 내 발이 무거워지는 것을 느꼈어요. 마치 십자가를 지고 가는 것처럼 무거웠죠. 그때 나는 한 괴물을 봤어요. 그 괴물은 엄청나게 크고 시꺼멓고 흉측했어요. 그 괴물은 듣기 싫은 짐승 같은 목소리로 말을 했어요. 그 모습은 마치 악마가 나를 잡아먹으려고 하는 것 같았어요."

고통으로 배를 움켜쥐고 글로리아는 간신히 예배당으로 갔다. 그녀는 성수(聖水)를 자기 몸에 뿌리고 바닥에 엎드렸다. 그리고 말했다. "저는 하나님만 경배하겠습니다." 그리고는 예배당 바닥에 엎드린 채로 잠이 들었다.

잠이 깼을 때, 글로리아는 상태가 좀 좋아진 것을 느꼈다. 저녁 예배 때 글로리아는 성찬식에 참여하고 이제 그 고통이 사라졌기를 바라며 잠자리에 들었다. 그러나 한밤중에 그녀는 무언가에 이끌려 잠이 깼다. "무언가가 제 몸을 갑자기 홱 잡아당기는 바람에 제 목이 부러질 뻔했어요. 그때는 온통 악마가 나를 죽이려고 하고 있다는 생각뿐이었어요." 글로리아는 비틀거리며 홀을 따라 내려가 한 사제의 방으로 가서 문을 두드렸다. 그 사제는 깊은 잠에서 깨어나 어찌할 바를 몰라 하며 그곳에 있는 수녀 가운데 한 사람을 불러다가 어둠이 좀 걷힐 때까지 글로리아와 함께 밤을 지샜다. "그들은 내가 정신병을 앓고 있다고 생각한 것 같았어요. 그 밖에 무슨 생각을 할 수 있었겠어요?" 글로리아가 자신의 속마음을 내게 털어놓았다.

"그 사건과 그 어둠이 지금까지 육 개월 동안이나 지속되었어요." 글로리아는 솔직하고 매우 맑은 정신으로 자신에게 있었던 일들을 나누었다. "그런데 목사님은 기도에 대한 강의 중에 하나님의 방법에 반대하는 영들에 대해서 경고해 주셨어요. 그래서 아마 목사님이라면 나를 이해해 주시겠구나 하고 생각했어요. 저는 어느 누구에게도 제 이야기를 할 수가 없어요. 제발 저를 좀 도와주세요. 네?"

나는 그때 한 40분 동안 이야기를 듣고 있었다. 내 앞에 있는 그 사람이 지극히 이성적인 상태에 있다는 사실을 알았다. 나는 글로리아가 겪고 있었던 그 괴로움이 바로 그녀의 영혼의 원수에게서 비롯되었다는 사실을 감지했다. 나는 확고하고 불쌍히 여기는 마음으로 나의 소망을 말했다. "예. 도와드릴 수 있습니다."

사실 그때 나는 내가 한 말만큼 확신이 있었던 건 아니다. 그래서 어떤 식으로든 그녀를 도와줄 수 있다면, 그것은 분명히 내게 있는 것으로 하는 게 아니라는 사실을 알고 있었다. 그러나 그런 사소한 일에 구애되고 있을 때가 아니라는 사실도 알고 있었다.

나는 글로리아의 머리에 내 양손을 얹고 내가 동원할 수 있는 모든 권세와 따스함으로 기도했다. 나는 그 어둠이 무엇이든지 간에 물러가라고 명령했으며 예수님의 품에 안기라고 명령했다. 글로리아는 울기 시작했다. 마음속 깊은 곳에서 솟아나는 울음이었으며 간간이 깊은 한숨도 섞여 나왔다. 나는 하나님의 평안과 사랑이 그녀 속에 들어가 그녀의 마음과 몸과 영혼을 가득 채우도록 초청했다. 드디어 어둠이 물러가고 평안이 찾아왔다. 우리는 아무 말없이 앉아 있었다. 은혜와 긍휼이 넘쳐흘렀다.

그로부터 십 년이 지났다. 그리고 그 어둠은 다시 찾아오지 않았다. 최근에 이 사건을 회상하며 글로리아는 내게 전화로 "그날의 그 기도가 내게는 마치 소네트(sonnet: 14행시) 같았어요"라고 말하였다. 나는 글로리아의 그 표현이 마음에 든다. 단지 이 한 가지 사실만을 덧붙이고 싶다. 만일 그렇다면 그것은 하늘에서 보내 주신 소네트였다고.

상식적인 조언

이 문제에는 몇 가지 간단한 조언이 필요하다. 첫째, 이 이야기를 통해 모든 고통이 악마의 공격이라고 추정하지 않기를 바란다. 대부분의 경우 고통은 어디까지나 고통에 불과하다. 고통에는 고통 이상의 의미가 없다. 악마를 찾으러 모든 숲을 다 찾아 돌아다닐 필요가 없다. 더욱이 이 분야에 있어서 대부분 우리의 기도는 전혀 극적이거나 우주적인 규모가 아니다. 우리 기도의 대부분은 비록 똑같이 중요하기는 하지만 훨씬 더 평범한 문제에 초점이 맞추어져 있다. 우리는 하나님의 능력으로 일상적인 문제를 다스리는 법을 배운다. 이를테면 식사 습관과 성적 공상 및 두려움과 실패 따위를 다스리는 법을 배워야 한다.

둘째, 이 분야에서 하나님의 일을 할 때 어떤 특별한 목소리를 흉내낸다든가 어떤 기괴한 일을 할 필요는 없다. 하나님의 능력이 함께하신다면 우리는 어떤 특별한 효과를 낼 필요가 없다. 그리고 하나님의 권세가 함께하시지 않는다면 이 세상의 모든 운동을 다 동원한다 해도 그 부족함을 채울 수 없는 것이다. 그러므로 우리에게 어울리지 않는 존재가 되려고 시도하기보다는 정상적으로 말할 수 있고, 상황에 적절하게 보이는 일이라면 무엇이든지 할 수도 있다.

셋째, 우리에겐 의지할 만한 특별한 자원이 있다. 특정 사역을 위해서 성령의 특별한 기름 부으심을 체험하는 예는 흔히 있는 일이다. 적절한 때에 우리는 성령의 권능이 더하기를 기다려야 한다. 우리는 그리스도의 빛으로 언제나 자신을 에워싸고 그리스도의 피로 자신을 덮으며, 그리스도의 십자가로 자신을 인봉하면서 성령의 능력을 기다려야 한다. 하나님의 수많은 천사들도 전투에서 우리를 돕는 임무를 부여받았다. 우리는 하나님께 천사들의 도움을 요청할 수 있다.

넷째, 악에 대해서는 단호하고 확고하게 다루되 그 개인에 대해서는 언제나 유순하고 불쌍히 여기는 마음으로 대해야 한다. 사람들이 절대로 구경거리가 되어서는 안되며 그들의 상황이 어떤 식으로든 이용되어서도 안된다. 왜냐하면 그들은 그리스도께서 그들을 위하여 죽으실 만큼 소중한 사람들이기 때문이다. 따라서 우리는 언제든지 그들에게 최대한의 예의와 존중심을 보여 주어야만 한다.

다섯째, 권세 있는 기도는 훈련된 생활 습관을 대체할 수 있는 것이 아니다. 많은 경우 사람들은 구원을 필요로 하는 것이 아니라 훈련을 필요로 한다. 그런 경우 우리가 해야 할 일은 그들이 영적 생활의 정상적인 훈련이 포함된 전반적인 생활 방식 속으로 들어가도록 돕는 일이다.

여섯째, 이 일을 수행할 때 다른 사람들과 연합해서 하는 것이 더 좋다. 이 사역은 한 번 하고 떠나 버리는 그런 사역이 아니다. 때때로 하나님께서는 고독한 엘리야나 세례 요한을 원하실 수도 있지만, 더 흔한 방식은 책임과 지원이 뒤따르는 공동체 속에 우리를 연합시키시는 것이다. 그렇게 되면 우리가 관심의 초점이 되지 아니하고 사람들과 더불어 지낼 수 있게 되며 그 자체가 커다란 축복이 된다.

일곱째, 우리는 언제나 하나님 안에서 담대하기를 원하지만 우리의 노력은 영적인 겸손함 속에 묻어 두어야 한다. 솔직히 말해서 우리가 모르는 것과 우리가 할 수 없는 일이 많이 있다. 가끔씩 나는 중환자실과 정신병동으로 가서 차례차례 사람들을 온전케 할 수만 있다면 얼마나 좋을까 하고 생각한다. 그러나 그렇게 할 수가 없다. 나는 그런 일을 할 수 있는 사람에 대해서 아는 바가 없다. 누군가 내게 "당신은 믿음이 부족하군요" 하고 말할지도 모른다. 분명히 그들의 말이 옳다. 사실 나는 내게 많은 것들이 부족함을 안다. 그러나 해보려고 하는 시도는 부족하지 않다. 나는 끊임없이 시도할 것이다. 왜냐하면 언제나 그런 것은 아니지만 가끔씩 너무나 멋진 일이 일어나기 때문이다. 그리고 그런 일이 생길 때마다 우리는 오직 하늘에 계신 하나님께 감사할 수 있고 찬양할 수 있다.

하늘에서 땅으로

일반적으로 기도는 땅에서 하늘로 올라간다. 용서를 구하기도 하고, 감사를 드리기도 하며, 치유를 구하기도 한다. 공간적인 개념을 사용한다면 그것은 위로 향하는 기도이다.

그러나 권세 있는 기도는 그것과 정반대 방향으로 움직인다. 권세 있는 기도는 특별한 땅의 문제를 해결하기 위해 하늘의 자원을 가져 오는 것이다. 그것은 말하자면 아래로 향하는 기도이다.

윌리암 로(William Law)는, 기도는 강력한 도구라고 하면서 "인간의 뜻이 하늘에서 이루어지게 하는 도구가 아니라 하나님의 뜻이 땅에서 이루어지게 하는 도구"라고 하였다. 오 할레스비(Ole Hallesby) 박사는 똑같은 사실에 주목하면서 이렇게 말하였다. "기도는 하늘의 권능을 땅으로 가져 오는 통로이다." 사실상 우리는 하늘에서부터 땅으로 기도하는 것이다.

사도 바울은 이렇게 말한다. 하나님께서 예수님을 죽은 자들 가운데서 다시 살리신 후 "하늘에서 자기의 오른편에 앉히사 모든 정사와 권세와 능력과 주관하는 자와 이 세상뿐 아니라 오는 세상에 일컫는 모든 이름 위에 뛰어나게 하시고 또 만물을 그 발 아래 복종하게 하셨다"(엡 1 : 20하 – 22상). 그가 말하고자 했던 요점은 간단하다. 예수님께서는 그의 승천과 하늘에서의 통치를 통해서 모든 영적 능력과 물질적 권세를 다스릴 수 있게 되었다는 것이다. 그 다음에 사도 바울은 당신과 나를 등장시킨다. 바울에 의하면, 하나님께서는 믿음으로 말미암아 은혜로 구원받은 사람들을 택하여 "또 함께 일으키사 그리스도 예수 안에서 함께 하늘에 앉히셨다"(엡 2 : 6)고 한다. 예수께서 모든 피조물들을 다스리는 권세 있는 자리에 앉으셨을 뿐만 아니라 우리도 역시 그 자리에 앉아 있는 것이다.

이것은 우리가 수행하는 영적 전쟁과 우리가 이용할 수 있는 영적 자원에 대한 바울의 그 유명한 묘사에 논리적으로 자연스럽게 귀결된다(엡 6 : 10 – 20). 그가 말하는 내용의 흐름은 이러하다. 하늘에서의 권세 있는 지위(엡 1장)가 우리에게 그와 똑같은 지위를 주며(엡 2장), 그 결과 우리는 모든 주권과 권세에 대항하여 싸우는 어린양의 전투에 참여할 수 있는 능력을 얻게 된다(엡 6장). 우리가 권세 있는 기도를 드리는 것은 바로 이러한 하늘의 권세 있는 지위에서 비롯된다.

어린양의 전쟁을 수행하라

권세 있는 기도는 하나님 나라를 확장시키는 수단으로서 주로 지금 현존하는 어두움의 주관자들과 권세들에 대항하는 데 초점이 맞추어진다. 바울은 이에 대해 이렇게 말한다. "우리의 씨름은 혈과 육에 대한 것이 아니요 정사와 권세와 이 어두움의 세상 주관자들과 하늘에 있는 악의 영들에게 대함이라"(엡 6:12). 이 말을 하면서 바울은 '혈과 육'이 중요하지 않다고 한 것이 아니라 실제적인 전투가 그보다 더 심각하다고 한 것이다. 빈민촌 아파트의 부재 지주들 배후에는 탐욕과 욕심이라는 영적 세력이 도사리고 있다. 복음 메시지에 대한 광적이고 과도한 저항 배후에는 불순종과 광기(狂氣)라는 악한 세력이 놓여 있다. 불의와 압제라는 조직적인 구조 밑에는 특권과 지위라는 주관자가 놓여 있다. 현대 사회의 일부가 되어 있는 성폭력과 인종 차별 및 유아 학대는 파괴와 잔인성이라는 악마적인 권세들이다. 그러므로 바울이 말한 바와 같이, 우리가 예를 들면 복음에 대해서 귀를 막고 있는 사람들이나 잔인하고 부당한 법률에 대해서 귀를 닫고 있는 사람들, 또는 압제하는 지도자들을 만날 때 그들이 바로 지옥에서 곧장 나오는 세상 주관자들과 권세자들이다.

권세 있는 기도를 통해 우리는 어둠의 나라와 싸우는 성령의 전쟁에 참여한다. 성경의 마지막 책인 요한계시록을 보면 그리스도가 희생 제물인 어린양으로도 묘사되고 또 정복자인 왕으로도 묘사되어 있다(계 5, 19장). 고난에 의한 정복이라는 이 위대한 종말론적 환상이 바로 하나님의 자녀들인 순례자들의 모든 사명과 투쟁을 잘 묘사해 준다. 오 할레스비는 이렇게 말했다. "은밀한 기도의 방은 피흘리는 전쟁터이다. 바로 여기서 격렬하고 결정적인 전투가 수행된다."

그러나 기억해야 할 것은 음부의 문이 교회의 맹공격을 견뎌 낼 수 없다는 사실이다(마 16 : 18). 우리가 완전 무장을 갖출 때 어둠의 나라가 완전히 물러가게 된다. 바울은 이렇게 말한다. "그러므로 하나님의 전신갑주를 취하라. 이는 악한 날에 너희가 능히 대적하기 위함이다. 그 실제적인 무기는 진리의 허리띠와 의의 흉배와 평안의 신과 믿음의 방패와 구원의 투구와 성령의 검 및 기도의 삶이다"(엡 6 : 13 – 18).

제임스 네일러(James Nayler)는 이렇게 말했다.

> 그리스도께서 우리의 마음과 양손에 영적 무기를 들려 주셨다. 이는 이 세상의 군왕들처럼 채찍과 감옥과 고문과 고통을 가지고 정복 전쟁을 일으키는 것이 아니라, 진리의 말씀을 가지고 전쟁을 수행하기 위함이다. 증오 대신 사랑을 가져오며, 하나님과 더불어 악의에 대항하여 싸우며, 주야로 기도와 눈물로 전쟁하며, 금식과 탄식과 애통으로, 인내와 충성과 진리로, 그리고 거짓 없는 사랑과 오랜 고통과 성령의 모든 열매로 전쟁을 수행하여 결국 선으로 악을 이기게 하기 위함이다.

우리의 권세를 사용하라

영적 전쟁은 이야기의 대상이 아니라 실제 행해야 할 대상이다. 어떻게 영적 전쟁을 수행할까? 먼저 의식적이건 무의식적이건 사람들의 삶을 지배하고 있는 모든 파괴적인 맹세를 깨뜨림으로써 가능하다. 많은 사람들은 마음속으로 질병과 실패와 죽음을 자청함으로써 스스로를 정죄한다. 이러한 사실들을 보고, 또 사람들이 그렇게 속박당해 있는 것이 좋지 않다는 사실을 알기 때문에 우리는 그 저주를 깨뜨리는 권세 있는 말을 해야 한다. 어떤 사람들은 지나간 세대로부터 그들을 지배하고 있는 저주를 갖고 있다. 알콜 중독의 저주와, 정신병의 저주 및 그 이상의 저주를 소유하고 있다. 그 저주가 육체적이건, 감정적이건, 영적이건 간에 우리는 그것을 예수님의 이름과 권세로 깨뜨려야 한다.

그 일은 마음과 몸과 영혼의 질병을 다스림으로써 가능하다. 질병은 하나의 적이며 우리는 그것에 대항하여 싸워야 한다. 공포증 환자나 신경증

환자에게는 마음의 안정을 선포해야 하며, 열병은 떠나가라고 꾸짖어야 하며, 암세포의 경우에는 피의 공급을 중단시켜야 한다. 또 우리는 사람들의 삶 속에 온전함과 행복이 조용히 밀려오도록 기도해야 한다.

어떻게 그 일을 할 수 있을까? 우리는 하나님 안에서의 우리의 진보를 방해하는 모든 '산'에 대항함으로써 그 일을 할 수 있다. 온갖 종류의 두려움이 다시는 돌아오지 말도록 명령해야 한다. 또 온갖 종류의 악한 생각과 의심과 왜곡된 사실에 대항하여 견뎌 내야 한다. 분노와 시기와 험담의 영을 묶고 용서와 사랑과 믿음의 영을 풀어 주어야 한다.

또한 귀신을 쫓아냄으로써 가능하다. 악령이 역사하는 것을 볼 때마다 우리는 단호하게 악령의 역사가 물러가도록 명령해야 한다. 주도권은 그들이 아닌 우리에게 있다. 즉 권능의 사역에서 볼 때 하나님 나라에서 우리의 삶에 반대되는 것은 무엇이든지 우리에게 그것을 다스릴 권세가 있는 것이다.

아울러 영적 전쟁은 모든 사회악과 제도적인 불의에 맞서 싸움으로써 가능하다. 우리는 가난한 자들의 빈곤을 보장하는 제도적인 구조에 대해서 나팔을 불어야 한다. 그리고 우리 인간들의 품위를 손상시키고 비인간화시키는 부당한 법에 대해서 항거해야 한다. 그것은 우리를 대신하여 죽으신 그리스도의 죽음까지 값없이 하는 것들이다. 그리고 공평과 정의를 보장해 주는 법률을 위해서는 힘써 일해야 한다. 우리는 가난한 자들에게 주어야 하고, 굶주린 자들을 먹여야 하며, 집이 없는 사람들에게 안식처를 제공해야 한다. 이 모든 일과 그 이상의 많은 일들이 곧 권세 있는 기도가 담당해야 할 일이다. 그것은 처음부터 끝까지 가장 깊은 기도와 가장 위대한 겸손의 영으로 감당해야 할 일이다. 왜냐하면 그것은 우리의 영리함을 믿는 것이 아니라 하나님의 능력을 신뢰해야 할 일이기 때문이다.

리차드 시브즈(Richard Sibbes)는 이렇게 말했다. "하나님의 백성들이 마음에 활력을 되찾아 기도하기로 결심할 때, 무엇인들 할 수 없겠는가? 기도는 하늘 문을 열 수 있고, 여인의 태를 열 수도 있으며, 감옥 문을 열고 족쇄를 부술 수도 있다."

기도

예수 그리스도의 능하신 이름으로 제가 세상과 육신과 악마를 이깁니다. 하나님 안에 있는 나의 중심에서 나를 멀리하고자 하는 모든 세력에 대항하여 싸우고 있습니다. 죄악을 그럴듯하게 포장하는 왜곡된 개념과 사상을 거부합니다. 하나님과의 온전한 교제를 누리지 못하게 하는 모든 시도에 반대합니다.

성령의 능력으로 제 마음의 생각과 감정과 욕망을 다스려 주셔서 제 입맛에 맞는 죄악의 음식보다 하나님의 끝없이 다양한 사랑 가운데서 만족을 찾기 원합니다. 선과 진리와 아름다움이 내 속에서 솟아나고 악이 진정되기를 간구합니다. 성령 안에서 의와 평강과 희락이 넘치기를 기도합니다.

전능하신 하나님의 권세로 나의 삶과 내가 사랑하는 사람들의 삶과, 내가 살고 있는 사회 속에 자리잡고 있는 사탄의 요새를 무너뜨립니다. 내 속에 진리와 의와 평안과 구원과 하나님의 말씀과 기도의 무기를 갖추게 하소서. 예수 그리스도의 이름으로 명하노니, 모든 악한 세력들은 떠나갈지어다. 너는 여기서 아무런 권한이 없음을 선포한다. 이제 너의 출입을 금하노라. 믿음과 소망과 사랑이 넘치기를 또한 간구합니다. 그리하여 하나님의 능력으로 산 위의 등불이 되어 진리와 정의가 흘러 넘치게 하소서.

이 모든 것을, 나를 사랑하셔서 나를 위해 자신을 내어 주신 예수님의 이름으로 기도드립니다. 아멘.

21장

철저한 기도

> "기도를 하려고 두손을 모으는 것은 이 세상의 혼란에 대항하여 일어서는 행동의 시작이다."
>
> 칼 바르트(Karl Barth)

철저한 기도란 뿌리와 심장과 중심에까지 내려가는 기도이다. '철저한' 이란 말은 라틴어의 '라딕스(radix)' 에서 온 말로 뿌리를 의미한다. 따라서 철저한 기도는 우리가 삶의 커다란 문제들의 가장자리에 맴도는 것을 허락하지 않는다. 그것은 감히 상황이 다를 수 있다는 것을 믿는다. 그 목표는 사람과 제도와 사회의 완전한 변화이다. 알고 보면, 철저한 기도는 예언자적인 기도이다.

오레곤에서 하나님의 나타나심

1978년 봄에 캐롤린과 나는 빡빡한 겨울 일정을 보내고 모처럼 며칠 간의 휴식을 얻어 오레곤 해안으로 차를 몰고 갔다. 그곳에서의 첫날 아침, 나는 해뜨기 전에 일어났다. 캐롤린은 아직도 자고 있었다. 그래서 나는 가만히 빠져 나와 해변을 따라 아침 일찍 산책을 했다. 늘 있는 갈매기들을 제외하고는 나 혼자뿐이었다. 마침 썰물이어서 조수가 밀려 나가 있었고 아침이 다가옴에 따라 밤안개는 서서히 자취를 감추고 있었다. 그 근처에는 '건초더미 바위' 로 알려져 있는 거대한 암석이 있었다. 그 바위 위에는 깃털이 달린 바다오리 떼가 둥지를 틀고 있었는데 그 새는 붉은 부리와, 머리 위에 흰 줄무늬의 털을 가진 작고 검은 새였다. 조수가 밀려 나간 터라, 나는 백사장 위에 우뚝 솟아 있는 이 웅장한 바위 요새를 찬찬히 둘러볼 수 있었다. 나는 바다 물결의 거침없는 공격을 견뎌 내며 굳건하게 서 있는 그 모습에 절로 감탄이 솟아났다.

멀리 보이는 산 너머로 태양이 고개를 내밀었다. 그 이상한 광채에 나는 숨이 멎는 듯했다. 나는 큰소리로 외쳤다. "정말 아름답습니다!" 나는 그저 햇빛과 나무들, 바다와 안개의 경이로움 속에 빠져 들어갈 뿐이었다. 그런데 한 음성이 들려 왔다. 그것은 꾸미지 않은 솔직한 대답이었다. "내가 만들었단다." 나는 엉겁결에 불쑥 말했다. "주님, 감사해요!" 다시금 한 음성이 들려 왔다. "천만에."

나는 그 자리에서 죽은 듯이 멈추어 섰다. 당신은 어떨지 몰라도 나는 음성 듣는 일에 익숙하지 않다. 그런데 그때 일어났던 일은 좀 유별나긴 했지만 조금도 이상하진 않았다. 그것은 우리가 여러 가지 매체를 통해서 대하는, 공상 과학 소설 같은 판에 박힌 대화라기보다는 친구들 사이에 오가는 평범한 대화에 더 가까웠다. 그 경험은 내가 그때 시계가 없어서 정확히 말할 수는 없지만 약 한 시간 반 정도 계속되었다. 나는 감사함으로 경배했다. 어떤 시점에서는 종종 나를 괴롭혔던 몇 가지 문제들을 묻기도 했다. 어떤 한 가지 질문에 대해서는 내 생각에 하나님께서 나의 순진함에 온화한 모습으로 껄껄 웃으셨던 것 같다.

그 다음에 있었던 일은 설명하기가 어렵다. 나는 해변이 내려다보이는 절벽으로 올라갔다. 그 꼭대기에는 솔송나무와 가문비나무 및 개잎갈나무의 숲이 우거져 있었다. 특히 커다란 한 그루의 개잎갈나무의 모습은 경탄을 자아내기에 충분했다. 그 나무가 지금의 크기로 자라는 데에는 수세기가 걸렸을 것이 틀림없다. 오른쪽으로 세 걸음 옮기자 그 큰 나무에 가려서 보이지 않던 것이 눈에 들어왔다. 그것은 또 한 그루의 개잎갈나무였는데 엄청나게 크긴 했지만 썩어 가고 있었다. 몇 군데 푸른 싹이 나긴 했지만 그것은 그 나무가 죽기 전에 돋아난 것이 분명했다. 왜냐하면 그 나무의 중앙은 텅 빈 채 밖으로 노출되어 있었기 때문이다. 그 나무는 오래 전에 번개에 맞은 것이 분명했다. 그 두 나무가 엄청나게 크다는 것 외에는 특이한 장면이 없었다.

그런데 그때, 내가 그 썩어 죽어 가는 나무를 면밀히 살펴보고 있을 바로 그때 주님의 음성이 들려 왔다. "이것이 내 교회의 모습이란다." 그 말을 듣는 순간 내 눈에는 눈물이 고였다. 일생 동안 나는 교회에서 일해 왔고 나도 교회가 그렇다는 것을 알고 있었다. 비록 거대하고, 약간의 생명력이 남아 있긴 하지만 교회는 썩어 가고 있었다. 얼마 후 어떤 이유에서 그랬는지는 모르지만 나는 뒤로 돌아서서 멀리 있는 그 '건초더미 바위'를 바라보았다. 그땐 조수가 밀려 들어와 그 바위는 온통 바닷물로 둘러싸여 있었다. 파도가 거세게 그 바위에 부딪치고 있었다. 하나님의 음성이 계속되었다. "내 교회가 바로 저렇게 되어야 한다." 그 거대한 힘과 인내의 상징물을 바라볼 때 내 마음속에는 커다란 소망이 생겼다.

철저한 기도 327

그때 나는 귀한 가르침을 받았다. 그날 하나님께서 나를 만나신 이유 중 하나였다. 그 가르침은 새로운 세대의 지도자들이 일어나기를 기도하라는 것이었다. 그 지도자들은 사도적인 기질을 가진 선지자들로서 하나님의 백성들을 철저한 신앙의 공동체 속으로 한번 더 불러모을 수 있는 그런 사람들을 의미했다.

나는 오던 길을 다시 돌아가 내가 보고 들은 모든 일을 캐롤린에게 이야기해 주었다. 이 일이 있은 후 수년 동안 나는, 비록 내가 확신하고 있는 만큼 충실하지는 못하지만 교훈받은 대로 힘써 기도해 왔다. 나는 이 지구상에 살고 있는 수많은 사람들이 나와 비슷한 가르침을 받았다는 어렴풋한 확신이 든다. 따라서 선지자적인 지도자들을 일으켜 세워 달라는 기도의 거센 물결이 수년 동안 하나님의 보좌에 올라가고 있다는 생각이다. 이제 나는, 우리가 선지자들의 출현을 보기 시작했다고 믿는다. 그들 중 많은 사람은 제3세계 국가에서 나타났으며, 그들은 사람들을 불러 충성과 순종을 담대히 표현하게 하는 선지자들이다.

말씀 선지자

신학적인 근거를 들어 가며 선지자의 은사는 사도 시대에 끝났다고 믿는 사람들이 있다는 것을 안다. 또 어떤 사람들은 오늘날의 악습과 인습 때문에 말씀이 더 이상 쓸모없다고 한다. 나는 그런 입장을 이해한다. 그러나 그럼에도 불구하고, 나는 말씀 선지자라는 말을 계속해서 쓰려고 한다. 왜냐하면 그 오레곤 해변에서 내게 있었던 일이 바로 그러했을 뿐만 아니라 성경에는 내가 말하고자 하는 것을 알려 주는 풍부한 전례가 있기 때문이다.

이 선지자들의 모습은 어떠할까? 그들은 모든 계층, 모든 범주에서 나올 수 있는 사람들이다. 교육을 받은 사람일 수도 있고 문맹이거나 반문맹일 수도 있다. 교단 출신일 수도 있고 교단 밖의 사람일 수도 있다. 여자일 수도 있고 남자일 수도 있으며 심지어 어린아이일 수도 있다.

그들은 전심으로 예수님을 사랑한다. 그리고 그들의 삶에 대한 하나님의 부르심과 그들의 사역에 대한 하나님의 손길을 증거한다. 누가 앞서느냐, 누가 관심을 끄느냐, 그리고 역사의 기록에 누가 남느냐 하는 것은 그들에게 중요하지 않다. 사실 그들 중에는 현대 대중 매체 관리자들에게 알려진 사람이 거의 없다. 왜냐하면 그들에게는 뉴스 거리가 될 만한 요소, 이를테면 재력이나 권력, 추문 따위가 없기 때문이다.

대부분의 경우 그들은 종교계에서조차 중요하지도 않고 관련성도 없다. 그것은 그들에게 영향력이 없어서가 아니라, 영향력 있는 자리가 중요하지 않게 보이기 때문이다. 만일 자이레에 있는 몇천 명의 부족들이 그리스도께 복종한다면 누가 관심을 갖겠는가? 그것은 그들에게 영향력이 없어서가 아니라 그 영향력의 종류가 나와는 상관이 없는 것으로 보이기 때문이다.

만일 익명의 로스앤젤레스 주민이 원수를 사랑하기 시작하여 물건을 상호 공유하기 시작한다면 누가 주목하겠는가? 그러나 보통 사람에게는 보잘것없는 사람들로 보일지 모르는 그들이, 하나님 나라에서는 진정으로 큰 자들이다. 그들은 드보라와 엘리야, 아모스와 예레미야, 그리고 바울과 빌립의 딸들의 영적 상속자들이다.

그들의 지도력 밑에, 성령의 권능으로 하나님의 백성들이 다시 한번 모이고 있다. 조직적으로 모이는 것이 아니라 유기체적으로 모인다는 것이다.

또 그 지도자들은 손으로 깨뜨리지 아니한 돌이 이 세상 나라를 부숴뜨리고 온 세상을 가득 채울 만한 큰 산이 되는 것을 본 사람들이다(단 2장). 그들은 건축자들이 버린 돌이 모퉁이의 머릿돌이 된 것처럼, 그들 스스로가 산 돌같이 신령한 집으로 세워지게 되었다(벧전 2장). 그들은 우리 하나님 나라에 들어오게 된 사람들이다.

그들은 또한 새로운 미래를 꿈꿀 수 있는 자들이다. 그 미래란 성령 안에서 의와 평강과 희락의 미래를 말한다. 그들은 의를 행할 수 있는 거룩한 힘을 위임받고 있다. 그들은 뇌물을 주어 매수할 수도 없고, 조종을 당하거나 아첨을 듣지 아니한다. 그들은 원수를 사랑하며 그들을 멸시하는 자들을 위하여 기도한다. 때가 차면 그들의 존재와 그들의 행동 자체가 탐욕과 교만과 공포에 의해 유지되는 그런 구조를 무너뜨리게 될 것이다. 그들이 현대 문화의 억압과 편견과 계층간의 갈등에 대해 타협하지 않는 것만으로도 세상을 거의 알아볼 수 없을 정도로 변화시킬 것이다.

나는 이 글을 읽는 당신이 이 헌신된 무리에 속해 있다고 믿는다. 하나님의 손길이 당신에게 임하여 당신을 하나님에게로 인도하신 것이다.

선지자적 메신저도 중요하지만 선지자적 메시지가 더욱 중요하다. 선지자적 메시지는 철저한 생활 방식과 철저한 기도 방법을 마음속에 그려 준다. 이제 그 메시지의 기본적인 개요를 그려 보자.

영적 저항

참된 선지자적 메시지는 언제나 우리를 지금 있는 그대로의 세상에 대한 영적 저항으로 초대한다. 그것은 영적 지하 저항 운동이다. 불의와 압제와 폭력의 세계에서 볼 때 우리는 위험 분자들이다. 구약의 아모스 선지자처럼 우리는 "공법이 물같이, 정의가 하수같이 흐르기를" 요구한다(암 5:24). 우리는 고아와 과부를 옹호하며, 우리 시대에 살고 있는 힘없는 자들이 누구든지 간에 그들을 변호한다. 우리는 기도와 삶을 통해 인종 차별주의와 남녀 차별주의, 민족주의, 노인 차별주의 및 우리를 분열시키고 갈라 놓고 나누는 각종 '주의(主義)'들에 단호히 저항한다.

우리는 목소리 없는 자들의 목소리가 되어야 하고 언제나 그들의 입장을 하늘 보좌에 탄원해야 한다. 우리는 우리의 목소리가 반영되기를 요구해야 하며 변화가 일어나기를 주장해야 한다. 월터 윙크(Walter Wink)는 이렇게 말했다. "성경적인 기도는 뻔뻔스럽고, 굽힐 줄 모르며, 부끄러워하지 않을 정도가 되어야 한다. 그것은 교회의 정중한 독백이라기보다는 야외에서 열리는 바자회에서 끈질기게 값을 깎는 흥정과 더 흡사하다." 아브라함처럼 소돔성의 운명에 대해서 하나님과 흥정해야 하며(창 18장), 모세처럼 이스라엘 백성들의 운명에 대해 하나님과 논쟁해야 한다(출 32장). 또 에스더처럼 민족의 운명을 두고 하나님께 탄원해야 한다(에 4장).

우리의 영적 저항에는 하나님의 마음을 바꾸려고 시도하시는 것도 포함된다. 그렇게 하는 것이 하나님의 변하지 않는 사랑과 일치한다고 믿어질 때, 우리는 그런 기도를 할 수 있다. 도날드 블로쉬(Donald Bloesch)는 "때때로 믿음의 기도에는 뻔뻔스러울 정도로 하나님께 저항하는 것도 포함된다"고 말했다. 또 마틴 루터는 "기도의 힘은 너무나 커서 하늘과 땅을 모두 이겼다"고 했다.

우리는 하나님께 상처받은 사람들과 깨어진 사람들, 무력한 사람들과 집 없는 사람들을 대하며 그밖의 다른 사람들에게도 말한다. 그러므로 우리의 영적 저항은 필연적으로 모든 불의와 압력에 대한 단호하고도 공격적인 행동을 취하게 한다. 사람들이 불의한 통치자의 일시적 기분에 따라 감옥에 던져지거나, 거리에 버려진 아이가 정서적으로나 신체적으로 학대당하는 것을 보고 우리는 격분한다. 또한 삶은 가난한 자들을 훨씬 더 깊은 가난으로 몰아넣는 것이라는 식으로 정의할 때, 우리는 모욕을 받는다. 우리는 매스컴의 풍자에 대해서 귀를 막아야만 하며, 오늘날의 복잡한 문제들 속에서 그리스도의 방법을 기도로 간파해 내야 한다.

우리의 저항의 무기를 보면, 우리가 권력과 효율과 통제에 기초한 세상과 얼마나 무관한가를 분명히 알 수 있다. 우리는 진리를 말하며, 원수들을 위해 기도한다. 우리는 불의와 협력하기를 거부한다. 놀라운 것은, 이 무기들은 사탄의 요새를 무너뜨리며 의롭고 평화로운 하나님 나라를 건설할 만큼 강력한 무기라는 것이다.

사회적 성결

요한 웨슬리의 표현을 빌면 진정한 선지자적 메시지는 언제나 우리를, '사회적 성결'로 초대한다. 우리는 기도와 삶을 통해 모든 계급과 계층과 지위의 차별을 타파한다.

예수님은 예나 지금이나 사회 혁명가이시다. 예수님은 병자들을 고쳐 주셨을 때 단지 질병만을 고쳐 주신 것이 아니라, 이 사람들을 방치하곤 했던 사회 속의 질병까지 고치셨다. 사람들에게 팔복을 말씀해 주실 때에도, 사회가 축복받지 못하고 축복할 수도 없다고 생각하는 계층과 범주의 사람들을 택하여 말씀하셨다. 예수님은 이렇게 눌리고 침 뱉음 당하며 배신당한 사람들에게, 그들이 하나님 나라에서 소중한 존재들이라고 말씀해 주셨다. 예수님은 어린아이들을 축복해 주셨으며, 버림받은 여인에게 말을 건네셨으며, 부자 세리장과 친하게 지내셨다(막 10:13-16, 요 4:1-26, 눅 19:1-10).

우리도 그렇게 해야 한다. 기도와 삶을 통해 우리는 모든 장벽을 깨뜨리고 모든 사람을 소중히 여겨야 한다. 오늘날은 계층간의 장벽이 바뀌었다. 날씬한 사람들을 선호하고 뚱뚱한 사람들은 무시한다. 성공적인 사람들은 가치 있게 보고 실패한 사람들은 경시한다. 힘있는 사람들은 우러러보고 힘없는 사람들은 멸시한다. 똑똑한 사람들은 귀히 여기고 무식한 사람들은 깔본다. 이런 일은 진저리가 날 정도로 많다. 그러나 하나님 나라의 자녀들에게는 그 사람이 어떠냐 하는 것이 중요한 게 아니라 어떤 사람이 존재하고 있다는 사실 자체가 중요하다.

예수님의 사회 혁명은 계속적으로 신앙적인 힘을 발휘했다. 산상 수훈에서 예수님은 사람들에게 본질상 모든 성전 의식과 제도는 날아가 버릴 수 있으나 그 축복은 여전히 남아 있다고 말씀하셨다. 알다시피, 예수님은 사람들을 속박해 두지 않으시고 자유롭게 해방시키셨다.

우리도 그렇게 해야 한다. 기도와 말로써, 사람들을 우리에 묶어 둘 것이 아니라 자유롭게 해주어야 한다. 다른 사람들을 위해 기도한다는 것은 그들을 지금 현재의 스승이신 예수께로 인도해서 그들이 더 이상 우리를 필요로 하지 않도록 하는 것이다. 어떤 믿음이라도, 복받는 것이 하나님 이외의 다른 사람이나 물건에 달려 있다는 믿음은 그만큼 거짓된 믿음이다.

사회적 성결은 지리적 경계를 초월하여 우리를 인도한다. 예수님은 선한 사마리아인 비유로 이웃을 정의하실 때 이웃에 대한 보편적인 견해에 대해 공공연히 반대하셨다. 다시 말해서 사마리아인도 우리와 같은 사람이라는 것이다. 성경의 가르침을 받아 베드로도 이런 영감을 받았다. "내가 참으로 하나님은 사람의 외모를 취하지 아니하시고 각 나라 중 하나님을 경외하며 의를 행하는 사람은 하나님이 받으시는 줄 깨달았도다"(행 10:34-35).

어떤 훌륭한 현자가 제자들에게 이렇게 물었다. "어둠이 물러가고 동이 트는 것을 어떻게 알 수 있느냐?" 제자가 용기 있게 대답했다. "멀리 있는 나무를 보고 그것이 느릅나무인지 향나무인지를 알 수 있으면 됩니다." 다른 제자가 맞장구를 쳤다. "한 짐승을 보고 그것이 이리가 아니라 여우라는 것을 알 수 있으면 됩니다."

"아니다. 그런 것은 우리에게 아무런 도움이 되지 못한다." 그 노인이 말했다. 당황한 제자들이 물었다. "그러면 어떻게 알 수 있습니까?"

그 스승은 몸을 꼿꼿이 세우고는 조용히 대답했다. "우리가 다른 사람을 보고 그 사람이 우리의 형제인지, 아니면 누이인지를 알면 된다. 그렇지 아니하면 그때가 몇 시이건 간에 아직도 밤이다."

전세계를 가슴에 품고

진정한 선지자적 메시지는 늘 우리에게 두 팔을 넓게 벌려 전세계를 가슴에 품으라고 말한다. 우리는 거룩한 담대함으로 하나님의 은혜와 긍휼을 가지고 온 세상을 뒤덮어야 한다. 이것은 위대한 일이며 숭고한 사명이다. 하나님께서는 우리의 두 손에 세상의 운명을 맡기셨다. 우리는 기도에 의해서 하나님의 진노를 유보할 수 있다. 헬무트 틸리케(Helmut Thielicke)는 이렇게 말했다. "이 지구는 마치 그리스 신화에 나오는 거인 아틀라스의 양팔처럼 사랑이 식지 아니한 사람들의 기도를 통해 지탱된다. 이 세상은 다른 어떤 것에 의해서가 아니라 이처럼 위를 향해 들어올린 기도하는 손에 의해 살아간다."

그러므로 우리는 개개인을 위해서 기도할 뿐만 아니라 열방들을 위해서도 기도해야 하며, 교회의 갱신을 위해서 기도할 뿐만 아니라 이 세상의 변화를 위해서도 기도해야 한다. 우리는 하나님 나라가 하늘에서 이루어진 것처럼 이 땅 위에, 이 온 땅 위에 임하도록 기도해야 하고 힘써 일해야 한다.

여기에 놀라우리만큼 지혜로운 한 여인이 내게 가르쳐 준 열방을 위해 기도하는 방법이 있다. 먼저 한 나라에 초점을 맞추고 기도하는 마음으로 그 나라가 어떤 나라가 되어야 할 것인지 파악해야 한다. 예를 들어, 우리는 때때로 한 나라의 진로를 정직한 길로 돌이킬 수 있는 결정력을 지닌 사람들에게 우리의 기도를 국한시킬 수 있다. 우리는 그 지도자들이 이미 베푼 덕행의 부스러기들을 축복하고, 그것들이 오병이어처럼 증가되어 유익하게 사용되기를 구해야 한다.

그 다음엔, 가장 중요한 것으로 세상의 죄악들에 대해 회개해야 한다. 이 점에 있어서는 조국이 어떤 나라든지 간에 우리 나라의 죄악부터 회개하는 것이 더 좋다. 하나님 앞에서 흠 없는 나라가 없으므로 우리는 조국의 대표자가 되어 죄에 대해서 회개해야 한다.

이것은 해본 사람은 누구나 알겠지만 결코 작은 일이 아니다. 우리는 모든 선전 문구와 민족적인 이해 관계를 초월해서 민족적인 불의를 야기시키는 교만과 이기심과 탐욕에 대해서 슬픔과 애통으로 무릎 꿇어야 한다. 이 일을 하고 난 다음에야 다른 나라들을 대신해서도 회개할 수 있게 된다. 우리가 은혜를 받아 원수의 이름으로 회개할 수 있는 용서의 능력을 받을 때 비로소 우리는 훨씬 더 큰 영적 보고를 열게 된다.

뿐만 아니라 우리는 그리스도 안에 있는 자유케 하는 생명의 메시지를 가지고 모든 민족들에게 나가라고 요청하시는 참 목자의 음성을 들어야 한다. 우리는 이 일을 한편으로 담대한 믿음과, 다른 한편으로 겸손한 마음을 가지고 해야 한다. 왜냐하면 참 빛이신 예수님께서 이미 사람들의 마음속에 그 진리를 비추고 계시기 때문이다(요 1:9). 그러므로 우리가 해야 할 일은 하나님께서 어디에서 일하시고 계신가를 보고 그 상황 속에서 예수 그리스도의 영원한 복음을 선포하는 것이다. 조지 폭스(George Fox)는 이렇게 말했다. "모든 민족들에게 음성이나 글을 통해 말씀을 듣게 하라. 장소를 아끼지 말고, 말이나 글을 아끼지 말라. 오직 주 하나님께 순종하라. 이 땅에 그 진리를 용감하게 선포하라. 그리고 즐거운 마음으로 이 세상에서 행하라."

우리가 이같이 하면, 우리 자신을 위해서가 아니라 결국 하나님을 위해서 다른 사람들을 사랑하는 경지에까지 이른다. 그러므로 우리는 모든 민족들을 향해 한없이 사랑하는 동정심을 가져야 한다.

그리스도인 공동체

전세계에 대한 우리의 헌신은 구체적인 것이 되어야 한다. 따라서 참된 선지자적 메시지는 언제나 우리를 그리스도인 공동체로 초청한다. 우리는 혼자 고립되어 살거나 혼자 고립되어 기도하지도 않는다. 그리스도인의 수는 단수가 아니라 복수이다.

흩어진 교회는 모이는 교회가 되어야 한다. 우리는 이 새로운 모임이 우리 시대에 어떤 모습을 띠고 있는지 아직까지 정확히 모른다. 솔직히 말해서 우리는 지금 일종의 '영적 원심 분리기' 속에 들어가고 있다. 원심 분리기란 엄청난 속도로 회전해서 기존의 밀도를 깨뜨리고 새로운 밀도를 만들어 내는 장치를 말한다.

우리는 이 일이 바로 눈앞에서 일어나는 것을 보고 있다. 이전의 일, 다시 말해서 우리의 신앙적인 삶을 배열하는 이전의 방식이 깨뜨려지고 새로운 배열 방식이 나타나고 있다. 이제 영원한 선지자이신 예수 그리스도에 의해 모여든 우리 모두에게 남아 있는 일이 있다면, 그것은 미래를 마음속에 그려 보는 일이다.

앞으로 우리는 그리스도인 공동체가 다음의 네 가지 주요한 표현 중 하나를 취할 것으로 기대한다. 그 네 가지는 제도적인 공동체, 공동 생활 공동체, 개인적 영적 후원 공동체, 그리고 소그룹 영적 성장 공동체인데 물론 그 각각의 공동체 내에도 다양한 변이가 있을 것이다. 이 네 가지 공동체가 서로 배타적인 것은 아니다. 오히려 여러 면에서 상호 보완적인 것이 될 것이다. 이 네 가지를 이제 간단히 설명하려고 한다.

우리에게 있는 많은 제도적인 조직들이 계속해서 존재하고 또 어떤 것은 번성하기도 할 것이다. 먼 옛날의 성 프랜시스처럼, 몇몇 선지자들은 현존하는 구조들 속에서 "내 교회를 지으라"는 부르심을 듣게 될 것이다. 그 길은 쉽지 않다. 왜냐하면 방해가 많기 때문이다. 그러나 새 포도주를 낡은 가죽 부대에 넣는 것이 무익하다고 하신 예수님의 말씀은 그 어려움을 큰 위로로 바꾸어 주신다(마 9:17). 제도적인 생활이 봉착하는 가장 중요한 문제 하나는 선지자적 사역을 수행하기 위한 장소를 어떻게 찾느냐 하는 것이다.

그 일은 기념비적인 것이어서 좌절도 있겠지만, 유익도 있을 것이다. 하나님께서는 마른 뼈 속에 새로운 생명을 불어넣는 일을 하고 계신다. 개혁된 교회는 언제나 개혁되어야 한다는 종교 개혁의 위대한 가르침이 있다. 나는 이 일이 참으로 가능하다고 믿는다. 그리고 주의 몸 된 교회를 개혁시키기 위한 사역에 부름받은 사람들을 위해서 꾸준히 기도해야 할 필요가 있다. 우리는 모든 새로운 생명의 탄생과 모든 창조적인 갱신의 힘을 보고 기뻐하기를 원한다.

공동 생활이란 그리스도인 공동체의 가장 강력한 표현이다. 그런데 그것은 모든 시대의 교회에 존재해 왔다. 비록 그 회원은 아니지만 나는 "예수님의 친구 공동체"라는 공동 생활 단체와 가까이 지낸다. 이들 네 가정은 도심지에 있는 작은 아파트를 구입하기 위하여 재산을 공동 출자해서 인종 차별의 상처를 치유하는 일을 하고 있다. 그들은 이렇게 말한다.

"예수님의 친구들로서 우리가 의도적으로 공동체를 만든 것은, 잘못된 우리 문화에 저항하고, 가난하고 힘없는 사람들과 함께 삶을 나누라고 하신 하나님의 부르심에 충실하기 위해서는 우리가 먼저 서로 밀접한 교제와 나눔을 가져야만 한다는 확신에서 나온 것이다." 내가 직접 체험한 바로는 그들의 증언이 참으로 많은 면에서 주목할 만하다고 감히 말할 수 있다. 다른 많은 단체들도 비슷한 모험을 시도해 왔다.

그리스도인 공동체 중에서 공동 생활을 추구하는 사람들은 주요한 문제들과 씨름하지 않으면 안된다. 그 문제들은, 권위주의적이 되지 않고 적절한 권위를 유지하는 방법과 속으로만 성장하지 아니하고 높은 수준의 공동체 생활을 유지하는 방법, 그리고 어린 자녀들을 둔 가정들과 부부들에게 이러한 생활 방식을 접할 수 있게 하는 방법 등이다. 오랜 문제들에 대한 새로운 해결책을 창안해 낼 수 있는 선지자적 비전을 갖기 위해서 생동감 있는 기도가 일어날 필요가 있다.

끊임없이 그리스도의 길을 좇아가는 사람들 중에는 성령의 일들에 대해서 그들을 지도할 이들을 찾는 것이 유익한 사람도 있다. 영적 지도자라는 말은 이것을 가리키는 옛 용어이다. 어떤 사람들은 영적 친구라는 말을 쓰기도 한다. 개인적으로 나는 영적 스승이란 말을 좋아한다. 영적 스승은 분별의 은사와 지혜의 은사와 지식의 은사를 받은 사람들이다. 그들은 사람들에게 그들의 삶 속에서 역사하신 하나님의 흔적을 보게 한다. 그리고 이따금씩 사람들에게 꼭 가야만 할 방향으로 움직이도록 권고한다.

이것은 그리스도인 공동체의 한 가지 표현이다. 그러나 그것뿐 아니라 거기에는 필연적으로 다른 집단 생활의 표현이 있어야 한다. 특히 단체 예배에서 그러하다. 즉 이런 방향으로 움직이는 사람들에 대한 커다란 도전을 주기 위해, 합당한 기간 내에 교회의 삶에 실질적인 영향력을 행사하기에 충분한 영적 스승들을 성장시키는 방법을 찾아야 한다는 것이다. 그렇지 않으면 그것은 소수 특권층의 독점적인 이해 관계가 되고 만다. 우리는 길이 없는 곳에 하나님께서 길을 만들어 주시도록 기도해야만 한다.

장차 엄청난 잠재력을 보여 줄 그리스도인 공동체의 다른 모델은 소그룹 영적 성장 공동체이다. 이것은 양육과 책임을 동시에 추구하는 접근 방법이다. 예를 들면 매주 나는 네 명으로 된 소그룹을 만나는데 그들의 목표는 더 나은 예수님의 제자가 되도록 서로 도와주는 것이다. 우리는 다섯 가지 질문을 던지며 이 일을 하고 있다. 우리는 만날 때마다 그 질문에 대답해야 한다. 그 질문들은 매주 간단하지만 때때로 깊은 곳까지 우리를 돌아보게 한다. 당신을 위해서 이 질문들을 기록해 보았다. 어떻게 대답해야 할지 생각해 보라.

이번 주에 어떤 기도와 묵상의 체험을 했는가?
이번 주에 어떤 시험을 겪었는가?
이번 주에 성령의 어떤 역사를 경험했는가?

이번 주에 다른 사람들을 섬기기 위해서 어떤 기회를 가져 보았는가? 이번 주에 성경을 연구하면서 그리스도의 어떠하심을 맛보았는가?

소그룹 영적 성장 공동체에 헌신된 사람들이 해결해야 할 많은 문제들이 있다. 첫째는 번갈아 인도하면서 영적 스승들을 계발시키는 방법, 둘째는 지나친 확산으로 역효과를 가져오지 아니하고 소그룹이 자유롭게 확산되도록 허용하는 방법, 셋째는 율법주의적이지 아니하고 책임성을 유지하는 방법이다. 새로운 꿈을 꾸고 새로운 환상을 보기 위해서는 거룩한 기도가 필요하다.

함께 살아가는 공동체의 구체적인 모습이 어떠하든지 간에, 공동체 내에서 우리가 기도하는 것이 무엇보다 중요하다. 기도는 종종 개인적인 경우가 많지만, 그것은 결코 예배하고 기도하는 친교의 실제를 벗어나지 않는다. 사실 우리는 공동체를 떠나서는 기도 생활을 지탱할 수 없다. 우리는 다른 사람들에 대한 지원과 세심한 관심이 결여되어 있다고 해서 자칫 기도는 무익한 것이라고 포기하든지, 아니면 그것을 우리 자신의 것으로 삼을 수도 있다. 그리스도인 공동체의 통찰력 있는 생활이 없다면 우리의 기도는 금방 체면치레와 자기 정당화를 위한 독백이 되고 말 것이다.

그리스도인 공동체는 성령의 권능으로 창조된 하나님의 선물이며 예수 그리스도 안에서 우리의 용서에 기초해 있다. 우리는 용서하기도 하고 용서받기도 하며 십자가의 은혜로운 그늘 밑에서 모두 함께 살아간다.

달라스 윌라드(Dallas Willard)는 이렇게 말했다. "역사 속에서의 하나님의 목표는 사랑하는 사람들의 연합 공동체를 창조하는 것이다. 물론 그 공동체에는 하나님 자신이 최고의 지지자요, 가장 영광스러운 거주자로 포함된다." 나는 하나님께서 이 시대에 바로 그런 공동체를 모으고 계신다고 믿는다. 그것은 종말론과 사회적 행동을 결합하고, 예수님의 초월적인 주권과 고난의 종인 메시아를 결합하는 공동체이다. 그것은 십자가와 면류관의 공동체이며, 갈등과 화해의 공동체일 뿐만 아니라 용기 있는 행동과 고난당하는 사랑의 공동체이다. 그것은 온갖 형태의 악을 공격하여 선으로 악을 이길 능력을 받은 공동체이다. 그것은 비이기적인 사랑의 공동체이며 타협 없는 증인의 공동체이다. 그것은 그리스도께서 영원히 통치하신다는 소망으로 사기가 앙양된 공동체이다. 왜냐하면 그리스도의 통치는 곧 나타날 정도로 절박할 뿐만 아니라 이미 우리들 가운데 도래했기 때문이다.

최고의 법

하나님의 사랑인 아가페만이 하나님께서 만들어 주신 공동체를 지탱할 수 있다. 그러므로 참된 선지자적 메시지는 늘 우리를 복음의 핵심인 하나님의 역동적인 사랑과 이웃에 대한 사랑으로 초대한다. 그래서 우리는 단지 하나님을 사랑한다는 그 이유 때문에 이웃을 사랑할 수 있다. 이 두 계명은 이음매가 없는 한 벌의 옷이다.

우리가 하나님을 사랑하지 않고 이웃을 사랑하려고 한다면 소위 본 회퍼가 '꿈속의 소원'이라고 불렀던 것을 그 관계 위에 부과하는 셈이 되고 그것은 결국 관계를 파괴하고 만다. 인간 스스로의 사랑은 그 자체를 위해서 다른 사람들을 사랑하지만 아가페는 하나님을 위해서 다른 사람들을 사랑한다. 인간의 사랑은 보답을 기대하고, 보답을 요구하며 시행된다. 반면에 아가페는 아무런 대가를 바라지 않고 주는 것이다. 그래서 본 회퍼는 이렇게 말한다. "바로 이런 이유 때문에 인간의 사랑이 순수한 영적 사랑을 만나게 되면 개인적인 증오로 변하고 만다. 그것은 진정한 영적 사랑은 바라는 것이 아니라 섬기는 것이기 때문이다." 하나님과의 계속적인 사랑의 관계가 없이 이웃을 사랑하려고 한다면 그것은 공동체를 파괴시키고 만다.

한편, 이웃을 사랑하지 않고 하나님을 사랑하려고 한다면 하나님의 '폐동맥'에서 우리 자신을 절단하는 것과 같다. 하나님의 사랑은 표현되기를 원한다. 왜냐하면 그 자체만 가지고는 의미가 없기 때문이다. 말하자면, 이웃 사랑은 하나님이 '숨쉬는' 방법이다. 마치 우리의 피가 심장에서 나와 폐로 흘러가야 하는 것처럼, 하나님의 사랑은 그분이 지으신 피조물에게로 흘러나가야만 한다. 그러므로 만일 우리가 우리의 마음과 혼과 뜻과 힘을 다해서 하나님을 사랑한다면, 우리는 필연적으로 우리의 이웃들에게로 향하게 될 것이다. 우리는 이웃에게서 하나님의 얼굴을 보아야 하며, 이웃을 무시하는 것은 하나님을 무시하는 것이다. 하나님을 열심히 사랑한다 하면서 이웃을 망각하는 것은 하나님도 곧 망각하는 것이다. 우리의 자비와 동정의 행위가 축복이 되는 것은 오직 최고의 법인 사랑에 의해서만 가능하다. 사랑이 없으면 아무리 그렇지 않게 보이려고 애쓴다 해도 우리의 섬김은 언제나 일부러 공손한 체하는 교만함으로 물들고 만다. 성 빈센트 드 폴(St. Vincent de Paul)은 이렇게 말한다. "가난한 자들이 당신을 용서하는 것은 그들에게 주는 빵에 담긴 당신의 사랑, 오직 그 사랑 때문이다."

기도야말로 우리의 사랑이 수직적으로, 그리고 수평적으로 자유롭게 흐르도록 해준다. 기도할 때 우리는 불가항력적으로 우리를 이웃에게로 인도하시는 하나님의 사랑 속에 들어가게 된다. 이웃을 사랑하려고 할 때 우리는 이웃을 사랑할 수 없는 우리의 전적 무능력을 발견하게 되고 그것은 불가피하게 우리를 하나님께로 향하게 한다. 그래서 우리는 그리스도인 공동체에 생명력을 부여하는 끊임없는 그 사랑의 교제 속에 들어가게 된다.

참되고 온전한 기도는 '사랑' 그것뿐

나는 성 어거스틴의 "참되고 완전한 기도는 사랑 외에 아무것도 아니다"라는 말로 이 책을 시작했다. 그런데 마지막 장에 우리는 다시 사랑으로 돌아왔다. 지금까지 나는 이 책에서 하나님의 마음의 어떤 면을 묘사해 보려고 애썼다. 그것은 완전한 수용적인 사랑으로 우리에게 다가오셔서 우리로 기도의 친밀함 속에 들어오기를 원하시는 하나님의 마음이다. 우리는 하나님의 사랑이 우리를 내면으로 향하게 해서 우리를 변화시키고 새로운 모습으로 빚으며 이루어 가는 변화의 역사를 일으키심을 보았다. 그 다음 우리는 위로 초대를 받아서 하나님을 찬양하고, 하나님 안에서 안식하며, 하나님께 귀기울이는 친밀함 속에 들어가게 되었다. 그 다음에는 밖으로 부름을 받아 병자를 치유하며, 상처받은 자와 고통을 나누고, 세상을 위해 중보하는 사역을 감당하게 되었다.

2천 년 전, 디베랴 바닷가의 어느 이른 아침 식사 시간에 예수님께서는 베드로에게 단 한 가지 질문만을 던지셨다. "요한의 아들 시몬아, 네가 나를 사랑하느냐?"(요 21장). 예수님은 그에게 그의 유능함이나 기술이나 그외의 아무것도 묻지 않으시고 다만 그의 사랑만을 물으셨다. "시몬아, 네가 나를 사랑하느냐?" 하고 예수님은 세 번씩이나 물으셨다. 베드로는 마음속을 꿰뚫는 듯한 그 질문을 받고 적절한 대답을 찾느라고 무척이나 애를 썼다. 마침내 그가 대답했다. "주여 모든 것을 아시오매 내가 주를 사랑하는 줄 주께서 아시나이다." 그의 진심을 아시고 예수님은 베드로에게 할 일을 주셨다. "내 양을 먹이라."

그와 동일한 질문을 예수님은 지금 우리에게도 하신다. 우리에게도 그와 똑같은 일이 주어져 있다.

축도

이제는, 성령의 권능으로 여러분이 기도의 영을 받기 원하며, 예수 그리스도의 이름으로 기도가 여러분의 일생에서 가장 소중한 일이 되기를 원하며, 평강의 하나님이 여러분을 강건케 하시고 복 주시며 기쁨 주시기를 원하노라. 아멘.

감사의 말

오늘이 있기까지 우리에게 영향을 주신 분들을 모두 기억하기란 불가능하다. 책을 쓸 때는 더욱 그렇다는 생각이 든다. 한분 한분 일일이 고마움을 전해야 되겠지만, 대표로 몇몇 분들께만 감사를 표할까 한다.

채 완성되지 않은 원고를 전부 혹은 조금이라도 읽고, 매우 유익한 의견들을 주신 분들께 진심으로 감사드린다. 특히 캐롤린 포스터, 나단 포스터, 린다 그레벨, 도츠 힐, 쟈넷 얀센, 캐롤 멀킨에게 감사한다. 뿐만 아니라 밀튼 센터(The Milton Center) 식구들은 여러 번 주간 모임에서 나와 함께 원고의 상당 부분을 검토하여 주었다. 이분들의 비평과 격려에 대해 깊은 감사를 드린다. 또한 해럴드 피켓, 쟈닌 헤어웨이, 프랭크 카스터, 데이빗 오언스, 버지니아 오언스, 챨스 파커, 브루스 파멘터, 짐 스미스, 우리 식구들에게도

나는 내가 맡았던 교구 주민들과 학생들을 통해 수년 동안 나의 생각들을 이론으로나 실제로 시험할 수 있었다. 나의 스승이나 다름이 없었던 그들에게 감사드린다. 집필이 끝날 때가지 나를 위해 기도해 주신 분들이 있다. 늘 새로운 용기를 주신 그분들께 나는 빚을 진 셈이다. 웬들 버넷, 켄

그리고 도리스 보이스, 카렌 크리스튼슨, 테디 건, 도츠 힐 에드 그리고 앨리스 켈, 클라우디아 미첼, 버니 파커, 벳츠 락우드, 사라 스미스, 달라스 그리고 제인 윌라드, 진 윈슬로, 딕 그리고 게일 위드넬.

원고를 다듬어 주고 따뜻하게 격려해 준 호더 스터우턴(Hodder & Stoughton) 출판사의 캐롤린 알밋지에게 감사드린다. 사무실을 관리하고 원고를 쓰는 일에만 집중할 수 있도록 수없이 많은 업무들을 성실히 처리한 린다 그레벨에게 감사드린다.

마지막으로, 이 책이 완성되기까지 나와 함께 그리고 나를 위해 기도해 준 캐롤린으로 인해 하나님께 감사드린다.

두란노 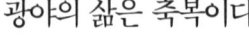 도서

제자훈련 열정30년
그 뒤안길의 이야기

옥한흠 지음/신국판/302쪽

너무나도 정직한 고백록,
너무나도 진솔한 목회론,
너무나도 뜨거운 그 한 청춘의 씨앗을
하나님께서 어떻게 쓰셨던가!

제자훈련의 한 소명을 위해 평생을 하나님만 보고 달려온
옥한흠 목사가 이제 지천명의 고개 위에서 자신이 살아온
피 끓는 청춘의 역사를 처음으로 풍경처럼 되돌아본다.
갈피마다에서 샘물처럼 넘쳐나는 은혜와 감동의 거울에
자신의 신앙관을 적나라하게 비춰보게 만드는 투명한 책!

광야의 삶은 축복이다

하용조 지음/신국판/146쪽

보물 찾기를
해본 경험이 있습니까?

하나님께서는 광야에 보물을 숨겨 놓으셨습니다.
광야는 너무나 고통스럽고 저주스럽지만
보물을 발견하는 사람에게는 흥분이고 축복입니다.
하나님의 사랑은 광야에서 더욱 세심하고 애절하게 드러납니다.
이제 하나님께서 당신을 위해 광야에 예비해 두신 수많은 축복을
이 책을 통해 발견하십시오.

뿌리 깊은 영성으로
세워지는 교회

강준민 지음/신국판/194쪽

교회 개척으로 어려움을 겪는
모든 목회자들에게
영성 목회, 인격 목회로 느리지만 차고
넘치는 저수지 목회를 꿈꾸는 사람

「뿌리 깊은 영성」을 통해서 많은 독자들에게
영혼 관리의 중요성을 일깨워 준 저자의 독창적 목회이다.
그는 성경의 원리가 세상의 방법이나 전략보다
탁월함을 드러내면서 영성을 추구하는 교회의 독특함과
그의 영성 목회를 소개한다.

맺힌 것을 풀어야
영혼이 산다

김남준 지음/신국판/234쪽

"가장 큰 적은 내 안에 있습니다."

용서하지 못하는 마음과 사람을 향한
미움으로 맺힌 마음을 풀지 않고 살아가는 것은
마치 피 묻은 칼을 가슴에 품고 예배하는 것과 같습니다.
우리는 상처와 미움으로부터 해방되어
거룩한 사랑에 붙들린 사람들이 되어야 합니다.
그리스도께서 우리를 그렇게 사랑하였기에….

깡통 교회 이야기

이동휘 지음/신국판/204쪽

온 한국 교회에 도전을 준다.
희생하는 교회의 대명사가 된
전주 안디옥 교회
이동휘 목사의 특별한 목회 리포트

재정의 60% 이상을 선교비로 쓰는 교회,
절대로 문을 잠그지 않는 교회,
일 년 예산을 책정하지 않는 교회,
온 교인이 선교사요 전도사요 사찰인 교회!

뿌리 깊은 영성

강준민 지음/국판/193쪽

당신의 삶은
지금 어디에
뿌리를 두고 있는가?

"하나님을 사랑했던 탁월한 사람들의 삶의 동기는
하나님에 대한 사랑과 영혼에 대한 사랑이었고,
그들의 삶에는 공통적인 영성 훈련이 있었다는 사실을 발견했다."

두란노 Best 도서

결혼 건축가
로렌스 J. 크랩 지음/윤종석 옮김/신국판/206쪽

당신의 결혼의 청사진을 그려 줍니다

결혼은 가장 친밀한 관계입니다.
그러나 참된 결혼의 모습이 무엇인지는 찾기 어렵습니다.
참된 결혼의 본질을 드러내기 위해서 이 책만큼 깊이 들어간 책은 없습니다. 결혼을 앞둔 커플과 결혼 상담가에게 꼭 필요한 책입니다.

좋은 아빠가 되려면
스티븐 A. 블리 지음/정중은 옮김/신국판/171쪽

**좋은 아빠가 되고 싶지만
그 방법을 모르는 아빠를 위한 책!**

성경은 좋은 아빠가 될 수 있는 많은 원리들을 우리에게 보여 줍니다.
이 책은 그 원리들을 발견하도록 돕고
적용할 수 있는 실천 방안들을 당신에게 제시합니다.

하루에 한 번 자녀를 축복하라
롤프 가복 지음/이기승 옮김/신국판/211쪽

**각 가정마다
자녀 축복의 열풍이 불고 있다!**

예체능 과외, 고액 학과 과외,
조기 유학 등으로 몸시 마음이 분주하십니까?
그러나 가장 확실한 투자는 자녀를 축복하는
당신의 손이라는 얘기를 들어 보셨습니까?
자녀는 부모의 입술을 통해 하나님의 축복을 맛봅니다.

남자입니까?
에드윈 루이스 콜 지음/김성웅 옮김/신국판/186쪽

**미국에서만 150만 부 이상 팔린 흔들리는 남성들을 위한 바이블(Bible)!
최고의 남자가 되길 원하십니까?
강한 남자가 되길 원하십니까?
진짜 남자가 되길 원하십니까?**

이 책은 허심 탄회하고 타협 없이 남자들을 향해 쓴 책이다.
남자들에 '관한' 책은 몇 권 있었지만 남자들을 '향해' 쓴 책은 별로 없었다. 이 책은 또한 우리로 하여금 인생의 최대 가능성을 발견하고 강한
남자로서 살게 한다. 사실 이 책은 진작 나왔어야 했다.
- 서문 중에서-

하루에 한 번 기도하는 자녀로 키우라
베티 쉐넌 클로이드 지음/허세림 옮김/신국판/206쪽

"하루에 한 번"의 위력이 다시 한 번 당신의 가정을 두드립니다!

내 아이에게 어떻게 기도를 가르쳐야 할지 고민이 되십니까?
아이들에게 믿음을 심어 주고 기도를 가르쳐 주고 싶지만 어떻게 해야
할지 몰라 깊은 당혹감을 느끼신 모든 부모님께 이 책을 드립니다.

위기에 강한 남자
에드윈 루이스 콜 지음/김홍경 옮김/신국판/219쪽

**"이 땅의 남성들이여 흔들리지 맙시다!"
「남자입니까?」의 저자 에드윈 루이스
콜의 남성을 향한 또 다른 메시지**

하이테크의 시대.
그러나 도덕과 영성은 죽고 있는 이 시대에
진정한 남자다운 인격을 개발하는 방법!

두란노 Best 도서

여자가 기도할 때 무슨 일이 일어나는가
이블린 크리스텐슨 지음 / 송경숙 옮김 / 신국판 / 193쪽

당신의 기도는 실제로 응답되고 있는가?

기도하는 족족 하나님께서 응답하실 수 있다면
당신의 기도 방식을 진지하게 한 번 검토해 보지 않겠는가?
응답에 대한 실험 보고서가 여기에 있다.
이블린과 세계 수백만 여성이 그 증인이며 이 책을 열 때
당신은 응답받는 기도를 하게 될 것이다.

영혼의 양식
헨리 나우웬 지음 / 박동순 옮김 / 4×6판 / 399쪽

"헨리 나우웬이 마지막으로 남긴 365일 묵상집!"

예일과 하버드 대학의 교수직을 버리고
장애자와 살기를 선택한 헨리 나우웬.
그가 1996년 9월 심장마비로 작고하기까지
그의 영혼의 순례를 담은 지혜와 믿음의 묵상집.

낙타 무릎
전병욱 지음 / 신국판 / 198쪽

왜 「낙타 무릎」이 한국 교회에 이처럼 충격을 주는가?

왜 수많은 청년이 「낙타 무릎」을 읽고 통곡하는가?
왜 수많은 교역자가 「낙타 무릎」을 읽고 통곡하는가?
기도의 대명사가 되어 버린 「낙타 무릎」.
침체된 교회를 기도로 부흥시킨 신세대 목사의
체험 기도 목회 이야기이다.

리처드 포스터가 묵상한 신앙고전 52선
리처드 포스터, 제임스 브라이언 스미스 편집
송준인 옮김 / 국판 변형 / 583쪽

당신의 삶을 풍성하게 하며 그리스도인으로서의 삶의 지평을 넓혀 줄 최선의 기회를 선택하십시오.

성 어거스틴, 로렌스 형제, 성 프란체스코, 마담 귀용, 존 칼빈
등에서 토마스 머튼, 헨리 나우웬에 이르기까지 52인의
신앙 위인들의 사상을 한 권의 책으로 마스터합니다.
주옥 같은 고전을 골라 뽑아 누구나 이해하기 쉽게 꾸몄습니다.
깊은 영성을 소유하기를 원하는 분이라면 꼭 통과해야 할 관문입니다.

리처드 포스터 기도
리처드 포스터 지음 / 송준인 옮김 / 신국판 / 349쪽

신앙의 성숙을 원하는 크리스천의 필독서!

기도의 고전인 이 책은 기도의 숨겨진 비밀을 일깨워 준다.
기도의 본질과 여러 가지 기도 방식들의 유익을
이해하기 쉬우면서도 심도 있게 다룬
기도에 대한 최고의 지침서이다.

상처 입은 치유자
헨리 나우웬 지음 / 최원준 옮김 / 국판 / 132쪽

나우웬은 이 시대의 사역자를 '상처 입은 치유자'로 재정의한다. 우리 자신이 입은 상처로 인하여 우리는 다른 사람들에게 생명을 주는 원천이 될 수 있음을 보여 준다.

고통당하는 사람들을 돕기 위해,
자신이 처한 혼란과 절망으로부터 빠져 나오려고
애쓰는 목회자들에게 이 책은 유용할 것이다.

-Christian Advocate

두란노 Best 도서

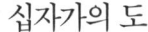

막 쪄낸 찐빵
이만재 지음 /신국판/258쪽

**우리 시대 최고의 카피라이터로
손꼽히는 저자의 신앙 개안기**

40대에 예수를 처음 만난 이후
첫사랑의 신앙 고백이 솔직하고 감동적이다.
'새 사람'으로 거듭나는 변화의 과정 속에서
예수님의 따뜻한 손길을 직접 만날 수 있다.

십자가의 도
제씨 펜 루이스 지음 /이현수 옮김/신국판/146쪽

**"오늘날 교회는
십자가로 돌아가야 합니다!"**

20세기 초 영국의 '영적 거인'이라 불리우는
제씨 펜 루이스가 저술한 잊혀진 영적 고전이 있습니다.
「십자가의 도」는 영국과 미국의 교계 지도자들이 선정한
2000년 기독교 역사상 10대 고전 중 한 권으로 뽑힐 정도로
심오하고 능력 있게 십자가의 도를 다루고 있습니다.

영혼을 살리는 전도행전
이재명 지음 /신국판/258쪽

무엇이 가장 중요합니까?

꿈이 큰 사람 이재명 집사가
지존파에게 복음을 전하고
살인 교사범이던 무당을 전도하고,
자살 직전의 중소 기업 사장을 구하고, 백혈병을 기적처럼 낫게 하는 등
20세기 사도행전이 펼쳐지는 전도 현장 이야기.

상한 감정의 치유
데이빗 A. 씨멘즈 지음 /송헌복 옮김/신국판/219쪽

내적 치유서의 고전!

이 책을 통하여 수십만의 독자들이
이미 상한 감정의 치료와 진정한 자유를 경험했습니다.
이 책은 머리로 읽는 딱딱한 이론이나 피상적 권명이 아닙니다
심령 가장 깊이 손상된 부분을 매만지는
치료의 손길을 경험하십시오.

NO 데이팅
조슈아 해리스 지음 /이마리 옮김/신국판/276쪽

**잘생기고 재능 많고
낭만적 로맨스를 좋아하는
스물두 살 청년, 조슈아 해리스는
왜 'No 데이팅'을 결심하게 되었나?**

데이트란 젊은이들의 삶에 가장 자연스럽고 아름다운 일 아닌가?
그가 데이트에 작별 키스를 한 데 대해
전미 크리스천 젊은이들은 왜 연일 흥분하는가?

"두 야 러브 미?"
최정연 글·그림/신국판 변형/140쪽

**짝사랑이 힘들어질 때 읽는 만화
기도가 힘들어질 때 읽는 만화**

청소년들이 고민할 법한 이성 문제로 하나님을 소개하고
기도에 대하여 가르쳐 주는 저자의 시각이 참신하고
그것을 표현해 내는 그림 또한 젊고 감각적이다.